北京市农村经济研究中心研究丛书　　　　丛书主编：郭光磊

京津冀协同发展背景下
北京市城乡一体化发展研究

上册

Jingjinji Xietong Fazhan Beijing Xia
Beijingshi Chengxiang Yitihua Fazhan Yanjiu

◎ 郭光磊 等 著

中国农业出版社

图书在版编目（CIP）数据

京津冀协同发展背景下北京市城乡一体化发展研究：全2册 / 郭光磊等著. —北京：中国农业出版社，2017.3
ISBN 978-7-109-22635-7

Ⅰ.①京… Ⅱ.①郭… Ⅲ.①城乡一体化—发展—研究—北京 Ⅳ.①F299.271

中国版本图书馆 CIP 数据核字（2017）第 009642 号

中国农业出版社出版
（北京市朝阳区麦子店街 18 号楼）
（邮政编码 100125）
责任编辑 姚 红

北京中兴印刷有限公司印刷 新华书店北京发行所发行
2017 年 3 月第 1 版 2017 年 3 月北京第 1 次印刷

开本：700mm×1000mm 1/16 印张：43.75
字数：800 千字
总定价：80.00 元（上、下册）
（凡本版图书出现印刷、装订错误，请向出版社发行部调换）

京津冀协同发展背景下
北京市城乡一体化发展研究

编 委 会

总　序

以发展新理念提升农村研究新境界

"十三五"时期是全面建成小康社会的决胜阶段，是北京市落实京津冀协同发展战略、实现高水平城乡发展一体化的关键时期，也是北京市农村经济研究中心（以下简称中心）加强农研智库建设的突破时期。北京农村调研工作面临更加复杂的新形势与挑战。

一是面临以新的发展理念推动"三农"发展的新机遇。"十三五"规划是我国经济发展进入新常态后的第一个五年规划。谋划"十三五"时期京郊农村改革发展，必须用新的发展理念引领发展行动。党的十八届五中全会提出的创新、协调、绿色、开放、共享的发展理念，为我们以新的发展理念破解"三农"难题、推动"三农"发展提供了新的机遇。我们要以创新理念激发"三农"发展动力，以协调理念补齐"三农"发展短板，以绿色理念引导"三农"发展方向，以开放理念拓展"三农"发展空间，以共享理念增进农民福祉。

二是面临有序疏解非首都功能的新挑战。有序疏解北京非首都功能，落实首都城市战略定位，推动京津冀协同发展，是"十三五"时期首都工作的重中之重，是治理北京"大城市病"的基础工作，是首都"三农"发展的大前提。农村调研工作必须紧紧围绕有序疏解非首都功能、推动京津冀协同发展战略去谋划和研究。

三是面临全面深化农村改革的新任务。农村改革是全面深化改革的重要内容。党的十八大以来，党中央、国务院就深化农村改革提出了一系列决策部署，特别是中共中央办公厅、国务院办公厅印发的《深化农村改革综合性实施方案》，明确提出了当前和今后一个时期深化农村改革要聚焦农村集体产权制度、农业经营制度、农业支持保护制度、城乡发展一体化体制机制、农村社会治理五大领域。2016 年中央 1 号文件提出要着力加强农业供给侧结构性改革，高度重视去库存、降成本、补短板，树立大农业、大食物观念，推动一、二、三产业融合发展。这些改革要求是"十三五"时期开展农村调查研究工作的重要任务。

四是面临实现高水平城乡发展一体化的新目标。"十二五"期间，北京城乡发展一体化新格局已基本形成。2015 年年末北京市常住人口 2 170.5 万人，其中户籍总人口 1 345.2 万人，农业户籍人口 233.8 万人，全市人均地区生产总值达到 17 064 美元，与世界高收入地区水平相当。京郊农村集体资产规模庞大，据估算北京市农村集体资产总额达 10.4 万亿元，其中，农村集体经营性建设用地价值高达 3.6 万亿元，农村宅基地价值高达 4.6 万亿元，都市型现代农业生态服务价值 7 790.7 亿元。在此现实发展基础上，到 2020 年，北京面临实现高水平城乡发展一体化的新要求。实现高水平的城乡发展一体化，需要加快建立健全城乡融合发展的体制机制，实现城乡居民基本权益平等化、城乡公共服务均等化、城乡居民收入均衡化、城乡要素配置合理化、城乡产业发展融合化，让广大农民平等参与改革发展进程，共享改革发展成果。这是"十三五"时期首都"三农"研究的重中之重。

五是面临加强新型农村研究智库建设的新要求。全面深化农村改革，迫切需要健全农村改革决策支撑体系，加强农村研究智库建设，提升决策咨询研究水平，以科学研究支撑科学决策，以科学决策引领科学发展。根据中央加强中国特色新型智库建设的新要求，中心作为首都农村研究智库，需要进一步明确智库定位、凝练主攻方向、突出专业特色、注重成果质量，增强理论和政策研究创新能力，不断创新体制机制，坚持问题导向，开展前瞻性、针对性、储备性政策研究，为北京市委、市政府领导农村改革发展提供更多更高水平的决策咨询服务，在新的起点上发挥好参谋助手作用。

"十三五"时期首都"三农"研究，要牢固树立和贯彻落实创新、协调、绿色、开放、共享发展理念，把坚持农民主体地位、增进农民福祉作为农村一切工作的出发点和落脚点，紧紧把握首都城市战略定位和建设国际一流的和谐宜居之都战略目标，推进农业供给侧结构性改革，以加强农村研究智库建设为主线，以提高农村政策研究和决策咨询服务水平为目标，着力提高农村调查研究水平，为推进首都全面建成小康社会，实现农业更强、农村更美、农民更富提供智力支持。

做好"十三五"时期调研工作，一要坚持服务领导决策与服务基层需求相结合。服务领导决策和服务基层需求具有高度的统一性，领导决策的根本目的在于满足基层群众的需求。必须将服务领导决策与服务基层需求有机结合，着力开展有针对性、建设性和切实管用的政策研究。二要坚持前瞻性战略研究与实用性对策研究相结合。前瞻性战略研究是引领农村改革发展的原动力，实用性对策研究是推动农村改革发展的主动力，必须将两者很好地结合起来，以开展前瞻性战略研究引领实用性对策研究，用实用性对策研究支撑前瞻性战略研究。三要坚持政策理论研究与改革试点实践相结合。政策理论研究在于总结事物发展规律，指导改革实践在遵从市场规律、政策环境和自然力量的科学发展轨道上向前推进。试点先行有助于完善政策理论。必须坚持理论与实践相结合，用科学政策理论指导实践，在改革实践探索中完善政策理论。四要坚持独立自主研究与开放合作研究相结合。独立自主研究是智库文化的重要组成部分，也是智库水平和能力的重要体现。同时智库也不能关起门搞研究，一定要开放眼界，拓展视野，在坚持独立自主研究的前提下，加强与有关专业研究机构的合作研究，发挥各自的专长，实现优势互补，形成研究合力。五要坚持调研管理规范化与调研成果应用转化相结合。调研管理规范化是智库建设的基本要求。规范化的调研管理需要建立健全制度、执行制度、按制度办事，使制度应有的功能得到最大限度的发挥。实现调研成果应用转化是智库建设的根本目的，提高调研成果应用转化水平需要提升调研人才队伍的专业水准，强化调研成果质量，严格成果考核，拓展成果转化渠道。

"十三五"时期，中心调研工作主要目标是着眼于全面建成小康社会，深化农村改革，健全城乡发展一体化体制机制，加强农村政策研究，提升研究成果质量，努力将中心打造成为在全市农村改革发展中具有重要参谋助手作用、在京津冀乃至全国具有一定知名度和影响力的新型农村研究智库。一是要努力成为服务领导机关决策的思想库。完成一批具有前瞻性、战略性、专业性、针对性的首都城乡一体化与"三农"发展的决策咨询成果，为北京市委、市政府落实京津冀协同发展战略、疏解非首都核心功能、破解"三农"发展难题、提升全市城乡一体化水平、促进都市型现代农业可持续发展提供科学依据和决策支撑。二是要努力成为满足农村基层需求的智囊团。深入了解京郊农村基层实际需求，发挥好服务农村基层、服务农民群众的重要作用。从智库研究角度，开展一批能够有效解决基层实际问题的对策研究，在促进农民就业增收、帮助农民解决生产生活难题、推动首都"三农"发展中提供科学指导和智力支持。三是要努力成为助推农村改革发展的生力军。围绕"三农"领域的复杂问题、多元影响因素，在农村集体产权制度、农业经营制度、农业支持保护制度、新型城镇化和城乡发展一体化、农村社会治理、生态文明建设等农村改革发展的重点领域和关键环节，开展一系列农村综合性改革试验研究，及时总结可复制、可推广的改革试点经验。四是要努力成为汇集"三农"研究人才的大本营。在深入开展农村调研中，努力造就一支理想信仰坚定、创新精神较强、专业水准过硬、调研作风优良的"三农"政策研究和决策咨询队伍，建立健全人才培育和留用机制，实现人尽其才、才尽其用，推动"出成果"与"出人才"的良性循环。完善专家咨询委员会工作机制，健全专家库，办好农研智库大讲堂，扩大对外学术交流，为更多的专家学者服务首都"三农"发展牵线搭桥、献计献策。五是要努力成为创建首都农村研究智库的排头兵。立足于加强农村研究智库建设这条主线，提高农村决策咨询服务水平这个目标，不断健全治理完善、充满活力、转化高效的农村研究智库管理体制机制。继续完善调研管理制度体系，以"三严三实"的要求加强对调研管理制度和流程的严格落实，提高调研课题管理的精细化水平；推进中心调研管理系统的运行使用，积极为中心各部门开展调研工作做好各项服务工作；加大统筹研究成果出版，打造北京农研智库丛书、北京农史研究丛书、北京农村研究报告、北京市农村经济发展报告等成果出版品牌，不断扩大中心研究成果的影响力。

"十三五"时期，中心要以加强农村研究智库建设为主线，以提高农村政策研究和决策咨询服务水平为目标，紧扣工作职责定位，聚焦农民增收致富、京津冀协同发展、新型城镇化与城乡发展一体化、农村集体产权制度、农业经营制度、农业支持保护制度、农村生态文明建设、农业农村信息化、农村社会治理等主要方面，有针对性地开展前瞻性、对策性、储备性和常规性调查研究，坚持"出成果、出人才、促工作"。

一是要围绕全面建成小康社会，开展农民增收致富问题研究。围绕推进农村一、二、三产业融合发展，积极开发农业多种功能，充分挖掘农业内部增收潜力，开展增加农民经营性收入研究；围绕推进农村产权制度改革，赋予农民更多财产权利，开展增加农民财产性收入研究；围绕改善农民转移就业环境，拓展非农就业渠道，保障农民工合法权益，开展增加农民工资性收入研究；围绕完善农村支持保护政策，推进城乡基础设施和公共服务一体化，开展增加农民转移性收入研究；围绕补齐低收入农户短板，开展促进低收入农民增收研究。

二是要围绕京津冀协同发展战略，开展"三农"区域协同发展研究。针对京津冀农业区域协同发展，加强农业供给侧结构性改革研究，推动都市型现代农业协同发展。强化有关农业产业优化布局、休闲农业与乡村旅游、农产品质量安全全过程监管体系等方面的研究；针对京津冀农村区域协同发展，加强农业农村信息化合作建设、生态环境建设、新农村建设等方面的研究；针对京津冀农民区域协同发展，开展农民增收致富、新型职业农民培育等相关问题研究，加强京津冀农村资金、技术、信息、人才等生产要素的跨区域流动与合作研究。

三是要围绕新型城镇化与城乡一体化，开展相关体制机制创新研究。紧扣首都城市战略定位，深入实施京津冀协同发展战略，加强非首都核心功能疏解和郊区功能新定位等相关研究，统筹好城乡空间关系，着力优化提升首都核心功能；围绕解决城乡发展不平衡问题，加强城乡结合部、特色小城镇、新型农村社区、美丽乡村建设等研究，不断提升郊区农村承接非首都功能疏解能力和水平；围绕完善城乡一体化体制机制，加强农村改革重要领域和关键环节的制度创新研究，加强城乡基础设施和公共服务决策、投入、建设和运行管护机制以及城乡基本公共服务标准水平统一衔接等相关调研，加大破解城乡二元结构力度，推进城乡要素平等交换和公共资源均衡配置研究。

四是要围绕推动土地流转起来，开展农村土地制度改革研究。围绕完善农村土地制度，建立城乡统一的建设用地市场，开展宅基地和集体建设用地使用权确权登记颁证工作调研；深入开展新型城镇化背景下农村土地征收、集体经营性建设用地入市、宅基地制度改革等农村土地制度试点改革跟踪研究，及时总结改革试点经验；继续深化二道绿化隔离地区乡镇统筹利用集体建设用地试点研究。围绕推动土地经营权规范有序流转，分类开展土地承包经营权确权登记颁证工作调研，深化农村土地信托化经营试点和农村土地股份合作制试点研究，加强工商资本租赁农地的监管与风险防范机制等方面研究。

五是要围绕推动资产经营起来，开展深化集体产权制度改革研究。对非经营性资产，重点探索有利于提高公共服务能力的集体统一运营管理有效机制研究；对经营性资产，重点开展赋予农民对集体资产股份更多权能研究。围绕促进集体资产经营起来，加强农村集体经济组织立法问题、新型股份合作经济组织的股东进退机制和股权管理、新型集体经济组织法人治理结构、乡镇集体产权制度改革试点、农村产权流转交易市场机制以及其他有关农村产权制度改革配套领域等方面的研究。围绕完善农村"三资"监管体制机制，开展完善农村集体经济审计制度和重大经济事项、重要领域、重点环节的流程监督研究，探索开展村级财务预决算制度研究。

六是要围绕推动农民组织起来，开展加快构建新型农业经营体系研究。围绕提高农民组织化程度，引导农民专业合作社拓宽服务领域，加强规模种养业、农产品加工业、农技服务业、乡村旅游业、农村金融业等不同领域的农民合作模式创新研究；围绕促进农民合作社规范有序发展，加强有关促进农民专业合作社规范化建设、农民专业合作社联合会运行机制和农民合作社联合社收益分配机制等研究，探索开展促进农民合作社发展的法律政策环境研究；围绕发展多种形式的农业适度规模经营，重视其他新型农业经营主体、农业社会化服务机制和新型职业农民培育等方面的研究。

七是要围绕生态文明建设，开展农业与农村资源规划与利用研究。将绿色发展理念始终贯穿于农业农村工作，针对京郊美丽乡村建设，开展以生态文明为导向的农业与农村区域发展模式和制度体系研究；针对提供农业区划决策支持，继续开展农业农村资源动态监测和评价研究；针对推动北京农业一、二、三产业融合发展，开展以互联网技术推动乡村旅游休闲产业转型升级、休闲农业与乡村旅游新型经营主体培育、休闲农业用地流转、空心村与闲置农宅开发利用、乡村旅游专业合作组织建设、社会资本进入乡村旅游休闲产业等方面的研究。

八是要围绕建设法治中国首善之区，开展乡村治理现代化研究。以建设法治中国首善之区为目标，开展农村社会结构转型等重大农村社会问题的基础性调研，加强新时期农村社会治理问题研究，重点加强完善农村基层党组织领导的村民自治组织和集体经济组织运行机制研究，选择条件成熟的村庄开展村级"政经分开"试点研究，继续加大力度开展新时期京郊农村集体经济组织和农民负担问题等研究。

九是要围绕农业农村信息化，开展"互联网＋""服务三农"研究。围绕推进农业供给侧结构性改革，提高农业供给体系质量和效率，开展有关现代农业与互联网深度融合研究，重点开展互联网营销在农产品产供销等环节的电子商务服务、"互联网＋"对北京生鲜农产品供应链的影响等有关互联网技术促进农业产业链优化整合研究；围绕农业农村信息化，加强互联网技术在"三农"领域推广应用的产业环境、制度障碍与配套政策以及"三农"大数据政务运用模式等政策研究。

中心是北京市委、市政府领导农村改革发展的重要智库。自1990年正式成立以来，中心开展了一系列具有全局性、综合性、战略性以及具有现实针对性的公共政策研究，为市委、市政府深化农村改革、推动城乡发展一体化发挥了重要的参谋助手作用。特别是 2010 年以来，在市委、市政府的领导下，中心的研究成果数量明显增多，研究成果质量也有明显提升。

为了使广大"三农"工作者和研究者共同分享中心研究成果，我们对中心成果的出版进行了统一谋划与规范，形成了《北京农村年鉴》《北京农村研究报告》《北京市农村经济发展报告》3 个年度连续出版品牌。2016 年，我们又正式编辑出版了以北京农村改革史为主题的《北京农史研究丛书》以及集中展现"十二五"时期中心主要研究成果的《北京农研智库丛书》两个新的丛书出版品牌。与此同时，为了让广大读者能够及时跟踪了解中心最新研究动态，促进智库研究成果与市场的对接，我们将"十三五"时期中心主要研究成果以《北京市农村经济研究中心研究丛书》之名陆续编辑出版。"十三五"时期，我们将认真贯彻落实发展新理念，以新理念引领新发展，不断提高农村研究智库建设水平，努力为全面深化农村改革提供更多更优的智力产品。

由于水平有限，我们的研究成果难免存在不足，敬请广大读者批评指正。

北京市农村经济研究中心党组书记、主任　郭光磊

2016 年 4 月 11 日

前　　言

自 2002 年中共十六大首次提出"统筹城乡经济社会发展"的发展战略以来，北京市委市政府树立了城乡统筹发展的思想观念。2008 年 12 月，中共北京市委十届五次全会通过《中共北京市委关于率先形成城乡经济社会发展一体化新格局的意见》，提出"加快北京农村改革发展步伐，率先形成城乡经济社会发展一体化新格局"，对推进北京城乡一体化发展工作进行了明确和全面的部署。2010 年 11 月，中共北京市委十届八次全会审议通过《中共北京市委关于制定北京市国民经济和社会发展第十二个五年规划的建议》，明确提出到 2020 年在全国"率先形成城乡经济社会发展一体化新格局"。2014 年 2 月，习总书记考察北京，提出要明确"四个中心"的城市战略定位，调整疏解非首都核心功能，为北京城乡融合带来新的机遇。2015 年 4 月，中共中央政治局会议通过《京津冀协同发展规划纲要》，北京城乡一体化发展进入新的战略发展期。2015 年 8 月，中共中央办公厅和国务院办公厅印发《深化农村改革综合性实施方案》，指出城乡发展一体化是解决我国"三农"问题的根本途径，进一步明确了推进城乡一体化发展的重要意义。2015 年年底，《中共中央关于制定国民经济和社会发展第十三个五年规划的建议》提出"创新、协调、绿色、开放、共享"的发展理念，中共北京市委十一届八次全会审议通过《中共北京市委关于制定北京市国民经济和社会发展第十三个五年规划的建议》，对"十三五"时期进一步提升北京市城乡一体化发展水平做出纲领性的指导和部署。

经过多年的发展，北京市城乡一体化发展新格局已经基本实现，主要体现在三个方面：一是城乡一体化的制度设计已经基本实现，除属于中央事权的土地制度、行政管理体制等领域外，省市级的制度设计已经基本实现城乡一体化；二是制度的覆盖程度较高；三是城乡之间的收入水平、基础设施、公共服务等差距进一步缩小。下一步重点是在继续做好制度设计的基础上，进一步提高水平，解决分配格局和发展空间等问题。

"十三五"时期，是全面建成小康社会决胜阶段，全面建成小康社会，最艰巨最繁重的任务在农村特别是农村贫困地区。对北京而言，需要在统筹城乡关系上取得进一步突破，深入推进城乡发展一体化。要牢牢把握"创新、协调、绿色、开放、共享"的发展理念，以破解城乡二元土地问题为突破口，促进城乡资源要素的自由流动，打造市、区、镇三级统筹的协同治理体系，推进生态文明建设和基本公共资源均衡配置，给农村发展注入新的动力，让广大农民平等参与改革发展进程、共同享受改革发展成果。

本书汇集了近年北京市农村经济研究中心对于城乡一体化发展跟踪研究的部分成果，共分为三个部分。第一部分对"十二五"时期北京市城乡一体化发展进行了综合评估，并结合中央和市委全会相关精神，提出"十三五"时期北京城乡一体化规划思路。第二部分对房山区"十二五"时期城乡一体化发展的研究背景、指标体系、面临问题和发展路径进行了深入评估，并结合中央、市委全会和区委全会有关精神，提出"十三五"时期房山区城乡一体化发展路径。第三部分重点总结了顺义区推进城乡一体化发展过程中的经验与教训。

本书的前期调研和后期编辑出版工作得到了许多领导和专家的大力支持与协助，在此表示深深的谢意！由于水平有限，不足之处，欢迎批评指正！

编　者

2016 年 10 月 14 日

目　　录

上　册

第一章　首都新型城镇化理论研究

下　册

第一章

首都新型城镇化理论研究

第一节 北京市新型城镇化理论研究

新型城镇化，"新"在哪里

北京市农经办（农研中心）党组书记、主任 郭光磊

党的十八大提出，坚持走中国特色新型工业化、信息化、城镇化、农业现代化道路，城乡发展一体化是解决"三农"问题的根本途径。北京市"十二五"规划建议明确了率先实现首都城乡一体化的奋斗目标。正确把握新型城镇化的深刻内涵，探索解决当前城镇化进程中面临的若干难点、焦点问题，明确未来北京走新型城镇化道路的战略和政策，对于转变经济发展方式，加快北京郊区农村社会结构转型，率先实现城乡一体化新格局，促进全市经济社会快速健康可持续发展具有重大现实意义。

一、新型城镇化的基本特征

城镇化是人类生产和生活活动在区域空间上的聚集，是传统农村型社会向现代城市型社会转型的主要内容和重要表现形式，是劳动力、资金、资源等生产要素从生产率较低的农业部门向生产率较高的非农部门转移，从而获得较高生产率和较高收益，同时居民生活环境得到改善，生活条件和生活质量不断提高的过程。随着北京郊区城镇化进程的快速推进，由于粗放式的传统的城镇化发展模式未能发生根本的转变，对中国特色城镇化的本质认识不清，城市建成区无序外延，市场配置资源规则作用发挥不充分，农民市民化进程滞后，人口、资源和环境协调平衡可持续发展等问题和矛盾日益凸显。因此需要探索一条新型城镇化道路，为加快郊区农村经济发展方式转变进行顶层设计，在空间布局、产业布局、组织体制机制建设等多个领域，正确选择和科学决断郊区发展的战略和政策。问题的关键，在于针对传统城镇化道路形成的弊端，深刻把握"新"的内涵。

（一）"新"在理念创新

早在 18 世纪，大卫·休谟说过，尽管人是由利益支配的，但利益本身以及人类的所有事务是由理念支配的。综观历史，几乎所有伟大的变革都是由观念的变化引起的。破解当前城镇化进程中面临的一系列深层次的重大问题，关键是要站在新的历史起点上，吸取人类历史上城镇化进程中的经验教训，创新城镇化的理念。

1. 要吸取欧美城镇化空间无序蔓延的教训。受自由主义思潮影响，欧美国家或地区城镇化进程中的资源配置主要由自由市场引导，呈现无序竞争状态，形成了空间上的无序城镇化发展模式。随着人口向郊区转移，造成中心城区的商业衰退，形成了"急速发展的郊区"和"边缘城市"。而由于受到交通等基础设施和公共服务设施瓶颈的局限，城镇空间向郊区和农村的延伸也很快超越了公共服务容量，降低了城镇郊区化的质量。自20世纪80年代以来，一些国家的政府为了防止城市人口减少而带来的城市经济活动水平下降，又不得不重新对中心城区进行改造和开展复兴活动。

2. 要吸取拉美城镇化人口过度聚集导致"拉美陷阱"的教训。20世纪70年代以来，拉美城镇化快速推进，城镇化水平快速超过了欧洲、大洋洲等经济发达地区，人口向城镇集聚明显超越了工业发展的阶段，出现了以贫富悬殊扩大、腐败严重、国有企业效率低下、社会治安恶化、公共服务不足、地下经济泛滥、对外资依赖性强、金融危机频繁和政局不稳定等为特征的"拉美陷阱"。一些拉美国家在达到中等收入水平后，快速发展中积聚的矛盾集中爆发，经济增长回落或长期停滞，长期不能进入高收入国家行列，形成了所谓的"中等收入陷阱"。过度城镇化不仅没有推动拉美经济持续发展，没有解决其农村农业问题，反而使拉美各国陷入了更为棘手的城市危机之中。拉美国家的过度城镇化已成为发展中国家的前车之鉴。

造成"拉美陷阱"的主要原因有以下几个方面：一是产业结构畸形，农业发展严重不足。由于畸形发展第三产业，低端第三产业过度发展，工业发展滞后，城市能够提供的就业机会少，加上缺乏正式的教育培训，来城市务工人员多数只能在不由政府管治的非正规部门就业。同时，农业发展不充分，在经济结构改革中，采取了重工轻农政策，加剧了农业的衰败和落后。二是以大城市急剧扩张为中心的城镇化道路。过度集聚化的城市发展，使得人口、投资向大城市集聚，为了应对大城市人口无节制的增长，政府只能加大对大城市的投资，于是城乡差距进一步拉大，又引发新一轮的人口迁移。这种恶性循环是加剧拉美过度城镇化的重要原因。三是政府职能缺位。拉美城市人口增长有 40% 来自农村移民。城市政府对此缺乏规划引导，没有为迅速增加的外来人口有效解决住房和基本服务问题，如医疗卫生、文化教育、电力供应、给排水等，造成了城镇化过程的混乱，形成了大量贫民窟。四是土地资源占有不均。拉美在殖民地时期形成了少数人垄断的大地产制度，在独立后得到进一步扩展和强化，形成土地资源占有的高度不平等。非洲人后裔绝大多数不享有土地资源，原住民印第安人土地资源条件恶劣且十分有限。大量农村人口丧失在农村地区生存的依托，只能涌向城市地区，多数沦落为城市贫民。

与以上类似的情况，在我们国家过去的城镇化进程中，也不同程度地存在着。推进新型城镇化，就是要树立新的城镇化理念，不能是 19 世纪欧美城镇化在空间上摊大饼式的无序发展，要进行科学的规划指引；也不能是 20 世纪拉美城镇化的人口过度聚集，关键是要按照"以人为本"的发展原则，解决人的问题。

（二）"新"在适应技术创新要求

城市，早在 5 000 多年前就已存在。"城"一般是为防御需要，

"市"则是为市场交易需要，这也就构成了城市最初产生及其空间布局的两个基本因素。但是城镇的快速发展是工业革命发生之后的事情。城镇化本质上是工业化的一个衍生现象，是为适应劳动力要素与新的物质条件相结合实现专业化和社会化的要求而进行的资源重新配置现象。信息与能源技术条件是物质条件的基本内容，影响到一系列基要生产函数的连锁式反应及产业结构的深层次调整。美国著名未来学家里夫金关于"第三次工业革命"的呼声，为人们重新审视未来城镇化道路提供了一个重要视角。他认为，第三次工业革命将互联网技术和可再生能源结合起来，将为经济发展模式创造强大的新基础设施，特别是在产品之间关联相对不是很密切的制造业领域，分散化趋势将更为明显。而这种以分散经营方式为特征的第三次工业革命，势必将引致传统城镇化形态为新的城镇化形态所取代。

1. 信息技术的广泛应用。 20 世纪，人类社会发生了一场由互联网信息技术引发的信息革命，标志着人类进入了信息社会。信息技术主要有以下三部分组成：一是传感技术。这是人的感觉器官的延伸与拓展，如条码阅读器；二是通信技术。这是人的神经系统的延伸与拓展，承担传递信息的功能；三是计算机技术。这是人的大脑功能延伸与拓展，承担对信息进行处理的功能。所谓信息化，是用信息技术来改造其他产业与行业，从而提高企业的效益。随着信息化革命的深入推进，面对面的交易减少，降低了各类经济活动中的交易成本。在这种形势下，产业与人口集聚以获取信息交流便利的传统工业化、城镇化模式的必要性日渐式微。城镇发展的整体模式不再仅局限于交通线路而呈星状的廊道特征，而更趋向一种匀称状态，新型郊区地块更大、密度更低。随着区域的专业分工和内部的相互依赖性进一步加强，城镇体系最优分布格局将发生根本性的变革，由原来的单中心过渡到多中心，逐步演化为网络化布局结构。

2. 能源供应方式分散化。 在 200 年的工业化进程中，化石能源大量、广泛的使用，在创造了工业文明的同时，也带来了日益严重的"副产品"——环境污染、气候变暖、生态恶化，最终对人类的生存与发展构成了严重威胁。随着生产成本上升，资源环境压力加大，这种工业文明越来越不可持续，工业逐渐向制造服务化、生产智能化、组织网络化方向发展，石油、煤炭、电力等传统能源改变为太阳能、风能等新能源，电网日趋小型化，能源供应方式日趋分散化。可再生能源的转变、分散式生产、储存（以氢的形式）、通过能源互联网实现分配和零排放的交通方式，构成了由第三次工业革命的技术创新带来的新经济模式，势必进一步加快城镇化模式的转型。

随着第三次工业革命的深入推进，过去那种为获取信息交流沟通的便利和能源利用的集约节约而呈现的工业集聚现象，在 21 世纪将发生根本性的变革，由此影响到城镇化空间形态发展在未来的基本走向。实际上，在党的重要会议上已经多次提出，要坚持大中小城市和小城镇协调发展的城镇空间多元化发展的路径。中央关于"十二五"规划建议中进一步提出："强化中小城市产业功能，增强小城镇公共服务和居住功能，推进大中小城市交通、通信、供电、供排水等基础设施一体化建设和网络化发展。"这种网络化空间布局的新型城镇化道路，是与当前正在进行的第三次工业革命的发展要求相契合的。

（三）"新"在制度创新

城镇化的本质是通过优化资源配置，推动经济结构调整和经济增长的过程。需要处理好政府与市场二者在资源配置上的关系，按照市场的逻辑，推进制度创新，转变政府职能，减少政府直接配置资源的领域和范围，发挥市场在资源配置中的基础性作用。

1. 转变政府职能需要强化制度建设。市场机制的核心是价格机制，通过价格信号传递资源配置调整的信息。但是在政府主导经济发展的方式下，价格机制作用的发挥受到限制，资源配置机制势必发生扭曲。在过去传统的城镇化进程中，政府通过土地财政和土地金融等手段，主导了土地、资金等关键性稀缺资源的配置，在加快发展的同时，也造成了大量的资源错配现象。"建了拆，拆了建"，浪费了大量宝贵的资源，造成了价格扭曲，进而对信用安全形成了挑战。在政府预算软约束条件下，一些地方为了一些政绩工程而人为抬高城镇化的成本，造成了进一步的价格扭曲。依靠制度建设转变经济发展方式迫在眉睫。要推进法治化进程，让政府的有形之手在法律的框架约束下发挥作用，做政府应该做的事，解决市场解决不了的事，而不是越俎代庖，对经济发展产生长期的不利影响。特别在健全社会保障体系、打破垄断、农村和城市居民平等享受公共服务、完善法律体系等方面，要着力加强制度建设。

2. 市场经济本身也需要加强制度建设。城镇化，最重要的不是物理、外观的改变，而是制度和人的变革。当前，我们的市场经济尚未成熟定型，市场发挥资源配置的基础性作用还不够充分，领域和范围还不够宽广，加强市场制度建设显得尤为重要。如，产权关系界定，产权交易制度建设，经济合同规范化，土地增值收益分配制度建设，以及大力发育社区性金融市场等。

（四）"新"在中国特色社会主义国情

学术领域最早对城镇化问题进行系统研究的是发展经济学。这一学科主要是从劳动力由传统部门向现代部门转移的分析视角，来解释经济结构调整和经济增长的动力机制：随着劳动力逐渐由无限供给转变为有限供给，工资水平开始不断提高，最终实现城乡收入水平的趋同，完成城乡一体化进程。而这种发展的机制，并不完全适用于当前中国的城镇化道路，这主要是由于中国特色社会主义的国情。城乡二元结构体制和农村集体所有制是中国特色城镇化道路带有的两大制度特征，也是城镇化进程所面临的最主要的两个制度性约束：一方面，城乡二元结构体制的制度障碍及其背后隐含的福利因素，筑就了城镇化的高成本门槛，造成了农民进城的阻力。另一方面，进城农民与村集体的产权关系无法厘清，无法有效处置在农村的集体资产，形成难以割断的农村财产"脐带"。加上人地关系高度紧张的资源禀赋结构的约束，西方发展经济学理论上描述的自动发生机制会受到种种现实的扭曲，形成大量的结构性问题。

1. 城乡二元结构体制。城乡二元结构体制是中国特色社会主义国情的典型标志，与传统的计划经济体制和赶超型发展战略密切相关，在新的历史时期，对城镇化产生着严重的阻碍作用。主要包括以下几个方面：一是城乡之间的户籍壁垒。1958 年 1 月，全国人大常委会第三次会议讨论通过《中华人民共和国户口登记条例》。

这标志着中国以严格限制农村人口向城市流动为核心的户口迁移制度的形成。以户籍制度为基础的城乡壁垒，事实上是将城乡两部分居民分成了两种不同的社会身份。由于二元户籍制度限制，城乡劳动力市场不统一，农村人口和劳动力转移后难以顺利融入城市，面临着"入口"的推力。填平二元结构体制下制度鸿沟，实现农民市民化需求，是新型城镇化的重要任务。二是土地要素市场配置的双轨制。农村集体建设用地只能在农村社区内部使用，要进入一般商业开发建设领域需要通过国家征地，由集体土地变更为国有土地。在政府垄断土地一级市场的条件下，集体建设用地无法与城镇建设用地同地、同权、同价。三是两种不同的公共资源配置制度。如，教育和公共设施的投入。城市中的教育和基础设施，几乎完全是由国家财政投入的，而农村中的教育和设施，国家投入则相当有限。

2. 传统的农村集体所有制。 我国于 20 世纪 50 年代中期，通过农业的社会主义改造，从农民土地私有制过渡到集体所有制。由于集体所有制的产权边界模糊，所有者主体缺位，造成长期以来农村土地流失严重，土地经营效益不高，农村经济发展与城市差距加大。改革开放以来，城镇化进程不断加快，集体土地产权关系变动日益频繁。在传统的封闭的农村集体所有制条件下，农民在城镇化转移过程中不能合理分享集体资产的收益或对这些资产进行有效处置，形成难以割断的农村财产"脐带"，农民市民化面临着"出口"的拉力。以重庆、成都为代表的全国各类城乡统筹改革试验区的实践表明，推进城乡统筹，加快农民市民化，走中国特色城镇化道路，需要把探索农村集体经济有效实现形式，深化农村产权制度改革，实现农民和集体之间产权关系的清晰化，有效保障农民在城镇化进程中的权益，作为推进中国特色城镇化进程中的一项基本任务。逐步走近如马克思当年所设想的"重建个人所有制"，将是一个发展的趋势。

3. 紧张的人地资源禀赋结构特征。根据 2011 年统计数据测算，我国人均耕地大约只有 1.36 亩①，不到世界平均水平的 40%，人地关系矛盾日趋尖锐。造成这种资源禀赋的原因主要有以下几点：一是历史上鼓励人口生育的各项制度。商鞅变法确立了多子继承制和早婚制，直接导致了秦国人口的快速增加，并为多国和后世仿效。到清代的摊丁入亩，以地计税，进一步奠定了中国人口规模的历史基础。与此同时，人均耕地面积也逐渐下降。而社区聚居现象也正是在这样的历史背景下被加强并固化的，逐渐形成了有别于西方的以"群体"为基因的社会结构。二是新中国成立后产权模糊的集体土地所有制。传统集体土地所有制条件下的平均主义和大锅饭体制，诱发了农村人口规模的快速增加。三是耕地面积的快速减少。随着工业化、城镇化进程不断加快，乱占耕地现象严重，人地关系矛盾更加尖锐。由此形成了分散的兼业经营的小农户单位个体参与城镇化的局面，农民组织化程度普遍偏低。建立农民城镇化的组织依托，应成为新型城镇化的重要内容。

二、新型城镇化的基本要求

推进新型城镇化，不是重复欧美城镇化的老路，也不走拉美城

---

① 亩为非法定计量单位，15 亩＝1 公顷。——编者注

镇化的邪路，不是城市功能在郊区的线性延伸，简单推行"新城＋小城镇＋新农村建设"，也不是强农惠农政策的简单叠加，而是适应中国国情和北京市市情的要求，结合发展的阶段性要求和时代特征，城乡生产要素在市场条件下的统筹配置，是社会生产关系在破除城乡二元结构这一根本制度性鸿沟基础上的重新调整，既是郊区农村发展的机遇，也是城市发展的必要条件。要改变以城市建设为核心的城镇化发展路子，树立"以人为本"，以乡村发展和功能、管理、产业完善为主要内容的新型城镇化理念。

（一）落实"以人为本"的发展理念，实现公平共享

走新型城镇化道路，必须坚持科学发展观，以人为本，统筹经济社会全面、协调和可持续发展，就是要明确农民的主体地位，实现发展成果的公平共享。

1. 让农民成为社会主体。推进农民市民化进程，使农民拥有公平的国家公民身份。随着郊区城镇化进程快速推进，破除把人等级化的户籍制度，加快农民融入城市实现市民化的要求日益强烈。由于转居农民受文化素质限制，就业能力偏低，加之土地被征占后，村集体经济受到严重削弱，解决就业能力下降，农民往往处于就业无岗的境地。让转居后的农民拥有产业发展支撑，不仅有收入，更要有岗位，是农民顺利实现市民化转型的关键。

2. 让农民成为收益主体，主动分享土地增值收益。随着中心城区产业和功能向郊区的疏解和辐射，郊区工业化、城镇化进程的快速推进，郊区土地级差地价快速上升。通过农民集体自主开发方式，在村集体建设用地上发展物业租赁经济，既满足了市场刚性的

土地需求，又盘活了闲置的集体建设用地资源，获得土地增值的级差地价收益，有利于农民主动分享土地增值收益，更好地保障农民的土地权益，增加农民收入。

3. 尽量让农民更多地成为经营主体。通过教育培训、财政倾斜、专项扶持等政策和方式，鼓励农民创业，获得比委托经营更好的收益。

（二）推进人口、资源与环境的协调可持续发展

人口是区域经济社会发展的基础，统筹解决人口问题，既是落实科学发展观的重要举措，也是促进区域经济社会健康可持续发展的前提条件。按照齐普夫定律，在一个相互关联的地理区域内部，任何城市的人口规模和它的排序之间的乘积，均等于最大城市的人口规模。如，以北京地区为例，处于第二位及以下规模位序的城镇规模偏小，中心城区规模过大。近年来，北京城市人口规模呈现快速膨胀趋势，城市资源承载和运行保障压力不断加大，对环境也产生了一定的破坏作用，造成交通拥堵、房价昂贵、空气污染、水资源瓶颈等。截至2011年年底，北京市实际常住人口总数为2 018.6万人，突破2 000万大关，也已经大幅超过了国务院批复的《北京城市总体规划（2004—2020年）》所确定的，到2020年北京市常住人口总量控制在1 800万人的目标。其中，外来人口占了约1/3，是人口增量的主要来源。走新型城镇化道路，需要本着实事求是的态度和精神，加强人口调控管理，有效控制外来人口无序过快增长的势头。实施"以业控人，以房控人"，使人口增长从无序向有序转变，冲出人口重压的重围。要站在北京整体发展的大视角下，统

筹考虑城乡发展，把郊区新型城镇化放到全市建设世界城市的战略高度上来，在技术创新条件下，优化城镇体系空间布局，从而优化人口、资源与环境，促进城乡与区域之间的均衡协调发展。

（三）发挥市场配置资源的基础性作用，加强制度建设

城镇化是以城镇为主导，在市场条件下进行生产要素空间再配置，以实现集约高效的过程。在成熟的市场经济条件下，要素在市场需求的引导下可以得到优化配置，随着城镇化进程的推进而逐步完成城乡一体化。而在传统城镇化条件下，政府成为主要的资源配置方式，城镇化成为一个高度行政主导、审批主导、权力主导的过程，产生了大量的"资源错配"现象，导致资源的大量浪费，酝酿信用危机。特别是土地资源浪费严重，用摊大饼方式建设城市、经营城市，城市运营效率很低，使传统城镇化发展不可持续。

根本原因是，在政府主导的经济发展模式下，具有天然的行政区划特征，要素市场发育滞后，资源要素的配置和调节不是依据市场价格，往往是依赖行政力量。建设社会主义市场经济体制，就是发挥市场配置资源的基础性作用，转变政府职能，走可持续发展、集约式的城镇化道路。

（四）推进综合体制改革，破除城乡二元结构体制

现代市场经济制度是一个巨型的大系统，如果让各个部门和地区按照自己的意思设计自己的系统，然后拼起来变成一个体系，这个体系是无法运转的。只有从顶层开始，一层一层地向下进行设计，这样建立起来的大系统中的各个子系统之间才能互联互通，才

能协调互动。其中，最大的问题就是城乡二元结构体制。

不从根本上改变城乡二元结构体制，推进整体改革，局部改革难以推进，不系统地调整国家与社会、政府与市场的关系，城镇化可能陷于停滞。要合理处理政府与市场的关系，以保证产权受到保护，合同签约自由，以及契约有效实施。习近平同志最近在广东考察时指出："我国改革已经进入攻坚期和深水区，我们必须以更大的政治勇气和智慧，不失时机深化重要领域改革。"新型城镇化每前进一步，都面临着多层次的利益格局调整，只有在规划、国土、财政、发改、税务等多个领域统筹推进综合体制改革，从根本上破除城乡二元结构体制，才能真正走到市场经济的正确轨道上来。

（五）转变农村集体经济发展方式

走新型城镇化道路，加快中心城产业和功能向郊区疏解和辐射，需要统筹考虑外来人口增长调控、资源与环境负担，以及政府职责定位等多方面因素。其中，一个重要的方面是促进村庄发展模式转变，不再延续过去各自为战、自我膨胀的发展路子。转变村庄经济发展方式，关键是处理好三个关系：一是农民和集体的短期利益与长期利益的关系。一些村庄着眼眼前利益，过多地发展租赁经济，外来人口多了，地都占了，结果环境破坏了，最终农民的长远利益也无法得到根本保障。二是部分发展与全局发展的关系。村自为战发展模式是一种只顾自己、忽视全局的不可持续的发展模式，导致规划难以落实，村和镇的关系、新农村建设与城镇化建设的关系难以有效协调。三是城镇化与新农村的关系。北京推进新型城镇化，不是消灭农民、消灭村庄、消灭农业，而是在北京行政区域内进行城镇空间布局和城镇体系建设，既推进城市文明的覆盖，又发扬乡村特有文明的内涵，是实现城乡同发展、共繁荣的根本途径。

三、北京走新型城镇化道路的重要任务

（一）加快规划和基础设施建设一体化

走新型城镇化道路，首先是要按照建设世界城市和城乡发展一体化的要求，构建城乡统一的规划体系和规划监管体系，以基础设施集中化建设为重点，优化农村发展环境，实现规划和基础设施建设的一体化。需要坚持"先规划、后建设，长远规划、逐步建设，综合规划、有序建设，精心规划、科学建设"的原则，统一编制城乡总体规划及土地利用、产业布局等规划，实现规划编制和监管全覆盖。科学处理近期建设和长远发展、局部利益与整体利益、经济发展与环境保护、现代化建设与历史文化保护的关系，在城市总体规划和土地利用规划的基础上，充分发挥城乡规划引导城镇化健康发展、促进城乡经济社会可持续发展的作用，确保城乡在空间布局、产业和就业、居住和设施建设、公共服务等方面有效衔接，城市规划、乡村规划之间相互协调，建立和完善城乡结合部、新城、重点镇和新农型农村社区的城乡规划，形成中心城—新城—小城镇—新型农村社区的规划框架体系，促进城乡空间合理布局、土地资源集约利用、城市要素向农村配置。要按照规划的要求和引导，着力加快郊区基础设施建设，加强城乡交通通行能力，加强乡村路网格局建设，积极发展城郊客运系统建设，实施农村电网试点改造，加快推进农业农村信息化。特别是要坚持"双轮驱动"，加快

重点镇基础设施建设与小城镇产业基地设施建设，全面提高郊区农村基础设施水平，为实现城乡整体繁荣发展创造基础性条件。

（二）推进社会基本公共服务均等化

新型城镇化要求建立健全包括城乡居民住房保障体系、就业服务、社会保障、科技教育、医疗保障等领域在内的城乡基本公共服务均等化，在新型社区建设、城乡就业、养老保险、医疗保险，以及最低生活保障制度等方面强化措施，努力实现无缝对接、城乡一体。2010 年 11 月，中共北京市委十届八次全会在《关于制定北京市国民经济和社会发展第十二个五年规划的建议》中，明确提出北京要率先形成城乡经济社会发展一体化新格局，实现城乡基本公共服务全覆盖和均等化，率先建立与经济发展相适应的社会福利制度。2011 年 6 月，中共北京市委十届九次全会在《关于加强和创新社会管理全面推进社会建设的意见》中，明确提出"十二五"时期，北京市基本公共服务水平要居全国前列并达到中等发达国家水平。建设人人共享、与经济发展水平相协调、与中国特色世界城市相适应的现代公共服务之都，是北京市站在新的发展起点上推进新型城镇化的重大战略选择。

（三）实现产业发展布局科学化

推进北京新型城镇化建设，就是要按照转变发展方式和城乡一、二、三产业融合的要求，优化一产、做强二产、做大三产，充分发挥郊区作为首都发展战略新区的优势，推进产业结构升级和产业多元化。以大力发展都市型现代农业，提高农业综合生产能力、农副产品应急供应能力和市场控制能力，保证农副产品食用安全和供给；以加快重点小城镇产业基地建设和就业基地建设，培育与都市工业和市、区县开发区相配套的产业发展体系，加强产业集聚，扩大城市产业发展空间，促进城乡产业融合；以推进沟域经济发展，大力发展郊区旅游业为主的第三产业，提高山区农民收入，实现山区可持续发展，实现城乡产业一体化。

（四）加快农民市民化

推进新型城镇化，需要实现新型农民市民化。就是要突出户籍制度改革，引导农村人口有序转移并全部完成农转居，整体性地成为城市市民，真正融入城市，实现整体区域意义上的农民市民化。按照城镇规划承载能力和"进入主城、适度放宽，进入城镇、全面放开"的原则，推进新一轮户籍制度改革，争取尽快解决农民一次性整建制转居问题。构建农村居民转居的绿色通道，对附着在现有户籍上的城市建设、人口与计划生育、教育卫生、社会保障、劳动就业、社区管理等城乡差别政策进行调整，逐步缩小城乡差距。

（五）新型农村社区化

新型城镇化不是全部按照城镇要求搞村庄集并，也不是搞村村一样化，而是按照村庄分化的客观规律，按照分类指导、因村制宜的原则，差别化地推进农村社区化建设，让不同类型的农村地区，通过不同方式共同享受城市文明带来的成果。在新型农村社区规划指引下，加强新型农村社区基础设施和公共服务设施配套建设，制定新型社区引导政策，统筹考虑农民居住和就业安排。采用土地置换等多种方式，有步骤、有计划地开展非保留村农民的搬迁，引导农民向城镇或保留发展村集中；根据不同社区类型，在充分尊重居住者的需求和愿望的基础上，加大民居建设力度；推进农村危房改造与农村房屋抗震节能改造；按照公共服务均等化的原则，做好社区配套设施建设。对一些乡村特色、地方特色和民族特色突出，具有历史文化价值的古村落和古民宅，要按照社区特色进行建设。

（六）农村集体资产与农民收益管理制度化

新型城镇化是一个系统性工程，主要体现在通过要素和资源的重新整合，在打破城乡二元结构体制，实现农村人口和劳动力融入城市的同时，深化农村产权制度改革，探索农村集体经济实现形式，发育农村要素市场，让集体资产经营起来。新型城镇化离不开市场机制对资源配置的基础性作用，是在市场机制的作用下，实现城乡资源要素优化配置的过程。农村最大的资产就是农村社区集体资产，需要探索集体资产的有效实现形式，发挥社区功能，通过农地重整、村镇重建、要素重组，盘活农民的资产、农村的资源，促进产权、土地等生产要素的市场化配置和流转，破解城镇化建设中的投融资和土地等难题，推进土地向规模经营集中、产业向园区集中、农村人口向中心镇和新社区集中、公共服务向建成区集中。同时，联动建设新型居住社区、新型产业园区、新型商贸服务区，实现资源变资产、资产变资本、资本变财富、财富保民生，依托社区集体经济，实现农民向城镇居民转变后有住房、有工作、有社会保障，顺利融入城镇。

（七）都市型现代农业发展多元化

作为大城市或城市群空域范围内的都市型现代农业，主要是依托城市、服务城市、适应城市建设发展战略，功能、结构、布局纳入大都市发展规划，与城市工业化、现代化同步发展、城乡一体的符合城市性质、特点和发展方向的现代农业，具有经济、社会、生态、科教等多元功能融合的现代农业，是由单纯生产性功能拓展为具有生产性、生态性、社会性、生活性等多项功能的农业。北京市推进新型城镇化，农业发展定位于都市型现代农业，是北京经济社会发展现阶段的客观要求，发展都市型现代农业是首都农业发展方向的必然选择。要大力发展都市型现代农业，提高农业综合生产能力、农副产品应急供应能力和市场控制能力，保证农副产品食用安全和供给，实现郊区农业单一功能向生产、生活和生态型多功能转变，使农业发展和城市发展相互依托、共同发展。提高郊区农业的生产功能，开发和保护郊区农业的生态功能，加快拓展郊区农业的生活功能。重点发展以景观农业和会展农业为主的城市农业发展圈、以精品农业和休闲农业为主的近郊农业发展圈、以规模化的产品农业和加工农业为主的远郊平原农业发展圈、以特色农业和生态农业为主的山区生态涵养发展圈，以及以与外埠基地横向联系的合作农业发展圈。

四、落实新型城镇化的政策保障和实施推动

新型城镇化是一项艰巨的长期任务和复杂的系统工程。实现新

型城镇化的目标和任务，必须解决资金、资源、人力等要素投入方面的保障，确保城乡一体化发展的政策、制度等层面的有力支撑，落实工程项目，实现科学领导、部门联动、政策集成、资金聚焦、资源整合、探索创新。需要精心组织、强化落实，确保各项工作落到实处。

（一）强化党的领导

要加强党对推进新型城镇化工作的领导。推进新型城镇化是一项长期、艰巨的任务，面对复杂多变的形势和利益格局的深刻调整，必须加强党的领导，发挥各级党组织的核心领导作用和广大党员的先锋模范作用。要构建推动新型城镇化发展的基层党建新格局。统筹城乡基层党建工作，推动新型城镇化进程，促进以城带乡、资源共享、优势互补、协调发展。加强城乡基层党建资源整合，普遍推行机关、企业、社区党组织同农村党组织结对帮扶等做法，推动城乡基层党组织互相促进。

（二）强化组织协调

相关部门要切实履行牵头把总、指导协调和督促检查职能，及时研究解决工作中遇到的困难和问题，统筹推进新型城镇化各项工作。各区县具体负责辖区内的推进实施工作。各级各部门要牢固树立"一盘棋"思想，既要各司其职、各负其责，又要密切配合、通力协作，做到工作程序无缝对接、工作责任有效衔接、工作成果应用共享。

（三）强化政策扶持

尽快出台推进新型城镇化的实施意见，健全完善土地管理、社会保障、财税金融等配套政策和扶持措施，在放活上多下功夫。重点是要扶持壮大集体经济与各类新型合作经济，鼓励多种经济形式共同发展。在资金支持上，完善农业农村投入增长机制，从公共财政、农村金融、社会融资、股份制集资等多个渠道筹措资金，确保新型城镇化资金的平衡关系。

（四）强化督查考核

市政府各部门要按照职责分工，将新型城镇化确定的相关任务纳入本部门年度计划和折子工程，明确责任人和进度要求，切实抓好落实，并及时将进展情况向市政府报告。按照科学发展观的要求，进一步改进考核方法，完善评价机制。建立差别化、个性化的新型城镇化考核指标体系和考核评价办法。强化目标管理，细化任务分解，完善信息沟通机制，严格督促检查，确保新型城镇化稳步推进，取得实效。

深化土地制度改革，积极探索首都
新型城镇化路径

北京市农经办（农研中心）党组书记、主任　郭光磊

走新型城镇化道路，推动农村社会结构转型是当前首都郊区农村发展面临的主要目标与任务。党的十八届三中全会提出"完善城镇化健康发展体制机制。坚持走中国特色新型城镇化道路"。近日，习近平总书记在北京考察时的重要讲话，为我们做好首都新时期新型城镇化建设工作指明了前进方向。土地是城镇化转型的物质载体，兼有经济发展与社会发展的双重功能。深化土地制度改革，按照"资源整合""资产经营"和"社会治理"的三个步骤，准确把握首都推进新型城镇化的路径框架和工作思路，对于首都实现经济社会健康、和谐、可持续发展具有重大现实意义。

一、土地资源整合

（一）土地问题的由来

土地资源供需矛盾已成为郊区经济社会发展面临的主要制约。城镇化是劳动、资金、土地等生产要素从传统农业向制造业和服务

业转移，以提高资源要素配置效率的过程。由于土地资源本身的不可移动性，这种转移过程实际就是资源要素在城镇地区的土地空间上进行集中优化配置的过程。这也成为土地资源稀缺性的根源。近年来，郊区农村地区投资项目越来越大，农村土地资源越来越少，已经成为当前制约郊区长期发展过程中面临的一个难点焦点问题，而且，随着首都经济快速发展而日益凸显。解决集体土地资源整合问题，促进集中优化配置，是实现项目落地，推进郊区农村城镇化进程的第一步。

农村集体土地主要有集体经营性建设用地、宅基地和农用地。长期以来，在城乡二元结构体制与传统农村集体所有制条件下，形成了城乡之间、村与村之间的市场分割，成为影响土地资源要素资源集中优化配置的根本性制约，土地制度是这两项基本制度的交叉点，成为深化农村改革的焦点。在城乡二元的土地规划管理和传统集体所有制条件下，催生了一系列经营性建设用地矛盾、宅基地矛盾、违法建设矛盾以及各类衍生社会矛盾。深化土地制度改革，让土地这一农村最充沛的资源进入市场定价，实现农村集体土地的同地同权同价，有效释放土地资源潜能，建立新型城镇化的投融资模式，将成为推进首都新型城镇化建设的主动力来源。

这种土地资源优化配置的客观需求与土地资源市场的条块分割之间的矛盾，成为大家经常谈论的土地问题的由来。

（二）农村"三块地"主要存在问题及改革方向

第一，推进农村集体经营性建设用地进入市场。进入市场不等于就是出售集体土地所有权，也可以转让集体土地的各类用益物权。但是，现实中集体建设用地缺乏出路，缺乏审批途径，或审批程序繁复，或受规划制约，造成大量集体建设用地或闲置、或低效率运营、或违规操作、或违法建设。一是集体建设用地流转途径单一。往往是简单的以村集体为主体对外出租，缺少一个合法的流转平台供其根据土地市场价格合理流通。其后果是土地租期长、租金低。一些地方的村长，由于任期短，急于短时间收取更多的地租，于是合同期长、单价低、一次性交若干年地租。二是现状集体建设用地使用受规划影响无法继续使用。由于现状集体建设用地指标集中使用，在规划图上大量村庄以及集体建设用地被"抹绿"，规划意义上被列入复垦。复垦区的现状建设用地只能现状使用，即使成为危房，也不能申请翻改扩建。一些工业大院、养殖小区改扩建需求很大，但"不符合规划"。三是总规与控规之间的地性不一致导致房屋无法改扩建。四是既符合两规、又依法申请的，也容易掉入繁杂的审批迷宫。一些地方即使一些公益绿通项目，也往往是办理了若干年手续也未办理完全。

第二，加快农村宅基地管理体制改革。社区聚居是亚洲一些国家或地区的一个重要特点，在城镇化过程中存在一个如何处理转移人口与原社区之间财产关系的问题，其留在农村的宅基地及附着其上的房产是其中的一个重点。根据我们最近关于农民市民化的一项问卷调查，农民转居后能否拥有宅基地申请权是影响对转居满意度评价的最重要因素之一。考虑到我国长期的二元经济体制和传统集体土地所有制的固化，农村宅基地管理体制多年不变，无论是审批制度、日程管理制度和宅基地流转制度均已高度不适应城镇化发展现实的需要，造成目前宅基地管理上混乱的局面。一是宅基地自我流转渠道缺失。由于近年来拆迁补偿水平的不断提高，近郊农民已经不再卖房子。对宅基地有刚需的农民只能申请新的宅基地。一方面，存在大量闲置宅基地（主人不用或对外出租）；另一方面，有刚性需求的农民得不到政府审批的新宅基地。土地管理法规定，举家迁出本经济组织的，原有宅基地由村集体收回，地上物作价。但在实际操作过程中却是大量已经转居、户籍在城市工作已经不属于村集体的人员以"继承"的形式零成本占有农村宅基地，造成空置或出租，而其未来预期收益巨大。二是宅基地审批门槛低，管理粗放。一户农民申请一块新的宅基地，限制条件有三：本集体经济组织成员、子女已到结婚年龄、原有宅基地无法分居。按照这样低的标准审批将导致村庄急速膨胀。一户一宅的规定也缺乏细则。三是宅基地日常管理粗放。试点乡镇反映，自 20 世纪 90 年代初宅基地登记发证以来，无论登记使用人是死亡还是宅基地易主，无论买房者是本村村民还是外来人，均无法办理变更手续；民房甚至危房的翻建难以得到审批；宅基地登记发证时的误差引发纠纷；对于面积偏大的宅基地缺乏规划调整实施的细则等。为此，需要变"懒政"为"勤政"，制定有效的收回制度遏制村庄膨胀，以人均面积或容积率来规范宅基地的面积和使用，而不是简单执行"一户一宅"等。

第三，创新农用地运作手段。一是农业政策不能前后有效衔接。如一些地方 2000 年扶持养殖，2004 年不再鼓励养殖。确权确地的地块转变为确权确利，操作上缺乏政策依据。二是土地确权 30 年不变政策产生种种弊端。或导致地块分散，或使一部分把地流转出去的农民回来重新要地，引发社会矛盾。三是耕地保护政策有待于进一步完善。随着城市产业和功能的扩散和转移，耕地保护政策与一些地区的功能定位和资源条件不相适宜。

总是，要通过改革解决这三块地的问题，让农村借助实现经济发展的转型。目前，我们正在筹备进行全市农村集体土地的资源清查工作，摸清农村各类集体土地的底数，把集体土地的归属情况、运作情况、效益情况等梳理清楚。

（三）土地资源整合的实施路径

"农民主体、市地重划、土地平权、乡镇统筹"是实现土地资源整合，推进首都新型城镇化建设的主要实现路径。

要按照十八届三中全会提出的建立城乡统筹的建设用地市场的精神和要求，真正依靠农民，依靠体制机制创新与土地开发方式创新，明确推进新型城镇化发展的基本路径。

首先，农民主体。一是要让农民成为融资主体，利用资本经营手段，发育各类产权工具，突破资金瓶颈，降低城市化改造成本。二是要让农民成为投资主体，掌握开发建设的主导权，维护农民的长远发展利益，夯实永续发展的基础。三是要让农民成为收益主体，通过产权制度改革、产权交易、资产的委托经营与信托经营等现代市场手段获取相应的收益，建立健全农民增收的长效机制。可参照门头沟区永定镇经营性物业信托方案的思路。四是要让农民成为决策主体。由"被拆迁"改为"我要拆"。在试点过程中，一些工作小组在规划方案编制过程中，对于村庄是否要拆迁，详细问计于民，把决定权留给村民。

其次，市地重划。台湾地区将市地重划作为促进都市脱胎换骨的重要手段。市地重划的基本原理是"交换分合""受益者负担"，基本工作内容是"土地分配"与"工程施工"，即我们常说的"规划引领"。20 世纪 80 年代末，台湾地区公办市地重划的案件大幅增加，近年来，自办市地重划得到快速的发展。农村地区的发展，需要参照台湾地区经验，更多发挥农民主体作用，参与到规划调整工作中来，自主决定地区的土地资源分配。在满足国家大的土地用途管制的基础上，建立起城乡统筹、协同治理的土地用途管制体系，打破城乡土地二元结构体制。关键点是摆脱土地财政和土地金融的困局，要依靠产业培育维持发展，而不能靠传统的拆迁卖地方式维持发展。

第三，土地平权。土地增值来源于区位，而不是个人的劳动和资本投入。需要制定相关政策，按不同区段征收不同的土地基金，依靠一整套的土地平权机制，落实涨价归公，实现"涨价归农"和"涨价归公"的统一，建立城乡之间、地区之间的利益统筹机制。如在一个乡镇范围内，一个村的地规划为工业用地，另一个村的地规划为绿地或农业用地。在区段征收的利益统筹机制下，涨价的部分要惠及到全部村。可以让农民通过土地入股的形式建立农民分享增值收益的科学合理分配机制。在跨村的重大项目开发建设上，可以乡级土地资源股份经济合作社为主体，采取以集体土地使用权入股方式参与开发。全市范围内，也要落实土地平权机制，保障全市农民分享土地增值利益。

第四，乡镇统筹。在大都市郊区，城乡统筹发展的要求更为迫切，需要打破过去村自为战的发展格局，加强乡镇统筹，实现经济健康快速可持续发展。一是统筹空间布局。引导资源实现空间上的集中优化布局。二是统筹产业布局。按照所在地区的功能定位，合理布局产业园区，培育一、二、三产业等各种新型产业和推进产业升级，实现产业有序健康发展。特别是考虑通过为园区配套选择适合农村集体经济组织从事的产业形态，带动农民稳定就业。三是统筹组织体制架构。建立健全组织体制机制，作为规划平台、组织平台、融资平台、信息平台、项目申报平台，支撑各项跨村域重大项目建设的快速推进。在此基础上，落实农民的财产收益分配权，规避集体经济组织"内部人控制"。四是统筹政策资源。集成新农村建设、土储以及重大项目等各项政策，形成合力。五是统筹项目实施与旧村改造。把项目开发、绿化建设、农民上楼与旧村拆迁统筹考虑，同步推进，防止一些开发商"只吃肉，不啃骨头"，部分乡村干部一味"要政策、调规划"的倾向。可参照海淀区东升镇建设东升科技园区过程中盘活集体经营性建设用地、推进产业升级、深化产权制度改革的经验。

（四）土地资源整合的政策体系

土地资源整合面临两大制约，一是政策制约；二是规划制约。构建土地资源整合的政策体系，需要从这两个方面着手：

首先是土地政策。目前面临的最主要政策制约来自二元体制下的土地政策及制度安排。

建立稳定的土地用益物权产权体系，稳定收益预期，为谋求长期发展奠定稳定的制度基础。加快农村集体建设用地使用权、农村土地承包经营权、农村宅基地使用权以及集体土地上房屋权属的确权颁证工作，实现土地产权关系清晰化，稳定市场主体对土地资源的收益预期，消除由于产权不清晰、不稳定情况下产生资源公共地以及由此导致的大量开发中的挑肥拣瘦、瓦片经济中的私搭乱建、地方政府主导的投资冲动等投机行为。通过现代土地产权制度建设，如出台《北京市农村宅基地管理办法》，使土地产权关系成为解决纠纷和冲突的手段，而不是冲突产生的根源，为市场经济健康运行奠定可靠的制度基础。

推进乡镇统筹利用集体建设用地试点。仿照台湾市地重划办法，进行土地利用的区片整治，成立相应的区域统筹的跨村联合的新型集体经济联合组织，建立健全不同村之间实现资源优势与资金优势的互补机制，促进集体土地资源的集约高效利用。采用类似西红门镇集体土地上建设产业园区的形式，确保各村的土地指标入股，规避区位和圈内外差异造成的不公平。政府可以"民办公助"的形式给予基础设施配套等项目支持。

出台专门的"留地安置"政策。参照回龙观镇北店村、西红门镇等地实践经验以及台湾区段征收与市地重划的理念与实践，结合本地地价水平确定留地比例，通过绿化用地与建设用地按适宜比例进行置换开发的方式，从按"人头"补偿改为按"地头"补偿，巩固集体经济发展后劲，建立绿化隔离地区发展的长效机制。

推广房地分离经验，建立社会资本投资的产权激励机制。加快研究集体土地使用新政策，完善集体建设用地房屋建设审批制度。加快集体土地和房屋产权登记，明确产权权能，厘清产权关系。

探索建立土地增值收益共享基金。按照增加农民土地增值收益与土地涨价归公相结合的原则，形成土地增值收益的区域性分享机制。保障农民获得绝对地租和部分级差地租Ⅱ。政府获得增值收益中的级差地租Ⅰ、部分级差地租Ⅱ和垄断地租。开发商获得市场正常利润。

加大代征代拆力度，把旧村改造纳入开发成本。分类划分实施单元，统筹城乡用地利用，单元内部城乡用地统筹规划、整体算账、综合平衡。要加大代征代拆力度，将重大项目、功能区建设与开发红线外的旧村改造结合起来，实现地区的整体发展。

其次，规划建议。

创新规划理念。地区发展规划编制应符合城乡发展实际，着眼规划落实，立足城乡发展的阶段性特征，尊重农村经济社会发展的内在规律性，寻找规划有效实施的路径。

实现多规统筹。一是对已经完成的规划要实现相互有机衔接。建立健全城镇规划、村庄体系规划、土地利用规划、产业布局规划多规统筹机制，规划之间的相互衔接，使郊区与城区连为一个整体。二是对一些地区规划工作不平衡的情况，如只有片区规划无区域整体规划或产业发展等专项规划的，要积极推进镇域总体规划编制和审批工作。如丰台河西、海淀山后、温榆河功能区（朝阳东三乡）、黑庄户等重点区域规划编制及审批工作。

部门之间协同编制规划。发改、规划、农口、国土、住建等政府部门之间协同编制规划，建立从项目立项、土地确权、土地审批到规划审批等程序之间的衔接机制。

建立规划编制的基层广泛参与机制。在规划编制中发挥当地居民、社会团体等各类组织的积极作用，将规划目标与不同群体的目标结合起来，扩大公众参与的广度和深度。

实现规划与政策有机整合。总结一道绿隔建设经验，提高规划可行性，同步推进规划编制与政策设计，使规划编制实现由单纯技术手段向综合政策的转变。

依托社区机制落实规划监管。对违法建设，首先要在科学标准和基础上进行甄别，以部门规章为基础，以经济效益、社会效益和生态效益"三效合一"为标准，确定不同类型的违章建筑。对符合规划的违章建筑通过补办手续方式予以认可，对不符合规划的违章建筑进行拆除和化解。

增加投融资规划，建立保障规划落实的资金平衡机制。改变传统规划不作经济核算，而主要以人口为基数圈定用地结构及空间布局的做法，忽视了规划实施中的市场和资金问题。在城乡规划与城乡建设中间，增加一个投融资规划，将系统工程的思维方法运用于社会系统和管理系统，实现土地、资金与产业的综合平衡。

立足实际，合理进行规划调整。坚持规划的严肃性和城市总体规划实施为前提，对于不存在违反政策和规划要求，通过土地整合可以实现绿化，规划调整具合理合法和可调性，能够通过个案处理保障村民拆迁上楼安置和促进绿化实施的，可适度合理增加建设规模进行个案处理。规划调整要以区政府为责任主体，镇政府为实施主体，主要应采取启动剩余建设用地、新增剩余用地、提高容积率以及可由区政府统筹协调安排和可能用于异地资金平衡的相关用地的方法。

二、集体资产经营

实现土地资源整合后，就是要促进项目落地，并让产业项目成为农民利益的长远依托，真正实现农民带着资产进城。因此，在城乡发展一体化阶段，推进农村集体资产经营，主要是四项工作：产业升级、产权改革、法制建设与金融创新。

（一）扶持重点产业园区建设，推进产业升级

一是制定重点区域产业发展规划，面向城市群构建一体化的产业链。二是加快两类产业园区建设，发展软件、通信、设计等高科技类生态产业园区，配备农民上楼为主的城镇化社区，推动都市型现代农业产业园区建设，配备一户一宅为主的新农村社区。三是明确行业准入范围，提升重点产业项目质量。四是建立功能区产业发展绿色通道制度。五是明确相应的产业支持政策。

（二）深化农村产权制度改革，落实农民收益分配权

探索"政经分离"，推进农村综合体制改革。一是借鉴广东南海政经分离经验，稳步推进农村综合体制改革。通过选民资格分离、组织功能分离、干部管理分离、账目资产分离、议事决策分离等手段使集体经济组织逐渐与社区组织分离开来并得到发展，形成行政事务、自治事务和集体经济组织经营事务三分离，逐步把传统的农村社区集体经济组织改革成城镇股份合作组织。二是加强乡联社及部分村之间联合组织建设，并支持其作为跨村的项目开发与投资主体，打破村庄的产权封闭，形成区域统筹发展体制机制。三是完善新型集体经济组织法人治理结构，引入社会评估机制，建立健全经理人聘任制度，完善相应的股权、薪酬等激励机制与约束机制。实施投资项目的股东代表大会审议制度。四是推进产权交易、

信托化经营试点、多村联合的小额贷款公司试点等农村集体资金资产资源的经营模式创新。

（三）推进法制建设

农村集体资产经营仍然面临法律上的障碍，当前矛盾焦点在于集体物业资产的产权认证问题。一般在集体土地上建设的房产不能办理正式的房产证。按照目前法律规定，集体建设用地必须转为国有，才能进入二级市场流转。在没有进行土地变性的情况下，集体土地没有国有土地使用权证，拿不到房产证，影响到企业经营、工商登记、税收管理、融资抵押以及公共服务等一系列问题，既限制了入园企业的质量提升，又限制了园区周边土地建设的综合配套。此外，由于集体土地性质的局限，园区二期立项审批进展缓慢。随着园区的进一步发展，集体土地不能与国有土地获得同等待遇的问题将日益突出。

（四）推进金融工具创新

发挥金融工具的特殊功能，让农村资源进入市场，形成资产。一是通过信托方式，以乡联合社为载体，开展物业信托。二是搭建以乡联社或村合作社为基础的投融资平台。三是制定优惠政策，推动银行等商业金融机构等社会资本进入农村地区，为新村建设和产业发展提供资金支持。四是试点社区资金互助社等各类农村内部社区金融。可以探索与商业银行合作，委托保管资金，通过财政扶持资金和社员自愿交纳资金方式作为互助资金，入社社员通过低占用费借款的方式周转使用互助资金发展生产。

三、社会协同治理

十八届三中全会提出全面深化改革的总目标是要完善和发展中国特色社会主义制度，推进国家治理体系和治理能力的现代化。这个目标明确了全面深化改革的总的方向，体现了全面深化改革的内在规律。过去讲现代化目标主要是实现四个现代化：农业、工业、国防与科技的现代化。现在讲国家治理体系和治理能力的现代化，就是要研究如何治理这个国家，让人民能够幸福地生活。这需要我们在经济、社会、政治、文化、生态等多个层面，深刻反思过去传统的行政管理方式，探索新的有效的社会治理机制和模式。重点是要推进制度创新与顶层设计、发展壮大农村集体经济、推进城乡基本公共服务均等化。

在改革进入深水区和攻坚期的阶段，推进制度创新与顶层设计，是推进国家治理体系和治理能力现代化的前提条件。重点就是要转变政府职能，减少政府直接配置资源的领域和范围，发挥市场在资源配置中的基础性作用。

要依靠制度建设，转变传统的政府主导型经济发展方式。通过推进法治化进程，让政府的有形之手在法律的框架约束下发挥作用，做政府应该做的事，解决市场解决不了的事，而不是越俎代庖，对经济发展产生长期的不利影响。特别在健全社会保障体系、打破市场垄断、推进农村和城市居民平等享受公共服务、完善法律体系等方面，要着力加强制度建设。

要加快市场经济自身的制度建设。基于市场经济基础上的农村治理体系与治理能力的现代化，最重要的不是物理、外观的改变，而是制度和人的变革。当前，我们的市场经济还不是尽善尽美、成熟定型的，市场发挥资源配置基础性作用还不够充分，领域和范围还不够宽广，加强市场制度建设显得尤为重要。如产权关系界定，产权交易制度建设，经济合同规范化，土地增值收益分配制度建设以及大力发育社区性金融市场等。

同时，要充分认识发展壮大农村集体经济是完善郊区农村社会治理的经济基础。要坚持"农民主体，政府引导"原则，壮大农村集体经济实力，发挥农民的积极主动参与作用。

要充分认识集体经济的社会价值。农村集体经济是公有制的重要组成部分，不仅有增加农民收入，缩小农村内部收入差距的经济价值，还有维护社会稳定，"兜锅底"的社会价值，是创新农村社会治理机制的经济基础。把农村集体经济搞好，发挥好农村集体经济组织载体作用，让农民参与到社会治理中来，就是社会治理能力现代化的重要体现。要推进村民自治组织与集体经济组织之间的"政经分离"，推进政府部门与社区自治组织之间的"政社分开"，让农民以集体经济组织为载体参与到城乡发展规划编制中去，成为农村地区发展的主导者，这些都是依托集体经济，推进国家治理现代化的重要内容。

要充分发挥集体经济的社会治理作用。以农村违法建设的治理问题为例。政府部门管理力量有限，难以实现有效的监督管理。一些村庄环境搞得好的，一般有一个比较发达的社区集体经济，能凝聚人，也能管理人。村庄建设脏乱差的村，往往缺乏一个有实力的集体经济组织，村级缺乏统筹，户自为战，各自搞瓦片建设。而这些富村，往往是因为拿到了一部分土地级差收入，集体经济实力得到壮大，进而推进村庄改造的。这样的例子很多，如丰台的草桥村、南宫村，通州区的西总屯村等。

集约高效利用农村集体经营性建设用地是当前完善农村社会治理机制的关键。过去我们总结的大兴区西红门镇，海淀区东升镇、四季青镇典型，在集约利用土地、保障农民集体资产权利，让农民带着资产进城，促进社会和谐发展方面都进行了积极有效的探索，取得了重要经验。主要就是把集约利用集体经营性建设用地作为重点，发挥乡镇统筹的积极作用，提高产业发展层级，改善人口、资源、环境，破解"城市病"，最终实现社会的有效治理。目前，我们正在积极推进的二道绿隔地区乡镇统筹利用集体建设用地扩大试点工作，目的就是要进一步探索集体经营性建设用地集约利用的新路径新模式，健全规划实施机制，落实首都城市功能，推进农村社会结构转型。

此外，城乡基本公共服务均等化是推进郊区农村治理现代化的基本条件。要坚持"以城带乡，城乡互惠"，突破城乡二元结构体制，建立公共财政体制。着力提高社保、就业等公共服务领域的投入水平是现代市场经济国家对于起步平等的基本要求，体现了公平与效率的内在统一。

要加大社会保障投入。农民目前缴纳社保统筹基金压力较大，要加大养老、医疗为主的社保缴费财政补贴力度，减轻农民支出压力。大幅度提高农民养老金、合作医疗报销比例标准，逐步实现城乡养老、医疗保障的体制接轨。

要加大财政倾斜力度，推进城乡基本公共服务均等化。一是由乡村自己实施建设的大市政即"自建"部分，新村建设的商品房所缴纳市财政的土地出让金落实返还。二是实施水、电、路、气、暖等配套基础设施项目市区两级统筹，基础设施管网向农村地区主动延伸。三是推进城乡基本公共服务均等化，落实公共服务事业配套。凡 20 万人以上城镇地区要配备三甲医院及幼儿园等医疗教育服务设施。

要推进农民就业与整建制转居工作。把农民就业工作纳入城镇公共就业服务体系，鼓励社会企业，特别是征地企业，把合适的工作岗位优先安排给被征地的农民。对吸纳本地区农民就业占企业员工总数 15％以上、就业时间超过 3 年以上的，其缴纳所得税地方分享部分给予部分返回。对解决本乡镇或本村农民就业30％以上的乡村集体经济组织给予所得税税收减免优惠，对分红税给予全额返还。同时，加快农民整建制转居工作。在完成资产产权制度改革基础上，以村或乡镇为单位，推进整建制完成农转居工作。

要稳步推进社会管理体制改革。一是稳步推进撤村建居。在农民转居全部完成之前，不轻易撤村，村与社区居委会在过渡期并轨运行。二是探索"镇管社区"模式，完善乡镇与地区办事处解决城市化过渡期各类社会问题的社会管理体制新模式。三是加强社区党建工作，加强党的领导。四是发挥社会性组织的社会公共事务管理职能，并提供相应的制度环境。五是注意城镇型社区与新农村社区社会管理模式的差异性。前者逐渐城市化过程中村民自治组织让位于城镇社区组织，原来的村集体经济组织与社区组织分离。后者的社会组织结构和治理方式仍以村民自治为主。

推进首都新型城镇化建设研究

北京市农经办（农研中心）党组书记、主任　郭光磊

城镇化是劳动、土地等生产要素从传统农业向制造业和服务业转移，以提高资源要素配置效率的过程，是一个国家或地区发展水平的重要标志。党的十八届三中全会提出"完善城镇化健康发展体制机制。坚持走中国特色新型城镇化道路"。2014 年市政府工作报告指出"坚持把新型城镇化作为治理'城市病'、实现城乡一体化的重要抓手"。近日，习近平总书记在北京考察时的重要讲话，为我们做好首都新时期新型城镇化建设工作指明了前进方向。准确把握首都走新型城镇化道路的工作思路，明确未来北京走新型城镇化道路的战略和政策，对于北京率先形成城乡发展一体化新格局，实现经济社会健康、和谐、可持续发展具有重大现实意义。

一、首都新型城镇化研究进展

城镇化牵涉内容广泛，有产业发展问题、空间布局问题、组织体制建设问题，还有农民市民化为主要内容的社会结构转型等诸多问题。2010 年以来，市农研中心围绕新型城镇化发展这个主题，

有计划、有重点、有步骤地开展了调查研究，从框架性研究，到专题性研究，再到具体问题研究，取得了一批重要研究成果。

（一）北京市新型城镇化道路框架性认识的初步形成

2010 年主要按照不同区域，如城乡结合部地区、小城镇地区、山区沟域地区等，对郊区不同类型地区的城镇化进程进行了分类研究，提出了新型城镇化的内涵，形成了新型城镇化道路研究的框架性认识。完成了《走以人为本的新型城镇化道路——北京城乡结合部经济社会发展问题研究》《城镇化发展战略的资本要素配置与资本化运作研究》《北京郊区城镇化进程中产业发展问题研究》《沟域经济发展中社会资本引入问题研究》等。如城乡结合部研究课题围绕 50 个重点村城镇化改造这一工作重点，对城乡结合部的基本情况、主要建设改造模式、存在的问题与挑战进行了调研总结，对新型城镇化的内涵作了思考与提炼，提出了推进城乡结合部城乡建设的政策建议。资本要素配置与资本化运作研究课题提出了基于农民收入增长的城镇化战略。沟域经济课题提出了在山区发展中的土地政策、开发规划、项目审批、基础设施和农民利益等对策建议。

（二）北京市新型城镇化道路专题性研究的深入展开

2011 年进行了新型城镇化相关的专题性研究。从不同角度对国内不同地区城镇化路径进行了比较研究，从新型城镇体系建设、社会结构转型、公共服务、产业布局、农民收入增长等不同角度对新型城镇化道路进行了专题性研究，新型城镇化问题研究的领域和范围得到进一步扩展。完成了《新型城镇化发展路径比较研究》

《北京市绿化隔离地区发展问题研究》《关于北京市征地农转非问题的调查》《北京市郊区重点镇功能提升的有效途径研究》《北京郊区新型农村社区建设与管理研究》《北京市城乡基本公共服务均等化研究》《北京城乡一体化发展的产业布局优化研究》《城乡一体化进程中促进农民收入较快增长分析研究》等。其中,《新型城镇化发展路径比较研究》考察和比较了北京、天津、上海、重庆、成都、广州等特大城市在土地政策创新、集体资产处置、户籍制度改革、社会保障制度改革等方面的主要政策经验,对新型城镇化发展作了深度思考,提出了相关政策建议。《北京市郊区重点镇功能提升有效途径研究》建议探索灵活的集体土地用地政策和多元化的投融资机制,主动承接城市功能转移,积极推进镇级管理体制改革等。《北京市郊区新型农村社区建设与管理研究》提出要走以农民为主体的自我改造道路,应当依托村级组织建设,形成节约用地的机制及可持续产业支撑,搭建与企事业单位的合作平台,及时完善社会管理与服务。

(三)新型城镇化道路分析框架的建立

2012 年,在宏观和微观的两个层面展开了深入研究,通过户籍制度改革、集体经济实现形式、乡镇统筹、集体建设用地利用等一系列问题的问题,提出农民市民化、农村社区化与农业现代化的农村社会结构转型的基本路径,形成了北京走新型城镇化道路的较成熟的分析框架与政策机制设计。完成《北京市新型城市化中农民土地权益发展研究》《北京市新型城市化中农村集体建设用地政策研究》《北京市探索集体经济有效实现形式研究》《城乡一体化背景中北京户籍制度改革研究》《北京市城乡一体化进程中乡镇统筹发展方式研究》。《北京市新型城镇化中农民土地权益发展研究》总结了北京市探索新型城镇化的两种基本模式即政府主导的新型城镇化和农民主动的新型城镇化，提出了维护和发展农民土地财产权的政策建议。《北京市农村集体经济实现形式研究》探索了城镇化背景下深化产权制度改革的基础条件、重大意义、基本类型、主要问题、理论基础以及总体思路，并提出了相应的政策建议。《城乡一体化背景中北京户籍制度改革研究》从全新的视角上提出了北京市户籍制度改革的思路和政策建议。着重研究了北京市推进农民工市民化的政策历程与现实困境，提出了实现农民工市民化的政策建议。

（四）新型城镇化研究工作的梳理总结与不断推进

2013 年，在三个层面推进新型城镇化研究工作。一是对近年来新型城镇化问题研究工作成果进行了梳理和总结。出版了《北京市新型城镇化问题研究》，提交市相关部门领导、在乡镇书记乡镇长培训会、中国城郊经济研究会等不同类型会议上进行了宣传和推广，产生了广泛影响。二是在实践层面上，扎实开展二道绿隔地区调研与试点工作，把研究工作与实践紧密结合起来。从 5 月开始，按照林克庆副市长的安排和部署，与市规划院组成联合调研组先后与 9 个区县的规划、国土、农口、园林等部门和 40 多个乡镇（含功能区）开展专题调研。多次召开专题报告、总报告集中研讨会。完成空间布局、生态文明、产业布局、集体经济、社会管理与财政金融等六份专题报告，并在此基础上形成课题总报告。10 月初，启动五区六镇的乡镇统筹利用集体建设用地试点工作，探索这一地区实现城乡统筹发展的几种路径或方式。目前，各试点乡镇已形成总体思路，进入具体实施方案编制阶段。三是在政策研究层面，深入推进专题研究工作。开展了《深化农村产权制度改革路径研究》《北京郊区小城镇科学发展实践研究》《平谷区农地委托流转试点研究》《平谷区农民专业合作社财务管理规范化问题研究》《农村集体资产信托法律问题研究》等，从宏观与微观两个层面，将新型城镇化问题研究的领域进一步深化和拓宽。

二、推进首都新型城镇化的基本思路

（一）农村社会结构转型是首都新型城镇化建设的主题

人口是区域经济社会发展的基础，统筹解决人的问题，既是走新型城镇化道路，建设和谐宜居之都的前提条件，也是完成社会结构转型的重要举措。在为首都提供优美生态环境的同时，农村要走"以人为本"的新型城镇化道路，建设和谐宜居的新农村，顺利完成农村社会结构转型。主要任务是农民市民化、农村社区化、农业现代化。

首先，要实现农民市民化。一方面实现基本公共服务均等化，对附着在现有户籍上的社会保障、劳动就业、教育卫生、城市建设等城乡差别政策进行调整，逐步缩小城乡差异，另一方面深化农村产权制度改革，让农民带着资产进城，成为拥有集体资产的市民。实现农民市民化的具体改革有三项：

一是推进户籍制度改革，实现城乡居民身份一体化。市委、市政府已经明确提出北京的农民是拥有集体资产的新市民。户籍制度改革必须体现这一根本要求。建议取消传统的农业户籍与非农户籍的划分，一次性将北京郊区 200 多万农民全部转市民身份，实现城乡统一平等的居民身份制度。

二是深化农村产权制度改革，切实保障农民集体资产权益。市委、市政府也已经明确提出让农民带着集体资产进入城镇化。推进新型城镇化，必须保障农民原有的土地财产权和集体资产权益，户籍制度改革和城镇化发展不得剥夺农民原有的农村财产权利。农村集体产权制度改革既要界定农民的集体财产权份额，又要保障农民按股分红等集体资产收益权，还要建立农民自愿退出原集体产权的市场机制。

三是加快基本公共服务体制改革，实现城乡基本公共服务均等化。要按照城乡发展一体化的要求，不断提高城乡基本公共服务水平，率先实现城乡基本公共服务均等化，使城乡居民在就业、就学、就医、社会保障等方面享有大致均等的基本公共服务。

其次，要实现农村社区化。要实现城乡基础设施全覆盖，环境优美和谐，让农村地区共同享受城市文明的成果。就是要按照城乡发展一体化的要求，打破传统的城乡分割的社会管理体制，建立新型的农村社区化管理体制。

一是创新农村社会管理体制。打破传统的以不同的户籍人口进行区别化管理的旧体制，农村社区人口不再区分为农民、市民、流动人口，统一称为农村社区居民。农村社区管理要以全部常住居民为基础，推进社会服务管理观念和方式创新，加快农村基层民主法治建设。

二是统一推进城乡基础设施和公共服务设施建设。要将农村社区统一纳入城乡社区发展规划作为新时期新农村建设的新的突破口和着力点，继续改革和完善公共财政体制，将农村社区基础设施和公共服务设施建设统一纳入公共财政保障范围。

三是实行农村政经分离。将农村集体经济组织与农村党组织以及村民自治组织进行分离，进一步理清各自的职责范围。通过深化农村集体产权改革，建立健全农村新型集体经济组织，完善的法人治理结构，使农村集体经济组织成为市场经济中的独立法人，依法、独立从事生产经营。村党支部和村委会依法履行各自的职责，不再干预新型集体经济组织的内部事务。

第三，要实现农业现代化。就是要在新的发展形势下，促进工业化、信息化、城镇化、农业现代化同步发展，实现农业产出率和农业经营效益不断提高，在新的起点上推进都市型现代农业发展再上新台阶。"拉美陷阱"产生的根本原因是没有实现好农业现代化。拉美地区的农村主要是大地主庄园经济，缺乏自耕农。随着土地经营的垄断加强，农业劳动力需求减少，大量失业农民只能涌入城市，造成过度城市化。因此，农业现代化不仅体现在技术效率上，还应该体现在配置效率上，实现农业经营体制的现代化，各方利益得到充分保障。

一是着力创新农业生产经营体制机制。结合北京郊区发展实际，加快构建集约化、专业化、组织化、社会化相结合的新型农业经营体系。

二是着力培育新型经营主体，大力发展农民合作社。要适应郊区都市型现代农业发展的新形势新要求，切实把大力支持发展农民合作社作为培育新型农业经营主体的重中之重，鼓励和支持农民兴办专业合作和股份合作等多元化、多类型的合作社。

三是着力发展农业多元服务主体。坚持主体多元化、服务专业化、运行市场化的方向，加快构建完善与都市型现代农业发展相适应的新型农业社会化服务体系，在强化农业公益性服务体系建设的同时，加快培育和发展农业经营性服务组织，特别是要发挥农民合作组织在农业经营性服务中的主力军作用，不断创新服务方式，提高服务质量和水平。

四是着力增强对农业的保护支持力度。继续加大对农业的保护支持力度，加强对农业的投入，提高农业补贴水平，完善强农惠农富农政策体系，让农民种粮务农获得合理的利润。

五是着力培育新型职业农民。发展现代农业必须培育现代职业农民。要根据农村人口老龄化、青壮年农业劳动力紧缺的新情况，把培育现代职业农民提上发展现代农业的重要日程，出台相关政策措施和优惠政策，吸引青壮年农业劳动力从事农业，加强对农业从业者的职业培训，全力造就一批能够担当农业现代化重任的职业农民队伍。

六是着力推进农村生态文明建设。紧紧围绕现代农业的生产、生活、生态的多功能特性，深入发展乡村旅游和休闲观光农业，进一步加强农村生态文明建设，着力建设美丽乡村。

（二）传统城镇化发展模式转型是推进首都新型城镇化建设的主线

成功的城镇化转型必须首先对传统城镇化的旧机制进行深入透

彻的分析，否则，新型城镇化建设的内在机制链条就仍在黑箱中，而不能清晰的展现在我们面前。实现城镇化模式发展转型应成为首都新型城镇化建设的一条主线。我们对传统城镇化进行了反思和总结，提出了新型城镇化的三个核心理念。

首先，传统城镇化的基本逻辑是尽量压低城镇化成本，新型城镇化则是要实现利益兼顾。传统城镇化条件下，通过"甩包袱"方式降低城镇化的经济成本，转化为大量社会成本，新型城镇化要实现利益关系兼顾和平衡，科学界定经济成本，追求社会和谐红利。低成本的传统城镇化集中体现在"吃肉留骨头"：一是为加快项目建设的进度，尽量降低开发成本（安置成本、土地补偿、拆迁成本），损害了农民短期一次性利益；二是一次性征地拆迁，农民集中上楼，但产业用地无法保障，损害了农民长期发展利益。从16号文到148号文，逐渐提高了农民的补偿，拆迁征地成本也在不断上升，但仍然是解决局部性问题，未能形成有效的顶层设计性质的政策机制。走新型城镇化道路的基本逻辑就是要实现土地平权，实现各方面利益关系的平衡，既要看到农民短期利益，又要看到长期利益，既要保护农民局部利益，也要统筹农民整体利益，而不是一味提高农民的一次性补偿水平。关键是把农民和产业捆绑在一起，变"杀鸡取蛋"为"保鸡生蛋"，让农民有可持续的产业支撑，主动融入到城镇化进程中来，实现农民收入持久增长与农村社会结构的稳步和谐转型。

第二，传统城镇化的基本特点是分割式发展，新型城镇化要整体规划，统筹发展。分割式发展集中表现在城乡之间、地区之间、部门之间的相互分割，形成"户自为战"、"村自为战"的发展格局。如在试点乡镇调研中发现的，房地产开发不能带动旧村改造，白地开发上市了，旧村还没有拆，旧村拆迁、农民社保不能打入一级开发成本等。大型交通基础设施建设只管直接占用的地区，不管相邻边角地，放弃了代拆代建的义务。再如148号令也只是部分转居，部分社保成本打入一级开发成本。朝阳区金盏乡一些村宅基地都拆了，但是也只能转部分甚至几个农民，而不能实现整建制转居。城中村大多是在这种分割发展方式下形成的。分割发展造成地区发展中的"四缺"：一是缺空间。实质是规划制约。为保证新城或重大项目建设所需要指标，进行指标的空间转移集中，导致一些乡镇一半以上村都成为规划复绿村庄。导致企业厂房无法升级改造，旧村也无法改造更新。二是缺产业。产业园区封闭运行，与周边村的产业发展不能有效整合。未来产业园区发展应向"城市综合体"方向发展，在园区周边作好多功能配套，产业之间有效衔接，相互补充。三是缺体制。项目越来越大，土地资源越来越少，需要集中优化资源配置。但是，村自为战的小核算体制影响了资源的集中优化配置。目前，还普遍缺乏区域统筹发展的体制机制。如跨村、跨乡的组织体制建设等。已经建立起来的一些联合社，大多尚未有效运行。卢沟桥乡C9地块开发、小额贷款公司、大兴区西红门镇工业大院整体改造、海淀区东升乡科技园区的开发实践提供了重要的思路借鉴。四是缺政策。政策机制不健全，规划蓝图难以落实。二元市场分割条件下，集体土地难以直接进入市场，农村的宅基地缺乏统筹运用，农民集体经济组织不能成为市场主体以及集体土地上发展产业面临重重制约等。如集体土地建设的园区里的房产证，三高企业改造、农民小产权房治理、平原造林后期维护机制等，政策机制上缺乏顶层设计。新型城镇化的基本特点应该是整体规划，统筹发展。实现城乡之间、地区之间、部门之间的空间统筹、产业统筹、体制统筹与政策统筹。

第三，传统城镇化的运行机制主要是依靠"三重软约束"，透支未来，新型城镇化则是追求可持续的城镇化。传统城镇化的三重软约束：一是预算软约束，如政府融资平台实现银行信贷支持、降低拆迁成本、转居成本等；二是市场软约束，如政府垄断土地市场造成供给紧张情况下，房地产项目市场约束变软；三是资源软约束。建设用地指标的短缺反映了资源约束的加强。但一些地区为保障项目建设，建设用地指标通过转移集中其他地区指标来满足本地区发展的需要，形成了资源的软约束。今年中央经济工作会议提出清理地方债，控制经济运行风险，信贷可能会进一步紧缩。而且，随着农民财产意识的觉醒，拆迁成本逐渐提高，预算约束的刚性会不断加强。随着未来集体经营性建设用地、农地和宅基地的逐步入市，市场约束将不断加强。而生态功能定位的逐步强化，也会使得资源约束条件不断加强。因此，传统城镇化实质是一种政府与市场错位条件下的不可持续的城镇化。新型城镇化的核心机制是走可持续的城镇化道路。条件是发挥市场对资源配置的决定性作用，由三重软约束变为三重硬约束，形成有效的预算约束、市场约束和资源约束。

（三）深化农村土地制度改革是首都推进新型城镇化建设的主动力

城乡二元结构体制与传统农村集体所有制是当前造成市场分

割，影响要素资源集中优化配置的根本性制约，土地制度是这两项基本制度的交叉点，成为深化农村改革的焦点。长期以来，在城乡二元的土地规划管理和传统集体所有制条件下，催生了一系列经营性建设用地矛盾、宅基地矛盾、违法建设矛盾以及衍生各类社会矛盾。

第一，推进农村集体经营性建设用地进入市场。集体建设用地缺乏出路，缺乏审批途径，或审批程序繁复，或受规划制约，造成大量集体建设用地或闲置、或低效率运营、或违规操作、或违法建设。一是集体建设用地流转途径单一。只是简单的以村集体为主体对外出租，缺少一个合法的流转平台供其根据土地市场价格合理流通。其后果是土地租期长、租金低。一些地方的村长，由于任期短，急于短时间收取更多的地租，于是合同期长、单价低、一次性交若干年地租。二是现状集体建设用地使用受规划影响无法继续使用。由于现状集体建设用地指标集中使用，在规划图上大量村庄以及集体建设用地被"抹绿"，规划意义上被列入复垦。复垦区的现状建设用地只能现状使用，即使成为危房，也不能申请翻改扩建。一些工业大院、养殖小区改扩建需求很大，但"不符合规划"。三是总规与控规之间的地性不一致导致房屋无法改扩建。四是既符合两规、又依法申请的，也容易掉入繁杂的审批迷宫。一些地方即使一些公益绿通项目，也往往是办理了若干年手续也未办理完全。

第二，加快农村宅基地管理体制改革。社区聚居是亚洲一些国家或地区的一个重要特点，在城镇化过程中存在一个如何处理转移人口与原社区之间财产关系的问题，其留在农村的宅基地及附着其上的房产是其中的一个重点。根据我们最近的一项问卷调查，农民转居后能否拥有宅基地申请权是影响对转居满意度评价的最重要因素之一。考虑到我国长期的二元经济体制和传统集体土地所有制的固化，农村宅基地管理体制多年不变，无论是审批制度、日程管理制度和宅基地流转制度均已高度不适应城镇化发展现实的需要。一是宅基地自我流转渠道缺失。由于近年来拆迁补偿水平的不断提高，近郊农民已经不再卖房子。对宅基地有刚需的农民只能申请新的宅基地。一方面，存在大量闲置宅基地（主人不用或对外出租），一方面，有刚性需求的农民得不到政府审批的新宅基地。土地管理法规定，举家迁出本经济组织的，原有宅基地由村集体收回，地上物作价。但在实际操作过程中却是大量已经转居、户籍在城市工作已经不属于村集体的人员以"继承"的形式零成本占有农村宅基地，造成空置或出租，而其未来预期收益巨大。二是宅基地审批门槛低，管理粗放。一户农民申请一块新的宅基地，限制条件有三：本集体经济组织成员、子女已到结婚年龄、原有宅基地无法分居。按照这样低的标准审批将导致村庄急速膨胀。一户一宅的规定也缺乏细则。三是宅基地日常管理粗放。试点乡镇反映，自 20 世纪 90 年代初宅基地登记发证以来，无论登记使用人是死亡还是宅基地易主，无论买房者是本村村民还是外来人，均无法办理变更手续；民房甚至危房的翻建难以得到审批；宅基地登记发证时的误差引发纠纷；对于面积偏大的宅基地缺乏规划调整实施的细则等。为此，需要变"懒政"为"勤政"，制定有效的收回制度遏制村庄膨胀，以人均面积或容积率来规范宅基地的面积和使用，而不是简单执行"一户一宅"等。

第三，创新农用地运作手段。一是农业政策不能前后有效衔接。如一些地方 2000 年扶持养殖，2004 年不再鼓励养殖。确权确地的地块转变为确权确利，操作上缺乏政策依据。二是土地确权 30 年不变政策产生种种弊端。或导致地块分散，或使一部分把地流转出去的农民回来重新要地，引发社会矛盾。三是耕地保护政策有待于进一步完善。随着城市产业和功能的扩散和转移，耕地保护政策与一些地区的功能定位和资源条件不相适宜。

（四）"农民主体、市地重划、土地平权、乡镇统筹"是推进首都新型城镇化建设的主要实施路径

推进首都新型城镇化建设，要按照十八届三中全会提出的建立城乡统筹的建设用地市场的精神和要求，真正依靠农民，依靠体制机制创新与土地开发方式创新，明确推进新型城镇化发展的基本路径。

首先，农民主体。首先是要让农民成为融资主体，利用资本经营手段，发育各类产权工具，突破资金瓶颈，降低城市化改造成本；二是要让农民成为投资主体，掌握开发建设的主导权，维护农民的长远发展利益，夯实永续发展的基础；三是要让农民成为收益主体，通过产权制度改革、产权交易、资产的委托经营与信托经营等现代市场手段获取相应的收益，建立健全农民增收的长效机制。可参照门头沟区永定镇经营性物业信托方案的思路。四是要让农民成为决策主体。由"被拆迁"改为"我要拆"。在试点过程中，一些工作小组在规划方案编制过程中，对于村庄是否要拆迁，详细问计于民，把决定权留给村民。

其次，市地重划。台湾地区将市地重划作为促进都市脱胎换

骨、进步神速的重要手段。市地重划的基本原理是"交换分合"、"受益者负担"，基本工作内容是"土地分配"与"工程施工"，即我们常说的"规划引领"。20世纪80年代末，台湾地区公办市地重划的案件大幅增加，近年来，自办市地重划得到快速的发展。农村地区的发展，更多需要发挥农民主体作用，参与到规划调整工作中来，自主决定地区的土地资源分配。在满足国家大的土地用途管制的基础上，建立起城乡统筹、协同治理的土地用途管制体系，打破城乡土地二元结构体制。

第三，土地平权。制定相关政策，按不同区段征收不同的土地基金，依靠一整套的土地平权机制，落实涨价归公，实现"涨价归农"和"涨价归公"的统一，建立城乡之间、地区之间的利益统筹机制。如在一个乡镇范围内，一个村的地规划为工业用地，另一个村的地规划为绿地或农业用地。在区段征收的利益统筹机制下，涨价的部分要惠及到全部村。可以让农民通过土地入股的形式建立农民分享增值收益的科学合理分配机制。在跨村的重大项目开发建设上，可以乡级土地资源股份经济合作社为主体，采取以集体土地使用权入股方式参与开发。全市范围内，也要落实土地平权机制，保障全市农民分享土地增值利益。

第四，乡镇统筹。在大都市郊区，城乡统筹发展的要求更为迫切，需要打破过去村自为战的发展格局，加强乡镇统筹，实现经济健康快速可持续发展。一是统筹空间布局。引导资源实现空间上的集中优化布局。二是统筹产业布局。按照所在地区的功能定位，合理布局产业园区，培育一、二、三产业等各种新型产业和推进产业升级，实现产业有序健康发展。特别是考虑通过为园区配套选择适合农村集体经济组织从事的产业形态，带动农民稳定就业。三是统筹组织体制架构。建立健全组织体制机制，作为规划平台、组织平台、融资平台、信息平台、项目申报平台，支撑各项跨村域重大项目建设的快速推进。在此基础上，落实农民的财产收益分配权，规避内部人控制。四是统筹政策资源。集成绿隔、土储以及重大项目等各项政策，形成合力；五是统筹项目实施与旧村改造。把项目开发、绿化建设、农民上楼与旧村拆迁统筹考虑，同步推进，防止一些开发商"只吃肉，不啃骨头"，部分乡村干部一味"要政策、调规划"的倾向。可参照海淀区东升镇建设东升科技园区过程中推进产业升级、深化产权制度改革的经验。

三、政策建议

政策是目标实现的保障，只有政策清晰，政策完善，才能实现规划的有效落实。

（一）土地政策建议

目前面临的最主要政策制约来自二元体制下的土地政策及制度安排。

1. 建立稳定的土地用益物权产权体系，稳定收益预期，为谋求长期发展奠定稳定的制度基础。 加快农村集体土地所有权、集体建设用地使用权、农村土地承包经营权、农村宅基地使用权以及集体土地上房屋权属的确权颁证工作，实现土地产权关系清晰化，稳定市场主体对土地资源的收益预期，消除由于产权不清晰、不稳定情况下产生资源公共地以及由此导致的大量开发中的挑肥拣瘦、瓦片经济中的私搭乱建、地方政府主导的投资冲动等投机行为。通过现代土地产权制度建设，如出台《北京市农村宅基地管理办法》，使土地产权成为解决纠纷和冲突的手段，而不是冲突产生的根源，从而为市场经济健康运行奠定可靠的制度基础。

2. 完善乡镇统筹下的集体建设用地集约利用机制。 仿照台湾市地重划办法，进行土地利用的区片整治，建立相应的新型集体经济联合组织，在不同村之间实现资源优势与资金优势的互补。采用类似西红门的公共产业园区的形式，确保各村的土地指标入股，规避区位和圈内外差异造成的不公平。政府可以"民办公助"的形式给予基础设施配套等项目支持。

3. 出台专门的"留地安置"政策。 参照回龙观镇北店村、西红门镇等地实践经验以及台湾区段征收与市地重划的理念与实践，结合本地地价水平确定留地比例，通过绿化用地与建设用地按适宜比例进行置换开发的方式，从按人头补偿改为按"地头"补偿，巩固集体经济发展后劲，建立绿化隔离地区发展的长效机制。

4. 推广房地分离经验，建立社会资本投资的产权激励机制。 加快研究集体土地使用新政策，完善集体建设用地房屋建设审批制度。加快集体土地和房屋产权登记，明确产权权能，理清产权关系。

5. 探索建立土地增值收益共享基金。 按照增加农民土地增值收益与土地涨价归公相结合的原则，形成土地增值收益的区域性分享机制。保障农民获得绝对地租和部分级差地租Ⅱ。政府获得增值收益中的级差地租Ⅰ、部分级差地租Ⅱ和垄断地租。开发商获得市场正常利润。

6. 稳步探索集体土地身份合法化。在一些有条件的地区将绿隔地区集体土地转为国有土地，并为集体经济组织颁发使用权证书，促进土地资源的有效管理和使用。绿化隔离地区内代征绿地交由当地集体经济组织管理使用，通过建设3%绿色产业项目解决劳动力就业，增加集体经济收入。

7. 加大代征代拆力度，把旧村改造纳入开发成本。分类划分实施单元，统筹城乡用地利用，单元内部城乡用地统筹规划、整体算账、综合平衡。要加大代征代拆力度，将重大项目、功能区建设与开发红线外的旧村改造结合起来，实现地区的整体发展。

8. 借鉴一道绿隔政策安排集体产业用地，加强产业用地规划管理。借鉴一道绿隔人均50平方米规划产业用地指标标准和实施方式，实施各类产业项目。尽快出台《集体产业用地规划》，突破单一的征地模式，对仓库、出租房等低端业态进行升级改造，对于绿隔产业用地定向出让出台具体的实施细则，解决绿隔产业项目难报批的问题，集约高效利用集体产业用地资源。

（二）规划建议

1. 创新规划理念。地区发展规划编制应符合城乡发展实际，着眼规划落实，立足城乡发展的阶段性特征，尊重农村经济社会发展的内在规律性，寻找规划有效实施的路径。

2. 实现多规统筹。一是对已经完成的规划要实现相互有机衔接。建立健全城镇规划、村庄体系规划、土地利用规划、产业布局规划多规统筹机制，规划之间的相互衔接，使郊区与城区连为一个整体。二是对一些地区规划工作不平衡的情况，如只有片区规划无区域整体规划或产业发展等专项规划的，要积极推进镇域总体规划编制和审批工作。重点加快丰台河西、海淀山后、温榆河功能区（朝阳东三乡）、黑庄户等重点区域规划编制及审批工作。

3. 部门之间协同编制规划。 发改、规划、农口、国土、住建等政府部门之间协同编制规划，建立从项目立项、土地确权、土地审批到规划审批等程序之间的衔接机制。

4. 建立规划编制的基层广泛参与机制。 在规划编制中发挥当地居民、社会团体等各类组织的积极作用，将规划目标与不同群体的目标结合起来，扩大公众参与的广度和深度。

5. 实现规划与政策有机整合。 总结一道绿隔建设经验，提高规划可行性，同步推进规划编制与政策设计，使规划编制实现由单纯技术手段向综合政策的转变。

6. 依托社区机制落实规划监管。 对违法建设，首先要在科学标准和基础上进行甄别，以部门规章为基础，以经济效益、社会效益和生态效益"三效合一"为标准，确定不同类型的违章建筑。对符合规划的违章建筑通过补办手续方式予以认可，对不符合规划的违章建筑进行拆除和化解。

7. 增加投融资规划，建立保障规划落实的资金平衡机制。 改变传统规划不作经济核算，而主要以人口为基数圈定用地结构及空间布局的做法，忽视了规划实施中的市场和资金问题。在城乡规划与城乡建设中间，增加一个投融资规划，将系统工程的思维方法运用于社会系统和管理系统，实现土地、资金与产业的综合平衡。

8. 立足实际，合理进行规划调整。 坚持规划的严肃性和城市总体规划实施为前提，对于不存在违反政策和规划要求，通过土地整合可以实现绿化，规划调整具合理合法和可调性，能够通过个案处理保障村民拆迁上楼安置和促进绿化实施的，可适度合理增加建设规模进行个案处理。规划调整要以区政府为责任主体，镇政府为实施主体，主要应采取启动剩余建设用地、新增剩余用地、提高容积率以及可由区政府统筹协调安排和可能用于异地资金平衡资金平衡的相关用地的方法。

（三）措施建议

1. 推进地区生态文明建设与服务功能体系构建。 一是凸显生态文明功能，维育稳定的生态安全体系。加强生态分区的建设，优化河路生态廊道，完善区域生态节点；二是尊重生态规律，深化和谐的人地共生体系。提升人居景观风貌，完善绿色交通网络，建设秀美的生态乡村；三是整治生态环境，营造良好的环境支撑体系。稳步提升水环境质量，持续改善空气环境，稳定降低噪声污染，妥善处置固体废物，加强土壤污染防治，构筑生态产业支撑；四是提升理念，培育先进的意识生态体系。广泛开展生态宣传教育；五是加强政府自我约束，构建高效的生态制度体系。建立和加强领导机制保障，建立绿隔地区功能区生态文明建设任务差别化制度，建立绿色行政绩效考核与激励制度。

2. 扶持重点产业园区建设，拓展绿色产业内涵。 一是制定丰台河西、海淀山后等重点区域产业发展规划，面向二绿地区城市群构建一体化的产业链。二是加快两类产业园区建设，发展软件、通信、设计等高科技类生态产业园区，配备农民上楼为主的城镇化社区，推动永定河、潮白河绿色生态发展带等都市型现代农业产业园区建设，同时配备一户一宅为主的新农村社区。三是明确行业准入范围，提升重点产业项目质量。四是建立功能区产业发展绿色通道制度。五是积极探索郊野公园的产业化运营模式。六是政府要明确相应的产业支持政策。

3. 探索"政经分离"，推进农村综合体制改革。一是借鉴广东南海政经分离经验，稳步推进农村综合体制改革。通过选民资格分离、组织功能分离、干部管理分离、账目资产分离、议事决策分离等手段使集体经济组织逐渐与社区组织分离开来并得到发展，形成行政事务、自治事务和集体经济组织经营事务三分离，逐步把传统的农村社区集体经济组织改革成城镇股份合作组织。二是加强乡联社及部分村之间联合组织建设，并支持其作为跨村的项目开发与投资主体，打破村庄的产权封闭，形成区域统筹发展体制机制。三是完善新型集体经济组织法人治理结构，引入社会评估机制，建立健全经理人聘任制度，完善相应的股权、薪酬等激励机制与约束机制。实施投资项目的股东代表大会审议制度。四是推进产权交易、信托化经营试点、多村联合的小额贷款公司试点等农村集体资金资产资源的经营模式创新。争取 2015 年各乡镇普遍建立集体管理资产交易平台，

4. 推进农民就业与整建制转居工作。把农民就业工作纳入城镇公共就业服务体系，鼓励社会企业，特别是征地企业，把合适的工作岗位优先安排给被征地的农民。对吸纳本地区农民就业占企业员工总数 15％以上、就业时间超过 3 年以上的，其缴纳所得税地方分享部分给予部分返回。对解决本乡镇或本村农民就业 30％以

上的乡村集体经济组织给予所得税税收减免优惠，对分红税给予全额返还。同时，加快农民整建制转居工作。在完成资产产权制度改革基础上，以村或乡镇为单位，推进整建制完成农转居工作。

5. 加大财政倾斜力度，推进城乡基本公共服务均等化。 一是借鉴平原造林政策，增加政府公共财政对绿地建设维护的直接投入。二是由乡村自己实施建设的大市政即"自建"部分，新村建设的商品房所缴纳市财政的土地出让金落实返还。三是实施水、电、路、气、暖等配套基础设施项目市区两级统筹，基础设施管网向绿隔地区主动延伸。四是推进城乡基本公共服务均等化，落实公共服务事业配套。凡 20 万人以上城镇地区要配备三甲医院及幼儿园等医疗教育服务设施。

6. 推进金融工具创新。 一是由财政建立支持"绿隔"建设专项基金，建立公共利益补偿机制。二是搭建以乡联社或村合作社为基础的投融资平台。三是制定优惠政策，推动银行等商业金融机构等社会资本进入绿隔地区，为新村建设和产业发展提供资金支持。四是试点社区资金互助社等各类农村内部社区金融。可以探索与商业银行合作，委托保管资金，通过财政扶持资金和社员自愿交纳资金方式作为互助资金，入社社员通过低占用费借款的方式周转使用互助资金发展生产。

7. 稳步推进社会管理体制改革。 一是稳步推进撤村建居。在农民转居全部完成之前，不轻易撤村，村与社区居委会在过渡期并轨运行。二是探索"镇管社区"模式，完善乡镇与地区办事处解决城市化过渡期各类社会问题的社会管理体制新模式。三是加强社区党建工作，加强党的领导。四是发挥社会性组织的社会公共事务管理职能，并提供相应的制度环境。五是注意城镇型社区与新农村社区社会管理模式的差异性。前者逐渐城市化过程中村民自治组织让位于城镇社区组织，原来的村集体经济组织与社区组织分离。后者的社会组织结构和治理方式仍以村民自治为主。

（四）执行建议

1. 明确实施时序，确保执行进度。对于工业大院拆迁改造、新产业园区建设、旧村拆迁、绿化面积实施等工作要统筹考虑资金、产业、土地的综合平衡，安排好建设实施的先后次序。一般是按照"先生产，后生活"的原则，旧村改造和农民上楼放在后，工业大院拆迁放在前。绿化实施、公园建设等环境升级工作应结合所在地区的社区改造及北京市绿地系统建设的整体布局统筹安排，稳步开展。

2. 加强组织领导，确保执行力度。由市政府统一组织，相关部门按照职责分工"定人定责"抓好此项工作。各级各部门要牢固树立"一盘棋"思想，既要各司其职、各负其责，又要密切配合、通力协作，做到工作程序无缝对接、工作责任有效衔接、工作成果应用共享。

3. 强化督查考核，确保执行法度。市政府各部门要按照职责分工，将地区发展确定的相关任务纳入本部门年度计划和折子工程，明确责任人和进度要求，切实抓好落实，并及时将进展情况向市政府报告。改进考核方法，完善评价机制。加强对集体产业项目的监管机制建设，防止农民集体建设用地资源流失。建立健全工程建设、审批、运营、分配等系列行政监督、管理机制，杜绝违法、违规现象的出现。

推进以人为核心的新型
城镇化道路的思考

北京市农经办（农研中心）党组书记、主任　郭光磊

党的十八届三中全会《决定》强调，坚持走中国特色新型城镇化道路，推进以人为核心的城镇化。这一要求本质上是要转变城镇化发展模式，即从土地城镇化向人的城镇化转变。也就是说，在城镇化进程中，要求各地区更加自觉地把以人为本作为深入贯彻落实科学发展观的核心立场，尊重人民首创精神，保障人民各项权益，不断在实现发展成果由人民共享、促进人的全面发展上取得新成效。贯彻落实这一要求，需要我们立足实际、发挥优势，健全体制机制，着力提升城镇化质量，形成以工促农、以城带乡、工农互惠、城乡一体的新型工农城乡关系，让广大农民平等参与现代化进程、共同分享现代化成果。

一、以人为核心新型城镇化的基本要义

（一）以人为核心是新型城镇化的灵魂所在

以人为核心的新型城镇化具有系统性、整体性、全局性，是新

型城镇化的根本特征，是决定城镇化道路和发展模式的"牛鼻子"。这是因为，以人为核心贯穿于城镇化发展模式转变的方方面面，渗透于城镇化发展和经济社会改革的方方面面。中央城镇化工作会议明确了推进新型城镇化的六大任务，包括推进农业转移人口市民化、提高城镇化建设用地利用效率、建立多元可持续的资金保障机制、优化城镇化布局和形态、提高城镇建设水平和加强对城镇化的管理等。这六大任务绘制了新型城镇化路径图，充分体现了中央以人为核心推进新型城镇化的发展思路。以人为核心就必须着力解决城乡结合部地区存量集体建设用地规范进入市场，解决好农业转移人口进城安居问题；必须加强城市产业体系转型升级，解决好农业转移人口的稳定就业；必须深化户籍制度改革，解决好农民工落户问题；必须提升农业转移人口职业技能和思想道德素质，推进农业转移人口顺利融入城市生活；必须改善城乡生活环境，提高城乡居民的生活质量。

（二）以人为核心的新型城镇化道路在当前有了更丰富、更全面的内涵

2010 年，北京市农研中心提出了要改变以城市建设为核心的城镇化发展路子，树立"以人为本"，以乡村发展和功能、管理、产业完善为主要内容的新型城镇化理念，并提出了走"以人为本"的新型城镇化道路是要明确农民的主体地位，实现发展成果的公平共享。历经四年时间，以人为本的新型城镇化理念已经得到社会各界的普遍认同，并且有了更加深刻的内涵。特别是，党的十八届三中全会《决定》突破了城乡分割的政策思维和顶层设计，将"三

农"问题、城镇化问题放入全局、整体来考虑，这充分体现了中央破除城乡二元结构体制的态度和决心。这一理念在党的十八届三中全会《决定》和中央城镇化工作会议中也有更具体的体现，以人为核心的新型城镇化，不但强调了农民在城镇化进程中的主体地位，而且将农民与市民、城市与农村进行通盘考虑；不但要推进农业转移人口自愿、分类、有序的市民化，而且要提高城镇人口素质和居民生活质量；不但要建立统一的城乡建设用地市场，而且要提高城镇建设用地利用效率，合理配置工业用地和居住用地；不但要改善农村公务服务水平，而且要提高城镇建设水平，让城市融入大自然，加强城乡生态环境改善。

（三）推进农业转移人口市民化是当前以人为核心的新型城镇化的首要任务

只有实现农民的市民化，突出农民的主体地位才能实现以人为核心的新型城镇化，才能更好的释放内需，进一步推动中国经济发展，才能实现经济发展成果的共享。中央城镇化工作会议提出"要以人为本，推进以人为核心的城镇化，提高城镇人口素质和居民生活质量，把促进有能力在城镇稳定就业和生活的常住人口有序实现市民化作为首要任务。"从党的十八大报告到党的十八届三中全会和中央城镇化工作会议，均提出了着力提高城镇化质量。不同的是，中央城镇化工作会议将"推进农业转移人口市民化"放置于推进城镇化主要任务的第一点，这一变化体现了"以人为核心"的新型城镇化理念重要性。

二、北京市走以人为核心新型城镇化道路面临的形势和主要任务

从整体上来看，北京市城镇化的速度较快、水平较高，在全国处于领先地位。北京市的城镇化率由 1978 年的 55% 提高到 2012 年的 86.2%，在全国仅次于上海（89%），基本形成了中心城、新城、小城镇、新型农村社区协调发展的四级城镇体系。可以说，北京市已经进入后城镇化或成熟城镇化阶段。然而，北京市新型城镇化进程中依然面临着严峻的挑战，表现在远郊区县城镇化水平偏低，城乡基础设施、公共服务依然存在较大差距，城乡二元结构依然是制约农民共享城镇化发展成果的主要桎梏，农村经济社会体制改革依然滞后于城镇化发展需要，首都大城市病问题日益突出，交通拥堵、住房紧张、能源供给、环境污染等方面矛盾日益凸显。面临这些挑战，迫切需要加快首都城镇化发展方式转型，提升城镇化质量，让广大农民有效分享工业化、城镇化成果，率先形成城乡一体化新格局。

（一）有序推动农业转移人口市民化

农业转移人口市民化就是让已进城的农民工不管是在大中城市，还是在小城镇都能享受与城市居民同等的福利待遇、享受同等的社会保障、同等的权利与义务，不再是城市的"边缘人"。要实现农民市民化，就要突出户籍制度改革，引导农村人口有序转移，并全部完成农转居，整体性的成为城市市民，真正融入城市，实现

农民市民化。构建农村居民转居的绿色通道，对附着在现有户籍上的城市建设、人口与计划生育、教育卫生、社会保障、劳动就业、社区管理等城乡差别政策进行调整，逐步缩小城乡差异。

（二）实现产业结构和布局科学化，促进农民稳定就业

新型城镇化的核心目标是让农民在城镇化过程中生活得更好。农村劳动力充分稳定就业即是解决"三农"问题的核心也是推进人的城镇化的核心，是保护农民在工业化、城镇化进程中不被边缘化的现实要求。因此，按照转变发展方式和城乡一、二、三产业融合的要求，优化一产、做强二产、做大三产，充分发挥郊区作为首都发展战略新区的优势，推进产业结构升级和产业多元化。大力发展都市型现代农业，提高农业综合生产能力、农副产品应急供应能力和市场控制能力，保证农副产品食用安全和供给；加快重点小城镇产业基地建设和就业基地建设，培育与都市工业和市、区县开发区相配套的产业发展体系，加强产业集聚，扩大城市产业发展空间，促进城乡产业融合；以推进沟域经济发展，大力发展郊区旅游业为主的第三产业，提高山区农民收入，实现山区可持续发展，实现城乡产业一体化。

（三）推进城乡公共服务均等化，构建农转居的绿色通道

以人为核心的新型城镇化要求建立健全包括城乡居民住房保障体系、就业服务、社会保障、科技教育、医疗保障等领域在内的城乡基本公共服务均等化，在新型社区建设、城乡就业、养老保险、医疗保险以及最低生活保障制度等方面强化措施，努力实现无缝对

接，实现城乡一体。建设人人共享、与经济发展水平相协调、与中国特色世界城市相适应的现代公共服务之都，是北京市站在新的发展起点上推进新型城镇化的重大战略选择。

（四）深化农村经济体制改革，保护农民合法权益

新型城镇化是一个系统性工程，主要体现在通过要素和资源的重新整合，在打破城乡二元结构体制，实现农村人口和劳动力融入城市的同时，深化农村产权制度改革，探索农村集体经济实现形式，发育农村要素市场，让集体资产经营起来。新型城镇化离不开市场机制对资源配置的基础性作用，是在市场机制的作用下，实现城乡资源要素优化配置的过程。农村最大的资产就是农村社区集体资产，需要探索集体资产的有效实现形式，发挥社区功能，通过农地重整、村镇重建、要素重组，盘活农民的资产、农村的资源，促进产权、土地等生产要素的市场化配置和流转，破解城镇化建设中的投融资和土地等难题，推进土地向规模经营集中、产业向园区集中、农村人口向中心镇和新社区集中、公共服务向建成区集中。同时，联动建设新型居住社区、新型产业园区、新型商贸服务区，实现资源变资产，资产变资本，资本变财富，财富保民生，依托社区集体经济，实现农民向城镇居民转变后有住房、有工作、有社会保障，顺利融入城镇。

（五）优化空间布局，促进人口合理分布

坚决放弃"摊大饼"式的城市扩张模式，合理确定城市开发边界，防止中心城区不断向外过度扩张，加快形成多中心的城市发展

与治理结构。重点加快城中村改造，城乡结合部的边界要保持相对稳定。加快推动京津冀城市群和环渤海城市带的大中小城市发展，使北京城市功能在更大范围内得到有效疏散，夯实北京建设世界城市的基础，同时扩大首都对周边地区的辐射力和带动力，形成资源共享、功能互补、相互依存与共同发展的首都城市群的新格局。

（六）打造良好的生态环境，提高城乡居民生活质量

北京市新型城镇化的推进要把生态文明理念和原则全面融入城镇化过程，走集约、智能、绿色、低碳的新型城镇化之路。首先，着力解决粗放的经济发展方式，提高高耗能、高排放企业的环境准入门槛，大力推行绿色生产，积极发展绿色先进制造业，加大对节能环保产业的扶持力度。其次，政府要加强对企业发展的监控，建立严格的监督制度。改变唯 GDP 的政绩观，把环境保护、节能减排纳入政绩考核的指标。第三，做好预警、监测、风险评估工作，推动各项防治措施的有效落实。第四，不断提高城乡居民的节能减排、保护环境的意识。引导居民形成绿色出行、绿色消费的良好生活方式。

三、北京市推进以人为核心的新型城镇化的路径思考

城镇化是与农村经济社会转型相伴而生的漫长的历史过程。推进以人为核心新型城镇化必须找准着力点。当前，推进以人为核心的新型城镇化的首要任务是"把有能力在城镇稳定就业和生活的常住人口有序实现市民化"。从北京市城镇化发展的特点来看，整建

制转非和征地转非面临着高额的转非成本，已经不可持续。当前，北京市农民不愿意转非的主要制约因素在于缺乏农民退出农村的有效机制，在于农村集体经济制度和城乡二元结构体制的束缚。因此，北京市推进以人为核心的新型城镇化必须以深化农村体制机制改革为破冰点，着力破除城乡二元体制，深入推进"新三起来"工程，切实保护农民在市民化进程中的合法权益。

（一）深化农村土地制度改革，推动土地流转起来

党的十八届三中全会《决定》指明了我国土地制度改革的方向：第一，转变土地资源的配置方式，让市场在资源配置中起决定性作用。第二，建立城乡统一的建设用地市场。第三，坚持农村土地集体所有权，依法维护农民土地承包经营权，发展壮大集体经济。第四，保障农民宅基地用益物权，改革完善农村宅基地制度。按照党的十八届三中全会精神，结合北京市实际，重点从以下几方面深化农村土地制度改革：

1. 重点探索城乡结合部地区存量经营性集体建设用地规范进入市场的有效途径。 在工业化、城镇化进程中，城乡结合部地区已经有大量的集体建设用地参与其中，包括经营性集体建设用地和农村宅基地，在一定程度上支撑了城乡结合部地区的工业化，容纳了大量外来务工人员和进城农业转移人口。然而，经营性集体建设用地和农村宅基地多数通过灰色渠道进入市场，带来了严重的经济社会问题，比如，由于缺乏法律保护，集体建设用地无法在城镇化进程中获得合理的溢价收益，制约了集体经济和农民收益的长远发展。在推进集体经营性建设用地进入市场，建立城乡统一的建设用

地市场，必须解决四个问题：一是如何对待城乡结合部地区已经在事实上进入市场的经营性集体建设用地和农村宅基地，明确经营性集体建设用地的范围。二是明晰集体建设用地权属，加快集体建设用地确权颁证工作。三是如何让经营性集体建设用地通过规范渠道进入市场。在经营性集体建设用地进入市场的渠道方面，深入总结近年来各地典型实践，进一步试点和完善乡镇统筹集约利用农村集体建设用地机制，进一步引入信托、股份合作社等现代市场手段。四是探索经营性集体建设用地溢价收益的合理分配的有效途径，借鉴台湾平均地权的基本思路，探索建立"涨价归公"的分配机制。

2. 探讨闲置农宅的有效利用，推动农民住房财产权的有效实现。农村宅基地是农村集体经济组织成员无偿获得、并且使用权长期所有，但在用益物权上存在权能缺失，农宅无法转化为农民的实质财产，也不能通过市场手段实现资源配置，导致了在城镇化、工业和农业现代化进程中，大量农村劳动力转移就业，长期居住在城市，出现了"空心村"，在京郊山区农村地区大量农宅处于闲置状态，造成土地资源浪费，就业转非的农民也不能将农村住房变现后在城市购房，这也是农民无法彻底退出农村的原因之一。因此，在现行法律政策框架下，有必要探索山区闲置农宅利用问题，借鉴重庆地票交易经验，将金融手段引入闲置农宅利用领域。同时，加快农村空置宅基地管理的法律制度建设，加快农村宅基地确权颁证工作，研究闲置农宅评估工作，探讨建立农村宅基地退出机制。

3. 推动农村承包土地的经营权流转。推动农村承包土地经营权流转是建立新型农业经营体系的现实需求，也是推进农民市民化的现实需求。十八届三中全会《决定》明确了稳定农村土地承包关系并保持长久不变，无疑给进城农民吃了定心丸。同时，十八届三中全会《决定》赋予了农民对承包地的占有、使用、收益、流转及承包经营权抵押、担保的权能，明确了土地承包经营权流转的合法性，并指明了土地承包经营权可以公开市场上向专业大户、家庭农场、农民合作社、农业企业流转。目前，在北京市郊区土地承包经营权流转面积比重达到 49%，下一步，重点推动土地承包经营权通过规范的市场渠道进行流转，探索推进多种类型的土地股份合作社试点。城乡结合部地区探索置业股份合作社；平原地区探索土地承包经营权流转为主体的土地股份合作社，有条件地方可探索与农机专业合作社的对接；山区探索以空房资源重新整合为内容的农宅股份合作社。在重大项目开发建设上，可采取土地股份经济合作社以集体建设用地使用权入股方式参与开发。通过各类土地股份合作社的探索，实现农村资源的资本化，以"涨价归农"为基本目标，建立健全让农民能够持续分享工业化、城镇化成果的定型的体制机制。

（二）深化农村集体产权制度改革，推动资产经营起来

农村集体产权制度改革是推进农民市民化的必要条件。近年来，北京市集体产权制度改革取得了突破性的进展，2012 年全市已经基本完成村级集体经济产权制度改革工作，有效缓解了城市化进程中出现的土地征占补偿款分配等诸多矛盾。然而，农村集体经济仍然存在着政社不分的问题，党支部、村委会与集体经济组织之间职责不清，集体资产管理主体错位；农村集体经济组织内部法人治理结构尚不完善，难以有效运行等问题。这不但影响着集体资产

的经营效率，也影响着集体资产的安全运营，更不利于有效分担农民市民化的成本。政经不分的集体经济制度也使得农民从心理上、生活习惯上难以向市民化转变，遇到事情还是会想到村集体经济组织，而不是居委会，也不会按照市民标准缴纳相应的物业费、水费、电费。

因此，下一步必须以整建制转非地区为重点，继续深化农村集体经济制度改革，壮大集体经济。一是从根本上剥离集体经济组织的社会性负担，落实集体经济的法人财产权，建立健全法人治理结构，形成民主决策，民主监督的体制机制。二是进一步发展壮大集体经济，以位于中心城近郊、远郊新城周边以及小城镇镇区规划范围内的有一定规模的村集体经济组织为重点，进一步探索引入市场机制，探索委托化经营、信托化管理，通过增资扩股、参股控股、收购兼并、产权交易等产权管理方式方法，实施资本运作。三是加大集体经济组织收益分红力度和范围。

（三）深化农业经营体制改革，推动农民组织起来

农业现代化是推动农村城镇化的原动力，农业经营体制改革是当前推进郊区农业现代化的客观要求。面对北京这个大市场，一家一户经营方式越来越不适应的需要，加快农业经营体制改革也势在必行。党的十八届三中全会《决定》强调，加快构建新型农业经营体系，一是坚持家庭经营的基础地位的基础上，推进集体经营、合作经营、企业经营等共同发展的农业经营方式创新；二是要发展合作经济，鼓励和引导工商资本到农村发展适合企业化经营的现代种养业。这对于北京郊区都市型现代农业经营体制改革具有重大意义。

北京市郊区农业进入了全面提升都市型现代农业水平的重要阶段。目前，全市在工商登记的合作社达 5 179 个，正式登记注册的合作社成员总数 24.1 万个，辐射带动农户 48.5 万户，占全市从事一产农户总数的近 70%。延庆、平谷、通州等区县相继组建了一批联合社。农民专业合作社已经成为提高农业生产市场组织化程度、促进农民增收、推进城乡统筹发展的一支重要力量。但是，目前支撑生产、流通、加工等产业链有机衔接，包容家庭经营、集体经营、合作经营、企业经营的新型现代农业产业组织体系发育尚不健全，农业产业组织体系架构不明晰，促进农民增收作用不明显，对郊区农业现代化形成了明显的制约。

下一步，北京郊区要加快培育多种形态的合作经济。一是适度扩展合作社经营内容，从单一品种向多品种，单一类型向多类型方向拓展，发展种植、养殖、置业、农机等多种类型的股份合作社，增加合作社带动农户增收能力。二是积极发展跨村、跨乡镇的，包括区县级的联合社，提高合作社的话语权和竞争地位，使农产品比较顺利地进入市场。尽快解决农民专业联合社的工商登记问题，并在资金上予以专项扶持，实现合作社的规模化、专业化、现代化经营。三是市场准入方面给合作社专项扶持政策，积极探索合作社的资金互助，开展信用合作。四是加强合作社人才队伍建设，引导优秀人才向专业合作社配置。五是明确配套政策，落实国家关于免征合作社增值税、印花税等已经明确的各项税收优惠政策。

"十三五"时期要树立新的
京郊农业发展观

北京市农经办（农研中心）党组书记、主任　郭光磊

如何制定好北京市城乡一体化发展、都市型现代农业发展的"十三五"规划，要从首都发展的现实出发。面对"十三五"新时期的新形势、新任务、新特点，贯彻落实十八届五中全会提出的"创新、协调、绿色、开放、共享"的发展理念，按照习近平总书记视察北京时讲的"北京发展农业要考虑节水问题，北京本身缺水，种粮又耗水，大水漫灌，成本很高。从涵养水源和风沙防护角度看，北京应该多搞林业""北京资源生态系统已处于退化状态……着力扩大环境容量空间"的要求，落实"四个全面"的战略布局，以富民为核心，聚焦"市场、生态、协同"三个关键词，扬弃固有的思想体系，进行观念更新，树立新的京郊农业发展观，并落实在规划上，实现科学的顶层设计。

一、跳出"行政郊区"的思维，树立"市场郊区"的意识

树立新的京郊农业发展观，以新理念引领新发展，首先就要跳出"行政郊区"的封闭式思维，不以行政区划边界作为规划发展的起点，要树立"市场郊区"的意识，规划设计要符合市场经济规律的内在要求。行政郊区思维的实质是计划经济体制的产物，其典型特征是按照行政区划的范围边界，用纵向行政控制的手段发挥政府配置资源的作用，从而压缩市场作用的空间，形成了传统的城乡分割、条块分割。世界上凡是市场经济国家均不存在行政郊区。这种思维理念遗存至今的根源在于计划经济体制向市场经济体制转轨的不彻底，其主要表现：

首先，服务城市，单向联系。在我国，郊区是作为行政区划，以行政手段划分给城市的。计划经济年代，给城市配置郊区的目的，是为了解决城市的就近农副产品供应问题，实现区域农产品供给平衡的目标。因此，郊区最初是作为城市的"米袋子"和"菜篮子"，突出强调的是农村为城市服务。由此，形成了单向的服务与被服务的关系，郊区的功能定位也被局限在狭窄的行政区划范围之内。但是，在市场经济条件下，全国实现了农产品大流通，城市农产品不再主要依靠郊区计划供给，而是通过全国的市场流通解决"米袋子""菜篮子"问题。实际上，这也是国际一般经验。法国城市郊区的农业不具有完整产业结构特点，而是由自然和经济条件决定，具有很强的专业化、区域化特征，更多具有了生态、景观功

能。城市所需蔬菜等鲜活副食品通过四通八达的高速公路由全国各地乃至欧洲其他十多个国家运来。因此，首都郊区的农业必然是都市型现代农业，是一、二、三产业相互融合的产业，应以富民为中心，突出服务经济功能和特征。"十三五"时期，要跳出强调"控制力""自给率"的传统计划经济的行政郊区的理念，按照市场郊区的思维方式规划北京郊区的农业地位、功能、目标和发展路径。

其次，条块分割，各自为战。按行政系统、行政区划纵向管理经济的地区分割体制，割裂了地区之间的内在横向联系，形成地方为主的管理体制，不利于大区域综合平衡和合理布局。法国巴黎大区（包括巴黎市及周边省，共 8 个省级行政区）的建立是为了协调省与省之间的关系，该区域的农业，也没有局限于服务中心城市的约束，而是担负着全国农业区域专业化分工的任务。近些年来，"三农"工作中往往把农村城市化简单理解为抓小城镇建设，而郊区小城镇建设发展规划又往往与区域功能定位相脱节，"八仙过海，各显神通"。由于小城镇之间缺乏区域分工，产业发展同质化严重。而在条块分割的体制下，市场配置资源的作用空间被多重分割，价格机制不能有效发挥资源配置的引导和矫正作用。结果农村地区产生大量的低水平重复建设，"大而全""小而全"，过度竞争，镇域经济缺乏升级的持续动力。

第三，政府干预，价格扭曲。政府干预经济导致资源错配现象。乡村集体经济组织是农村地区的最大资产资源所有者。2014年，全市乡镇级集体经济组织 195 个，村级集体经济组织 3 967 个，参与分配人口 314.5 万人。乡村集体资产总额为 5 207.9 亿元，净资产为 1 919.7 亿元。根据 2014 年土地清查结果，全市农村集体土地面积 2 049.3 万亩，其中农用地 1 594 万亩，占 77.8%；建设用地 261.1 万亩，占 12.7%。按权属划分，乡级 27.5 万亩，占 1.3 %；村级 2 021.8 万亩，占 98.7%。《宪法》已明确规定我国的公有制以国有制与集体所有制为两种基本实现形式，郊区乡村两级集体经济组织具有明确的法律地位。但是，至今集体经济组织不具有有效的市场主体地位，处于有法律地位、无法人地位的尴尬境地，无法正常参与市场活动，集体土地沦为一块"唐僧肉"，一些地区出现政府、开发商、村干部、农户竞相争夺土地资源的乱象。其中，政府通过发改立项、规划指标、国土供地等审批手段发挥了主导作用，如垄断郊区土地开发过程中形成的土地财政、土地金融等，产生了经济发展的一系列结构性问题。近郊区大量存在的产业低端、环境脏乱差的工业大院，实质是资源配置机制扭曲下集体土地上的"公地悲剧"，最终结果是地不能尽其力，地利不能共享。

树立"市场郊区"意识，就是要打破条块分割的体制机制障碍，让市场发挥资源配置的决定性作用。要跳出行政郊区的思维框框，不能一提农村就是发展农业、城乡一体化就是以工支农、农村城市化就是抓小城镇建设。要进一步明确树立"市场郊区"意识的意义、方向和重点，以提高经济运行质量和效益为中心，加快形成引领经济发展新常态的体制机制和发展方式。

首先，推进郊区市场化进程。要打破行政区划和行政部门的界限，按经济区域组织农产品生产大流通。要在"土地流转起来、资产经营起来、农民组织起来"的思路指导下，在京津冀协同发展的大环境下，加快推进郊区市场化进程，积极培育产品交易市场、要素交易市场和产权交易市场，通过市场流通的方式实现农产品供给与需求的总量平衡。

其次，加快农村产业结构优化升级。北京郊区发展质量不高，长期积累了大量结构性矛盾，如农村产业结构升级滞后，农村产业组织结构的"小、散、低"，农村社会结构转型滞后等。结构性矛盾来源于微观领域资源错配的长期累积。突破结构性矛盾需要改善资源配置的机制，就是要分清主次，提高市场讲话的"音量"，调低政府讲话的"音量"，让自然资源与经济条件决定产业选择与调整的方向。

第三，实现城乡功能融合。郊区与中心城的关系，不能是单向的服务与被服务的关系，而应成为水乳交融、互补互动、共利共荣的关系。城市与郊区之间的变动，不仅仅是由农村向城市的单向集中的城市化，还要随着中心城产业和功能向郊区的疏散，推进高度城市化阶段的多中心聚集。要改变只强调郊区为城市服务、只强调索取的偏向，合理调整郊区的功能定位、产业布局，实现城乡功能相契合，形成共享性融合发展的新体制新机制。

二、跳出"生产农业"的思维，树立"生态农业"的意识

首都核心功能与郊区"三农"发展密切相关，农业农地空间承载了全国政治中心、文化中心、国际交往中心和科技创新中心的重要功能，要把农业现代化纳入到城市总体发展的大环境中来，使郊区农村的发展建设与发挥首都核心功能统一起来。这需要跳出长期

以来形成的"生产农业"的思维，树立"生态农业"的意识，建立以"富农＋生态"为核心的新的农业功能观。主要基于以下几个因素。

一是农民增收的主要渠道不能依靠种养业。党的十八届五中全会提出要如期实现全面小康社会的奋斗目标，需要城乡居民收入到2020年实现翻一番。2014年，北京市农村经济主营业务收入中，一产实现277.6亿元，所占比重5.3％。而就业劳动力中从事一产的劳动力为44.5万人，占已就业劳动力的25.7％，即1/4的人口分享1/20的收入，农业劳动力增收势必弱于非农业劳动力。2015年1—9月，农民从第一产业获取的所得为2 013元，同比增长4.1％，占农民人均所得的比重为15.6％，同比下降0.6个百分点。另据2014年7个郊区县450个农产品核算监测点显示，26种农产品平均单位产品收入14 506.2元，比上年下降5.2％。农民家庭经营收入仅为867元，占农民现金收入比重为4.2％。而乡村休闲旅游已经从十几年前的几百个农家小院、采摘园区、垂钓鱼塘起步，快速成长为年产值超过40亿元、拥有近10万名从业者、12 000多个民俗接待户、100多个市级民俗旅游村、1 000多个休闲农业园区、年接待超过4 000万人次的支柱产业，并呈现出良好的发展态势。从上述数据中，我们可以看到：生产型农业创造价值的空间已经越来越有限，已不能很好地满足农民增收的需求，而要通过一、二、三产业融合的途径挖掘农业富民的新渠道。

二是首都郊区农业的生态价值日益凸显。杜润生早在1997年中国城郊经济研究会年会上就指出大城市郊区不一定要搞"菜篮子"工程，而要重视郊区农业的生态价值。2009—2013年，北京市都市型现代农业生态服务价值以年均 3.8% 的速度增长，2013 年达到 3 449.8 亿元，贴现值达到 9 431 亿元。首都的农业发展要注重发挥生态功能作用，依托生态优势资源，加快休闲、观光、体验、度假等农业生活功能的建设，使其成为生态服务价值的主要增长点。而在"生产农业"思维模式下，发展农业就是增加产量，提高"自给率""控制力"，对农业的生态服务功能认识不清楚，农业的地位和价值被低估。表现在城市化过程中，就是缺乏对农业的保护意识。城市发展的过程就成为农业逐渐被排斥和吞并的过程，郊区建设用地面积和农用地面积增减反方向变化趋势明显，人口、资源、环境不协调发展的问题日益突出。特别是在城乡二元结构体制下，城乡利益格局失衡，农民利用集体土地发展起了"瓦片经济"，吸引了大批低端就业人口的涌入，并衍生出新的低端产业链，进一步恶化了城乡生态环境。

三是高度城市化地区的一般性规律。由于特定发展阶段认识水平和经济实力有限，伦敦、纽约、东京、巴黎等世界城市的发展，都经历了先污染、后治理，先破坏、后恢复的过程，在生态环境问题上付出了惨痛的代价。当人均 GDP 未达到 10 000 美元时，为了经济发展牺牲环境。人均 GDP 达到 10 000 美元之后，大力治理污染，优化城市发展规划，并将郊区的生态涵养功能提到了前所未有的高度。英国议会 1944 年通过的《绿带法》，在中心城区边缘大力绿化，到 20 世纪 90 年代，城市外围建成了平均宽度 8 公里、面积 2 000 平方公里的环城绿带。20 世纪 70 年代，巴黎区域规划中规划了面积 2 500 平方公里的城缘绿带，占整个规划区的 30%。东京、莫斯科等大城市也均规划了绿带。实际上，世界上许多国家为摆脱城市畸形发展带来水泥丛林、柏油沙漠、空气污浊、污染严重的困境，按照建设有"农"城市、田园城市、生态城市的目标，建设广阔的绿色空间，控制了城市"摊大饼式"蔓延，发挥了有效的城市绿化隔离带的作用，为城市可持续发展起着重要的环境保护作用。

2009 年，北京市跨越了人均 GDP 10 000 美元的门槛。北京郊区发展面临的主要任务已不是继续铺摊子，增加投入、增加农业产量，而是提高经济发展的质量，培育都市型农业新型业态，增加农民收入，疏解非首都功能，缓解人口、资源、环境矛盾形成的"大城市病"，走新型城镇化道路。要高度重视农业的生态功能，要由"生产农业"转变为"生态农业"。要建设山水城市、园林城市、有"农"城市，在城市规划建设中保留或扩大绿色的农业空间。

三、跳出"政府管理"的思维，树立"协同治理"的意识

国家治理体系和治理能力的现代化，核心是民主，路径是转变政府职能，减少政府直接配置资源的领域和范围，发挥市场在资源配置中的决定性作用。农村治理现代化是首都农业发展的根本保证。要通过破除市场垄断、加强法律支持、健全社会保障体系等手段，完善市场经济体系、发展壮大农村集体经济、推进城乡基本公共服务均等化，建立新的农村治理观。

首先，完善市场经济制度体系。基于市场经济基础上的农村治理体系与治理能力的现代化，最重要的不是物理、外观的改变，而

是制度和人的变革。当前，农村市场经济还不是尽善尽美、成熟定型的，市场发挥配置资源决定性作用还不够充分，领域和范围还不够宽广，加强市场制度建设显得尤为重要。如产权关系界定、产权交易制度建设、经济合同规范化、土地增值收益分配制度建设以及大力发育社区性金融市场等。要推进村民自治组织与集体经济组织之间的"政经分开"，推进政府部门与社区自治组织之间的"政社分开"。当前，进行的农村确权颁证工作，要尽量结合北京农村发展实际，本着有利于生产发展和农民增收的原则，予以落实并不断完善。

第二，发展壮大农村集体经济。土地集体所有基础上建立的农村集体经济组织制度，与村民自治组织制度相交织，构成了我国农村治理的基本框架。农村集体经济不仅有增加农民收入、缩小农村内部收入差距的经济价值，还有维护转型期社会稳定、"兜底"的社会价值，是创新农村社会治理机制的经济基础。2013 年全市村集体公益性基础设施投入和支付的公共服务费达 12.8 亿元，村均 32 万元。许多本来该由政府承担的农村基本公共服务由农民和集体经济组织承担起来。把农村集体经济搞好，发挥好农村集体经济组织载体作用，让农民参与到社会治理中来，是社会治理能力现代化的重要体现。但是，集体经济发展面临功能萎缩的风险。2014 年，全市资不抵债村 304 个；收不抵支村 1 745 个，占全市 44%，一些远郊区县甚至达到 60%～70%。

要充分发挥集体经济的社会治理作用。以农村违法建设的治理问题为例。政府部门管理力量有限，难以实现有效的监督管理。一些环境搞得好的村庄，一般有一个比较发达的社区集体经济，能凝聚人，也能管理人。这样的例子很多，如朝阳区的高碑店村，丰台区的草桥村、南宫村，通州区的西总屯村等。否则，村级缺乏统筹，户自为战，各自搞瓦片经济。

集约高效利用农村集体经营性建设用地是当前完善农村社会治理机制的有效途径。目前，我们正在积极推进的二道绿隔地区乡镇统筹利用集体建设用地试点工作，就是要推广大兴区西红门镇、海淀区东升镇经验，探索集体经营性建设用地集约利用的新路径新模式，健全规划实施机制，落实首都城市功能，推进农村社会结构转型，实现城乡协同治理。

第三，健全社会保障体系，推进城乡基本公共服务均等化。城乡基本公共服务均等化是推进郊区农村治理现代化的基本条件。要坚持"以城带乡，城乡互惠"，突破城乡二元结构体制，建立公共财政体制。着力提高农村社会保障、就业等公共服务领域的投入水平，体现公平与效率的内在统一。转移性收入是京郊农民的第二大收入来源，人均 3 835 元，占比 18.9%。2014 年，全市城乡基础养老金从每人每月 390 元提高到 430 元，福利养老金从每人每月 310 元提高到 350 元，农村低保最低标准从家庭月人均 460 元提高到 1 000 元以上。

目前，农民缴纳社保统筹基金压力仍然较大，"十三五"时期，要进一步增加社会保障投入。加大养老、医疗为主的社保缴费财政补贴力度，减轻农民支出压力，大幅度提高农民养老金、合作医疗报销比例标准，逐步实现城乡养老、医疗保障的体制接轨；要强化公共服务投入：在子女教育、医疗、卫生等领域加大投入，真正做到城乡基本公共服务均等化，在饮用水、排水与环卫保洁等方面加大市级财政统筹力度；要加强就业培训服务指导：制定职业农民培训财政支持专项行动计划，将务农人员全部纳入计划范围，支持就业容量大的现代农业产业园区项目落地，把新型集体经济与合作经济作为直接进行"再造新型农民"的基地，发挥公益性岗位安置农村劳动力的重要作用。

四、工作建议

（一）制定"十三五"规划，要体现规划的思想和理念

一是发展目标要适应市场经济发展的要求，跳出行政郊区的传统理念，体现市场郊区的原则，不宜将"控制力""自给率"列入规划目标范围，要提高资源配置效率，把富民放到核心位置上来；二是在产业选择上，要充分体现首都功能核心定位的客观要求，跳出"粮菜农业"的传统思维，培育农业的多种功能，加快产业融合发展，重点是要突出"生态农业"。

（二）把农业资源区划和集体经济发展规划纳入"十三五"规划体系之中

一是将农业资源区划规划列入"十三五"农业发展规划中来，凸显生态农业建设的空间基础与物质保障；二是将集体经济发展规划纳入"十三五"规划体系中来，加强对集体经济的扶持力度，夯实都市型现代农业发展的经济基础，激活农业发展的原动力，搭建起强农惠农富农的有效载体。

（三）深化农村经济体制改革，搭建首都农业发展转型的组织平台

以破除"村自为战、户自为战"的体制发展格局为重点，深化农村经济体制改革，实现资源要素的集约化配置，依靠改革红利带动农业发展转型。在农业地区，以跨村发展的农业产业基地建设为抓手，组建乡镇范围或跨镇范围的联合社，积极探索区域统筹发展的新路径。提倡和鼓励村股份经济合作社领办观光休闲等民俗旅游合作社，在规划、用地等政策上予以积极扶持，加快农民增收步伐。创新金融和财政支农体制机制，为郊区都市型现代农业发展增添活力。

第二节　城镇化相关问题探讨

关于新型城镇化的研究综述

一、新型城镇化发展的背景及意义

新型城镇化是深刻反思国内外城镇化发展的经验与教训的基础上提出来的。党的十七大在总结了国内外城镇化经验与教训基础上，提出了要走中国特色城镇化道路。党的十七届三中全会提出要统筹工业化、城镇化、农业现代化建设，并继续强调坚持走中国特色城镇化道路。党的十八大提出城镇化、工业化、农业现代化和信息化同步发展。2013 年中央经济工作会议提出"要积极稳妥推进城镇化，着力提高城镇化质量"，即要围绕提高城镇化质量，因势利导、趋利避害，积极引导城镇化健康发展。要构建科学合理的城市格局，大中小城市和小城镇、城市群要科学布局，与区域经济发展和产业布局紧密衔接，与资源环境承载能力相适应。要把有序推进农业转移人口市民化作为重要任务抓实抓好。要把生态文明理念和原则全面融入城镇化全过程，走集约、智能、绿色、低碳的新型城镇化道路。随着社会各界对新型城镇化的认识不断深化，普遍认为新型城镇化道路是当前我国推进各项深层改革、破解"三农"问题和推进城乡一体化的有效途径，是扩大内需的最大潜力，是实现现代化的重大战略选择，是促进经济社会健康、持续发展的必然选择。

二、北京市关于新型城镇化的研究

2010 年以来，北京市农经办站在北京市世界城市建设高度，对新型城镇化进行了持续性、系统性和针对性的研究，形成了新型城镇化基本理论框架，取得了一批重要研究成果，为推动北京市新型城镇化提供了理论基础。

（一）框架性认识的初步形成

2010 年主要按照不同区域，如城乡结合部地区、小城镇地区、山区沟域地区等，对郊区不同类型地区的城镇化进程进行了分类研究，提出了新型城镇化的内涵，形成了新型城镇化道路研究的框架性认识。完成了《走以人为本的新型城镇化道路——北京城乡结合部经济社会发展问题研究》《城镇化发展战略的资本要素配置与资本化运作研究》《北京郊区城镇化进程中产业发展问题研究》《沟域经济发展中社会资本引入问题研究》等。

（二）专题性研究的深入展开

2011 年，北京市农研中心进行了新型城镇化相关的专题性研究。从新型城镇体系建设、社会结构转型、公共服务、产业布局、农民收入增长等不同角度对新型城镇化道路进行了专题性研究，新型城镇化问题研究的领域和范围得到进一步扩展，对以人为本新型城镇化思考进一步深化。完成了《新型城镇化发展路径比较研究》《北京市绿化隔离地区发展问题研究》《关于北京市征地农转非问题的调查》《北京市郊区重点镇功能提升的有效途径研究》《北京郊区新型农村社区建设与管理研究》《北京市城乡基本公共服务均等化研究》《北京城乡一体化发展的产业布局优化研究》《城乡一体化进程中促进农民收入较快增长分析研究》等新型城镇化系列课题。

（三）分析框架的基本确立

2012 年，在前两年的研究基础上，从宏观和微观的两个层面对北京市新型城镇化道路展开了深入研究，课题组通过户籍制度研究破解农民市民化的入口问题，通过土地、集体经济实现形式、乡镇统筹等问题的研究，破解农民市民化的出口问题，推进农民市民化、农村社区化与农业现代化，为新型城镇化道路的研究提供了宏观视野和微观基础，形成了北京走新型城镇化道路的分析框架与政策机制设计。完成《北京市新型城市化中农民土地权益发展研究》《北京市新型城市化中农村集体建设用地政策研究》《北京市探索集体经济有效实现形式研究》《城乡一体化背景中北京户籍制度改革研究》《北京市城乡一体化进程中乡镇统筹发展方式研究》《北京市郊区重点镇功能提升有效途径研究》《北京市郊区新型农村社区建设与管理研究》《北京城乡一体化发展的产业布局优化研究》《城乡一体化进程中促进农民收入较快增长分析研究》等重点课题。在总结前 3 年研究成果的基础上,《北京市新型城镇化问题研究》于 2013 年 3 月出版。

三、北京市和国内对新型城镇化的主要研究成果

(一) 深化了对新型城镇化内涵的认识

市农研中心课题组(2010)提出北京市新型城镇化的内涵包括空间布局合理、维护农民权益、善待外来人口、产业结构优化、生态环境友好、发展民主法治等六方面。目前,市农研中心和国内相关学者对新型城镇化内涵和特征的研究形成了以下共识:

1. 新型城镇化是"以人为本"的城镇化。 新型城镇化不能以剥夺农民的权益为代价,新型城镇化是切实维护农民权益的城镇化,是让农民在自己的土地上富裕起来的城镇化,是实现农民市民化的城镇化(郭光磊等,2010),要以推进人的城镇化为核心(王小刚、王建平,2011;刘嘉汉、罗蓉,2011;倪鹏飞,2012)。市农研中心《新型城市化发展路径比较研究》课题组(2011)研究认为,以人为本的新型城镇化道路就是要切实保障农民财产权,充分实现农民市民化。即在农村土地转变为城市用地中,维护和发展农村集体经济组织和农民的土地权益;在农民退出集体经济组织过程中,维护和保障农民的集体资产权益;在农民进入城市生活中,保障农民公平获得市民身份,享有基本公共服务。郭光磊等(2011)提出新型城镇化要以推进人的全面发展为根本目标,切实保障农民在城镇化过程中的合法权益,让农民成为社会主体、收益主体和经营主体。

2. 新型城镇化的关键在于破除城乡二元结构体制。 中国的城镇化面临着更为复杂的制度环境（郭光磊、陈雪原等，2011），城乡二元结构体制和农村集体所有制是中国特色城镇化道路的两大制度特征，也是农民市民化所面临的主要制度性约束。必须坚持科学发展观引领，尊重客观规律，通过重大体制改革和政策调整（迟福林，2012；盛广耀，2013；李铁，2013），优化城镇化规划和战略布局（倪鹏飞，2013；张占斌，2013），提高城镇化质量。

3. 新型城镇化是产业结构优化的城镇化。 新型城镇化是与新型工业化协调互动的城镇化（邱建，2007；王小刚、王建平，2011），也就是说，新型城镇化必须有产业的支撑。产业发展水平直接影响着城镇的结构、功能和质量，决定着新城和小城镇的吸引力和辐射力。反过来，城镇化的过程本身也是产业结构不断优化升级的过程（郭光磊、张英洪等，2010）。只有"业城融合"才能提高城镇化发展质量，提高人民生活质量。

4. 新型城镇化必须坚持人口、资源环境可持续发展。 新型城镇化必须坚持全面、协调和可持续的原则，走资源节约型与环境友好型的城镇化（郭光磊、张英洪等，2010），城镇化要加强人居环境建设、提升资源土地利用效率（罗熠，2008），新型城镇化要向集约化和生态化模式发展（彭红碧、杨峰，2010），新型城镇化要由高耗能城镇化向低耗能城镇化转变、数量增长型转变为质量提高型、高环境冲击转变为低环境冲击（仇保兴，2010），走集约高效的可持续发展之路（王小刚、王建平，2011）。

5. 新型城镇化必须坚持大中小城市协调发展。 王小刚、王建平（2011），刘嘉汉、罗蓉（2011）分别提出新型城镇化坚持在区域范围内大中小城市与农村协调发展的原则，以城乡和城际之间财富获取与分享的机会平等为标志，以城乡一体可持续发展的战略目标，城乡经济、政治、社会、文化四位一体统筹发展。

此外，北京市农研中心课题组（2010）结合北京市实际，提出北京市作为首都和特大城市，在快速城镇化的进程中，正面临着"大城市病"的严峻考验，在新型城镇化过程中，需要更加注重从战略上进一步优化空间布局；在合理控制外来流动人口的同时，善待外来流动人口；发展民主法治，实现法治框架下的城乡善治，切实保护农民的基本权利。

（二）构建了新型城镇化的理论框架

已有研究普遍认为，新型城镇化重点是转变城镇化发展模式，即从土地城镇化为核心转向人的城镇化为核心转变，从以城市建设为中心向以制度创新为中心转变。然而，国内的多数研究缺乏系统性，对新型城镇化特别是北京市新型城镇化的研究尚没有形成完整的、可以指导北京市新型城镇化实践的理论框架。北京市农研中心在为期 3 年的新型城镇化研究中，紧抓时代发展脉搏，深入"三农"发展第一线，提出了一系列具有前瞻性的理论新观点，为政府决策提供了有力支撑，也在学术界产生了一定影响。与其他城市经济研究部门对新型城镇化的研究视角和框架不同，市农研中心是着眼解决"三农"问题的城镇化，在 3 年的研究中，逐步确立了推进农民市民化、农村社区化和农业现代化的理论分析框架。其中，推进农民市民化是指实现全部农民身份向市民的转变，既保障农民原有的土地财产权利和集体资产权益，又保障农民平等享有基本公共服务，使农民能够真正能够融入城市；推进农村社区化，按照城乡发展一体化的要求，改善农村基础设施和公共设施建设水平，打破传统的城乡分割社会管理体制，建立新型农村社区化管理方式；推进农业现代化，在首都城乡统筹新的起点上，促进工业化、信息化、城镇化、农业现代化同步发展，重点推进新型城镇化、都市型现代农业、农业农村信息化协调发展。

（三）明确了新型城镇化的主要任务

从国家战略层面来看，国内研究对新型城镇化的核心关注点集中在新型城镇化需要解决城乡二元体制问题、解决保护农民切实利益问题、解决大中小城镇协调发展的问题和避免城市二元结构等问题，促进协调推进的城镇化。从区域发展的实践层面来看，新型城镇化需要在以人为本的理念引领下，解决"人往里去，地从哪里来，钱从哪里出"三个核心问题。人往哪里去是新型城镇化的核心内容，包括农民的非农就业、市民待遇和居住条件改善等生存和发展的问题；地从哪里来是新型城镇化的难点问题，包括优化城镇发展空间，高效集约利用农村集体资源和集体资产，实现资本、人力、土地、企业家才能等市场要素的有效配置，有效破除城乡二元体制，切实保护农民的财产权益；钱从哪里出是城镇化的基本前提，新型城镇化要探索打破以土地城镇化为核心的发展模式，形成实体经济充分发展，地方公共预算财政实力雄厚的城镇化。从总体上来看，国内学者对新型城镇化的论述具有较强的宏观性，缺乏对北京市作为世界城市和 13 亿人民的首都的特殊性的考量，对北京市新型城镇化的实现路径、发展战略的指导作用还比较有限。

市农研中心郭光磊（2013）在《新型城镇化，"新"在哪里》一文中指出，新型城镇化新在理念创新、新在适应技术创新要求、新在制度创新，新在中国特色社会主义国情。这"四个新"从借鉴国外经验到契合国内实际，从技术进步到制度改革，阐述了北京市推进新型城镇化优化城镇空间布局、优化资源要素配置、深化制度改革、破除二元结构体制的内在逻辑。在此基础上，郭光磊提出了北京市推进新型城镇化的基本要求和主要任务。北京市推进新型城镇化的基本要求是落实以人为本的发展理念，推进人口、资源与环境的协调可持续发展、发挥市场配置资源的基础性作用、破除城乡二元结构体制和转变农村集体经济发展方式。北京市走新型城镇化道路的七项重要任务，一是加快规划和基础设施建设一体化；二是推进社会基本公共服务均等化；三是产业布局科学化；四是农民市民化；五是新型农村社区化；六是农村集体资产与农民收益管理制度化；七是都市型现代农业多元化。

在实现新型城镇化的途径方面，北京市提出了"新三起来"工程，即资产经营起来、土地流转起来、农民组织起来，推动农民市民化、农村社区化和农业现代化。这主要是从解决"三农"问题的视角推进新型城镇化的，如果站在北京市新型城镇化的更宏观视角，按照对北京市新型城镇化的基本要求，北京市新型城镇化实现途径可以概括为十个方面，即空间布局网络化、政府执政法制化、资源配置市场化、基础设施一体化、公共服务均等化、产业布局科学化、城镇环境生态化、农民市民化、农村社区化和农业现代化。

执笔人：王丽红

关于加大小城镇建设力度
打造城乡一体化重要节点的调研报告

小城镇具有产业与人口集聚、辐射带动、服务、吸纳农民就业与带动农民增收等重要功能，是引领传统农业向现代农业转变，传统农村向现代社会转变的重要途径。在北京建设世界城市、实现城乡一体化的大背景下，郊区小城镇的城乡节点地位更加重要。通过参与市政协经济委对于郊区小城镇发展情况的调研工作，我们认为必须重新审视郊区小城镇的重要地位，遵循"大市场、小政府"的思路，着重从优化小城镇发展环境入手，采取有力措施推动郊区小城镇的发展建设。

一、重新审视郊区小城镇的重要地位

近年来，国家、市级层面对小城镇存在争议，政策层面不明朗。尤其自 2006 年新农村热潮开始之后，郊区小城镇受到一定程度忽视，其发展环境迟迟得不到改善，发展困难日益增多，导致小城镇应有的地位与作用得不到体现和发挥。在北京建设世界城市、实现城乡一体化的背景下，小城镇的一些功能和作用日益重要，地位无可替代，必须重新加以审视，端正发展决心。

1. 小城镇建设是实现城乡一体化的必需路径。回顾全市对城乡一体化的探索，最初通过主城与新城扩张来消灭农村被证明不可行；直接面向郊区近 4 000 个村搞新农村建设，资金不足，几千亿投入恐怕也难看到明显效果，更不现实。全国的经验也说明，像华西村、南山集团那样村级发展典型少之又少，很难做到小城镇规模。"以工补农、以城带乡"必须有小城镇这一连接的桥梁，是北京城乡一体化的必由之路。所以，合理的办法就是在郊区建设合适数量、规模的小城镇，发挥节点作用，顺利实现主城、新城、小城镇、农村的梯度建设、转移，即"小城镇、大战略"。由此，农村人口通过向小城镇转移，数量减少，村庄得以合并，新农村建设成本将大大降低；农业规模化经营也会得到发展，农村生态休闲价值将日益提升，农民收入才能接近甚至超过城市，最终实现城乡一体化。

2. 小城镇发展能够形成完善的城乡经济运行秩序。郊区小城镇为城市提供广阔的产业发展发展空间，通过承接城市产业转移，发展配套产业，能够形成良好的城乡分工与合作，有助于建立完善的城乡经济运行秩序，促进区域经济健康发展。世界城市化发展的普遍规律也表明，大城市或者城市群周边都需要成功的小城镇建设，以分流城市产业和人口，缓解城市压力，遏制城市恶性扩张。

3. 小城镇能够为城市提供生态保障与多样化服务。小城镇通过生态建设为城市提供良好生活环境；通过发展都市型现代农业为城市提供农副产品供应；通过发展三产服务业满足城市多样化的生产、生活性服务需求。此外，小城镇地处传统文化浓厚的农村，是既有责任，更有能力保护传承北京悠久的历史文化的基层单位。

二、郊区小城镇发展现状与成效

郊区小城镇建设从 1995 年开始试点，目前确定为 42 个。2001—2005 年期间，在市政府强大的政策、资金扶持下，郊区掀起过小城镇建设高潮。2006 年以来，全市农村工作重心转向新农村建设，政策、资金一般直接与村级挂钩，小城镇投入减少，优惠政策也逐步取消，发展速度放慢。

（一）郊区小城镇建设主要特点与类型

城市的辐射带动一直是郊区小城镇发展的决定力量，反映到现实当中就是圈层式的发展特点：地理区位离城市、开发区越近，小城镇产业越强，建设越快。按照产业特征郊区小城镇大致可以分为四类：

1. **高端产业型小城镇。** 这类镇距离主城、新城或者国家、市级大型开发区较近，基本都建立了高端产业支撑，经济实力强，人口规模大，城镇建设好。其产业类型包括高端服务业，如昌平区北七家镇、小汤山镇都是首都商务、会展、休闲和娱乐的首选目的地之一，通州区台湖镇利用新城辐射优势发展总部经济等；高端制造业，如房山区马坊镇依托市级园区确立了绿色能源产业，窦店镇依托房山新城基地发展汽车、太阳能等高端制造业。

2. **一般工业、建筑业型小城镇。** 主要是远郊平原重点镇和有一定发展空间的部分山区、半山区重点镇，这类镇数量最多。主导产业是以中小型企业为主的一般工业（包括农产品加工业）、建筑业，这些镇中，一产和三产也占有一定比重。如大兴区榆垡镇、采育镇、庞各庄镇、房山区韩村河镇等。

3. 旅游观光型小城镇。主要是山区、半山区重点镇与部分平原区重点镇，利用自身优美环境、文化等旅游资源，发展旅游观光产业。如延庆县八达岭镇、门头沟区潭柘寺镇、斋堂镇等。

4. 都市型现代农业小城镇。平原区与山区、半山区重点镇中都存在这种类型，发展了大规模的特色农业种养项目，也融合了一定的农业观光、采摘与农产品加工等产业。最成功的如昌平区小汤山特菜产业。但总体上说，农业比重较高的该类镇发展情况不佳。

（二）郊区小城镇建设主要成效

总体来说，经过多年建设，郊区小城镇在推进城乡一体化发展上发挥了作用。

1. 小城镇经济引领作用日益突出。一是经济总量提升较快。2010 年全市村镇产业主营业务收入达到 4 174 亿元，比 2005 年增长 48.7%。小城镇已经成为区县经济重要来源之一。如大兴区 5 个重点镇实现财政收入占全区的 40%左右，通州区 4 个重点小城镇实现收税总额占全区的 20%左右。二是产业结构升级优化。2010 年全市村镇一、二、三次产业所占比重分别为 5.5%、45.2%、49.3%，非农产业比重高，且高端制造业、高端服务业日益壮大。三是非农就业带动显著。2010 年全市乡镇范围内企业共吸纳本地劳动力就业 234.8 万人，其中非农产业吸纳劳动力 180.8 万人，占 77%。在 42 个重点小城镇产业园区内从业人员达到 10.2 万人，在镇中心区就业的达到 33 万人。较好地实现了农民工作在园区、生活在社区，并稳定增加农民工资性收入。

2. 小城镇与城市分工协作日益密切。 小城镇不仅承接城市企业迁入或者产业链延伸，还接纳了大量科研院所、大中院校、培训机构落户，在促进自身发展的同时，为城市功能转移与扩散提供空间，有利于城市产业结构优化。过去不少具备一定基础的小城镇，如宋庄镇、良乡镇、延庆镇、西红门镇、马驹桥镇、杨宋镇、温泉镇、后沙峪镇等，被全部或者部分划入城市组团或新城组团，为提高全市城市化水平、拓展新城发展空间，增加城市财政收做出了贡献。

3. 小城镇居民生活条件日益改善。 近年来，小城镇全面加速了交通、能源、水利、基础设施的建设，推动了医疗、教育、体育、文化、科技等公共服务向农村覆盖，小城镇居民生活条件日益改善。到 2010 年，42 个重点镇公路里程达到 6 279 公里，其中镇区与高速路连接总里程达到 410 公里。42 个镇建有集中供水厂 58 个，日集中供水能力达到 43.7 万吨；建有污水处理厂 100 个，日处理污水能力达到 17.7 万吨；建有垃圾中转站 113 个，日供电能力达到 2 555 万千瓦时，年天然气使用量 3 895.27 万立方米。42 个重点镇公共服务设施面积实有 840 多万平方米，教育设施为 358 万平方米，文化、体育、科技、医疗卫生、邮政通信等 293.7 万平方米。建有医疗机构 65 个，拥有医生 2 912 人，床位 3 996 张。

三、郊区小城镇发展的主要问题与根源

（一）集聚水平不足，承载能力有限是当前郊区小城镇的主要问题

小城镇发展过程是通过非农产业不断聚集和发展，吸纳农村人

口集聚，进而配套设施，使城镇规模扩大，产生更强的辐射带动作用，从而引领农村发展。小城镇集聚功能是其核心功能，以产业集聚为动力，以人口集聚为标志。小城镇对两者承载能力越强，则作用发挥越好。但目前来看，郊区小城镇集聚水平与承载能力还远远不够。

从产业集聚情况看，2010 年 42 个重点镇企业总数只占远郊乡镇 22%，企业收入只占 27.9%。小城镇产业还表现为质量不优、特色不够：多数小城镇以中等以下企业、项目为主，产业带动能力不强；小城镇产业园区领域过于宽泛，囊括制造业、印刷包装、食品加工、电子信息、生物制药、物流配送等行业，缺乏特色，产业趋同现象也比较明显，没有通过产业园区找到一条适合自身的特色化道路而形成比较优势。产业发展不足直接影响到经济实力，2010 年郊区小城镇财政收入 1.72 亿元/镇，仅比远郊所有乡镇平均高 0.36 亿元。

从人口集聚情况看，2010 年 42 个重点镇平均镇域 3.8 万人/镇，镇区仅 1.34 万人/镇，距离 3 万～5 万人的理想规模差距太远，且人口增长缓慢（2008 年至今，年均 5.9%）。人口集聚水平、承载能力是郊区小城镇经济、社会发展总体情况的最直接反应。

（二）较差的发展环境是影响郊区小城镇建设的主要根源

1. 小城镇规划的科学性不够。表现为：

（1）重点镇数量偏多。一是市级、区县资金没有充足的扶持资金规模，导致小城镇基础设施与公共服务不足。按照顺义四个重点镇估算，建成相对完备基础设施大约 20 亿～30 亿元/镇，42 个重点镇需要 1 000 亿元以上。小城镇基础设施建设与维护资金主要依靠上级财政拨款，因此必须把小城镇数量压缩到市级、区县财力允许范围内才具备可行性。二是重点镇数量多则影响大，政策突破不容易，出现问题很难纠正，尤其是土地政策等。三是重点镇内部现状差距非常大，不少镇综合情况不佳，其重点镇资格有待商榷。四是数量多导致重点镇局部布局过密。一些重点镇首尾相连，一些则在同一交通枢纽上，相互之间容易造成恶性竞争。

（2）规划水平不足。一是小城镇普遍缺乏特色，在建设上模仿城市或者相互模仿，造成小城镇雷同。二是规划跟不上实际需要或者过于超前，并且没有持续、认真的反馈、研究、修改，造成可操作性日益不足。

（3）规划控制、约束作用发挥不足。尤其是上级对小城镇规划存在指导、协调、监督的职能缺位，造成执行力度不够，常常涌现不少盲目、急功近利的做法，如搞过多的房地产等；规划也常常受到领导意志、政策环境等影响，说变就变。此外，镇级统筹职能严重不足，许多小城镇规划目标难以实现。

2. 小城镇基础设施与公共服务建设水平不高。交通、水电、通信、学校、幼儿园、医院、商场和文化娱乐场所已经是人们生产和生活不可缺少的基础性设施与公共服务设施，其齐全与便利程度是吸引企业、人口向城镇集中的必要条件。但目前郊区的小城镇中基础设施与公共服务设施齐全和便利的并不多，对人口承载能力有限，加之待遇比城市有不少差距，高端人才外流趋势明显。主要表现为：

(1) 基础设施与公共服务设施的数量不足和质量较低。小城镇道路长度、污水和垃圾处理能力、环卫机械等城市公共设施的人均占有量远地域城市近郊区。2010 年，重点镇固定资产投资完成额 322.76 亿元，仅占远郊区 151 个乡镇的 29.6%。其中，镇区固定资产投资每平方公里仅为 9 400 万元，镇域每平方公里只有 305 万元，远远低于发展较好的小城镇投资水平。天然气的乡镇使用普及率仅为 40.5%，覆盖不足一半，山区、半山区则仅为 26.1%；医疗机构平均每镇 1.5 个，多数仅为乡镇卫生院，医疗设施和水平还不足以满足人民的需要。

(2) 基础设施与公共服务设施投入与维护机制尚未建立。基础设施项目投资巨大，动辄几千万或几亿元，在目前重点镇的收入水平下，难以承受，建设资金普遍匮乏。目前小城镇的基础设施与公共服务设施主要通过小城镇争取立项，基本是市级、区县占 80% 作用，乡镇为 20% 左右，设施建设投入不稳定，渠道单一。小城镇市政基础设施管护方面，市、区县两级政府还没有设立小城镇城市维护的专项资金。紧靠小城镇自有财力难以支撑其在饮水、污水处理、市容整洁、公园管护、绿化、亮化、物业管理以及教育、卫生、文化、体育、信息设施等方面的维护费用。

3. 政策法规的不合理限制。 主要集中在土地上。小城镇建设用地普遍紧张，产业发展空间受到限制，对产业集聚有明显影响。不少产业发展迅速的小城镇产业用地已经难以满足企业入驻需求，产业承载力不够。主要原因在于现行政策法规的不合理限制，表现为：

(1) 集体建设用地受到太多限制。现有政策发挥环境下，集体建设用地与国有建设用地不能做到"同权、同价",在用地的使用方面,如流转、租赁等都受到严格限制,使许多大型企业、高端企业和优质社会资源不愿意投资到小城镇的土地上,引入的企业多是"小、散"的低端企业,产业环境难以改观。如昌平小汤山镇,工业园区自建设以来,土地未进行一级开发,企业入区多以土地租赁方式,没有土地、房屋手续,对招商引资、企业发展、建设、融资等都有局限性。不少小城镇则在产业发展上搞过"未批先建",如今手续无法正常办理,企业没有土地使用证,严重影响了工程建设和投产销售,产生棘手的历史遗留问题。

集体土地尽管有相当可观的"高价值",但在现有政策法规限制下无法兑现。因此,小城镇尽管建设用地紧张,但对数量巨大的存量集体土地利用却没有积极性,往往任由用地浪费、低效。总之,由于政策法规问题,集体土地不仅没有形成推动小城镇发展的优势资源,反而成为制约因素。

(2)小城镇的建设用地调控能力太弱。对于农民集体所有的土地,《土地管理法》第十条、《物权法》第六十条明确规定集体土地由村集体经济组织或者村民委员会、村内集体经济组织或者村民小组、乡镇集体经济组织行使所有权。而目前的乡镇一级并没有建立乡镇集体经济组织。因此,作为现行小城镇建设主体的乡镇政府不可以取得农民集体土地所有权,也不能经营管理乡镇农民集体所有的土地,往往只对辖区内为数很少的乡镇企业、农场等用地具有一定调控权限。土地是小城镇建设的空间载体,乡镇一级又是小城镇发展主体,对于集体土地调控能力不够注定了小城镇很难实现统筹发展。

（3）用地审批手续繁琐，时间太长，一般需要一至两年时间，严重影响项目落地。

4. 体制与机制改革滞后

（1）市级、区县层面。市级层面的小城镇建设有发改委、经信委、规划委、财政局、农委、国土局分头负责，一直未形成有效的部门联动与政策集成，小城镇建设资金使用分散。区县层面的小城镇建设管理也缺乏统一安排，非常薄弱。区县小城镇建设主管部门有 5 个设在区县农委、4 个设在区县建委、1 个设在区新农办，而且多是安排一两个科技干部负责，一岗多职，主要协调、联络小城镇建设一般事宜，对小城镇建设的指导、管理作用非常有限。

（2）镇级层面。镇级层面只有职权薄弱的乡镇政府，而没有能够成为独立市场主体的经济组织，无法面对复杂多变的市场环境。随着村级集体经济产权改革即将完成，村级自治得到强化，乡镇一级将被架空，财政收入又不足，根本无法承担小城镇统筹发展的重任。

四、完善郊区小城镇发展环境，打造城乡一体化重要节点的措施建议

在北京建设世界城市、实现城乡一体化的大环境下，推进郊区小城镇建设要走有可持续发展道路。从政府角度出发，要树立"大市场、小政府"的科学发展观，改变以往政府单一主导，事无巨细一把抓的工作方式，遵循市场规律，紧扣小城镇发展环境建设，扫除环境障碍，通过市场选择培育出真正富有竞争力的小城镇市场主

体，带动郊区的健康发展。

（一）坚持科学、严谨的规划引导

1. 压缩小城镇数量。 建议远郊每区县只定一个，封闭试点，从而集成市级、区县政策、资金优势打造成集聚与辐射带动能力强劲的小城镇，为全市探索成熟的发展办法。试点镇可 5 年或 10 年一周期进行调整。此外，要预留 3～5 个试点镇机动名额以备临时调整，并对一般乡镇起到激励作用。

2. 提高规划高度。 小城镇建设与产业布局要站在世界城市的高度，借鉴国际先进经验，全方位考虑各区县与小城镇关系、定位与发展，通过平衡各方利益，整合各方力量，统筹各类规划使小城镇能够横向联动建设、纵向差异发展；树立持续的研究机构和队伍，保持足够的规划弹性，避免"一锤定音"和盲目追求"权威"，可采用派驻规划师办法，小城镇相关发展必须由规划师签字认可。

3. 讲求规划程序。 规划的实施和编制要强调程序性，强调法律效力，确保严格执行。成立独立的市级专家规划委员会，形成综合性、多学科专家学者与政府官员共同研究决策机制，以统领小城镇规划。在规划实践中，编制、审批、修编，包括项目定点都要讲求法定程序，尤其要有专家学者和群众参与。

（二）大力提升基础设施与公共服务水平

1. 从城乡均等化角度加强小城镇基础设施与公共服务设施建设。 一是加强基础设施建设。优先推进小城镇产业基地建设，完善园区供排水、道路、电力、燃气等主要配套设施建设，提高产业集聚能力。按照规划，完成小城镇市政道路、集中供水、污水处理工程，同步完善电力、燃气、通信等管线、管网设施，力争用 5 年时间，基本形成完善的镇中心区骨干网路体系，实现集中供水、污水和垃圾集中处理，实现镇区集中供热。二是加强公共服务设施建设。以规划人口为依据，按照公共服务均等化要求，用 5 年时间，提升改造小城镇中心幼儿园、中小学校、乡镇卫生服务中心等公共服务设施，集中建设一批文化体育中心、养老院、公安消防、公交场站等服务设施，实现全覆盖。鼓励高等院校、公立医院与小城镇牵手帮扶。在小城镇试点建设开放式、综合型、与周边环境相融合的生态休闲公园，实现"森林进城、公园下乡"，全面提高小城镇宜居环境。

2. 建立小城镇基础设施与公共服务维护长效投入机制。 一是吸引社会资金参与，拓宽建、管渠道。对小城镇建设中的经营性基础设施，如供电、供水、排水、供热、道路、交通、煤气、电信等，和准经营性基础设施，如污水处理等要解放思想，适度商品化和商业化，按照"谁投资、谁决策、谁承担风险"的原则，开放市场，允许社会资金全部或者部分介入。二是建立小城镇基础设施建设与维护专项基金。由市级、区县两级财政从小城镇国有土地使用权出让转让收益中和市政、环卫、城管等收费中划出一定资金安排，主要用于城镇基础设施建设的贷款贴息、担保和维护。

(三) 创新土地政策

土地政策创新的关键在于搞活集体建设用地流转，使集体建设用地能够兑现出真正价值，从而使郊区最大资源——土地在小城镇发展中发挥出应有作用。

1. 搞活存量。 在符合规划的前提下，一是借鉴新型农村社区试点中的"三个三分之一"政策。对通过旧村改造，节省出的建设用地三分之一用于集中上楼、三分之一用于平衡资金、三分之一用于产业发展。二是试点一些外地成熟做法，如"增减挂钩""宅基地置换""两分两换""地票交易""三旧改造"等形式，解决建设用地不足问题。

2. 建立多元化小城镇土地市场。 对小城镇土地市场实行两种产权、一个市场、统一管理的模式，对国土、集体土地利用方式、供应数量、土地交易价格、土地交易结果统一管理。或者可以采取更为灵活的办法，如广州市在三旧改造中对于节省出的集体建设用地可由集体自由选择变国有或维持集体所有，并分期、缓缴或免缴土地出让金。

(四) 推进小城镇管理体制与机制改革

1. 市级、区县层面。 市级要建立健全小城镇领导组织与管理机构，理顺职能、理清责任，从而加强对小城镇规划编制、产业培育、建设模式等各项工作指导，真正发挥在小城镇建设中的统筹协调、组织管理作用。重点是整合农委、国土、建委、发改委等涉农部门政策、资金，确保政令一致，资金捆绑使用。对小城镇要建立"绿色通道"，减少手续，提高效率，如土地审批。区县要按照市级安排同步跟进，这将成为新一轮的小城镇发展的开端。

2. 镇级层面。 镇级要进产权改革，成立股权明确的公司化经济组织，从而建立远郊乡镇统筹管理和收益分配的组织载体，使之成为完善的市场主体。方法是在村级改革的基础上向镇一级延伸，在镇级组建以村为股东的股份制公司化经济实体，建立农民是村级股份合作社股东，村级股份合作社是镇级开发公司股东的体制格局。也可视具体情况分别组建几个股份制经济实体。如果在乡镇一级建立这样的制度平台，整个镇域将成为一个利益共同体，那么重点镇广泛存在的土地统筹利用问题、产业布局问题可以在村级股东之间协商解决，建设资金问题可以通过增资扩股等内部融资解决，股份量化也将最大限度留住人才等。总之，大部分问题都有望化解在镇内，是郊区乡镇一级最妥善的改革方向。具体的推进办法不是一蹴而就的，可以因地制宜，由点到面逐步展开。如先进行土地的土地股份合作制尝试，再进而进行全面改革。

此外，建议研究合理的考核办法。北京市小城镇类型多样，考核方式也应因地制宜。这需要紧密结合不同小城镇的发展定位研究针对性强的考核办法来综合评价发展成效，这将有效避免小城镇发展的偏差。

执笔人：纪邵军

北京市完善生态补偿机制的建议

作为推进生态建设的重要手段，生态补偿机制对于促进生态涵养区经济社会全面协调发展发挥了重要作用。按照建设"绿色北京"的要求，市委、市政府加大了生态建设的力度，生态补偿机制的重要性日益凸显。"7·21"特大自然灾害发生后，山区生态建设再次被提升至新的高度。在此背景下，市农研中心组织力量，就进一步完善生态补偿机制进行了专题调研。

一、生态补偿机制的主要内容

北京市生态补偿机制的形成经历了如下过程：2004 年，市政府出台《关于建立山区生态林补偿机制的通知》（京政发〔2004〕25 号），建立了生态林管护机制，政策时效初定 6 年。2009 年，市园林绿化局、市财政局、市农委联合下发《关于完善本市山区生态林补偿机制的通知》（京绿造发〔2009〕14 号），明确生态补偿机制为长效机制。2010 年，市政府发布《关于建立山区生态公益林生态效益促进发展机制的通知》（京政发〔2010〕20 号），生态补偿机制进一步完善。

以上政策，与其他促进山区经济、生态发展的政策共同形成了生态补偿政策体系。主要内容有以下几个方面。

（一）生态林管护机制

按照生态林面积、类型，以乡镇为单位，确定管护人数。按每人每月 400 元的标准确定补偿资金，由市、区县以 8：2 比例投入，由乡级财政直接发给管护人员。各乡镇根据实际情况，确定用工方式。生态林面积少，要求参加生态林管护工作的农民较多的村，可每年轮换。2009 年政策进一步完善。管护员补偿标准每三年提高 10%，目前已提至 440 元。对管护员全员投保，并根据山区劳动特点调整了轮岗时间。同时，每两年核定一次生态林管护补偿面积和生态林管护员人数。

（二）生态效益促进发展机制

由市、区县财政各投入一半，按 40 元/亩每年进行补偿。其中，生态补偿资金 24 元/亩，完成集体林权制度改革后按股权分配。森林健康经营管理资金 16 元/亩，用于林木抚育、生态用水、林间道路修建、资源保护等项目建设。总额根据山区生态公益林的总量、生态服务价值、碳汇量的增长情况和全市国民经济社会发展水平每五年调整一次。目前已累计投入资金 8.09 亿元，其中生态补偿资金 4.85 亿元、森林健康经营管理资金 3.24 亿元。

（三）生态建设工程

生态建设工程是国家或地方集中财力物力，对重点区域进行战略性的生态环境修复或建设，是实施生态补偿机制的重要平台。目前国家级工程有京津风沙源治理工程、太行山绿化工程、退耕还林工程等。其中京津风沙源治理工程已造林营林 675 万亩。同时还有爆破造林工程、水源保护林工程、关停废弃矿山生态修复工程、困难地造林工程、彩色树种造林工程等其他市区重点工程。

（四）其他相关政策

生态补偿机制实施有赖于一系列的政策支持。一是集体林权制度改革。改革明确公益林"均股不分山，均利不分林""确权入股、确权确利"，保障了发展资金补偿权属明晰。二是生态涵养区发展评价和绩效考核体系。重点突出了生态涵养和基础设施建设、新农村建设水平等内容。三是财税倾斜制度。根据市与区县分税制财政管理制度规定，财政税收和投资发展向生态涵养区倾斜。四是山区规划体系。先后制定了"十一五"功能区域发展规划和山区发展规划和山区协调发展总体规划，还编制了山区关停废弃矿山修复等多个专项规划。

二、生态补偿机制取得的成效

在市委、市政府的高度重视下，各级政府多措并举，积极完善生态补偿机制，大力发展山区建设，取得了明显成效。

（一）生态环境得到改善

截至 2011 年年底，全市林地总面积 1 569.14 万亩，森林覆盖率为 37.6%，林木绿化率为 54%。营造防风固沙林 110 多万亩，治理沙化土地 5 万多公顷，占全市沙化土地总面积的 95%。

2001—2010 年，共营造彩叶林 2 万多公顷，山区彩叶观赏区初具规模。2011 年，空气质量和好于二级天数达到 78.4%，一级天数达到 74 天、增长 39.6%，实现了连续 13 年改善。

（二）农村面貌发生改变

截至 2010 年，共建成 660 余处小型污水处理设施，设计日处理能力 2.6 万吨，510 余个村实现整村治污。1 079 个村、78 万农民安全饮水问题得到解决。完成 151 所山区中小学校舍加固改造。实施"山区星光计划"，全面完成了农村老年福利服务设施建设。大力实施山区泥石流易发区和生存条件恶劣地区农户搬迁工程，"十一五"期间共搬迁 13 463 户、33 962 人，共建新村 199 个，集聚自然村 303 个。

（三）农民收入有所提高

全市确定的 46 908 名管护人员，占山区农村剩余劳动力的 20.3%。其中，安排低保、低收入户人员 5 063 名，选用弃牧护林人员 2 609 名。全市年投入管护资金 2.2 亿元，使山区农户年纯收入增长超过了 350 元，直接参加生态林管护的 43 074 个家庭年均增加收入超过了 5 700 元。集体林权制度改革共界定山区集体经济组织成员 48.1 万户、119.3 万人，发放股权证 57.74 万本，人均增收 200 元。

三、生态补偿机制存在的问题

生态补偿机制自实施以来，大力推进了山区林业建设、经济发展和社会进步，受到了农民的普遍欢迎，曾被称为"最好的政策"之一。随着经济发展和社会进步，生态补偿机制也需要进一步完善。

（一）补偿机制政策定位模糊

现行生态补偿机制实际上包括生态补偿与养山就业两个内容。长期以来，山区农民都是靠山吃山。随着生态建设的逐步开展，2001 年后实行严格的封山育林，禁牧、禁伐，农民收入来源随之减少，传统的生产生活方式难以维系。在这种情况下，市委、市政府按照城乡统筹的方针，加大了对山区发展的支持力度，确立了生态补偿政策，明确了"养山就业、规范补偿、以工代补、建管结合"的原则。这个原则实际包含了两个内容。一是"规范补偿"，即对农民因为禁牧禁伐而造成收入下降，给予一定的经济补偿。二是在补偿途径上，采取"养山就业""以工代补"的方式，即对参加养护工作的山区农民给予劳动报酬。随着关停废弃矿山植被恢复工程的实施，生态补偿力度逐渐加大，但这些基本原则并没有发生变化。这在实际运行中逐渐暴露出以下两个矛盾。

1. "养山就业"原则没有得到充分体现。就业的基本原则是按劳取酬。2004 年，管护员每月获取 400 元的补偿收入，参考当时北京市最低工资标准 495 元，基本反映了劳动报酬的属性。到2011 年，北京市最低工资标准已调整为 1 160 元，而补偿收入仅440 元，差距逐步拉大，管护补偿逐步失去了按劳取酬的色彩，开始福利化。管护工作对青壮年的吸引力逐步降低，逐步兼业化。据统计，管护员平均年龄达 45 岁，60 岁以上比例占 12%；具有高中文化水平人员比例仅为 9.8％，初中为 54％，小学及小学以下为 36.2％。

2. 生态补偿的原则也没得到充分体现。 计算生态补偿的基本标准应该是生态效益。鉴于生态效益难以准确计算，以生态林面积来计算生态补偿数额是可行的。从理论和人们的观念上来看，这些补偿应该由生态林的所有人按面积分享。但现行机制下，是按照就业来进行分配，造成不就业的农民就没有享受到生态补偿。出于这些原因，有些生态林面积少而人口多的村庄，每年进行轮换。管护队伍劳动素质较低，管护经验不足，也与此有关。2011 年，门头沟约 40％的管护员经验不足一年。

（二）对生态涵养区域补偿机制尚不完善

1. 生态涵养区域的财政支持不足。 在当前财政分灶吃饭的背景下，地方财力是本地建设和发展的保障。尽管近年来加大了财政转移支付的力度，但生态涵养区县的财政支出规模仍然较小。2010年，怀柔区财政支出 87.0 亿元，而通州区为 143.8 亿元，朝阳区是 438.3 亿元。除去人口数量差异，由于在经济发展中存在一定限制，生态涵养区县的经济实力落后于平原区县。

2. 对生态涵养区域性的生态补偿不足。 深山区农村是最主要的生态涵养区域，森林、水域等，多集中在深山区。如门头沟69.7％的公益林地在深山三镇。该区域以养护和发展林业为主，农业和工业难有较大突破，经济实力非常薄弱。生态补偿资金直接补给村集体经济组织和农民。而支农资金又多以打捆使用的形式拨付至区县，在实行区级资金统筹时，大多数都流向了重点镇建设等。

真正落实在深山区基础设施和公益事业发展的，并不多。2009年，怀柔区基础设施投资山区每镇平均4 800万元，低于平原乡镇平均450万元。山区乡镇供水厂、汽车站、邮电所等设施数量约等于平原乡镇的1/2。目前在有些深山区，仍存在自然条件恶劣，灾害频繁、资源匮乏的状况，部分村在干旱季节人畜饮水都很困难。

（三）生态建设与经济发展需要进一步协调

山区长期面临生态建设与经济发展如何协调推进的问题。有些地方过于追求经济效益，忽视生态建设，甚至进行违法建设，破坏生态环境。但实行"一刀切"的严厉监管，又可能导致经济停滞，产业萎缩等不良后果，出现了"一管就死，一放就乱"的现象。这就造成了生态建设与经济效益不可兼得的假象。实际上，出现这样的问题，关键在于没有选择合适的发展方向和项目，缺少切实有效的监管措施。

目前，生态涵养区的产业发展仍然很落后。2011年，怀柔区地区生产总值为168.8亿元，不到大兴区350.8亿元的1/2。关闭矿区后，对当地经济造成了很大的影响。如房山区某乡在规划实施中，就关闭了898家煤矿和950家资源型企业。资源型产业的关闭，餐饮、运输等连带性产业也难以维系。加上缺水及地形地貌、交通等因素制约，农业及其他产业的构造与发展相当困难，村民只有依靠外出打工、养山护林、村内杂工等途径维持生活。过去从事相关产业的村和农民转型困难，农民就业压力增大，收入大幅减小。门头沟清水镇在2010年产业结构调整后，农村经济总收入较前一年减少41.6%；交通运输业、餐饮业、服务业分别减收

7.6%、0.5%、4.4%。有些村只能靠积累的老本坐吃山空。

1. 对生态资源缺乏合理经济开发。由于产业政策的影响，山区以民俗旅游和休闲服务为主。但农户多各自为战，房屋建设、服务水准都较低，服务设施薄弱，接待能力有限。导致山区优美的自然环境不能得到有效开发，游客多为零散自驾游，数量少，时间短，人均消费低，没形成旅游群体和规模，休闲旅游在大多数地方没能成为主导产业。

近年来，沟域经济成为新的发展模式，对山区经济增长已起到一定作用。但由于有些区县在城镇化扩张发展中，通过占补平衡，已将生态涵养区的一般土地甚至次级土地性质转变为耕地或基本农田，导致建设用地指标缺乏，旅游接待用房、停车场、休闲娱乐等基础设施建设需求不能满足，并且造成很多高端会议、休闲度假、养老养生的龙头项目无法落地。这对社会资本进入山区建设生态环境形成了一定阻碍，导致生态建设只能完全依靠政府投入。

2. 对生态林经济价值利用不充分。生态林是直接产生生态效益的主体，但同时也具有经济价值。而经济林也产生生态效益。目前对两者关系，还需进一步理清思路。生态林树种单一，多以油松、杨树等为主，实为用材树种，由于禁伐，经济价值难以发挥。因此，要鼓励生态林与经济林同时发挥生态效益和经济效益，就需要突破以下限制。一是目前林业科研、技术推广和林木种苗建设等还不完全适应新形势的要求。生态林多分布在深山区，土壤岩石环境不一定适合果树类经济树木的成长，需要依靠技术手段，扩大种植面积。二是现行政策不够灵活。根据政策规定，目前生态补偿政策并没有将经济林纳入补偿范围，导致近年来不仅生态林的经济收益没有较大增长，现有的经济林面积也出现下降。部分区县甚至出现了"砍树建大棚"的趋势，这实际是生态建设的一种倒退。

四、进一步完善生态补偿机制的政策建议

市十一届党代会提出，要"率先将北京建设成为资源节约型和环境友好型城市"。生态环境建设的力度和水平在未来将有大幅提升。为此，要进一步完善生态补偿机制，充分发挥其在林业建设和环境保护方面的积极作用，保障山区农民权益，促进农民可持续增收。

（一）逐步增加生态补偿金水平并改进分配制度

为了整个城市的生态效益，生态涵养区域牺牲了一定的发展权，应给予合理的补偿。补偿标准既要体现生态服务价值、保护成本、保护损失，又要考虑当前的社会经济发展水平、人民生活水平。

1. 逐步增加生态补偿金水平。由于各区县财政收入相差较大，各区补偿标准也存在差异。海淀区自 2005 年起，山区生态林租地费每年每亩 300 元，管护员月均管护费为 500 元。并且生态林管护费按照海淀区农村纯收入增长比例，每年递增 6％。考虑到资金投入压力和土地价值差异，不能将生态标准简单统一。可在参考近郊区县生态补偿标准的基础上，逐步提高补偿金水平，增加与农村纯收入增长比例挂钩的标准增长机制，缩小地区差距，实现生态补偿的城乡一体化。

2. 结合林权制度改革健全分配机制。 生态林也是一种集体资产。要明确生态补偿资金定位，充分利用集体林权制度改革的成果，进一步巩固和完善以林权为依据的资金分配方式。目前，60%的生态效益发展资金通过这种方式分配，下一步要加大这部分资金比例。要突出农民的主体地位，培育完善的林权、林地交易市场。并且，结合产权制度改革、社会保障等，促使一部分已长期脱离农业、农村和生态养护的人口放弃土地经营。

（二）建立生态林专业管护机制

结合集体林权改革按照资源配置的方式，构造按照养护劳动量支付的机制，形成两种性质互补的机制共同维护生态涵养区生态建设的基本制度，使生态林管护能够真正的"养山就业"。目前生态林管护的工作量仍然较大，生态林需要进一步改造增效，比如延庆30.5%的生态林为低效林。要想提高管护水平，应逐步建立专业管护队。

1. 逐步建立专业养护队。 按照"管干分开、政企分开"的原则，采取企业化管理模式。林地的管护应以村为单位，根据管护面积多少组建一个或者多个专业队，实行专业队管护。管护人员的选用应坚持以下原则：一是公开、公平、公正，由乡镇政府统一组织，农民个人自荐、村民委员会推荐，经审核、公示确定管护人员；二是用工本地化，管护人员从本村的农民中选用，生态林面积大、本村劳动力不够，也可以从本乡镇的农民中选用；三是优先招收低保户，帮助低收入农民增收，安排农民就业，充分调动农民建设和保护生态林的积极性。

2. 加强管理考核。对于生态林组织管理和管护成效成绩突出的乡镇，区政府应予以表彰；各镇要将村级生态林管理纳入村级建设的重要内容，把生态林管护、管理与干部的工资补贴紧密挂钩，严格兑现。管护任务要实行责任制管理，责任到人，按照管护标准和管护人员职责，定期检查。按检查结果，对管护合格人员，按规定给与报酬和奖励。

（三）完善区域补偿机制

生态涵养发展区的财政实力本身较弱，为了绿色北京和首都蓝天，部分区县还关停了历史上以矿业为支柱的经济发展产业，新的产业和经济结构还在初型阶段，稳固性比较脆弱，财政收入承担能力有限。为解决生态补偿资金给付及相关基础设施和公益事业的建设投入给区县及乡镇带来了较大的资金压力，需要完善生态涵养区域补偿机制，加大财政支持力度。

1. 加大对山区的财政转移支付力度。增加对生态涵养区用于公共服务和生态补偿的部分，逐步使当地居民在教育、医疗、社会保障、公共管理、生态保护与建设等方面享有均等服务。同时要加大对监测站的建设投入，提高监测能力，更好地掌握森林经营质量和生态效益情况。充分考虑到全市各区县在经济实力、资源禀赋、生态建设总量等方面的不同情况，因地制宜，制定灵活的市区两级财政分担机制。对于生态涵养区，应加大财税倾斜力度，在生态建设投入中，市级财政应占大部分。

2. 确保生态涵养区域基础设施和公益事业的投入。由于生态补偿资金和建设资金，分别拨付给农民和区级财政，导致乡镇政府在承担了大量基础设施和公益事业建设的同时，缺少充足的资金支持。因此，一方面要确保市级财政转移资金及时到位。另一方面区级财政在资金分配时，对生态涵养区域有一定倾斜，弥补这部分乡镇财力的不足。对基础社会和公益事业要加大投入力度，结合小城镇建设和新型农村社区建设等多项惠农建设工程，应建立专项基金，实施区级统筹，加大基础设施建设资金的投入，打造环境优美的生态田园村庄及乡镇。要对资金用途进行考核，建立严格的考核和责任追究制度。

（四）充分挖掘生态建设的经济效益

市委、市政府在促进生态建设与经济调发展方面做了很多探索。目前，沟域经济已成为山区转变发展方式，改善生态环境，促进农民增收的新模式。要进一步推进山区经济社会又好又快发展，就必须从以下几个方面加强建设力度。

1. 积极建设高端现代休闲服务项目。一是大力开发休闲度假、商务会展、文化体验、养生健身等高端休闲产品，全力推进旅游业由传统观光型向现代旅游休闲商务型转变，由数量规模型向质量效益型转变。二是充分依托综合环境资源优势，大力引进社会资本，有条件的地域应整体打造，比如"百里画廊"等特色沟域品牌。抓住机遇，如延庆县以全国旅游标准化示范县建设为契机，加快推进旅游基础设施和标准化服务体系建设，完善要素功能，不断夯实旅游业发展的基础。三是积极创新经营体制，大力发展旅行社、旅游协会等行业组织，整合旅游资源，推进集团化发展，提高产业组织化程度。四是加快文化创意和体育事业的发展。完成一批创意产业园区建设，加快推进文化旅游产业集聚区建设。精心组织培育一批特色文体活动品牌，积极引进和培育公路自行车赛等国内外高端体育赛事品牌，打造"中国自行车骑游第一县"等区县品牌。

2. 大力发展现代林业经济。充分发挥首都植树造林成果的资源优势，将单纯利用林产资源转变为利用林产资源和林地资源相结合的林业产业。一是结合山区特色，大力发展林下经济，形成林下种植、林下饲养的循环经济产业链。比如黄松峪镇在林间空地上间种柴胡、防风、黄芩、金银花、西洋参等药材 5 000 亩，不仅有效地改善了生态，还给农民带来了可观的经济效益。二是要挖掘生态林的经济效益。生态林不仅具有非常重要的生态效益，如果建设得好，也能具有一定的经济效益。比如选择合适的果树品种进行退耕还林建设，对已有的生态林可以逐步进行改造。由于生态林多分布在深山区，客观条件可能存在一定限制，要加大林业科技推广，加大对树种选取的力度。可以鼓励农民承包林地改造工作，既能减轻国家资金投入的压力，又能拓宽农民增收途径。

3. 完善土地管理政策。一是科学、合理、适度地增加沟域项目建设用地指标。建议进行土地政策创新，适度增加和合理调剂沟域建设用地指标；开展土地整理整村推进试点，加大对批而未征、征而未供、供而未用土地的清理回收力度。二是鼓励土地流转。在流转中，鼓励由村集体建立涉农企业或者合作社，以促进农业经营效益的提高，同时在实践中不断探索和总结新的农地流转模式。要充分发挥中介服务组织的作用，规范土地流转程序，积极引导土地流转双方签订规范的书面协议。三是加强法律法规建设。社会资金进入山区虽活跃，但在管理和政策上的不完善，容易造成某些利益群体进入山区开展"圈地运动"和"房地产上山下乡",要建立有效的法律法规来进行制约,并严格监控。

4. 积极推进林业碳汇交易试点工作。充分利用开展碳排放权交易试点的条件,以促进城乡统筹和农民增收为根本出发点,积极制定北京地区的林业碳汇交易管理办法,培育市场机制,推进本市林业碳汇交易的规范化发展。推广北京市首个碳汇造林项目"北京市房山区碳汇造林项目"的成功经验,探索规范、安全、有效的林业碳汇交易模式,使生态产品真正转变成生态商品,从而促进林业社区的可持续发展,实现"以绿养绿"。

执笔人:贺潇

北京市农民城镇化意愿
及政策需求调研报告

为深入了解京郊农民对城镇化的意愿及政策需求，本调研组借助北京市农村改革与发展观察点信息采集与管理系统，于 2013 年 4 月对北京 13 个区县 92 个乡镇的 1 126 位农户开展入户调查，共获得有效问卷 922 份，分布在城乡结合部地区、新城、重点小城镇和一般建制镇。本报告选取了远郊 10 个区县的 847 个有效样本进行分析。

调研主要涉及京郊农民对土地承包经营权转出、集体建设用地集约利用、转移就业、转非和集中居住的意愿，以及影响农民城镇化意愿的主要因素和农民对城镇化的政策需求。

一、受访农户的基本情况

（一）受访农户的地区分布

从有效样本的分布来看，受访农户的地区分布有两个特征：一是受访农户覆盖的范围比较广。从表 1 可以看到，受访农户涉及城市发展新区昌平区、大兴区、房山区、顺义区、通州区，同时也涉及生态涵养区怀柔区、门头沟区、密云县、延庆县、平谷区的 73

个乡镇，92 个村庄。

表 1 农民意愿调查的有效样本分布

单位：个，%

序号	区县	乡镇数	村数	农户数	农户占比
1	昌平区	7	10	100	11.8
2	大兴区	8	14	119	14.0
3	房山区	11	11	80	9.4
4	怀柔区	7	7	57	6.7
5	门头沟区	4	4	57	6.7
6	密云县	7	8	75	8.9
7	平谷区	7	9	71	8.4
8	顺义区	5	6	63	7.4
9	通州区	8	13	143	16.9
10	延庆县	9	10	82	9.7
	合计	73	92	847	100

数据来源：调查结果统计。由作者整理。

(二) 农户个人及家庭情况

在问卷设计中，农户个人特征主要包括年龄、性别、学历和从事职业情况。从调研结果来看（表2），受访农户的年龄小于 25 岁的占 12.2%，25～40 岁的占 29.3%，41～55 岁的占 37.5%，大于 55 岁的占 21%；性别为男性的占 44.4%，女性占 55.6%；受教育程度为小学及以下的占 15.5%，初中的占 39%，高中或中专的占 29.3%，大专及以上的占 16.3%；受访农户中从事纯农业的占 34.6%，从事二、三产业的占 43.7%，从事兼业的占 21.7%。

农户家庭特征主要涉及家庭人口数、是否有需要照顾的老人、家庭外出就业人数、非农收入所占比重和家庭收入情况。从调研结果来看（表2），家庭人口数1人的占2.2%，2人的占14%，3人的占37.3%，4人的占27%，5人及以上的占19.4%；家中有需要照顾的老人的占56.8%，没有的占43.2%；家庭外出就业人数0人的占20.5%，1人的占28.1%，2人的占38.4%，3人的占11.2%，4人及以上的占1.8%；非农收入所占比重小于10%的占14.5%，10%～30%的占11.8%，30%～50%的占17.8%，50%～70%的占21.8%，大于70%的占34%；2012年家庭人均收入1万元以下的占26.7%，1万～2万元的占36%，2万～3万元的占18.2%，3万～4万元的占9.8%，4万元以上的占9.3%。

表2　受访农户的个人及家庭情况

单位：人,%

主要特征变量	变量分类	人数	所占比重
年龄	<25岁	103	12.2
	25～40岁	248	29.3
	41～55岁	318	37.5
	>55岁	178	21
受教育程度	小学及以下	131	15.5
	初中	330	39.0
	高中或中专	248	29.3
	大专及以上	138	16.3
职业	纯农业	293	34.6
	二、三产业	370	43.7
	兼业	184	21.7

（续）

主要特征变量	变量分类	人数	所占比重
非农收入所占比重	＜10％	123	14.5
	10％～30％	100	11.8
	30％～50％	151	17.8
	50％～70％	185	21.8
	＞70％	288	34.0
2012 年家庭人均收入	10 000 元以下	226	26.7
	10 000～20 000 元	305	36.0
	20 000～30 000 元	154	18.2
	30 000～40 000 元	83	9.8
	40 000 元以上	79	9.3

（三）城镇化进程情况

受访农户在城市发展新区与生态涵养区各乡镇的分布比例相差不大，因此，具有一定的代表性。从表 3 可以看到，城市发展新区受访农户占全部受访农户的 60％。

受访农户多数为一般村庄。从表 3 可以看到，83％的受访农户居住在原未改造的村庄，80％的受访农户所在村庄暂时没有拆迁计划。

表 3　受访农户所处地区城镇化进程情况

主要特征变量	变量赋值	均值
是否住在原未改造村	1＝是；0＝否	0.83
是否暂无拆迁计划	1＝是；0＝否	0.80
是否城市发展新区	1＝是；0＝否	0.60

二、京郊农民城镇化意愿的主要情况

城镇化是一个农村向城市转型的复杂过程，涉及农村居民的经济生活、居住方式、政治生活、文化生活等方方面面的转变，在问卷中主要设计了关于农民生产生活方式转变的几个核心方面，包括农民对土地转出、参加土地股份合作社、转移到二、三产业就业、农业户籍转为非农业户籍（以下简称"农转非"）和上楼居住。

调研结果显示，总体上来看，愿意将土地承包经营权转给他人的占受访农户的 86.5%；愿意参加土地股份合作社的农民占受访农户的 81.5%；愿意到二、三产业就业的农民占受访农民的 66.2%；愿意参加农转非的农户占受访农民的 39.8%；愿意上楼居住的农户占受访农户的 48.9%；认为在城市生活更幸福的农户占受访农户的 56.9%（表4）。

表 4　京郊农民城镇化意愿调研结果

城镇化意愿	"愿意"的人数（人）	占受访农户比重（%）
土地转出	733	86.5
参加土地股份合作社	690	81.5
转移就业	561	66.2
转为非农业户口	337	39.8
上楼居住	414	48.9
在城市生活更幸福	482	56.9

以上数据表明，大多数京郊农民愿意转出土地和参加土地股份

合作社，土地股份合作社是京郊农民土地经营的重要发展趋势；接近60％的受访农户认为城市生活更幸福，表明受访农户对城市现代化生活的向往，然而，受访农户对转非和上楼居住的意愿并不高。

三、农民城镇化意愿的影响因素

本调研重点从个人特征、家庭特征、城镇化进程和风险感知四个方面考察影响农民城镇化意愿的因素。其中，个人特征包括受访农户的年龄、性别、学历、受教育程度等；家庭特征包括农户家庭规模、家庭收入情况、是否有需要照顾的老人等；城镇化进程主要通过居住地理位置、是否已搬迁、是否有拆迁计划等；风险感知方面，主要是农民在转出土地、参加股份合作社、转移就业、农转非、上楼居住等方面的主要担忧。

（一）农户转出土地意愿的影响因素

1. 年龄、受教育程度和从事职业对农民转出土地的意愿具有较显著的影响。 第一，25～40岁之间的农户愿意转出土地的比例最高，达到92％，年龄在40岁以下的受访农户愿意转出土地的比例较40岁以上的农户高出8个百分点。第二，在受教育程度方面，集中表现为学历为小学以下的受访农户转出土地意愿最低，只有72.5％，初中以上学历的农户转出土地意愿均在88％以上。第三，已经在二、三产业就业或者兼业的农户对土地转出的意愿显著高于从事纯农业的农户（表5至表7）。

表 5　年龄与农户转出土地意愿的关系

年龄	受访农户 （人）	愿意转出土地农户 数（人）	占受访农户 的比重（%）
<25 岁	103	92	89
25~40 岁	248	228	92
41~55 岁	318	270	85
>55 岁	178	143	80

表 6　从事职业与农户转出土地意愿的关系

从事职业	受访农户 （人）	愿意转出土地 农户数（人）	占受访农户 的比重（%）
纯农业	293	233	80
二、三产业	370	336	91
兼业	184	164	89

表 7　受教育程度与农户转出土地意愿的关系

受教育程度	受访农户 （人）	愿意转出土地 农户数（人）	占受访农户 的比重（%）
小学及以下	131	95	73
初中	330	294	89
高中或中专	248	217	88
大专及以上	138	127	92

2. 非农收入占家庭收入的比重越高，农民越愿意转出土地。
更具体地说，当非农收入占家庭收入比重达到 50% 以上时，更多
农户愿意转出土地。如表 8 所示，在非农收入占家庭收入的 30%

以下时，只有 81％的农户愿意转出土地；在非农收入占家庭收入的 50％～70％时，受访农户共有 184 人，其中，愿意转出土地的农户达到 167 人，占同类家庭受访农户的 90％当非农收入占家庭收入比重达到 50％以上时，更多农户愿意转出土地。在非农收入占家庭收入的 50％～70％时，受访农户共有 185 人，其中，愿意转出土地的农户达到 167 人，占同类家庭受访农户的 90％；在非农收入占家庭收入的 70％以上时，受访农户共有 288 人，其中，愿意转出土地的农户达到 254 人，占同类家庭受访农户的 88％。

表 8　非农收入占家庭收入比重与农户转出土地意愿的关系

非农收入占家庭收入比重	受访农户（人）	愿意转出土地农户数（人）	占受访农户的比重（％）
＜10％	123	100	81
10％～30％	100	81	81
30％～50％	151	131	87
50％～70％	185	167	90
＞70％	288	254	88

3. 城镇化进程快的地区，农户更愿意转出土地。调研结果显示，居住在城市发展新区的农民中89％的受访农户愿意将土地转出，比生态涵养区高出 7 个百分点（表 9）；从农户的居住情况来看，进入小城镇居住的农户中96％的受访农户愿意将土地流转出去，比居住在原来村和居住在新型农村社区的农户分别高出 11 个百分点和 7 个百分点（表 10）；从搬迁进程来看，有搬迁计划和已经的搬迁村的农户比暂时没有搬迁计划的村转出土地意愿更强烈（表 11）。

表 9　所在地区与农户转出土地意愿的关系

所在地区	受访农户（人）	愿意转出土地农户数（人）	占受访农户的比重（%）
生态涵养区	282	342	82
城市发展新区	451	505	89

表 10　农户居住地与农户转出土地意愿的关系

居住地	受访农户（人）	愿意转出土地农户数（人）	占受访农户的比重（%）
原末改造村	703	598	85
镇上	99	95	96
搬迁后新社区	45	40	89

表 11　所在村搬迁进程与农户转出土地意愿的关系

搬迁情况	受访农户（人）	愿意转出土地农户数（人）	占受访农户的比重（%）
暂时没有计划	681	583	86
将要搬迁	103	93	90
已经搬迁	63	57	90

农民转出土地最担心的是流转土地后没有就业保障，其次是流转价格不合适。表 12 可以看到，农户担心没有就业保障的排在第一位，有 265 人，占 31.3%。担心流转价格不合适的排在第二位，有 237 人，占 28%。担心征地后无法顺利获得补偿的排在第三位，有 211 人，占 24.9%。担心流转后失去土地的排在最后，有 134人，占 15.8%。就业保障、土地流转价格应该得到更多的重视。

表 12　农户转出土地的主要担忧

主要担忧	受访农户（人）	占受访农户的比重（%）
流转价格不合适	237	28.0
没有就业保障	265	31.3
征地后无法顺利获得补偿	211	24.9
流转后失去土地	134	15.8
合计	847	100.0

（二）农民参加土地股份合作社意愿的影响因素

1. 个人特征中受访农户所从事职业、受教育程度和年龄对农民参加土地股份合作社的意愿具有一定的影响。从年龄来看，55岁以下的受访农民中有 83% 愿意参加土地股份合作社，然而，大于 55 岁的人愿意参加合作社的比例相对于 55 岁以下的农户低了 7个百分点（表 13）。

表 13　年龄与参加土地股份合作社意愿的关系

年龄	受访农户（人）	愿意参加土地股份合作社的人数（人）	占受访农户的比重（%）
<25 岁	103	86	83
25～40 岁	248	205	83
41～55 岁	318	264	83
>55 岁	178	135	76

从受教育程度来看，小学以下学历的农民中，愿意参加土地股份合作社的人数占小学以下学历农民的 72%，相对于初中以上学历的农户而言要低 9～14 个百分点（表 14）。

表 14　学历与参加土地股份合作社意愿的关系

学历	受访农户 （人）	愿意参加土地股份 合作社的人数（人）	占受访农户 的比重（%）
小学及以下	131	94	72
初中	330	266	81
高中或中专	248	213	86
大专及以上	138	117	85

从受访农户所从事职业来看，纯农户加入土地股份合作社的意愿低于从事二、三产业和兼业的农户，在受访的纯农户中，74%的纯农户表示愿意参加土地股份合作社，在从事二、三产业和兼业的农户中，分别有86%的二、三产业农户和84%的兼业户愿意参加土地股份合作社（表 15）。因此，可以预见，随着农村劳动力向二、三产业转移的加速，土地股份合作社将有望进一步壮大。

表 15　从事职业与参加土地股份合作社意愿的关系

从事职业	受访农户 （人）	愿意参加土地股份 合作社的人数（人）	占受访农户 的比重（%）
纯农业	293	218	74
二、三产业	370	317	86
兼业	184	155	84

2. 农户家庭收入水平和非农收入所占比重是家庭特征中影响农民参加土地股份合作社意愿的主要因素。从调研结果来看，当农户家庭收入在 1 万元以下时，农户参加土地股份合作社的意愿明显低于家庭年收入在 1 万元以上的农户；同时，当农户家庭年收入超过 4 万元时，农户参加土地股份合作社的意愿高于收入在 4 万元以

下的农户参加土地股份合作社意愿，家庭年收入在 4 万元以上的农户中 90% 愿意参加土地股份合作社（表 16）。从非农收入所占比重来看，当非农收入占家庭年收入比重超过 50% 以上时，农户对参加土地股份合作社的意愿明显增强，达到 88%（表 17）。

表 16　家庭收入与参加土地股份合作社意愿的关系

家庭收入	受访农户 （人）	愿意参加土地股份 合作社的人数（人）	占受访农户的 比重（%）
10 000 元以下	226	167	74
10 000～20 000 元	305	250	82
20 000～30 000 元	154	132	86
30 000～40 000 元	83	70	84
40 000 元以上	79	71	90

表 17　非农收入比重与参加土地股份合作社意愿的关系

非农收入比重	受访农户 （人）	愿意参加土地股份 合作社的人数（人）	占受访农户的 比重（%）
<10%	123	90	73
10%～30%	100	68	68
30%～50%	151	118	78
50%～70%	185	162	88
>70%	288	252	88

3. 土地股份合作社的经营状况和能否保障农户的土地使用权是影响农户参加土地股份合作社的主要风险因素。从调研结果来看，农户对参加土地股份合作社的主要担忧是合作社经营不善和失去土地使用权，分别占受访农户的 37.8% 和 30.1%（表 18）。由

此可见，切实采取措施提高土地股份合作社的经营效益，保障参加土地股份合作社农民的土地使用权，加大对土地股份合作社运营模式和相关政策的宣传力度是当务之急。

表 18　农户参加土地股份合作社的主要担忧

主要担忧	频率（人）	百分比（%）
对土地股份合作社不了解	222	26.2
失去土地使用权	255	30.1
合作社经营不善	320	37.8
自己生产收益更高	50	5.9
合计	847	100.0

（三）农民转移就业意愿的影响因素

1. 个人特征中受访农户年龄、性别和受教育程度对农民转移就业意愿具有一定的影响。 从年龄来看，25 岁以下的受访农民中有 78.6% 愿意转移到二、三产业就业，大于 55 岁的人有 50% 愿意转移到二、三产业就业，愿意转移到二、三产业就业的人随年龄的增大呈递减趋势（表 19）。从性别来看，女性愿意转移到二、三产业就业的有 69.6%，比男性高 6.6 个百分点（表 20）。

表 19　年龄与农民转移就业意愿的关系

年龄	受访农户（人）	愿意转移到二、三产业的人数（人）	占受访农户的比重（%）
<25 岁	103	81	78.6
25～40 岁	248	182	73.4
41～55 岁	318	209	65.7
>55 岁	178	89	50

表 20 性别与农民转移就业意愿的关系

性别	受访农户 （人）	愿意转移到二、三 产业的人数（人）	占受访农户 的比重（%）
女	376	263	69.9
男	471	298	63.3

从受教育程度来看，小学以下学历的农民中，愿意转移到二、三产业就业的有 49.6%，大专及以上学历的农民中，愿意转移到二、三产业就业的有 74.6%，愿意转移到二、三产业就业的人随受教育程度的增加呈递增趋势（表 21）。

表 21 学历与农民转移就业意愿的关系

学历	受访农户 （人）	愿意转移到二、 三产业的人数（人）	占受访农户 的比重（%）
小学及以下	131	65	49.6
初中	330	218	66.1
高中或中专	248	175	70.6
大专及以上	138	103	74.6

2. 非农收入占家庭收入的比重越高，农民越愿意转移到二、三产业就业。非农收入占家庭收入比重低于 10% 时，农民越愿意转移到二、三产业就业的有 52%，非农收入占家庭收入比重大于 70% 时，农民越愿意转移到二、三产业就业的有 74%，愿意转移到二、三产业就业的人随非农收入占家庭收入的比重的增加呈递增趋势（表 22）。

表 22　非农收入占家庭收入比重与农民转移就业意愿的关系

非农收入占 家庭收入比重	受访农户 （人）	愿意转移到二、 三产业的人数（人）	占受访农户的 比重（％）
＜10％	123	64	52
10％～30％	100	61	61
30％～50％	151	98	64.9
50％～70％	185	125	67.6
＞70％	288	213	74

3. 城镇化进程快的地区，农户更愿意转移到二、三产业就业。 调研结果显示，居住在城市发展新区的农民中 68.7％的受访农民愿意转移到二、三产业就业，比生态涵养区高出 6.1 个百分点（表 23）。

表 23　所在地区与农民转移就业意愿的关系

所在地区	受访农户 （人）	愿意转移到二、三 产业的人数（人）	占受访农户的 比重（％）
生态涵养区	342	214	62.6
城市发展新区	505	347	68.7

（四）农民转为非农业户籍意愿的影响因素

1. 学历在大专以上、年龄在 40 岁以下、从事二、三产业的农户更倾向与转为非农业户籍。 总体来看，受访农户对转为非农业户籍的积极性并不高。从农民个人特征来看，受教育程度越高的农户越愿意转为非农业户籍，大专及以上的受访农户中 63％，而高中或中专的受访农户愿意转非的只有 40％，初中和小学的受访农户愿意转非的分别只有 36% 和 24%。主要原因是文化程度低的人普遍担心转为非农业户口后难以就业，生活水平会下降。在转非过程中初中及以下的人应该得到更多的关注（表 24）。

表 24　学历与转非意愿的关系

学历	受访农户（人）	愿意农转非的人数（人）	占受访农户的比重（%）
小学及以下	131	31	24
初中	330	120	36
高中或中专	248	99	40
大专及以上	138	87	63

从受访农户的年龄来看，25 岁以下和 25～40 岁的受访农户的转非意愿相对较高，分别为 60% 和 48%，40 岁以上的受访农户的转非意愿只有 30% 左右（表 25）。主要原因在于 40 岁以上的农民找到合适的工作的比例，工作技能相对缺乏，更加习惯在农村生活。

表 25　年龄与转非意愿的关系

非农收入比重	受访农户（人）	愿意农转非的人数（人）	占受访农户的比重（%）
<25 岁	103	62	60
25～40 岁	248	118	48
41～55 岁	318	99	31
>55 岁	178	58	33

从事职业来看，只有完全进入二、三产业就业的受访农户的转非意愿为 52%，兼业户和纯农户的转非意愿分别为 43% 和 22%

（表 26）。从事二、三产业和兼业的农民更容易转为非农业户口，从事纯农业的农民转为非农业户口面临更大的职业转换的挑战，因此在城镇化进程中应该更加重视对从事纯农业的农民的职业培训，开发更多适宜从事纯农业的农民的就业岗位，增强现代农业对从事纯农业的农民的吸纳能力。

表 26　从事职业与转非意愿的关系

从事职业	受访农户（人）	愿意农转非的人数（人）	占受访农户的比重（%）
纯农业	293	63	22
二、三产业	370	194	52
兼业	184	80	43

2. 家庭特征对农转非意愿的影响。2012 年家庭人均收入低于 10 000 元的愿意转为非农业户口的占 31.9%，高于 40 000 元的愿意转为非农业户口的占 55.7%，随着家庭人均收入水平的提高，农转非意愿越来越强（表 27）。

表 27　2012 年家庭人均收入与农转非意愿的关系

2012 年家庭人均收入	受访农户（人）	愿意农转非的人数（人）	占受访农户的比重（%）
<10 000 元	226	72	31.9
10 000~20 000 元	305	116	38
20 000~30 000 元	154	66	42.9
30 000~40 000 元	83	39	47
>40 000 元	79	44	55.7

3. 比较而言，城镇化进程越快的地区，农户转非意愿越强。
宏观来看，城市发展新区的受访农户的转非意愿为 44％，比生态涵养区受访农户的转非意愿高出 10 个百分点（表 28）。

表 28　所在地区与转非意愿的关系

所在地区	受访农户（人）	愿意农转非的人数（人）	占受访农户的比重（％）
生态涵养区	342	115	34
城市发展新区	505	222	44

从受访者所在村的搬迁情况来看，已经搬迁村的受访农户中 73％愿意转非，暂无搬迁计划和正在搬迁的村农户的转非意愿只有 36％和 37％（表 29）。

表 29　搬迁情况与转非意愿的关系

搬迁情况	受访农户（人）	愿意农转非的人数（人）	占受访农户的比重（％）
暂时没有计划	681	254	37
将要搬迁	103	37	36
已经搬迁	63	46	73

从农户居住情况来看，居住在改造后的新社区的农户的转非意愿为 91％，居住在镇上的农户的转非意愿为 58％，而居住在未改造村的农户转非意愿只有 34％（表 30）。

表30　居住情况与转非意愿的关系

居住情况	受访农户（人）	愿意农转非的人数（人）	占受访农户的比重（％）
原未改造村	703	239	34
镇上	99	57	58
搬迁后新社区	45	41	91

4. 政策宣传力度越强农转非意愿越强。 在调研中，对转非政策不很了解的有 286 人，占 33.8％。没听说过的有 21 人，占 2.5％。其中，非常了解转非政策的农户中 65％愿意转非，比较了解转非政策的农户中 59％表示愿意转非，而对转非政策大概了解、不是很了解和没听说过农户中转非意愿逐渐下降，转非意愿分别 38％、30％和 10％（表 31）。因此，需要通过多种途径向农民宣传转非政策。

表31　从事职业与转非意愿的关系

从事职业	受访农户（人）	愿意农转非的人数（人）	占受访农户的比重（％）
非常了解	43	28	65
比较了解	163	96	59
大概了解	334	126	38
不是很了解	286	85	30
没听说过	21	2	10

（五）农民上楼居住意愿的影响因素

1. 农户的个人素质越高，越愿意上楼居住。 第一，调研结果显示，40 岁以下的农户更愿意上楼居住，随着年龄增长，农户上楼的意愿在下降，40～55岁农户愿意上楼居住的只有48%，55岁以上农户上楼意愿下降为30%（表32）。年龄越大的农民越不习惯上楼居住，特别值得关注的是55岁以上的老人，在城镇化的过程中需要尊重他们的意愿，不能搞盲目上楼。

表32 年龄与上楼居住意愿的关系

年龄	受访农户 （人）	愿意上楼居住 的人数（人）	占受访农户 的比重（%）
<25岁	103	61	59
25～40岁	248	146	59
41～55岁	318	153	48
>55岁	178	54	30

第二，学历越高的农户越愿意上楼居住，主要原因是文化程度越高，生活观念改变越大，越愿意上楼居住。从表33可以看出，受教育程度在小学以下的农户中有27%愿意上楼居住，初中学历的农户中有46%愿意上楼居住，高中或中专学历的农户中有58%的农户愿意上楼居住，大专及以上学历的农户中有60%的农户愿意上楼居住（表33）。

表33 受教育程度与上楼居住意愿的关系

受教育程度	受访农户 （人）	愿意上楼居住 的人数（人）	占受访农户 的比重（%）
小学及以下	131	35	27
初中	330	153	46
高中或中专	248	143	58
大专及以上	138	83	60

第三，从事二、三产业程度越高，越愿意上楼居住。在受访农户中，完全从事二、三产业的农户中有 58% 愿意上楼居住，兼业农户中有 47% 愿意上楼居住，纯农业的农户中有 38% 愿意上楼居住（表 34）。

表 34　从事职业与上楼居住意愿的关系

从事职业	受访农户（人）	愿意上楼居住的人数（人）	占受访农户的比重（%）
纯农业	293	112	38
二、三产业	370	215	58
兼业	184	87	47

2. 比较而言，家庭年收入和非农收入占比越高的农民越愿意上楼居住。从调研结果来看，随着农户家庭年收入水平的提高，农民愿意上楼居住的意愿也在增加，当农户家庭收入达到或超过 3 万元时，上楼居住的意愿超过 50%（表 35）。农户家庭收入中非农收入比例越高，农民上楼居住意愿越强，特别是当农户家庭非农收入比重超过 50% 时，农民上楼居住意愿达到 50%，当非农收入比重超过 70% 时，农民上楼居住意愿达到 57%（表 36）。

表 35　家庭收入水平与上楼居住意愿的关系

家庭年收入	受访农户（人）	愿意上楼居住的人数（人）	占受访农户的比重（%）
10 000 元以下	226	96	42
10 000～20 000 元	305	145	48
20 000～30 000 元	154	76	49
30 000～40 000 元	83	52	63
40 000 元以上	79	45	57

表 36　从事职业与上楼居住意愿的关系

从事职业	受访农户（人）	愿意上楼居住的人数（人）	占受访农户的比重（%）
<10%	123	53	43
10%～30%	100	38	38
30%～50%	151	67	44
50%～70%	185	93	50
>70%	288	163	57

总体来看，城市发展新区的受访农户的上楼居住意愿为 52%，比生态涵养区受访农户的转非意愿高出 8 个百分点（表 37）。然而，农户所在村的搬迁进程与农户现居住的情况与农户上楼居住意愿没有显著关联。

表 37　所在地区与上楼居住意愿的关系

所在地区	受访农户（人）	愿意上楼居住的人数（人）	占受访农户的比重（%）
生态涵养区	151	342	44
城市发展新区	263	505	52

四、农民对城镇化的政策需求分析

在本调研列举的 22 项政策中，农民被要求对城镇化的政策需求进行排序，其中，18.5% 的农户认为排序为第一的政策是安置就业，17.8% 的农户认为排序为第一的政策是搬迁上楼，13.8% 的农户认为是职业技能培训（表 38）；15.9% 的农户认为排序为第二的政策是安置就业，11.5％的农户认为排序为第二的政策是提高医疗保障水平，10％的农户认为排序为第二的政策是搬迁上楼（表39）；12.6％的农户认为排序为第三的政策是提高医疗水平，10.2％的农户认为排序为第三的政策是提高基础设施建设（表40）。从以上调研结果可以看到，农户对政策的需求主要集中在安置就业、搬迁上楼、提高医疗保障水平、改善基础设施等方面。

表38　排名第一的前六项农民城镇化政策需求

政策需求	人数（人）	百分比（％）
安置就业	157	18.5
搬迁上楼	151	17.8
职业技能培训	117	13.8
提高医疗服务水平	73	8.6
农村居民住房抗震节能改造	62	7.3
完善村内水、电、供暖等基础设施	55	6.5

表39　排名第二的前六项农民城镇化政策需求

政策需求	人数（人）	百分比（％）
安置就业	135	15.9
提高医疗服务水平	97	11.5
搬迁上楼	85	10.0
完善村内水、电、供暖等基础设施	83	9.8
职业技能培训	79	9.3
完善村内污水处理、垃圾处理等基础设施	63	7.4

表 40 排名第三的前六项农民城镇化政策需求

政策需求	人数（人）	百分比（%）
提高医疗服务水平	107	12.6
完善村内水、电、供暖等基础设施	86	10.2
完善村内污水处理、垃圾处理等基础设施	74	8.7
增建、扩建幼儿园、中小学校	69	8.1
搬迁上楼	68	8.0
安置就业	66	7.0

表 41 排名第四的前六项农民城镇化政策需求

政策需求	人数（人）	百分比（%）
完善村内水、电、供暖等基础设施	82	9.7
提高医疗服务水平	80	9.4
发展壮大镇村集体经济	80	9.4
发展观光休闲农业和乡村旅游业	66	7.8
安置就业	62	7.3
完善村内污水处理、垃圾处理等基础设施	61	7.2

表 42 排名第五的前六项农民城镇化政策需求

政策需求	人数（人）	百分比（%）
完善村内污水处理、垃圾处理等基础设施	84	9.9
发展壮大镇村集体经济	68	8.0
发展观光休闲农业和乡村旅游业	68	8.0
增建、扩建幼儿园、中小学校	64	7.6
提高医疗服务水平	50	5.9
完善村内水、电、供暖等基础设施	50	5.9

五、主要结论及推进京郊城镇化的建议

通过对农民城镇化意愿调研结果的分析，可以看到，农民的年龄、受教育程度、从事职业状态、农户家庭年收入水平、非农收入占比，农户所在地区的城镇化进程，以及农户对政策的了解程度是京郊城镇化进程中的主要影响因素，对农户的土地流转、土地股份合作、转移就业、转非和上楼居住等生产生活方式转变具有显著影响。因此，在推进新型城镇化进程中，应该加强以下几方面政策措施，促进农民思想观念、生产生活方式顺畅地从农业农村向现代都市转变。

（一）加强农村教育，提升农民素质

一方面，继续加强农村基础教育发展，改善农村地区中小学、幼儿园的办学条件，加强师资队伍建设，并逐步推进京郊地区高中的普及教育。另一方面，继续提升农民素质，针对不同年龄段劳动力开展多层次、多形式的技能培训，深化技能人才队伍建设，优化区域劳动力技能结构。特别是 25～40 岁农村劳动力要重点培养，为他们提供进入较高层次就业机会。

（二）推动农村劳动力转移，稳定转移农民就业

新型城镇化的核心目标是让农民在城镇化过程中生活得更好。农村劳动力向二、三产业转移、充分稳定就业是解决"三农"问题的核心也是推进人的城镇化的核心，是保护农民在工业化、城镇化

进程中不被边缘化的现实要求。从地区层面来看，应加强高端产业的带动，加强就业政策的引导，加强素质教育的推动，以及社会保障制度的支撑，全面保障农村劳动力稳步向二、三产业转移。

（三）继续促进农民家庭增收

"衣食足知礼节"，只有农户收入达到了一定的水平，农民才会对自己的生活有更高的要求和渴望；也只有农户收入达到一定水平以后，农民才有从传统生活方式向现代化生活方式转变的经济基础。本调研结果也充分证实了一点，当农户家庭年收入超过3万元时，农户上楼居住意愿明显增强，当农户家庭年收入超过4万元时，农户参加土地股份合作社的意愿增加到70%以上。因此，多举措促进农民增收是促进京郊农村城镇化的重要途径。特别是，要在城镇化进程中保护农民的财产权益，促进农民财产性收入增长。

（四）协调推进各区县城镇化进程

存在决定意识，调研结果显示，农户所在地区的城镇化水平越高，农户对城市生产生活方式的接纳程度越强，也就是对城镇化意愿越强。针对京郊农村地区城镇化发展总体水平偏低，且各地城镇化水平不平衡这一情况，建议加强对小城镇建设的协调力度，推进全域范围的城镇化，提升各地区基础设施、公共服务水平，产业发展水平，环境整治力度等，整体提升各区县城镇化水平。

（五）加强政策宣传引导

从农民转非意愿的调研结果可以看到，农民对政策越是有正确的、深入的了解和认识，越容易接受该项政策。例如，在推进农转非工作中，应该充分利用区属电视、广播、报纸等媒体，制作专题节目，以农民喜闻乐见、通俗易懂的方式，宣传农转非的重要意义和各项政策措施，宣传农民与城镇居民在购买保障性住房、社会救助、社会保险等方面存在的差异，让农民充分了解转非的好处。抽调业务骨干，组成政策宣传解释工作组，进村入户进行宣传，发放大量的政策宣传资料，做到"人人皆知、户户不落"。组织相关人员进行农转非安置工作培训，使每个工作人员明确法规、熟悉政策、掌握流程。

执笔人：王丽红

北京市增加农民财产性
收入途径及政策研究

财产性收入的概念在 2007 年中共十七大报告中首次提出："创造条件让更多群众拥有财产性收入"。中央在此后的"十二五"规划又再次强调了这一目标。增加农民财产性收入不仅为拓宽农民收入渠道提供了新的思路，而且由于郊区农业户籍人口比重达13.7%（2010 年），农民财产性收入增加势必对形成公平合理的社会财富二次分配体制具有积极影响，对促进北京城乡一体化具有重要意义。市农经中心城乡发展处与台盟北京市委就农民财产性收入进行了专项调研，先后实地走访了大兴、延庆、房山、朝阳、通州五个区县，并综合了市统计局提供的数据以及已有的相关研究，对影响郊区农民财产性收入的主要因素进行了探讨，结合典型经验就增加郊区农民财产性收入提出了措施与建议。

一、北京郊区农民财产性收入基本情况

财产性收入一般是指家庭拥有的动产（如银行存款、有价证券等）、不动产（如房屋、车辆、土地、收藏品等）所获得的收入。它包括出让财产使用权所获得的利息、租金、专利收入等；财产营

运所获得的红利收入、财产增值收益等。财产性收入在欧美等发达国家，所占比例仅次于工薪收入，其占国民可支配收入的比重是衡量一个国家公民富裕程度的重要标准（梁达，2010）。

（一）北京郊区农民收入结构

农民财产性收入与农民家庭经营收入、工资性收入、转移性收入共同构成郊区农民的人均纯收入。考察农民财产性收入理应先把握其在人均纯收入中的位置，认清财产性收入与其他收入之间的相互关系。

2011 年北京郊区农民人均纯收入为 14 736 元，财产性收入为 1 537 元，占总收入比重为 10.4%。其他收入分别为：工资性收入 9 579 元，所占比重 65%；家庭经营收入 1 363 元，所占比重 9.2%；转移性收入 2 257 元，所占比重 15.3%。综合 2001—2011 年郊区农民收入变化数据，各项收入贡献如图 1 所示。

1. 工资性收入一直是郊区农民增收的绝对主导。从 2001—2011 年，郊区农民工资性收入与农民人均纯收入基本保持同步增长，所占比重稳定维持在 60% 左右，2011 年已经达到了 65% 的最高值 9 579 元。郊区农民工资性收入主要来源于本乡镇地域内劳动收入，2011 年贡献率在 57% 左右；外出从业收入近年来持续增长，对农民工资性收入贡献率已经达到 37%；在非企业组织中的劳动报酬持续下降，2011 年所占农民工资性收入比重仅为 5.6%。

2. 家庭经营纯收入是郊区农民收入的第二大收入来源。2011 年为 1 363 元，但目前已被转移性收入和财产性收入超越。来自一产农业、牧业收入一直是郊区农民家庭经营纯收入主要来源，贡献率超过 50%，非农产业经营中农民直接参与程度低。

3. 转移性收入自 2008 年以来增长迅速。2011 年郊区农民转移性收入达到 2 257 元，已经超过家庭经营纯收入。郊区农民转移性收入主要来源是退休金、养老金收入。

4. 财产性收入基本保持了稳步增长。从 2001 年的 233 元到 2011 年已经达到了 1 573 元，增长 5 倍多。但从绝对数上看，财产性收入在郊区农民人均纯收入中处于低水平。

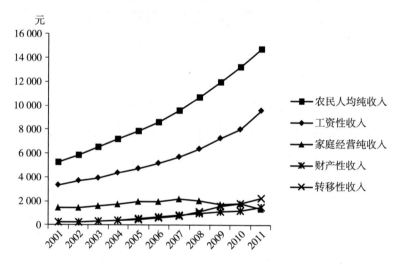

图 1　北京郊区农民人均纯收入构成

数据来源：北京市统计局农调队。

（二）北京郊区农民财产性收入结构

郊区农民财产性收入中，租金收入一直是主要来源，2011 年其比重为 65%；集体分配股息和分红从 2003 年以来稳步增长，2011 年占到 20%，是财产性收入第二大来源；转让土地承包经营权收入近年来维持在 10% 左右；利息收入为 1% 左右，如表 1 所示。需要指出的是，由于农民对透露个人财产性收入数据普遍谨慎，造成一些理财收入，如利息、投资等数据难以获取，或者偏低，郊区农民实际财产性收入一般高于统计数据。

表1 北京郊区农民财产性收入结构

单位：元

项目	2001	2002	2003	2004	2005	2006	2007	2008	2009	2010	2011
财产性收入	233	238	309	388	583	715	840	1 036	1 163	1 241	1 537
利息	19	17	18	13	13	15	14	20	36	21	9
集体分配股息和红利			25	33	71	95	109	155	164	258	306
租金	134	163	200	251	361	405	487	587	656	674	991
转让承包土地经营权收入			3	19	61	74	93	119	172	182	155

数据来源：北京市统计局农调队。

（三）北京郊区农民财产性收入与国内主要省市对比

北京与上海、广州、天津、重庆等国内主要城市比较来看，郊区农民财产性收入名列前茅。2011 年北京市农民人均财产性收入位居第二，占农民人均纯收入的 10%；广州市最高，占农民人均纯收入的 18%；上海市只占 8%，如表 2 所示。

从当前农民财产性收入构成来看，租金收入占绝大部分份额；集体分配股息和红利在北京郊区农民财产性收入贡献中显示出一定亮点；目前转让承包土地经营权收入份额较低；利息收入微乎其微。如表 3 所示。

表 2   国内主要城市农民收入结构

单位：元

城市	农民人均纯收入	家庭经营收入	工资性收入	财产性收入	转移性收入
北京市	14 736	1 363	9 579	1 537	2 257
上海市	15 644	877	10 493	1 243	3 031
广州市	14 818	2 166	9 274	2 630	748
天津市	11 891	3 908	6 829	730	424
重庆市	6 480	2 748	2 895	140	698

数据来源：北京市统计局农调队。

表 3   国内主要城市农民财产性收入结构

单位：元

农民财产性收入	北京市	上海市	天津市
利息	9	32	15
集体分配股息和红利	306	44	291
租金	991	866	264
转让承包土地经营权收入	155	271	119

数据来源：北京市统计局农调队。

二、影响北京郊区农民财产性收入的主要因素及存在问题

通过调研分析，影响北京郊区农民财产性收入的主要因素及存在问题如下：

（一）城镇化与非农产业发展不均衡造成农民财产性收入差距大

北京郊区农民财产性收入的分布与城镇化、非农化水平紧密相关，呈现出"圈层状"特点。从表4、表5可以大致看出这一分布规律。城镇化与非农产业发展对改造"三农"具有全面性作用，也只有城镇化发展与非农产业繁荣才能有效拓展农民财产性收入渠道和增收空间。

在城镇化、非农化水平最高的城中村、近郊区农民财产性收入最高。这些区域不仅农民已大量脱离农业转向第二、第三产业，获取较高的工资性收入，而且受益于城镇化、非农化发展带来的大量人口，农民房租、地租等租金收入很高。例如，2011年朝阳农民人均租金收入达到3 726元，是全市农民人均财产性收入的两倍多；大兴区农地平均流转价格2 222元，远高于全市农地流转平均价格。这些区域，农民集体建设用地也大量入股合作建厂经营或建房出租，从而为集体经济带来更大发展空间，农民能够获取集体分配的股息、红利，如大兴区2011年农民仅该项收入就达到1 459元，接近全市农民人均财产性收入。即使留用的家庭经营承包土地用于农业经营，也多是经营一些高附加值的农产品，如花卉、水产养殖等，也能获得不菲的收入。而在远郊区，城镇化、非农化水平较低，缺少需求，房屋、农地流转市场甚至都难以形成规模。如延庆县，目前农地流转价格最高仅800元/（亩·年）。这些区域农地大多由农民自家进行于农业的生产，经营分散，比较效益低。同时，村级集体收入空间不足，收不抵支非常普遍，如房山区，村级集体组织收不抵支的 264 个，占总数的 56.7%，难以对农民形成分红收益。

表 4　平原、山区农村居民财产性收入情况

单位：元

项目	全市	山区农村居民	平原农村居民
人均纯收入	14 736	12 908	15 420
财产性收入	1 537	724	1 842
利息	9	14	7
集体分配股息和红利	306	205	344
租金	991	300	1 250
转让承包土地经营权收入	155	105	174

数据来源：北京市统计局农调队。

表 5　郊区县农民财产性收入情况

单位：元

项目		全年纯收入	财产性纯收入
全市		14 736	1 537
城市功能拓展区	朝阳	19 839	3 912
	丰台	16 554	1 638
	海淀	20 015	1 916
城市发展新区	通州	14 273	1 580
	顺义	14 314	1 194
	昌平	13 441	1 922
	大兴	13 723	2 787
	房山	13 527	775

（续）

项目		全年纯收入	财产性纯收入
生态涵养区	怀柔	12 991	622
	平谷	13 387	603
	密云	12 924	373
	延庆	12 761	497
	门头沟	14 031	1 162

数据来源：北京市统计局农调队。

（二）农村集体土地资源的开发利用在政策层面上受到一定程度的限制

集体建设用地是郊区农村开发潜力较高的资源。现行的法律法规对农村土地有三重约束：一是农村土地的集体所有制约束。农村土地所有权归农村集体所有，农民只有土地使用权。二是城乡二元土地制度约束。农村土地实行集体所有，城市土地实行国家所有。三是严格的农村土地管理约束。对农村土地实行严格的所有制管制和用途管制，并实行最严格的耕地保护和节约用地制度。

在郊区城镇化、工业化的发展中，上述约束对农村土地资产化限制作用非常明显，直接影响到农民财产性收入的合理增长。表现为以下几个方面：

1. 集体土地不能合法参与城镇化，难以分享城镇化成果。农村集体不能合法地在自己土地上建设城镇，必须由政府征为国有才能参与建设。在被动城市化中，农民只能获得一次性征地补偿，既难以发挥城镇化建设的主体作用，也不能直接通过土地参与获得可持续的财产性收入，实现充分收益。目前，从市级到区县，在城镇化过程中倾向于采取留地安置方式，即留给村集体和农民一定比例产业用地政策，是一个重要改进，但还需要正式的法律法规支持。

2. 农民难以获得公平合理的征地补偿。农村土地属于集体所有，代表其产权的合法主体是村民委员会和农村集体经济组织。由于征地牵扯到政府与农民巨大的利益分配问题，往往在补偿过程中对农民的合法权益问题考虑不够充分。

3. 农民缺乏退出农村土地的市场机制。由于对农村土地流转市场的严格限制，农民在向城镇、非农产业转移后，涉及宅基地、耕地、林地等土地退出难以获得补偿。如《农村土地承包法》规定，承包方全家迁入小城镇的，保留土地承包权；全家迁入设区的市，转为非农业户口的，要将承包地交回。

4. 农民缺乏改善土地用途话语权。土地用途管制显示出从上至下，一管到底的强势特征。典型的是严守耕地红线的要求下，郊区无论区位、发展水平，都要有相应面积农用地。从土地资源优化配置的角度来看显然不合理，比如朝阳黑庄户乡集中了该区绝大部分农用地，但其非农用地比农用地能够产生更高效益，对农民财产性收入增长能做出更大贡献；而农用地指标集中在农业区县更有用武之地，利于规模经营。提高全市土地资源优化配置水平对农民财产性收入有重要影响，既需要更高层次的统筹，也应结合基层的实际做到因地制宜。

（三）农村集体经济组织尚难保障农民财产性收入稳定增长

尽管北京郊区农村集体资产存量规模庞大，截至 2011 年年底，净资产总额 1 538.7 亿元（不包括土地等资源性资产），但人均净资产为 4.85 万元，要对郊区农民财产性收入形成有力支撑，尚需进一步的培育和发展。农村集体经济组织反映出的主要问题有以下几个方面：

1. 农村集体经济组织缺乏良好的发展环境。首先是法人地位不明确，缺乏法律保障。农村集体经济组织产权改革后形成的股份合作社在法律上还没有明确的法人地位。目前北京市集体经济组织登记主要有两种形式：第一种是发展较好，市场化程度较高的直接到工商部门登记为有限责任公司、股份合作制企业。如南苑乡、大屯乡、奥运村乡等。第二种是在区县经管站登记。这是郊区大多数集体经济组织采用的方式，可以"避税"，减轻集体经济组织负担。但同时没有明确的法人资格，很难在法律保护下取得经营成果，往往给生产经营带来诸多问题。如东升乡、玉渊潭乡、崔各庄乡等。其次是，承担过多社会功能，加重集体负担。由于长期以来形成的农村经济传统，改制后的集体经济组织仍然负担农村管理和服务支出。如房山区，虽然有公益事业专项补助资金，但补助金额与实际支出存在较大缺口。

产权改革后的新型农村集体经济组织终究不同于普通企业、公司，负担农民生活的社会功能是其天生职责，其作用的"公益性"远非普通企业、公司所能比拟，但也正因此更为"弱质"，理应区别对待。

2. 集体经济组织制度管理还有待规范。首先，集体经济组织内部管理还不健全。主要表现为：管理层权力过大，内部监督操作存在走过场、走形式现象；监事会作用没有有效发挥，在财权上一般受制于管理层，很难发表真实意见；对集体股缺乏监管等。其次，集体经济组织缺乏外部监督。2007 年到 2010 年 9 月，全市检察机关共依法起诉农村"两委"人员各类刑事犯罪案件 60 起 92 人，反映出缺乏监督和制约的重要问题。

3. 农村集体资产交易市场发育不够。北京郊区农村集体资产交易市场还处于起步阶段。虽然近年来对农村产权交易进行了一定探索，如宋庄镇农村产权交易市场、北京农村产权交易所，但还不能够形成规模化交易市场。受此影响，村级集体经济组织在产权工具运用和信息获取能力上不足，得不到成熟、专业服务，难以有效盘活农村资产。

4. 农村集体经济组织经济实力相差悬殊。郊区农村集体经济组织经济实力差异非常大，13 个区县中，近郊朝海丰三个区县集体净资产占全市 40%，人均在 10 万元以上；远郊人均全部为 5 万元以内，加剧了区域发展不均衡。

（四）农村金融建设滞后，农民素质不高阻碍了农民理财收入的实现

农村的金融机构常见的只有信用合作社、农业银行、农业发展银行、邮政储蓄等，基本没有证券公司或投融资机构等，农民几乎只能选择存款获得利息收入，而微乎其微的利息收入还不足以抵消通货膨胀带来的货币贬值。此外，因为受教育条件、环境等因素的影响，农民接受教育的程度普遍偏低，不具备对股票、债券等收益率高但风险较大的动产进行分析决策的技术和能力，要在风险莫测的市场中获得收益显得尤为艰难，唯一的选择就是银行存款。村干

部经营意识、经营能力有限也是普遍问题，尤其在集体发展意识、投资知识、理财知识等方面缺乏。

三、促进北京郊区农村财产性收入增长的措施与建议

综合上述分析，影响农民财产性收入的直接因素为资产总量和财产交易市场发育水平，讨论增加农民财产性收入问题也应从这两者入手才是有效的。但从全市农民财产性收入分布与典型经验来看，城镇化与非农化是增加农民资产总量、繁荣财产性交易市场的根本性推动力，因此也成为根本性影响因素。总体上说，农民财产性收入有其特殊之处。同时，该问题与其他众多"三农"问题没有本质差别，其增长主要有赖于"三农"一些根源问题方面的改善，这是本课题探讨措施和建议的中心思想。

（一）努力提高郊区城镇化、非农化水平，奠定农民财产性收入基础

城镇化、非农化是有效繁荣财产交易市场，拓宽农民财产性收入渠道的源头。北京市不仅是国内，也是国际高水平城镇化、非农化水平地区，但关键是要与"三农"形成有效互动，才能落实到农民财产性收入上。建议以小城镇建设为抓手，努力提升农村城镇化、非农化水平。

目前北京郊区，农村、农民数量大，且分布地域广阔，单靠主城、新城的辐射带动，鞭长莫及。小城镇是连接主城、新城与农民的关键环节，节点地位无可替代，能够有效引导城市化优势

作用于郊区"三农"问题，增加农民收入。此外，从国际经验来看，理想的城市发展需要大中小城市相对齐全的"金字塔"型结构。北京主城、新城需要人口适度的小城镇才能形成完备城镇体系。

建设小城镇的核心在产业发展，应充分依托主城、新城大企业、大项目发展配套产业。通过非农产业转移吸纳农民是第一要务，如顺义区，主要经验就是依靠临空经济与现代制造业，农民就业率达到93%，成为全国农民就业示范区，将农民从土地中解放出来就能促进农民土地流转，使其获得更多财产性收入，经济发展真正落实到农民增收上。

小城镇在招商引资上需要更有针对性：一是要针对主城、新城大企业、大项目延伸出的产业链招商引资；二是目前招商引资的重点是数量，先要形成产业"点"上的集群规模；三是引进企业要偏重于就业门槛低的中小企业，能有效拉动就业。

（二）积极创新土地制度，使农民土地资源能够变资产

土地是农民最重要、最有价值的资源，主要包括农民宅基地、农用地和其他农村集体建设用地。从农民角度出发，理想的土地制度改革是赋予国有土地、集体土地平等权利，使土地真正成为农民财产，充分实现其经济价值。这需要修改现行宪法与法律的相关条款，时间很难估量。因此，在现行法律法规框架内进行积极的创新探索才是切实可行的办法。

1. 逐步放开经营性用地项目的开发经营，让农民直接分享土地增值收益。建议积极开拓留地安置政策的宽度和深度，逐步推

行经营性建设用地项目市场化运作，由用地单位与农民集体直接对话协商，允许农民在符合土地利用规划和用途管制的前提下，通过出让、转让、出租和入股等方式流转农村集体建设用地使用权，可以直接将集体建设用地出租给企业，也可以根据土地利用规划在集体建设用地上建设厂房公寓等进行出租，或通过土地折价入股的方式与其他单位或个人进行共同开发建设，逐步实现农民集体土地与国有土地"同地、同价、同权"，让农民以土地作为资本直接参与工业化和城镇化建设。尤其是城镇规划区外的农村集体建设用地，允许当地农民按规划要求，利用村庄整治腾出的建设用地自行开发建设"农家乐"等乡村旅游和休闲娱乐项目，发展农村二、三产业，在合理开发农村土地资源中稳步增加财产性收入。

2. 健全完善土地流转服务体系，不断提高承包地流转收益。市级、区县应适当列出流转奖励资金，支持农用地规模经营。鼓励发展农村土地股份合作社，由合作社集中农民承包地开展生产经营，或是统一将集中连片的承包地转包出租，这种规模经营方式有利于更好地保障农民承包地权益和流转收益。充分利用政府行政资源，建立完善县、乡、村三级土地流转服务平台，重点是在乡镇一级设立土地流转服务中心，为供需双方提供流转信息、政策咨询、价格评估、合同签订、纠纷调处等服务。制定科学规范的样本格式合同，引导流转双方签订书面协议，以有效防范土地流转中可能出现的经济和社会风险。

3. 探索建立合理的农村土地财产权利有偿退出机制，为进城农民的土地财产权提供保障。农民的土地承包经营权、宅基地使用权是受国家法律保护的合法财产权利。对于已经在城镇落户的农民，也要允许他们带着土地财产权利进城成为新市民，是否放弃承包的耕地、林地和宅基地，必须完全尊重农民个人意愿，不得强制或变相收回。同时也要赋予在城镇稳定就业的农民自主处置承包地、宅基地的权利，允许他们在自愿、公平的基础上有偿转让其在农村的土地财产权，获取相应的财产权益，确保农民土地资产价值得以充分实现。

4. 加强市级对土地管理统筹。顺应市场规律，以区域化、专业化、协作化为主要思路，合理安排用地指标，发挥农村土地最大价值，促进农民财产性收入增长。

（三）发展壮大农村新型集体经济组织，确保农民财产性收入可持续增长

农村新型集体经济组织发展所带来的股息分配和红利收入是通过组织农民搞好农村资源、资产、资金的经营管理的结果，很大程度上是对农民各种劳动投入的回报，避免了财产性收入"以钱生钱"的许多弊端，具有可持续发展能力，是郊区农民财产性收入可持续增长的重要保障。

1. 加大郊区新型集体经济组织法律法规支持。有必要制定规范性文件，首先要明确集体经济组织法律、法人地位，理清集体经济组织及其成员的权利和义务。其次要充分体现对农村新型集体经济组织的优惠与扶持。建议参照专业合作社、农业产业化等法律法规形式，按照"多予、少取、放活"方针在用地政策、工商登记、保险政策、金融支持、税收优惠等方面给予明确倾斜。第三要结合

上述优惠扶持政策，加大财政对村级组织运转经费和公益性支出的保障力度，缓解村级农村新型集体经济"企业办社会"的巨大压力，尽可能让村级组织积累起发展力量。

2. 加强农村新型集体经济组织监督管理。首先，农村新型集体经济组织内部管理要按照现代企业制度的要求和合作制原则，建立健全以民主管理为核心的法人治理结构。其次，加强农村新型集体经济组织外部监督。目前郊区农村新型集体经济组织脱胎于传统体制，对领导干部的外部监督管理尤为重要。建议以市、区县、乡镇各级经管系统作为农村新型集体经济组织外部监督管理主要载体，建立市、区县、乡镇三级农村集体"三资"管理办公室，并配备、充实工作人员。负责农村集体经济组织产权登记、转让、重组及农村"三资"管理的监察、审计等。

3. 探索农村新型集体经济组织下农民财产性收入有效增长形式。增加农民财产性收入对新型农村集体经济组织而言仍然是"新生事物"，总结典型经验，探索有效形式，为基层领导干部提供借鉴、指导非常必要。通过本次调研整理，大兴区的"一管、两留、四集中"思路非常系统，效果也很好。具体如下：

一是管理挖潜。各镇、村通过完善各项管理制度、加强内部管理促进集体资产增收。例如黄村镇各村，通过清理规范经济合同，提高土地租金，建立价格递增机制，清退低端产业，提高了产业档次，实现村集体经济、村民福利待遇、村级执政能力的"三赢"，每年可增加租金 1 亿元。二是留地安置与留产安置。在村庄拆迁时，为搬迁村预留部分集体建设用地或商业设施，以保障集体的长远收益。西红门八村在新媒体产业基地建设用地中留出 60 亩用于村集体产业发展；瀛海镇为搬迁村农民预留人均 10 平方米的商业设施收益权，每人每年收入 3 650 元。三是集中理财、集中入股、集中购置资产和集中开发经营。将分散的资金、资源、资产整合，集中用于发展经济，2011 年集体经济组织集中理财收益达 3.4 亿元。黄村镇 18 个村出资 2 380 万元，入股参与印刷包装基地厂房建设，年收益 800 万元。西红门镇 11 个搬迁村集中购置底商 1.75 万平方米，每年为集体增收 2 040 万元；西红门镇在兴华公园东侧和星光生态休闲公园内建设商业设施 6.6 万平方米，建成后每年可获收益 2 500 万元。

4. 推进集体产权交易平台建设。 按照城乡平等的要素交换思路，以农村土地承包经营流转服务中心或者农村集体"三资"监管中心等为依托，将农村集体资产的承包、租赁、出让和集体资源的开发利用，纳入农村产权交易平台建设内容。此外，建议探索农村集体资源性资产抵押贷款的实现形式。

（四）加强教育与培训，拓宽农民理财渠道

让基层干部、农民掌握更多的增加其财产性收入的知识和技能，首先要加强对现代知识技能的培训，如电脑知识，积极发展职业技能教育。对于基层干部要集体经营开展市级联动业务培训，或者投融资部门专家授课，增加投资理财知识。对于农民除了课堂教学，可针对农村基础知识薄弱等特殊性由各级政府开展各种培训课程，加强风险教育，在农村社区宣讲理财致富的案例，激发农民投资理财积极性，让他们积极主动地参与到风险性收入的队伍当中。

四、有待进一步探讨的几个问题

研究增加农民财产性收入，除了探讨增收方法，更要站到"三农"角度、城乡角度理性思考，才是"永续发展"的科学态度。由于财产性收入属于"以钱生钱"的二次分配，同时也具有不良的负面效应。以下是经过调研工作发现需要引起关注的两个方面：

（一）加强财政转移支付，防止加大社会收入差距

财产性收入具有"滚雪球"式的集聚财富特征，不同收入水平农民的财产基础、财产增长数额都会出现越来越大的差距的"马太效应"。由于城镇化、非农化发展严重不均，郊区农民财产性收入已反映出上述特点：平原区高于山区，近郊区高于远郊区。鉴于这一特点，财政转移支付力度必须相应加大。重点是城镇化、非农化发展受到严格限制的山区生态涵养区县，应着重通过建立长效补偿机制平衡农民收入差距，如水权交易、碳汇交易、建设用地指标流转等方式。

（二）鼓励勤劳致富，防止催生不劳而获的"食利群体"

必须看到，租金收入是当前郊区农民财产性收入的主要来源。尤其城市周边，土地价值高的农村，大量农民借助城市基础设施与公共服务的"溢出效应"，通过"瓦片经济"获得很高的租金收入，不仅远远高过普通农民，不少更是远超城市人群。这种"不劳而获"的收入极易催生游手好闲的"食利群体"。调研反映，在城乡

结合部农村这已经是引起关注的问题，显然违背勤劳致富的公平与合理。

因此，需要系统的应对办法。如大兴区在城乡结合部拆迁建设中的"四有"政策：让搬迁农民就业有岗位、增收有资产、生活有保障、服务有组织。其中"四有"核心是有工作，除积极开展免费的技能培训外，该区主要采取本地企业"腾"岗位、公益组织"买"岗位、开发区企业"要"岗位等7种模式，让搬迁村劳动力充分就业从而有效防止农民暴富后因不劳而获而坐吃山空。

执笔人：纪邵军

第二章

"十二五"时期北京城乡一体化
发展评估及"十三五"
规划相关问题研究

第一节 总 论

"十二五"时期北京城乡一体化发展评估及"十三五"规划相关问题研究

　　2008 年 12 月，中共北京市委十届五次全会通过《中共北京市委关于率先形成城乡经济社会发展一体化新格局的意见》，提出"到 2020 年在全国率先形成城乡经济社会发展一体化的新格局"。2010 年 12 月，中共北京市委十届八次全会将这一目标写进北京"十二五"规划建议。经过七年的发展，我们认为，北京市城乡一体化发展新格局已经基本实现，主要体现在三个方面：一是城乡一体化的制度设计已经基本实现，除属于中央事权的土地制度、行政管理体制等领域外，省市级的制度设计已经基本实现城乡一体化；二是制度的覆盖程度较高；三是城乡之间的收入水平、基础设施、公共服务等差距进一步缩小。下一步重点是在继续做好制度设计的基础上，进一步提高水平，解决分配格局和发展空间等问题。

"十三五"时期，是全面建成小康社会决胜阶段，全面建成小康社会，最艰巨最繁重的任务在农村特别是农村贫困地区。对北京而言，需要在统筹城乡关系上取得进一步突破，深入推进城乡发展一体化。要牢牢把握"创新、协调、绿色、开放、共享"的发展理念，以破解城乡二元土地问题为突破口，促进城乡资源要素的自由流动，打造市、区、镇三级统筹的协同治理体系，推进生态文明建设和基本公共资源均衡配置，给农村发展注入新的动力，让广大农民平等参与改革发展进程、共同享受改革发展成果。

引言

本节首先对近十年北京的宏观环境进行总体回顾，对城乡一体化发展的外部环境进行整体把握。

从宏观经济来看，北京市 GDP 从 2005 年的 6 886.31 亿元增长到 2014 年的 21 330.83 亿元，实现了 3 倍增长；人均 GDP 完成了从 5 000 美元到 16 000 美元的突破，为城乡一体化发展提供了良好的资金保障。

从动力机制来看，大规模的土地开发是推动北京市城乡一体化发展的主要动力，形成了土地极差的溢价动力、红利分享的参与动力、土地财政的投入动力和跨级投入的政策动力。

从功能定位来看，北京市功能区的差异化定位为城乡一体化指明了方向。根据城市功能定位与发展阶段的差异，本研究将北京分为城乡结合部、城市发展新区和生态涵养区三类地区，引导地区分类发展。

从政策机遇来看，自 2002 年中共十六大首次提出"统筹城乡经济社会发展"的发展战略以来，北京市委、市政府树立了城乡统筹发展的思想观念。2008 年 12 月，中共北京市委十届五次全会通过《中共北京市委关于率先形成城乡经济社会发展一体化新格局的意见》，提出"加快北京农村改革发展步伐，率先形成城乡经济社会发展一体化新格局"，对推进北京城乡一体化发展工作进行了明确和全面的部署。2010 年 11 月，中共北京市委十届八次全会审议通过《中共北京市委关于制定北京市国民经济和社会发展第十二个五年规划的建议》，明确提出到 2020 年在全国"率先形成城乡经济社会发展一体化新格局"。2014 年 2 月，习总书记考察北京，提出要明确"四个中心"的城市战略定位，调整疏解非首都核心功能，为北京城乡融合带来新的机遇。2015 年 4 月，中共中央政治局会议通过《京津冀协同发展规划纲要》，北京城乡一体化发展进入新的战略发展期。2015 年 8 月，中共中央办公厅和国务院办公厅印发《深化农村改革综合性实施方案》，指出城乡发展一体化是解决我国"三农"问题的根本途径，进一步明确了推进城乡一体化发展的重要意义。2015 年年底，《中共中央关于制定国民经济和社会发展第十三个五年规划的建议》提出"创新、协调、绿色、开放、共享"的发展理念，中共北京市委十一届八次全会审议通过《中共北京市委关于制定北京市国民经济和社会发展第十三个五年规划的建议》，对"十三五"时期进一步提升北京市城乡一体化发展水平作出纲领性的指导和部署。

一、"十二五"时期北京市城乡一体化发展进程评估与回顾

本节由三部分构成，首先，结合《北京市"十二五"时期城乡经济社会一体发展规划》指标体系对"十二五"时期北京城乡一体化发展程度进行评估分析。其次，对"十二五"时期北京市城乡结合部、城市发展新区和生态涵养区的城乡一体化发展进程进行回顾。第三，以指标所反映的问题为基础，结合北京城乡一体化进程中的五大问题进行分析，挖掘问题背后的深层次原因，为"十三五"时期解决城乡一体化相关问题奠定基础。

（一）北京市城乡一体化发展评估[①]

北京市"十二五"规划明确提出"率先形成城乡经济社会发展一体化新格局"，此后制定的各项制度均贯彻了城乡一体化的基本要求。包括：《北京市"十二五"时期社会公共服务发展规划》《北京市"十二五"时期社会保障发展规划》《北京市"十二五"时期社会建设规划》《北京市"十二五"时期教育改革和发展规划》《北京市"十二五"时期卫生发展改革规划》《北京市"十二五"时期体育发展改革规划》等，并首次制定了《北京市"十二五"时期城乡经济社会一体化发展规划》，使北京的城乡一体化制度建设实现了整体水平的提升，并带动各项指标的改进。本节选取全市"十二

[①] 关于本节的详细内容，参见《"十二五"时期北京市城乡一体化指标体系及发展分析报告》。

五"期间经济发展、基本公共服务、城乡居民生活、城乡环境建设等领域的指标[①]，通过横向（郊区与北京市、城六区）与纵向（时间维度）分析，对"十二五"时期北京城乡一体化发展程度进行了评估。研究发现，"十二五"时期，北京郊区经济发展态势较好、公共服务均等化正在落实、农村居民生活质量不断改善、城乡环境越来越宜居，北京市城乡一体化新格局已经基本形成。

1. 郊区经济发展态势较好

（1）都市型现代农业生态服务价值年值增速波动较大，前两年增速较快，之后两年增速回落，保持在 2012 年水平。2011—2014年，都市型现代农业生态服务价值年值增速分别为 5.7%、6.1%、0.3% 和 −0.4%。

（2）第一产业劳动生产率达到 81 884.45 元，高于 65 000 元的目标值。"十二五"期间，全市第一产业劳动生产率从 2011 年的62 502.16 元/人，提高到 2014 年的 81 884.45 元/人，增长了 31.01%。

（3）2014 年发展新区 GDP 占全市比重为 21.06%，离 25% 目标值尚有差距。近年来发展新区 GDP 占全市比重呈"U"形分布，增长不明显，2014 年比重为 21.06%，距离 2015 年 25% 的目标值尚有一定差距。

（4）郊区万元 GDP 能耗有待进一步下降。"十二五"期间，郊区万元 GDP 能耗平均为 0.69 万吨标准煤，远高于北京市（0.40万吨标准煤）和城六区（0.25 万吨标准煤）。

---

① 本节数据均来源于《北京市统计年鉴》《北京市区域统计年鉴》。

根据市农委数据，郊区万元 GDP 水耗由 2011 年的 59.0 立方米下降到 2014 年的 45 立方米，已经低于 60 立方米的目标值。

2. 公共服务均等化正在落实

（1）郊区固定资产投资比重不断增加，2014 年达到 53.3%，提前完成目标。郊区固定资产投资的比重由 2011 年的 51.8%，提高到 2014 年的 53.3%，提前完成"十二五"50% 以上的目标。

（2）农民医疗参合率 2014 年达到 99.56%，提前完成目标。2011 年以来，全市农民医疗参合率不断提高，由 2011 年的 97.70%，提高到 2014 年的 99.56%，提前达到"十二五"城乡一体化 98% 的目标。

（3）城乡居民人均养老保险待遇水平不断提高，接近 500 元目标值。从 2011 年的 430 元，提高到 2013 年的 490 元，接近北京市"十二五" 500 元目标。

（4）义务教育完成率保持高水平，仅 2014 年（97.89%）略低于目标值（98%）。近五年北京市大力推行义务教育均衡发展，全市义务教育完成率基本在 97.8% 以上，与"十二五" 98% 的水平接近。

3. 农村居民生活质量不断改善

（1）"十二五"时期农村居民人均纯收入增速均高于 10%，超过 8% 的目标值。近年来北京市农村居民人均纯收入增速每年均保持在 10% 以上，高于"十二五"城乡一体化农村居民人均纯收入增速 8% 以上的目标，也高于城镇居民可支配收入增速。城乡收入比值从 2011 年的 2.233 缩小到 2014 年的 2.171，呈略微缩小的态势。

（2）农村居民家用计算机普及率提前达到目标值。近五年来北京市农村居民家用计算机普及率不断提高，由 2009 年的 58％提高到 2013 年的 74％。已经达到了"十二五"城乡一体化的 70％的目标，但与城镇居民仍然有一定差距。

（3）农村居民使用液化气比重越来越高。从 2011 年的 82.7％，增加到了 2013 年的 90.5％，提高了 14.5％。由于该指标是对"农村居民家庭清洁能源普及率"，目标值 90％仅供参考。

4. 城乡环境越来越宜居

（1）郊区林木绿化率不断提高。"十二五"时期，全市林木绿化率从 2011 年的 54.0％，提高到了 2014 年的 58.4％，绿化不断改善。

（2）郊区污水处理率不断提高，但距离目标值尚有一定差距。郊区区污水处理率从 2012 年的 59.86％，提高到 2014 年的 66.16％，距离"十二五"70％的目标还有一定距离，也远不如全市水平。

（3）各郊区生活垃圾无害化处理率全部提前实现目标。2011 以来，各郊区生活垃圾无害化处理率不断提高。2011 年生活垃圾无害化处理率最低的是延庆县，为 89.77％，最高为平谷，为 100％。到 2014 年，各郊区生活垃圾无害化处理率均达到 97％以上，提前实现"十二五"城乡一体化规划中垃圾无害化处理率 92％的目标。

（二）北京市三类地区城乡一体化发展进程回顾

"十二五"时期，北京市在三类地区分类推进城乡一体化发展。

在城乡结合部地区，以绿隔建设、功能区带动、土地储备和重点村改造四种方式实现土地开发和产业功能升级，带动区域整体发展。在城市发展新区，以城市功能扩散为契机，通过空间和投资的扩张，引导产业转移，并带来大量人口的聚集，推动了地区城镇化建设。在生态涵养区，主要以城市生态服务功能为主，通过山区人口向中心区域聚集提升发展效率。然而，通过进一步分析可以看到，三类地区仍然受到城乡二元体制的限制，影响了发展水平的提升。

1. 城乡结合部城乡一体化发展进程回顾

（1）绿隔建设。"十二五"时期，北京全面实施一道绿隔建设，通过资金平衡、用地补偿、财政贴息等一系列政策，促进地产开发、劳动力安置、绿化养护、新村建设和开发融资。以区、镇、村和农民四级土地开发红利分享为动力，通过合作开发、成立乡级公司、土地储备等多种方式推进土地开发，构建多中心、分散集团式发展格局，阻隔中心城的无序扩张。但在实施过程中，也产生了资金指标不足、上楼不转居、集体产业发展受限、公共配套设施滞后、土地出让金不能及时到位等遗留问题。

（2）功能区带动。首都的经济战略转型支持产业功能区拓展，通过专项规划、政策倾斜、资源布局带动高端产业功能区发展，以功能区溢出效应提升周边农村地区发展动力和区位价值，优化产业升级，集聚高端功能，提升区域经济综合竞争力，加快经济社会发展步伐。但在实施过程中，由于空间规划、城乡二元土地制度、基础设施和阶段发展等因素限制，使得功能区溢出效应、高端产业的梯度扩散受到影响。

（3）土地储备。2009 年开始，北京响应国家"保增长、扩内需"的要求,启动了千亿土储计划,通过财政担保、绿色审批、规划调整、整建制转居等多项政策支持有条件的区县实施规模土储。在实施过程中,采用区级统筹、信贷放大、滚动开发、先易后难、突出重点的方式推进。也产生了债务压力过大、拆迁成本高昂、土储资金成本加大、产业发展缓慢等遗留问题。

(4)重点村改造。推进城乡一体化,城乡结合部是重点地区,北京针对性地启动 50 个重点村综合改造,国土、金融、财政等部门出台相关政策,以分类推进、"一村一策"、流程监管等方式推进,改善城乡结合部人口、资源、环境问题。但由于农村地区总体建设指标突破难,造成重点村改造挤占乡、区级建设指标,以商品房开发平衡成本的模式也占用产业发展空间,农村地区依赖市区外部资源投入,缺乏内生发展动力。

2. 城市发展新区城乡一体化发展进程回顾

(1)城市发展新区城乡一体化的发展机遇。一是新城建设带来的机遇。"十二五"时期,北京城市发展重点已经逐步向发展新区转移,在中心城区进入存量发展阶段的背景下,城市发展新区将成为最大的受益区域。二是首都功能疏解带来的机遇。在京津冀协同发展的带动下,中心城区的功能逐步向城市发展新区转移,带来政策、资源等要素投入,引导市场主体、人口向城市发展新区聚集,促进城乡一体化发展。

(2)城市发展新区城乡一体化的动力机制。一是空间的放量。"十二五"时期,城市发展新区空间扩张能力明显高于城乡结合部地区,为新城产业植入、人口聚集提供充足的空间,带动区域经济增长。二是投资的增长。从 2009 年起,城市发展新区的全社会固定资产投资与房地产投资增速开始加快，政府投资重点逐步向发展新区转移，将带动区域基础设施、大型市政建设项目和房地产开发投资等投资项目的增长。三是产业的植入。城市发展新区的企业数量已初具规模，产业逐步向发展新区转移，形成一定的经济增长极，进而成为城乡一体化的动力来源。四是人口的集聚。城市发展新区的常住人口增速与就业人口增速已超越城乡结合部地区的人口增速，人口的集聚将成为区域产业发展的重要支撑，进而推动区域城乡一体化。

（3）城市发展新区城乡一体化发展中遭遇的问题。一是资源不足问题，包括建设规划指标不足，收益无法覆盖成本，对各级实施主体缺乏有效监管等。二是收益成本问题，集体经济组织土地收益无法覆盖长期的劳动力安置、农民社会保障等支出，农民家庭土地补偿不能支撑上楼后长期生活成本。三是产业发展问题，空间开发的住宅化、地产化挤占农村地区产业发展空间，短期收支压力导致农村产业低端化发展。四是农民市民化问题，农村整体基础设施环境建设不足，教育、医疗、文化等公共服务配套设施滞后，导致农民市民化问题凸显。

3. 生态涵养区城乡一体化发展进程回顾

（1）生态涵养区在城乡一体化过程中的模式选择。"十二五"时期，生态涵养区的发展具有两大特征：一是限制性。生态涵养区肩负资源保护与生态服务功能，其自身的发展受到诸多限制。二是聚集性。生态涵养区周边往往被山体环绕，更多是通过推动山区人口向中心区域聚集，提升区域发展效率。综合这两大特点，生态涵养区在"十二五"时期通过新农村建设来促进城乡一体化发展，开展生态建设的同时发展休闲农业和沟域经济,并逐渐从促进产业的发展,转向促进社会服务、社会民生、社会福利改善等方面。

(2)生态涵养区在推动新农村建设过程中的核心问题。一是经济发展缓慢。2014年生态涵养区农民纯收入仅占全市城镇居民人均可支配收入的50.6%,同时未就业人数为全市的30%以上。二是产业发展受限,生态友好型产业体系在短时间内还难以形成。三是生态补偿机制仍不完善,生态林补偿标准与其他公益岗位补助标准不统一,缺少激励作用。四是生态建管资金投入不足,资金补偿渠道单一,难以支撑发展。五是资源环境问题依然突出。2013年,生态涵养区万元GDP能耗(0.59万吨标准煤)仅次于城市发展新区(0.8万吨标准煤),节能降耗状况较差。六是农村城镇化动力不足,山区乡镇工业外迁后,缺乏产业和人口集聚度,使得基础设施和公用设施的单位投资成本高,对人口和投资的吸引力不强,影响三产发展,反过来又影响城镇发展。

(三)北京市城乡一体化进程中存在的主要问题及原因分析[①]

"十二五"时期北京城乡一体化进程中存在的主要问题,表现在土地、经济、环境、人口和管理五大领域,且相互影响、相互制约,在北京市城乡结合部地区,这些问题表现得更加突出。"十三五"时期,随着京津冀协同发展和非首都核心功能疏解,需要在继续完善城乡一体化制度体系建设基础上,重点解决分配格局和发展空间的问题,避免城市发展新区和生态涵养区遇到相同问题的重复

---

① 关于本节的详细内容,参见《"十二五"时期北京市城乡一体化主要问题及原因分析报告》。

蔓延。

1. 北京市城乡一体化进程中存在的五大问题

（1）城乡二元土地问题是导致城乡二元发展最根本的因素。一是集体土地权利和制度设计上存在缺陷，导致在集体成员权界定、集体资产安排和集体管理模式上需要进一步改革。二是集体建设用地利用的政策限制较多，制约了农民从事非农产业发展的机会，也使得违法使用集体建设用地的情况层出不穷。三是集体建设用地利用缺乏有效的城乡统筹机制，无法形成城乡统一的建设用地市场，土地和财产的市场化交易程度不高，农村居民无法公平分享城镇化带来的成果，不但限制了农业现代化进程，也不利于城市整体发展。

（2）低效的农村土地利用导致集体经济收支平衡与农民就业增收的两难问题。一是农村集体经济收入与支出平衡难，集体经济组织收入不足以承担农民市民化所需的公共服务、社区建设、社区管理等服务支出。二是农民就业增收与福利改善难，土地的低效利用使得农村地区的产业结构始终以低端产业为主，影响农民就业安置、增收和社会保障。

（3）生态文明建设缺乏有效的资金投入和管护机制产生环境问题。一是规划绿地被违规占用，低端产业和违法建筑取代了原有的绿地规划，造成各类环境问题和安全隐患。二是生态建设投入和支持不足，导致农村地区绿化任务实施水平低、遗留问题多。三是城乡一体的生态补偿和管护机制不衔接，农村地区绿化养护标准明显低于城市地区，导致统筹城乡生态管护难度大。

（4）人口问题体现在征地农民的安置保障与流动人口的管理两

个方面。一是城乡二元体制衍生城市居民、农村居民和城市流动人口的三元矛盾,尤其在城乡结合部地区,拥有大量流动人口,利益诉求多样,管理难度大。二是农民增收缓慢加大管理难度,农村地区拆迁之后,农民市民化进程受到指标、资金等限制,难以享受公共资源和服务,农民人均纯收入增长缓慢,加大了农村地区人口管理难度。

(5)城乡二元结构造成管理不衔接,权责不统一,基层组织保障难以落实。一是基层治理政经不分,无法构建起城乡一体的要素市场,以集体所有制为代表的产权结构并不完整,限制了农民享受相关权益(比如集体资产和宅基地收益权),造成农村产业的"小散低劣"现象,农民生活无法得到根本改善。二是各部门权责不匹配,基层依法行政困难。三是农村地区执法人员和经费不足,容易出现管理漏洞和职能缺位。

(6)城乡一体化发展进程中五大问题相互影响制约。第一,土地问题是影响经济、人口、环境和管理的根源性问题。由于集体土地无法按照市场定价和经济规律进行交易,客观上损害了农民利益,造成产业低端化发展、环境恶化和基层组织财力不足等问题。第二,经济问题直接引发人口和环境问题。基层组织经济实力薄弱,难以建立完善的社会保障体系,造成流动人口聚集,环境压力大,加剧低端产业的聚集发展。第三,土地问题导致低端聚集,发展环境恶化,最终表现为管理问题的突出。一方面,土地、经济、人口和环境的各种问题,都或多或少地以管理问题的形式表现出来;另一方面,这些问题可以通过短时间内在管理领域增大投入、增设管理部门、扩充管理队伍等方式得到一定缓解,但无法得到根治。

2. 引发问题的深层次原因分析

（1）城市发展规律未能充分把握。第一，城市快速发展进程中的"摊大饼"问题未能有效预防。北京在城市发展过程中，没有很好地吸取发达国家的经验教训，低成本"摊大饼"式的发展未能有效预防。第二，农村地区内在发展动力不强。农村地区在发展进程中很大程度上依靠大工程、大项目带动，内生发展动力不强，对市场力量和发展规律不够重视，造成粗放开发、无序蔓延等问题。第三，对发展中的问题处理不及时，导致问题累积。对于真正影响农村地区发展的深层次原因，如区域功能定位问题、城乡二元结构问题等破解方法不多，长期治理让位于短期举措。

（2）区域功能定位没有得到有效落实。第一，城市扩张需求和生态功能没有有效平衡，区域自身发展需求无法得到满足。目前，城乡二元问题突出表现在城乡结合部，在城市强烈的扩张需求背景下，区域"绿隔地带"的功能定位过于片面，忽视了地区自身发展需要，以至于区域规划无法执行。第二，区域规划执行不到位，将加剧问题累积和蔓延。城乡一体化进程中的诸多问题突出表现在城乡结合部地区，如果原有问题得不到有效解决，将很有可能导致这些问题在城市发展新区的扩张中重复蔓延，影响北京市城乡一体化的推进。

（3）城乡二元体制改革还需要进一步落实。第一，新中国成立以来逐渐形成的城乡二元体制固化，破解难度大、时间长，需要进一步落实。第二，城乡二元体制下，国有土地和集体土地同地不同权，相当数量的农民并未在土地开发的再分配过程中得到长期的社会福利保障。第三，二元体制下，城乡社会保障体制分割，城市社会保障制度在管理体制已趋于成熟，而农村社会保障制度则呈现出社会化程度低、非制度性和保障模式改造相对滞后的特点。第四，二元体制下，城乡公共服务不均等，农村基本公共服务和基础设施在投入和建管机制上仍有待完善。

二、外省市城乡一体化特点及其对北京的启示①

成都、宜兴、珠海分别位于西南地区、长三角城市群和珠三角城市群，根据各自地理位置、经济状况、历史沿革等因素探索出不同特点的城乡一体化模式。作为特大城市的北京，可以借鉴这三个城市的经验，创新理念、统筹规划、分类实施，加快推进城乡一体化进程。

（一）成都、宜兴、珠海城乡一体化主要特点分析

1. 成都市：以制度改革引领城乡统筹各项工作。 对成都市来说，城乡一体化工作不仅仅是农业农村农民的事情，而是事关全市工作全局，其中又以各项制度的改革为引领，在城乡建设、城乡产业、城乡公共服务和城乡社会治理等方面均建立起统筹发展的体制机制，使得城乡一体化工作不仅是思想观念的更新，也是政策措施的调整，不仅是发展思路和增长方式的转变，也是利益格局和产业布局的调整，不仅是体制机制的改革，也是各级部门工作方式的改

---

① 关于本节的详细内容，参见《外省市城乡一体化体制机制对比研究》。

进。成都市立足实际，以制度改革为引领，将城乡一体化工作放到统揽全局的高度，以确保农民利益不受损为基本目标，创新政府与市场的关系，建立起城乡统筹发展的体制机制，不仅颇具特色，而且有推广价值。

2. 宜兴市：从农村内生发展走向城乡融合互动。宜兴市位于江浙地区，是我国乡镇企业最发达的地区，在乡镇企业的带动下，农村工业化和城市化大踏步前进，也因此具有明显的江浙地域特点。一方面，通过乡镇企业的发展聚集了大量的本地甚至外地农民；另一方面，依靠农村工业化和集体经济壮大，带动了区域的发展。因此宜兴市的特点在于：农村地区在发展过程中具有乡镇企业这一内生动力，并提供了丰富的劳动力、资源和市场，实现区域的能动发展，并逐渐向城市渗透，通过城乡互助、工农联动，实现城乡一体化。在这一自发过程之后，当城镇体系建立起来，城乡融合进入更高层次，通过以城带乡，进一步完善农村的各项设施和服务，推进生态文明建设，使越来越多的外出农民返乡创业、就业，越来越多的城市人走进农村休闲、养老，城乡进入良性互动阶段。

3. 珠海市：政府与市场合作实现三方共赢。珠海市的"城中村"改造是城乡一体化过程中矛盾最集中、利益相关方最多、推进难度相对最大的环节，北京与之类似的是城乡结合部的改造。在这个过程中，珠海市政府让出了巨大利益空间，吸引市场的介入，兼顾村民利益，取得了良好的效果。从一开始对"最优规划"方案的选取，使得改造过程定位在一个高水平，不是市政建设的补齐，而是实现区域整体价值的提升。对三个利益主体来讲，通过合作实现了三方共赢：政府通过优惠政策让出未来几年的潜在收益，但是困扰政府的各种难题有了解决的可能，农村地区可以向现代社区转变，生态环境得以改善，区域综合竞争力得以提升；社会资本通过参与改造，提高了农村城市化的效率，获得了市场利润，实现了社会价值；村民获得了更好的生活环境，得到了可持续的收益分配。

（二）对北京市城乡一体化发展的启示

1. 因地制宜，结合本地区发展阶段和特点制定城乡统筹模式。 城乡一体化是一项复杂、艰巨的系统工程，解决城乡二元结构问题，必须因地制宜找准最适合当地的发展方式，要从宏观环境、政策机遇、发展阶段、遗留问题等方面找准症结，在提高农村发展水平的同时，也要注意尽可能地保留乡村风貌和乡土味道，让人有乡情可亲、有乡愁可寻。"十三五"时期，北京的城乡一体化应以破解城乡二元体制、改善城乡生态环境、提供城乡均等服务、提高农村管理水平为目标，不应重复过去城市扩张、拆旧盖新的方式。要创新观念，从实际情况出发，发挥自身优势，有效实现城乡一体化。

2. 坚持新型城镇化与新农村建设相结合的双轮驱动。 从外省市和发达国家的经验来看，要实现城乡协调发展，大中城市应当与小城镇形成布局明确、功能互补的现代城镇体系，避免两者之间形成发展的严重失衡。把壮大小城镇经济和推进农业现代化作为转移农业人口、促进城乡协调发展的切入点。从北京的情况来看，"十三五"时期要结合首都非核心功能疏解，推动城乡一体化发展，关键是要从解决城乡二元土地问题着手，通过构建城乡统一的建设用地市场，促进集体土地与国有土地同地同权，提升农村地区的发展驱动力。

3. 打造城乡要素交流平台，注重培育农村的内生发展动力。北京发展都市型现代农业，重点是要培育"高精尖"的产业业态，其中非常关键的一点是要借助金融工具进行制度、产品和平台的设计。制度上让集体资产的所有者与经营者分离，通过资产委托代理的方式，让专业经营团队实现资产增值，逐渐与市场化的城市经济融为一体；产品上通过资产信托化、土地信托以及产权颁证抵押贷款等方式进行探索；平台上借助土地股份合作社、集体经济组织成员参股合作、组建资产管理公司等方式实现城乡要素的交流。

4. 处理好政府与市场的关系，实现合作共赢。在珠海市的改造进程中，政府选择了让利给市场和村民，成都和宜兴也具有相似的过程，政府让利的幅度，是影响城乡一体化推进速度和质量的关键因素。北京的城乡一体化发展已经持续数年，取得了很大的成效，也到了攻坚克难的深水阶段，必然触发各大利益主体的博弈，因此，城乡一体化的推进实际上是一场利益博弈，尤其是在城乡结合部地区，是矛盾的焦点所在。在这个博弈过程中，不应该回避各主体的利益需求，政府应当破除制度障碍，发挥土地尤其是集体土地的杠杆作用，让市场充分参与进来，政府层面做好制度设计，保证参与各方的利益平衡。

三、"十三五"时期北京市城乡一体化规划研究

"十三五"时期是全面建成小康社会决胜阶段，全面建成小康社会，最艰巨最繁重的任务在农村特别是农村贫困地区。对北京而言，需要在目前城乡经济社会发展一体化新格局基本建立的基础

上，进一步提升发展水平，解决好农民市民化、农村基层社会治理转型和基本公共服务均等化等问题。要牢牢把握"创新、协调、绿色、开放、共享"的发展理念，抓住深入实施京津冀协同发展战略、有序疏解非首都功能的契机，以破解城乡二元土地问题为突破口，促进城乡资源要素的自由流动，打造市、区、镇三级统筹的协同治理体系，推进生态文明建设和基本公共资源均衡配置，给农村发展注入新的动力，让广大农民平等参与改革发展进程、共同享受改革发展成果。

（一）以创新理念破解城乡二元体制，建立城乡资源要素交换市场

创新理念，通过促进首都城乡资源要素的自由流动，构建城乡统一的建设用地市场，推动北京郊区基层治理结构现代化等方面的制度改革，为逐步破解城乡二元结构扫清体制机制上的障碍。

1. 加快构建城乡统一的建设用地市场。 构建城乡统一的建设用地市场，是打破城乡二元体制最为关键的环节。在城市规划区、城镇化地区和新农村社区形成统筹规划、试点先行、集约配置的集体建设用地利用机制，逐步推进城乡一体的土地市场的形成。

（1）城市规划范围内的集体建设用地与国有土地同地同权。总结大兴区集体经营性建设用地入市试点的工作经验，逐步推动城市规划范围内集体经营性建设用地进入市场。调整相关政策，完善入市交易规则、服务监管制度和土地增值收益的合理分配机制。加快旧村和"工业大院"改造，将低密度的集体工业用地转变为符合城市功能发展的商业服务用地和居住用地。以基本规划实施单元为载

体进行区域统筹，探索城市规划范围内集中建设区与周边城乡结合部改造捆绑实施政策。通过存量集体建设用地入市，新增建设用地与现状低效用地盘活减量挂钩等途径，解决区域发展空间受限、产业升级受阻、基础设施和公共服务不足、巨额安置补偿成本等带来的资金平衡问题。逐步建立市场化配置集体土地资源的机制，实现非首都功能疏解和"高精尖"产业结构优化，提升高端资源集聚能力和产出水平，实现集体土地空间综合效益的最大化，促进集体资产增值和农民增收。

（2）城镇化地区按照规划体系集聚利用土地资源。通过新型城镇化推进重点镇以及新城周边辐射乡镇建设，构建合理的现代城镇体系，实现农民就地城镇化。推动城市发展建设重心向"多点一城"转移，实现城市功能由中心城和新城共同支撑的格局。形成产城融合、职住平衡的格局。培育一批功能性特色小城镇，关键是通过乡镇统筹的方式加强土地资源和建设资金的集约利用，合理承接城六区疏解功能，引导功能性项目、特色文化活动和品牌企业进驻小城镇，吸引高端要素聚集和人口迁住，促进教育、医疗、旅游休闲、农产品深加工和农村服务业聚集发展，统筹推动基础设施和市政重大项目建设，提升公共服务水平和生态环境治理。

（3）农村地区集体建设用地向新型农村社区配置。郊区农村存在自然演变的过程，最终的保留村庄通过建设新型农村社区的形式实现土地和人口的集中配置，非保留村庄通过山区搬迁工程逐渐向适宜地区迁移。增强生态服务功能，取消山区乡镇生产总值考核，全面退出高耗能、高耗水、高污染行业。建立以沟域经济、生态农业和旅游服务业为主的生态友好型产业体系，使生态环境得到根本改善。完善生态补偿机制，缩小基础设施、基本公共服务和人民生活水平等方面的差距，使传统农村风貌和习俗得以保留，农民生活质量得到根本性的改善，与城区形成良性互动的整体。

2. 深化农村改革促进城乡治理结构对接。农村改革要以建立城乡对接的机制为出发点，完善农村"三资"监管工作，将推进农村基层治理结构现代化作为深化农村改革的关键手段，构建集体经济的现代经营体系，确保农民享受改革发展成果。

（1）探索"三资"监管机制的有效实现方式。要破解放松监管容易出现"小官巨腐"、加强监管容易造成农民主体地位缺失的难题，跳出通过加强政府部门权力来加强监督管理的传统思维，在市、区两级探索成立政府特设部门"农资委"，为推进"三资"监管工作提供体制保障。市级层面，积极转变职能和强化监督，进一步明确农村经管部门对集体资产的监督管理职责和权力，确保集体资产规范运行。区县层面，继续推动海淀区"农资委"改革试点，与农业部经管总站、市编办协调配合，对区县、乡镇农村"三资"监督管理体制机制建设进行试点研究，结合事业单位改革探索农经部门列入行政部门或政府特设机构的可能性。

（2）推进基层治理结构现代化。"十三五"期间，要站在市场化改革的大背景下，积极推进农村基层治理结构现代化，明确集体经济组织的市场主体地位。按照《深化农村改革综合性实施方案》①的文件要求，开展村级组织"政经分离"试点工作。在城乡

---

① 《深化农村改革综合性实施方案》中提到，要"在进行农村集体产权制度改革、组建农村股份合作经济组织的地区，探索剥离村'两委'对集体资产经营管理的职能，开展实行'政经分开'试验，完善农村基层党组织领导的村民自治组织和集体经济组织运行机制"。

结合部集体经济实力比较雄厚的地区，加快实现村级"政经分离"和"政社分离"。通过制度化的形式将党支部、村委会和集体经济组织的职责界定清楚：党支部发挥基层领导的核心作用；村委会落实社会管理和公共服务职能；集体经济组织构建现代法人治理结构，明确市场主体地位，集中精力发展集体经济。在远郊的农村地区，着力加强基层干部治理能力的培养，不但要培养干部党务、政务管理能力，而且要培养干部搞活经济、创新经营的能力，通过集体经济的发展壮大，为逐步实现基层治理结构现代化提供坚实的组织保障。

（3）构建集体经济现代经营体系，确保农民享受改革发展成果。完善农村市场经济制度体系，包括产权界定、交易制度、经济合同规范化、集体增值收益分配制度等，大力发展社区性金融市场，结合北京实际进一步做好农村确权颁证工作。加快构建新型农业经营体系，推动土地经营权规范有序流转，发展多种形式适度规模经营，培育新型经营主体。深入推进农村集体经济产权制度改革，集体经济组织学习现代股份制企业经营模式，完善法人治理结构和内部管理制度，推动集体经济发展壮大。通过土地股份合作社、集体资产委托代理、信托化经营试点等工作，推进集体经济资本化运作和市场化经营。通过集体股份分红、土地入股、创造就业岗位等方式确保农民从集体经济发展中同步享受收益成果。

3. 加快建立城乡资源要素交换市场。促进北京城乡资源要素交换市场的形成，要改变过去"行政郊区"的思维，树立"市场郊区"意识，搭建农产品、要素和产权交易平台，完善农村金融服务体系，让市场引导资源配置和要素交流。

（1）树立"市场郊区"意识。"十三五"时期，要树立"市场郊区"理念，转换政府角色，强化市场主体地位，激发市场活力，加快推进郊区市场化进程，通过市场流通的方式实现农产品供给与需求的总量平衡。改变过去以中心城区为单一增长极的"行政郊区"现象，跳出强调"控制力""自给率"的传统计划经济的行政郊区理念，按照市场郊区的思维方式规划北京郊区的农业地位、功能、目标和发展路径。发挥市场配置资源的决定性作用，引导人才、资金、科研成果等资源要素的流动，增强郊区镇域经济发展动力。

（2）建立多种形式的交易市场。以"新三起来"为引领，加强京津冀农产品流通基础设施建设，发展农产品交易市场。推进农业标准化和信息化发展，充分发挥农村三资监管平台的作用。完善要素交易市场，发展以土地股份为核心的农民股份合作，通过集体资产股份权能的细分和市场化的配置途径，实现集体资产保值增值。继续加强农村产权交易体系的建设，探索建立农村集体资产评估体系，使农村集体资产可以直接利用市场化的方式进行配置。建立多种形式的农村服务平台，提高农村要素资源配置和利用效率。

（3）完善农村地区金融服务。加强农村金融服务工作的调查研究，为大资管体系建设和郊区金融体系建设提供支持。积极推动北京市农村金融协会工作，完善制度建设。稳步推进农民专业合作社内部资金互助试点工作，培育一批专业合作社示范单位。探索开展农村承包土地经营权和农民住房财产权抵押贷款试点，落实农村土地的用益物权、赋予农民更多财产权利，有效盘活农村资源、资金、资产，促进农民增收致富和农业现代化加快发展。建立绿色金融体系，完善对节能低碳、生态环保项目的各类担保机制，在环境高风险领域建立环境污染强制责任保险制度，建立绿色评级体系以及公益性的环境成本核算和影响评估体系。

（二）以协调理念统筹城乡发展建设，打造协同治理体系

以协调的理念贯穿城乡发展建设，通过市、区、镇三级联动、统筹资源，优化空间结构和产业布局，打造区域协同、城乡一体的治理体系。

1. 市级层面，强化规划引领作用

（1）强化规划引领与实施。以中央和北京市"十三五"规划为指导，加强与津冀规划对接，坚持以水定城、以水定地、以水定人、以水定产，尊重城市发展规律。将农村地区纳入城市总体规划范围考虑，而不仅仅是通过改变土地性质分摊城市化成本。科学布局生产空间、生活空间、生态空间，综合调控各种空间需求，使农村发展符合城市总体功能定位，并落实到空间布局上。严格按照"两线三区"控制开发强度，遏制"摊大饼"式发展。提高规划的公众参与度，完善规划的实施机制，建立有效的规划实施评估预警、依法管理和责任追究机制，提高规划约束力。

（2）合理引导非首都核心功能疏解。按照京津冀协同发展规划，加快编制土地利用、城乡、生态环境保护等专项规划。根据功能定位做好地方规划与专项规划的衔接，调整各区县发展方向及重点产业，推动形成各区县主体功能清晰、发展导向明确、建设秩序规范的发展格局。城六区通过优化产业结构引导流动人口向外疏解，以高密度和高效益的产业功能实现人口结构的自然优化。建立

与承接地对接机制，统筹安排周边新城对城六区优质教育医疗文化资源的承接工作，发展区域性特色产业，提高常住人口职住比，实现疏解人口与功能的就地结合与包容性发展。培育郊区农村发展内生动力，提升农民就业水平和集体土地价值，实现区域协调发展。

（3）建立市级统筹机制。实现经济、土地、城市、人口、资源与环境、交通与基础设施、公共服务以及配套财政政策之间的统筹协调。建立各区县差异化发展的统筹机制，建立重大项目落地市级统筹机制，健全财政转移支付同落实区功能定位、承接中心城区功能疏解、实施人口调控挂钩机制。协调城乡之间、区县之间、经济发展与社会发展、经济发展与生态文明建设之间的不平衡问题。加大市级财政改革，将农村土地用途改变的收益优先用于本地区发展，尽快实现转居各项支出纳入公共财政预算体系，缓解城乡二元的公共服务支出责任。

2. 区级层面，分类推进地区发展。按照京津冀协同发展中部核心功能区、西北部生态涵养区的功能定位，北京市的城乡一体化发展要建立城乡结合部、城市发展新区和生态涵养区差异化发展统筹机制，推进分区治理。

（1）城乡结合部地区完成分类改造。落实《北京市城乡结合部建设三年行动计划（2015—2017年）》，有序疏解低端产业，严格执行新增产业的禁止和限制目录，依托区位优势，大力发展符合城市功能定位的科技研发、文化创意、休闲旅游等新兴产业。创新建设融资机制，通过企业债券、政策性贷款、政府与社会资本合作等方式，拓展城市化建设的融资渠道。集体产业发展要以升级换代为核心，增加就业岗位，提高就业质量，逐步建立城乡一体的基本社会保障体系，推进农民市民化工作。按照"一绿建成、全面实现城市化，二绿建好、加快城乡一体化"的总体目标，逐步破解人口资源环境矛盾和城乡二元结构的矛盾。编制覆盖"一绿"和"二绿"区域的专项规划，明确功能定位、发展重点和建设任务。一绿地区由区级统筹，以乡（镇）域为基本规划实施单元，全面完成拆建、农民身份转变和规划绿地的实现，"十三五"期间完成城市化转型。二绿地区继续开展集体经营性建设用地乡镇统筹试点工作，加快推进城乡规划、产业发展、基础设施、公共服务和社会治理。

（2）城市发展新区提高新城发展质量。合理承接城六区功能疏解，逐步提升新城的城市发展质量。调整各区发展方向及重点产业，推动形成与各区主体功能相一致的发展格局。加快编制新城地区的详细规划，对核心区、辐射区范围进行界定，明确各区域建设目标。核心区实现全面城市化，通过全区统筹资源指标，推进城市化建设收尾工作，利用存量建设用地解决区域内剩余村庄整建制上楼转居问题，推进农村居民市民化进程。辐射区重点解决因人口迁移带来的基础设施和公共服务配置不足问题。完善区级事权、财权配置和考核评价制度。调整各乡镇产业布局和功能定位，推进产业转型升级，统筹解决进城农民的身份转变。

（3）生态涵养区建设宜居环境。建立生态文明目标体系，研究制定可操作、可视化的绿色发展指标体系，制定生态文明建设目标评价考核办法，把资源消耗、环境损害、生态效益纳入经济社会发展评价体系，根据不同区域主体功能定位，实行差异化绩效评价考核。建立生态环境损害责任终身追究制，明确地方党委和政府领导班子主要负责人、有关领导人员、部门负责人对生态文明建设的一岗双责制，对造成生态环境损害的，予以诚勉、责令公开道歉、组织处理或党纪政纪处分，对构成犯罪的依法追究刑事责任，对领导干部离任后出现重大生态环境损害并认定其需要承担责任的，实行终身追责。加大生态补偿力度，建立城乡生态补偿一体化机制。减少能耗、水耗和污染产业，发展与功能定位相适应的生态产业。缩小基础设施通达水平、基本公共服务均等化水平等方面的差距，提高农民生活质量。

3. 乡镇层面，统筹破解村自为战难题。乡镇是联系城乡发展的纽带，非常关键，镇域经济得不到发展，城乡之间将形成断层，加剧城乡二元结构的分割。

（1）统筹土地资源。继续推广大兴西红门、海淀东升乡镇统筹利用各村集体建设用地经验，提高集体建设用地集约利用程度，盘活存量集体资产。在区镇两级统筹下，适应联村发展需要，乡镇层面引导组建拥有集体经营性建设用地使用权的新型集体经济组织，采取多村股份合作、联营等方式，进行自主开发或引进社会资本合作开发，促进生产、生活、生态用地的合理使用。完善农村宅基地用益物权，赋予宅基地使用者转让权和收益权，探索郊区农民住房财产权实现路径。

（2）统筹产业发展。在统筹土地资源基础上，实现产业布局和产业升级的综合调控，促进产业集聚发展。通过市场机制引入社会资本，由乡镇层面进行项目选择、合作方式、收益分配、环境保护的统筹安排，集体成员充分享有其收益权。同时建立社会资本进入退出机制，确保农民长期利益得到保障和提高。

（3）统筹支农政策与公共建设。乡镇对各部门支农政策和项目资金进行合理安排，重点解决规划保留地区的配套设施建设，避免村庄各自为战。推进公共教育、公共卫生、公共文化等社会服务设施建设项目，推动公共服务资源向乡镇和农村地区转移和辐射。促进基层社区化发展，优化社区生活设施布局，完善便民利民服务网络，打造便捷生活服务圈。落实农业结构调整、平原造林工程，增加生态容量。推动绿化建设、旧村拆迁、新农村建设以及河道综合整治相结合，多渠道增加绿化面积，优化生态结构。

（4）统筹人口集聚。通过土地和产业的集中布局推动人口城镇化转移，由乡镇统筹提供就业、居住等方面的保障，依托集体产业吸纳农民就业，绿地养护和公益型就业岗位向就业困难人群倾斜，积极拓宽就业渠道，提高农民组织化程度。落实城乡一体化的就业帮扶政策，通过订单培训、创业指导、安排在岗实习等措施，不断提高农民就业能力。培育和引导农民树立正确就业观念，通过单位招用、自谋职业、自主创业形式，不断提高就业水平。

（三）以绿色理念改善城乡生态环境，建设和谐宜居之都

坚持绿色理念，重视农业的生态价值。走生产发展、生活富裕、生态良好的可持续发展道路，在建设国际一流的和谐宜居之都上取得重大进展。

1. 实现农业生态价值的整体提升

（1）发展与功能定位相适应的都市型生态农业。落实《中共北京市委北京市人民政府关于调结构转方式发展高效节水农业的意见》和主体功能区规划，发展生态农业、节水农业和景观农业，形成连接城乡、覆盖平原的绿色生态网络。提升农产品质量和食品安

全水平，推进农业标准化生产，打造"北京安全农业"品牌，建立健全农产品质量和食品安全信息平台，推进"全国农产品质量安全县"创建，完善动植物疫病防控体系。积极推进现代种业发展，重点围绕农作物、畜禽、水产和林果花卉四大种业，发挥首都科技和人才优势，构建产学研一体的现代种业体系，强化种业之都建设。在城乡结合部地区，以绿色隔离带和景观农业为主要业态推进环境治理，疏解腾退建绿、拆违还绿、多元增绿，加快与中心城区的深度融合，缓解大城市病；在城市发展新区，以精品农业和会展农业为主要业态，发挥重点镇和小城镇的节点效应；在生态涵养区，以休闲农业和沟域经济为主要业态，深入推进重点流域生态修复和生态清洁小流域建设，加强绿色生态河流廊道建设，营造和谐宜居环境。

（2）打造一、二、三产业融合的产业链。改变过去以生产为目的的京郊农业发展方式，通过一、二、三产业融合的路径延伸农产品价值链，促进农业附加值的增加和农民增收。积极培育农业龙头企业，提高龙头企业示范效应，扶持一批具有竞争力的农业龙头企业进入资本市场。发展农业产业化示范基地，打造优质农产品品牌，带动农业生产、加工、销售和服务业发展。积极开发农业多种功能，挖掘乡村生态休闲、旅游观光、文化教育价值。培育沟域经济产业集群，打造主题鲜明、层次多样的农业景观，优化产业结构，提升区域竞争力。

（3）京津冀协同建设森林绿地体系和环首都国家公园体系。加大中心区绿化隔离地区建设力度，推进城市森林、健康绿道、郊野公园、公共绿地和湿地建设管理。继续完善平原造林，形成村庄周围森林化、河渠道路风景化、基本农田林网化。巩固山区绿色生态屏障，建设浅山休闲游憩景观带。合理界定国家公园范围，实行更严格的保护措施，除不损害生态系统的原住民生活生产设施改造和自然观光科研教育旅游外，禁止其他开发建设，保护自然生态和自然文化遗产原真性、完整性。

2. 完善生态补偿机制

（1）健全山区生态补偿制度。探索建立多元化补偿机制，增加对生态涵养区财政转移支付，完善生态保护成效与资金分配挂钩的激励约束机制。制定横向生态补偿机制办法，以市、区两级财政补偿为主，争取中央财政给予支持。探索京津冀水源涵养区跨地区生态补偿试点。完善生态保护修复资金使用机制。按照山水林田湖系统治理的要求，完善相关资金使用管理办法，整合现有政策和渠道，推进水域综合整治和生态安全屏障的保护修复。对因生态涵养区产业转型而产生的失业农民进行补贴，通过提供失业救济、安排就业培训、扶助自主创业、提供公益性岗位等系列政策进行妥善安置。

（2）构建合理的资源有偿使用制度。探索在自然资源丰富的地区建立权责明确的自然资源产权体系，制定权利清单，明确各类自然资源产权主体权利。处理好所有权与使用权的关系，创新实现形式。除生态功能重要的外，可推动所有权和使用权相分离，明确占有、使用、收益、处分等权利归属关系和权责，适度扩大使用权的出让、转让、出租、抵押、担保、入股等权能。探索建立自然资源资产的有偿出让制度，严禁无偿或低价出让。加快自然资源及其产品价格改革。按照成本、收益相统一的原则，充分考虑社会可承受能力，建立自然资源开发使用成本评估机制，将资源所有者权益和生态环境损害等纳入自然资源及其产品价格形成机制。推进农业水价综合改革，全面实行非居民用水超计划、超定额累进加价制度。探索通过土地承包经营、出租等方式，健全国有农用地有偿使用制度。

（3）建立生态服务市场体系和休耕制度。统筹规划，加强自然资源资产交易平台建设，加大环保市场培育力度，推进用能权、碳排放权、排污权、水权等交易制度和平台建设。通过提供生态服务计量、认证、监测服务与交易实现生态服务的标准化度量和评估。编制耕地、河湖休养生息规划，调整严重污染和地下水严重超采地区的耕地用途，逐步将不适宜耕种且有损生态的陡坡地退出基本农田。

3. 加强生态环境治理体系建设。要坚持城乡生态环境治理体系统一，在加强城市环境污染治理的同时，加大对农村地区生态环境保护，建立健全农村环境治理体制机制，加大对农村污染防治设施建设和资金投入力度。

（1）加大环境污染治理力度。加快农业面源、点源污染治理。落实清洁空气行动计划，持续完善治理措施。强化重点行业主要污染物治理，加快淘汰和压缩落后产能。实施清洁优质能源替代，实现农村地区优质燃煤全覆盖。加大水污染治理力度，制定贯彻落实国务院水污染防治行动计划实施意见。严格水资源"三条红线"管理，深化农业水价综合改革，减少农业用水量，扩大再生水利用，全面建成节水型社会。加强污水收集处理管网设施建设，完善水环境区域补偿制度，放开污水处理、再生水利用市场。加强垃圾污染治理。坚持减量优先，深入做好生活垃圾分类管理，提高焚烧处理比重，基本实现人均垃圾产生量零增长、原生垃圾零填埋。完善政策和机制，着力解决垃圾处理设施落地难问题。生态涵养区实行产业准入负面清单。

（2）建立生态文明绩效考核机制。坚持节约优先，强化约束指标管理，落实能源和水资源消耗、建设用地等总量和强度双控行动。完善京津冀大气污染防治联防联控协作机制。落实国家能效和排污强度"领跑者"制度。健全环境保护的可持续运转机制和绿色就业富民的促进机制。健全环境治理体系，建立覆盖所有固定污染源的企业排放许可制，实施网格化管理和有奖举报制度。健全自然资源资产产权制度和用途管制制度，对山水林田湖等自然生态空间进行统一确权登记。建立生态文明绩效评价考核制度，探索编制自然资源资产负债表，建立生态环境损害责任终身追究制度。构建由空间规划、用途管制、领导干部自然资源资产离任审计、差异化绩效考核等构成的空间治理体系。

（四）以开放和共享理念推进公共资源均衡配置，促进城乡一体发展

推进城乡一体化的根本目的是保障和改善民生，"十三五"时期是全面建成小康社会的决胜阶段，要处理好经济发展与改善民生的关系，让广大群众共享改革成果。

1. 加快缩小城乡收入差距

（1）拓展农民增收渠道。推动"新三起来"工程，鼓励农民以土地经营权入股，发展多种形式适度规模经营，盘活农村闲置房屋

发展休闲养老、乡村旅游等产业，继续强化集体资产经营、提高资产经营收益，增加农民财产性收入。做大做强集体经济，让农民有集体产业支撑，提高村集体股份分红水平，促进农民股权收益较快增长。有针对性地加强农民技能培训和职业教育，提高农民职业技术水平，积极引导帮助农村劳动力向二、三产业转移就业。加大农民转移就业政策扶持力度，引导各级财政出资的绿色生态建设项目和社会公共管理服务项目安置低收入农户劳动力就业。将促进农民工资性收入增长的重点逐渐转向规范农民就业行为、提高农民转移就业的工资水平、建立合理的薪酬增长机制上来。

（2）推动农村脱贫工作。全面建成小康社会，最艰巨的任务在于使农村贫困人口脱贫。要提高精准扶贫、精准脱贫实际效果，加大贫困地区资金投入。落实《北京市农村经济薄弱地区发展规划（2014—2020）》，实行脱贫工作责任制。高度重视低收入农户增收，进一步加大低收入农户增收帮扶力度，安排低收入村开展特色产业发展专项扶持，安排"一事一议"财政奖补资金重点扶持低收入村和美丽乡村的公益项目建设，确保低收入农户同步实现全面建成小康社会目标。

2. 完善农村基础设施建设投入和建管机制

（1）完善农村基本生活设施建设。加大公共财政对农村基础设施的投入，保障农村水、电、路、气、网等基本生活设施建设。采取与功能定位相适应的基础设施配套发展策略，提高设施利用率。按照"谁受益、谁投资"原则，统筹规划建设区域路网及水电气管网等基础设施，建立协作机制。探索以政府购买服务的方式，创新政府与社会资本合作模式。逐步建立起适应现代化农业生产和农村社会发展所需的发达基础设施体系，实现城乡生产生活生态的协调一致。

（2）创新基础设施投入、建设和管护机制。支持新型集体经济组织承担农村基础设施建设，通过市场化机制，积极发挥民间投资的作用，逐步建立以政府投入为导向，社会资本共同参与的多元投资和建设体制。开展混合所有制经济和民营经济综合改革试点，在基础设施及公共服务设施建设运营领域推广政府和社会资本合作（PPP）模式。通过补贴、税费减免、以奖代拨、以工代赈等方式，吸引企业、集体和个人对部分公共设施项目进行投资经营，有偿使用。摒弃过去重建设轻管理的思想，树立建管并重的意识，确保农村基础设施投建设、管护、运营均衡发展。增强基础设施管护意识，创新方式方法，探索专业管护、集体管护、协会管护、义务管护和商业管护相结合的多元化管理方式，逐步形成城乡一体的基础设施运行管护长效机制。

3. 推进基本公共服务均等化配置

（1）完善城乡劳动者平等就业制度。逐步统一城乡劳动力市场，加强引导和管理，保障城乡劳动者平等就业的权利。加强覆盖城乡就业创业服务体系建设，推进政府购买公共就业服务，引导农村劳动力转移就业、积极就业，支持大学生创业、就业，加强困难群体就业援助和技能培训。搭建城乡统一的就业失业统计指标体系，推动就业均衡发展。全面落实鼓励用人单位招用农村就业困难地区和就业困难人员岗位补贴和社会保险补贴政策。落实鼓励农村劳动力自谋职业、自主创业政策。做好农民职业培训工作。

（2）健全城乡居民社会保障体系。不断提高养老保险基础养老金和老年保障福利养老金标准。完善城乡居民养老保险缴费激励机制、待遇调整机制及社会养老保险制度衔接办法,实现城乡居民养老保险市级统筹。建立统一的城乡居民医疗保险制度,提高大病和困难人群医疗保险待遇,完善新农合制度,研究推动新农合综合支付方式改革试点工作。结合京津冀协同发展规划,落实养老保险跨区转移,加快社保一卡通建设。加大政府对城乡低保、特困、重残等特殊群体的倾斜,完善全方位、多层次的城乡社会救助体系,提升综合救助能力,切实保障困难群体基本生活,扩大对低收入群体、城乡无收入老年人的保障范围和保障水平。

(3)提高郊区医疗服务水平。积极推动中心城区优质医疗资源向新城和郊区乡镇疏解,确保通州、大兴和顺义三个重点新城至少拥有三甲医院。完善基层卫生服务网络,合理划分医疗机构功能定位,推动形成布局合理、分工协作的医疗卫生服务体系和分级诊疗就医格局。加大医疗卫生建设力度,满足社会医疗服务需求,多渠道解决农村医务人员不足问题。加强农村医务人员定向培养,通过提高待遇水平、建立基层岗位津贴等吸引基层医疗人才。

(4)推进城乡教育均衡发展。建立与产业调整和就业结构变化相适应、均等化的教育财政投入体系,新增经费向农村薄弱中小学倾斜,逐步缩小城乡、区县、学区、学校之间的差距。推动基础教育均衡发展,支持各区开展集团化办学、名校办分校、学区制管理等改革试点。加强农村教师队伍建设,引导优质教育资源和师资力量向农村延伸。

(5)加强公共文化体育服务体系建设。加大农村公共文化服务供给,建设满足农村居民实际需求的基层文化体育设施。扶持基层涉农文体队伍开展各类文体活动,打造农村特色文体活动品牌。抓住京津冀协同发展机遇，建立京津冀历史文化遗产保护体系。以2022 年冬奥会为契机，加强与津冀两地在体育赛事、文化旅游等方面的合作。

执笔人：周颖　赵秀池　徐轶遵　王昭

第二节 "十二五"时期北京市城乡一体化发展情况评估

"十二五"时期北京市城乡一体化发展基本情况评估报告

"十二五"时期，北京的城乡一体化发展取得了重大成就。对北京而言，不同地区的城乡一体化标准并不一样。本研究在分析北京市城乡一体化发展历程基础上，提出从城乡结合部、城市发展新区和生态涵养区三个层面进行城乡发展一体化分类研究，为"十三五"时期北京市城乡一体化发展提供参考。

一、北京市城乡一体化发展宏观进程回顾

（一）北京市过去十年城乡一体化发展的阶段环境

1. 从宏观层面来看，经济高速增长，资产持续增值。进入新世纪以来，在加入 WTO 背景下、全面分享全球化红利过程中，国

家经济高速增长，近十年年均增速达到 10％以上。在土地的自然增值和房地产价格的持续上涨过程中，实现了土地要素的持续溢价发展，为新型城镇化和城乡一体化提供了良好的资金保障。在以土地为核心的城镇化进程中，合适的市场溢价环境，形成了通过国有征地推进城镇化进程的强劲动力。

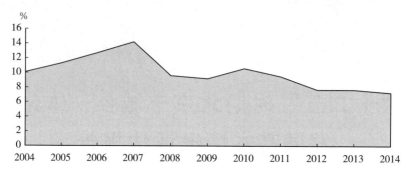

图 1　2004—2014 年中国 GDP 增长变化趋势

数据来源：国家统计局。

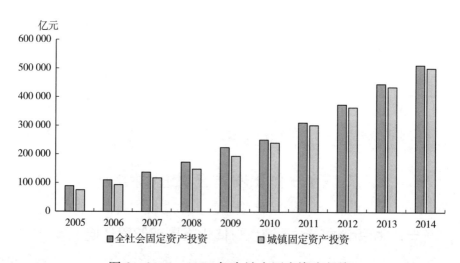

图 2　2005—2014 年全社会固定资产投资

数据来源：国家统计局。

2. 从北京层面来看，城市快速扩张，功能不断增加。北京市经济实现了跨越式发展，2014 年 GDP 总量达到 2.13 万亿元，是 2005 年 6 970 亿元的 3 倍。人均 GDP 完成了从 5 000 美元到 16 000 美元的突破。与此同时，房地产市场的增长带来了区域土地要素的持续增值和土地市场出让价格的增长。

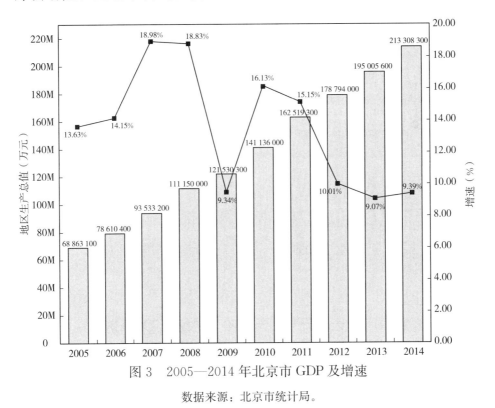

图 3 2005—2014 年北京市 GDP 及增速

数据来源：北京市统计局。

（二）北京市过去十年城乡一体化发展的动力机制

从动力机制来看，大规模的土地开发是推动北京市城镇化和城乡一体化发展的主要动力，形成了土地极差的溢价动力、红利分享的参与动力、土地财政的投入动力和跨级投入的政策动力。

1. 土地级差的溢价动力。 一是随着城市扩张，抬升了北京农村土地的区位价值。二是城乡二元土地性质，创造了土地变性开发过程中的政策溢价。

2. 红利分享的参与动力。 在城乡一体化进程中，政府的土地出让红利、市场的地产开发红利、农村集体的资产增值红利和农民的现金补偿、土地变现红利，形成了系统性的参与动力。

3. 土地财政的投入动力。 一是由于土地开发带来的巨大财政收入，激励了地方政府对新型城镇化和城乡一体化的投入动力；二是利用土地产权的抵押融资，放大了政府对新型城镇化的投入能力。

4. 跨级投入的政策动力。 在农村地区重大项目落地、重大规划实施、重大功能调整、重大政策试点的过程中，通过上级政府在资金、指标、政策等多种形式的投入，摊薄了本级城乡一体化的成本。

（三）北京市过去十年城乡一体化发展的政策机遇

1. 发展规划调整与制度体系建设

（1）建设现代化国际大都市。从 2001 年开始，《北京市国民经济和社会发展第十个五年计划纲要》提出"建设现代化国际大都市"的战略目标，北京进入城市大规模的扩张建设阶段，不断拓展政治、经济、文化、科技等综合功能发展。

（2）"两轴两带多中心"的城市发展格局初步形成。2004 年，《北京城市总体规划（2004—2020 年）》对北京市的空间布局做了大的调整，改变原来单中心均质发展的状况，构建"两轴—两带—多中心"的新城市空间格局，通过对城市空间结构的调整来解决中心城过度聚集带来的诸多问题。在首都城市扩张、功能增加从中心区向外围区域转移过程中，形成政策、资源等要素向城乡结合部近郊地区的投入，引导了市场主体向城乡结合部的聚集发展，形成对城乡一体化的带动。

（3）"中心城—新城—小城镇—新型农村社区"的发展格局。2011年，北京市《关于开展新型农村社区试点建设的意见》指出，要积极探索新农村社区建设模式，在2004年版总体规划提出的"中心城—新城—镇"基础上，形成"中心城—新城—小城镇—新型农村社区"的新型城镇体系，促进率先形成城乡经济社会发展一体化新格局。

（4）主体功能区发展规划。2005年，北京市《关于区县功能定位及评价指标的指导意见》将北京分为首都功能核心区、城市功能拓展区、城市发展新区和生态涵养区四大功能区域。2012年，《北京市主体功能区规划》进一步明确了区域差异化发展格局，通过推动形成整体功能优化、主体功能突出、人口资源环境相协调的区域发展新格局，为城乡一体化发展指明了方向。

（5）城乡一体化制度体系建设。北京市"十二五"规划明确提出"率先形成城乡经济社会发展一体化新格局"，此后制定的各专项规划，均贯彻了城乡一体化的基本要求。包括：《北京市"十二五"时期社会公共服务发展规划》《北京市"十二五"时期社会保障发展规划》《北京市"十二五"时期社会建设规划》《北京市"十二五"时期教育改革和发展规划》《北京市"十二五"时期卫生发展改革规划》《北京市"十二五"时期体育发展改革规划》等，并首次制定了《北京市"十二五"时期城乡经济社会一体化发展规划》，使北京的城乡一体化制度建设实现了整体水平的提升。

2. 北京城乡一体化发展的三种类型。根据城市功能定位与发展阶段的差异，本研究将北京城乡一体化的发展分为三种类型：一是城乡结合部实现全面城市化。现阶段包括朝阳、海淀、丰台。二是城市发展新区通过新型城镇化实现城乡一体化。包括通州、顺义、大兴、昌平、房山。三是生态涵养区继续推进新农村建设。包括怀柔、密云、平谷、门头沟、延庆。

二、城乡结合部城乡一体发展进程回顾

"十二五"时期，城乡结合部地区抓住了绿隔建设、功能区带动、土地储备和重点村改造四大机遇，推动了城乡一体化发展。然而，通过进一步分析可以看到，由于城乡二元结构的存在，绿隔地区农民上楼转居、功能区的产业辐射、土储地区产业发展和重点村地区内生发展动力等方面均受到城乡二元分割体制的限制，呈现出产业发展缓慢、基础设施与公共服务配套不完善等问题，影响了城乡一体化进程。

（一）绿隔建设

"十二五"时期，北京全面实施一道绿隔建设，允许采取多种方式进行土地开发建设，构建多中心、分散集团式发展格局，阻隔中心城的无序扩张。

1. 主要政策机遇

（1）地产开发的资金平衡政策。一是，7 号文提出根据农民安置、房地产开发需要确定商品房建设用地，平衡绿隔建设成本。二是，20 号文提出按照安置房与商品房 1：0.5 比例建设商品房，补偿绿隔拆迁、新村建设及绿化建设。

（2）劳动力安置的用地补偿政策。以人均 50 平方米安排集体产业空间，解决绿隔上楼的劳动力就业。

（3）绿化养护的用地补偿政策。20 号文提出绿化建设面积在 6.67 公顷以上，允许有 3％～5％的绿色产业用地开发，解决绿化养护。

（4）新村建设的土地出让金返还政策。绿隔地区建设的土地出让金，市级全额即缴即返，作为市级对绿隔地区大市政建设的投入。

（5）开发融资的财政贴息政策。20 号文提出绿隔地区的旧村改造与新村建设，市财政给予连续的贴息，不使用贷款的市财政给予相应资金补贴。

2. 主要动力机制

（1）以"绿隔机遇、加快发展、改变面貌"为核心的区级行政动力。通过抓绿隔建设加快发展、改变面貌的需求，形成了区级行政推动动力。一是，绿隔土地的开发、集体产业项目建设，带动了农村地区的发展升级。二是，绿隔实施的规模拆迁腾退、绿化建设、农民上楼，整体改变了农村地区的发展面貌。

（2）以"主导绿隔实施、分享发展红利"为特征的农村基层组织的实施动力。一是，绿隔建设打破了城镇化发展由市区政府主导的方式，实行乡级政府主导的规划落实，提升了农村基层组织的发展地位。二是，市区让利，乡村主导绿隔地区商品房及安置房开发、集体产业用地、绿色产业用地等开发建设中发展红利的分享。

（3）以"房产置换升级、资产整体增值"为目标的普通农民的参与动力。绿隔建设的综合补偿，农民实现了整体的资产增值。一是，绿隔拆迁的安置补偿，农民实现了集体宅基地向货币、城市房地产的资产增值置换。二是，绿隔腾退的就业和社会保障补偿，农民实现了集体经济发展的收益分享。

3. 主要推进模式

（1）土地出让的合作开发模式。通过经营性用地指标进行引资开发、市场合作，推进绿隔拆迁腾退、安置房建设、建设用地开发、绿化任务落实。

（2）集体经济的自主开发模式。成立乡级开发公司，进行安置房建设、商品房开发以及规划的集体产业用地和绿隔产业用地开发，推进绿化任务落实，推动集体经济发展。

（3）土地储备的绿隔扫尾模式。实施土储开发，加快推进拆迁任务重、资金平衡难的绿隔村建设，解决绿隔实施的遗留问题。

4. 主要遗留问题

（1）平衡资源基本用尽而局部任务遗留甩项。一是人口增长过快，导致原有的规划安置指标不足，农民上楼任务遗留。二是由于政策变化、成本攀升以及违建控制不力，导致原有的规划资金平衡指标不足，形成拆迁还绿任务遗留。

（2）上楼不转居引起保障支出压力和社会隐患。按照 20 号文件执行的绿隔乡绿地不征，在现有政策限制下，导致绿隔农民上楼不转居。一是，在转居之前，集体经济承担农民社保费用，带来沉重的保障支出压力。二是，城乡社保待遇差异大，在比较效应下，构成了社会的不稳定因素。

（3）资产一次性处置后集体经济的支出与分配责任。一是，集体经济托底的劳动力就业、村民福利等长期刚性支出压力大。二是，长期的规模刚性支出增长，导致集体资产处置的分配矛盾凸显、隐患大。

（4）设施配套的滞后与产业发展的缺失。一是，绿隔建设过程中，收益当期变现与成本后置、开发建设与整体配套建设主体分离、有效监督机制缺失，造成了道路、市政、公共服务等设施配套严重滞后。二是，由于承载环境薄弱，产业用地数量多、规模小、布局散、审批缓慢，造成产业进入难、培育慢。

（5）绿化建设拆迁形成的挂账资产的长期沉淀。在现行政策下，绿化拆迁、市级土地出让金返还迟滞，形成了巨额的挂账资产，造成集体资产的长期沉淀，成为城乡一体化进程中资产处置、产权改革的不稳定因素。

（二）功能区带动

首都的经济战略转型支持产业功能区拓展，通过高端产业功能区发展，完善高端产业布局，提升了经济综合竞争力，加快了北京经济社会的发展步伐。

1. 主要政策机遇

（1）专项规划，落实发展空间与指标。北京市在完善功能进程中发展空间向农村地区拓展，带动了承载区的规划调整，拓展了高端产业的承载能力。

（2）政策倾斜，提升整体发展能力。功能区建设中市级土地出让金返还，设施建设指标的倾斜，重点项目的布局等一定程度上提升农村地区整体发展能力。

（3）资源布局，带动市场主体集聚。在功能区打造中，用地指标开发，基础设施建设，重大项目布局，高端产业集聚，将多层面提升农村地区空间承载能力和产业吸引力，带动市场主体的跟随落地发展。

2. 主要动力机制

（1）密度扩散，资源升级，推动区域均衡化发展。北京市城乡结合部地区加快延展功能区范围，提升农村地区发展动力，带动农村发展升级。

（2）促进协同，功能互补，提升区域综合竞争力。一是，利用城乡土地级差，引导功能区成本敏感性行业、企业、功能向农村地区转移，促进功能区与农村地区协同发展。二是，在农村地区打造多个产业基地，构建功能区与农村地区优势互补、功能嵌合的发展格局。

（3）升级定位，聚集资源，提升农村土地溢价能力。一是，规模产业人口置业的需求，抬升了农村空间的居住开发价值。二是，产业人口及商务人群的集散效应，释放农村空间的商贸价值。三是，高端产业的梯次布局，强化了集体产业用地土地级差。

3. 主要推进模式

（1）配套需求的带动模式。在功能区建设进程中，配套产业、规模居住、生活消费等配套需求，关联带动农村土地的开发建设。

（2）空间扩张的开发模式。功能区主承载区及产业配套区向农村地区的延展，推动拓展空间的高起点、高标准、高投入、高水平的建设。

（3）土地极差的聚集模式。产业高端化发展提高了功能区要素集聚的成本。而农村地区依托区位优势实现了土地价值快速提升，带动市场主体加快集聚，推动农村地区经济产业的升级发展。

4. 主要遗留问题

（1）空间规划的刚性，削弱了功能区带动能力。一是，功能区自身规划的限制。二是，集体用地存在密度低、投入少、设施弱等现实制约，难以承载功能区的高端产业、规模企业的溢出扩散。

（2）土地要素的分割，阻碍了产业的梯度扩散。一是，现行土地制度下，功能区与农村产业用地天然的二元分割。二是，集体产业用地分散，土地产权的交易、融资等权利的限制均阻碍了功能区高端产业的梯度扩散。

（3）设施氛围不匹配，降低了溢出资源的承载力。一是，农村地区基础设施整体滞后，与高端产业发展的环境不符。二是，城乡结合部地区农村面貌和氛围，与高端产业发展要求不相符。

（4）功能区阶段限制，溢出带动能力尚未形成。产业功能区建设必然经历资源聚集的功能形成和密度扩散的功能优化两个阶段，目前尚未形成溢出带动能力。

（三）土地储备

2009 年开始，北京响应国家"保增长、扩内需"的要求，启动了千亿土储计划，通过财政担保、规划调整等多项政策支持有条件的区县逆势实施规模土储。

1. 主要政策机遇

（1）信贷宽松政策，融资平台放大了投资能力。在国家信贷宽松和北京信贷担保的支持下，政府融资平台放大了政府土储的投入能力。

（2）绿色审批政策，促进项目快速开发。滚动推进土地储备进程中，市级部门对土地储备村的安置房建设、产业项目开发等纳入绿色审批通道，加快了农村地区项目建设开发的进程。

（3）成本纳入政策，提升土地开发动力。土地储备开发过程中，在土地出让收益市区分成背景下，市级允许区级扩大经营性用地储备的代征代拆范围，将部分转居费用纳入一级开发，解决城乡一体化的历史遗留，提升了区级统筹发展能力。

（4）规划灵活调整，增强开发灵活性。在区级建设指标总量控制下，建设用地位置置换、容积率调整、不同类型建设指标间调整等规划调整政策，提升了区级的自主发展能力。

（5）整建制转居政策，减少城市化的遗留问题。2008年以来，北京市启动探索整建制征地转居工作，并率先在土地储备乡试点，降低集体经济对农民社会保障的支出压力。

2. 主要动力机制。市级层面，确保投资增长，兼顾土地财政。区级层面，扩大发展空间，兼顾土地收入。村集体层面，实现资产变现，兼顾任务转移。农民层面，实现安置补偿下的收益最大化。

3. 主要推进模式

（1）区级统筹。土储推进过程中，实行全区统一的征地拆迁、安置补偿标准，由乡级组织实施。

（2）信贷放大。以经营性用地产权向银行进行土地抵押信贷融资，推动土储的规模化腾退整理。

（3）滚动开发。按照分期、分批、先易后难的原则加快土储地块的土地整理、行政审批，优先推动成熟地块上市交易，资金回笼，确保土储资金滚动。

（4）规模推进。2009年启动农村地区土地储备计划以来，北京市各地区均规模推进实施土储计划。

（5）突出重点。优先启动安置房建设，预留集体产业用地，提升农民长远生计的保障能力。

4. 主要遗留问题

（1）启动规模庞大，债务压力过于集中。一是，土地储备规模庞大，以地方政府信用背书的债务规模被快速放大。二是，近期对地方债务的规范管理、成本管控，以及土地上市节奏的控制，导致资金回流缓慢，到期债务的偿还和置换压力较大。

（2）农村预期过于膨胀，储备成本相对高昂。一是，初期对土储补偿所引起的违章违建缺乏预计与政策设计，导致违建规模快速放大，加大了拆迁的成本。二是，高溢价预期下，高标准、宽口径的补偿标准，进一步推高了土储成本，进一步放大了规模土储的风险。

（3）宏观方向的掉头，延期成本的骤增。一是，在当下楼市低迷的背景下，土储经营性用地溢价能力受限，上市交易难。二是，土储上市慢导致了土储资金回款难，拉长了土储过渡期，大幅增加了过渡期利息、农民周转、生活等成本。

（4）严格空间的扩张，产业进入的延缓。一是，受宏观经济形势、房地产市场调控等因素的影响，土储用地上市节奏放缓，规模锐减，无法形成产业空间的实际增量。二是，土储实施地区缺乏整体产业规划，后续设施配套等支持，产业进入迟缓。

（四）重点村改造

推进城乡一体化，城乡结合部成为重点。一是，随着城市规模的不断扩张，城乡接壤区域成为首都建设的重点。二是，城乡结合部人口倒挂、环境脏乱差，治安和安全事件多，对首都国际化、现代化、首善之区等城市形象的影响日趋凸显。北京落实千亿土储投资计划，按照先难后易的原则，启动了 50 个重点村综合改造，改善城乡结合部人口、资源、环境问题。

1. 主要政策机遇

（1）重点村整建制转居政策。2009 年，北京市政府发布《关于城乡接合部地区 50 个重点村整建制农转居有关工作的意见》，为重点村整建制转居提供政策依据。

（2）土储地块优先上市政策。国土部门为重点村建设优先安排用地指标，优先统筹融资抵押物，优先土储地块上市，实现重点村建设资金的快速回笼。

（3）融资创新支持政策。金融监管服务部门积极搭建政银企沟通平台，推广土地储备贷款、委托贷款、股权投资信托等七种融资模式，推出专项金融产品，支持重点村整治。

（4）拆迁奖励政策。市财政局设立专项奖励基金，激励重点村整治推进的积极性，加快重点村的拆迁腾退进程。

2. 主要动力机制。市级层面，希望改善城市环境治理，消除社会重点隐患。区级层面，推进城市化进程，破解低端产业聚集难题。乡级层面，希望分摊城市化成本，解决历史遗留问题。农民层面，希望提高补偿安置收益，提升生活质量。

3. 主要推进模式

（1）分类推进模式。因地制宜，分类推进重点村改造，主要采取土地储备、绿隔建设、新农村改造等模式。

（2）"一村一策"推进模式。以村为单位，制定"一村一策"，开展规划调整，实现重点村整治改造的资金平衡。

（3）流程监管模式。通过先拆违、后拆迁，先腾退、后收储的操作时序，资金拨付、入户测量、补偿结算等全环节的监管，实现重点村整治成本的有效控制。

4. 主要遗留问题

（1）乡级统筹与村级平衡冲突下的指标占用问题。一是，农村地区作为北京城市建设中的密度阻隔区，总体建设指标突破难。二是，资金平衡下的重点村整治改造，建设指标大幅增加，将占用乡甚至是区级建设指标，一定程度上挤占了乡/区建设指标。

（2）产业发展与住宅开发冲突下的持续发展问题。一是，在重点村以商品房开发平衡城市化建设成本的模式下，将放大城乡结合部的居住规模，带来规模人口的集聚。二是，平衡资金的商品房指标的增加将挤占乡/区产业发展指标，降低城市化进程中产业发空间承载力。

（3）市区的支持将进一步强化乡村对资源投入的依赖。一是，多项政策的集成效应，宽口径的拆迁成本核算，进一步强化乡村城市化建设中对市区投入的依赖。二是，市级主导区级配合乡村实施的重点村改造，不是基于乡村产业发展的内生动力，而是来自于市区环境整治的力量，进一步强化外力驱动型的城市化建设，削弱乡村在城市化模式探索创新中的主动性。

三、城市发展新区城乡一体发展进程回顾

"十二五"时期，城市发展新区抓住北京城市功能扩散的机遇，通过空间和投资的扩张，引导产业转移，并带来大量人口的聚集，推动了地区城镇化建设。但同时，由于城乡二元体制带来的资源指标约束、产业升级转型、集体资产流失、公共服务不足等问题也不容忽视，这是下一阶段推进城乡一体化必须解决的问题。

（一）城市发展新区城乡一体化的发展机遇

1. 北京新城建设带来的机遇。"十一五"时期，北京明确提出协调推进新城建设。"十二五"时期，北京城市发展的重点已经逐步开始向发展新区转移。"十三五"时期，在非首都功能加快疏解、核心区进入存量发展阶段的背景下，北京将展开新一轮的新城建设，城市发展新区将成为最大的受益区域。

2. 北京城市功能扩散带来的机遇。在京津冀协同发展的带动

下，首都核心区的功能将逐步向城市发展新区转移，带来政策、资源等要素投入，引导市场主体、人口向城市发展新区聚集，促进城乡一体化发展。

(二) 城市发展新区城乡一体化的动力机制

1. 空间的放量。"十二五"时期，凭借土地空间优势，城市发展新区空间扩张能力明显高于城乡结合部地区，将为新城主体的引入、产业的植入、人口的聚集等方面提供充足的空间承载，进而带动区域的经济增长。

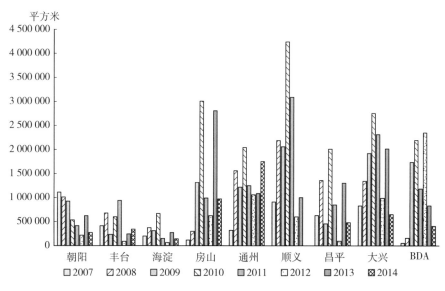

图 4　近年北京市土地成交情况—建设用地面积

2. 投资的增长。从 2009 年起，城市发展新区的全社会固定资产投资与房地产投资增速开始加快，使政府投资重点逐步向发展新区转移，将带动区域基础设施投资的快速增长、大型市政建设项目的集聚和房地产开发投资等投资项目的增长。

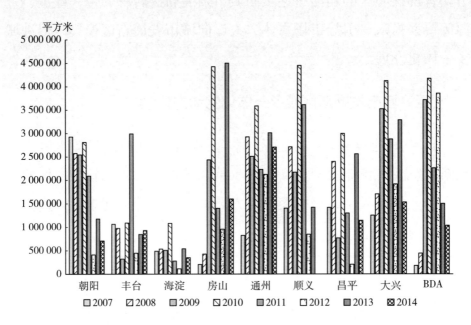

图5 近年北京市土地成交情况—规划建筑面积

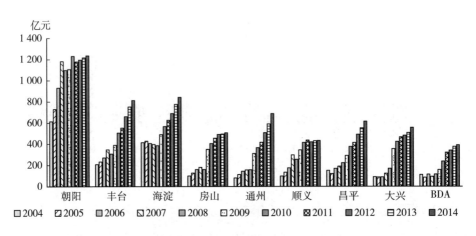

图6 近年北京市全社会固定资产投资情况

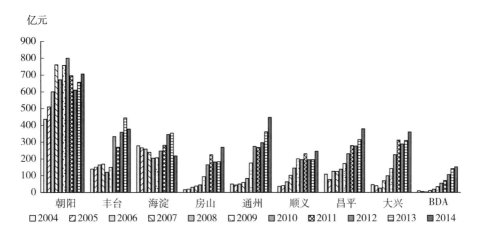

图 7 近年北京市房地产开发投资情况

3. 产业的植入。城市发展新区的企业数量已初具规模,产业逐步向发展新区转移。一是,首都功能疏解将使部分高端产业逐步向发展新区转移。二是,伴随着城市发展新区功能的逐步完善,凭借较低的产业发展成本,将进一步促进高端产业向发展新区集聚,不断扩大就业机会,形成一定的经济增长极,进而成为城乡一体化的动力来源。

4. 人口的集聚。城市发展新区的常住人口增速与就业人口增速已超越城乡结合部地区的人口增速。新城的建设将带动房地产开发的快速增长,在比较效应下,相对核心区较低的房价,将吸引人口向发展新区集聚。人口的集聚将成为区域产业发展的重要支撑,带动区域发展,进而推动区域城乡一体化。

(三)城市发展新区城乡一体化过程中可能遭遇的问题

1. 资源用完与任务剩余的平衡问题。一是,前期筹划阶段,

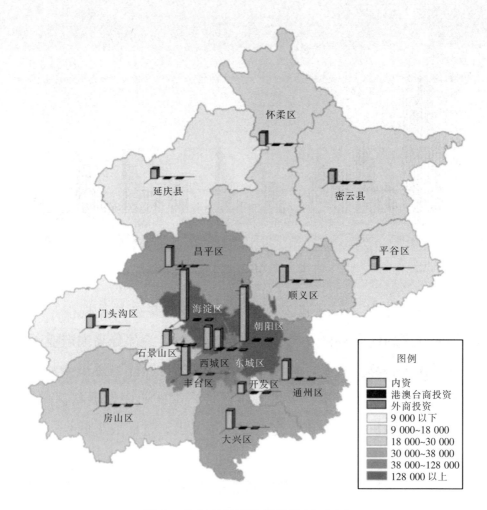

图 8　北京市各区县单位数量（个）

数据来源：北京市第三次全国经济普查。

对于成本和投入缺乏动态预测，造成了城市建设中规划指标的不足。二是，项目实施阶段，对于实施步骤缺乏统筹管理，形成了收益在前任务在后的实施策略，在成本快速攀升的情况下导致遗留问题。三是，对各级实施主体缺乏有效的监管，部分实施主体一次性收益最大化之后任务甩项。四是，项目中期阶段，缺乏阶段性的评

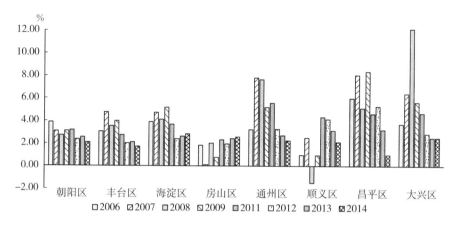

图 9 近年北京市常住人口增速

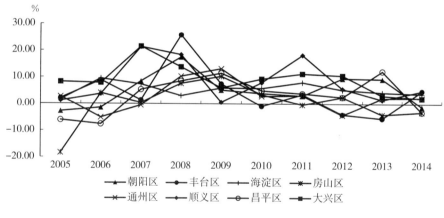

图 10 近年北京市就业人口增速

估，未能做到对推进工作的整体统筹和控制。

2. 短期收益与长期成本的统筹问题。从集体经济组织的城市化支出责任来看，当期的土地收益未能匹配长期的劳动力安置、农民社会保障等支出责任。从农民可持续的家庭收入来看，当期的现金补偿不能与上楼后长期的生活支出成本相匹配。从行政体制的转化成本来看，一次性的收益变现并不能承担农民变市民后的公共服务、社区管理等城市化的服务支出。从城市建设和运行角度来看，一次性收入与长期的城市维护、绿化建设、道路管护等未能形成有效的衔接。

3. 宏观调控周期和债务周期的错配问题。在积极宽松的宏观经济政策背景下启动规模土储，近年又遭遇宏观调控的转向，楼市步入低迷，土地溢价难，导致资金回款难和债务风险。

4. 空间转型与产业升级的接续问题。拆迁腾退的规模化、集中化，而产业体系培育与升级的周期长，导致农村地区转型期发展难。一是空间开发的住宅化、地产化挤占农村地区产业发展空间。二是短期收支压力导致农村产业低端化发展。

5. 土地开发与设施配套的同步问题。一是只注重项目自身的开发推进与配套建设，而农村整体基础设施环境建设不足。二是注重农民居住环境的改善，而教育、医疗、文化等公共服务设施布局建设不足。

6. 集体经济与农民权益的维护问题。一是，集体资产低端化、粗放式的使用，导致农民长远权益的损失。二是，挂账资产长期存在容易使资产贬值流失。三是，集体经济在农民生活补贴、劳动力安置、资产分配等方面的支出压力。

7. 转居上楼与城市融入的转化问题。一是，集体土地上的农民上楼后，无法通过土地一级开发解决社会保障问题。二是，农民居住方式与生产、生活方式的转变不同步，导致农民市民化问题凸显。

四、生态涵养区城乡一体发展进程回顾

首都生态涵养区肩负着城市生态服务功能，是贯彻生态文明建

设的关键区域。由于城乡二元体制的存在,加上生态涵养区的发展限制,使得该地区存在经济增长缓慢、产业发展受限、补偿机制仍需完善、建管经费相对不足等问题。进一步的量化分析表明,该地区的资源环境问题依然突出。下一阶段,需要继续调整产业结构,发挥生态资源优势,促进社会服务、社会民生、社会福利的改善,引导地区均衡协调发展。

(一)生态涵养区在城乡一体化过程中的模式选择

1. 生态涵养区的两大特征

(1)限制性。生态涵养区是城市的水源涵养地和生态屏障,是保证城市可持续发展的关键区域。由于肩负资源保护与生态服务功能,其自身的发展受到诸多限制,经济社会发展水平往往比较落后。

(2)聚集性。由于生态涵养区周边往往被山体环绕。因此,区域在发展过程中,更多关注的是推动山区人口向中心区域聚集,以此加强人口的监管,提升区域发展效率。

2. 依托新农村建设促进城乡一体化发展。生态涵养区的绝大部分地区属于农村,解决生态涵养区问题的关键也在农村。首都生态涵养区在发展过程中,更多的是依托新农村建设,带动区域经济社会发展。重点从促进产业的发展,转向促进社会服务、社会民生、社会福利改善等方面。

(二)生态涵养区在推动新农村建设过程中的核心问题

1. 经济发展较为缓慢。一是收入两级化。2014 年生态涵养区

农民纯收入仅占全市城镇居民人均可支配收入的 50.6％。二是耕地面积少。为改善区域生态环境，实施退耕还林，导致耕地面积逐步减少。三是未就业劳动力多。生态涵养区未就业人数为全市的 30％以上。考虑到 60 岁以上老年人实际参加农业劳动，农村未就业劳动力人数将会更高。

2. 生态保护对产业发展存在阶段性制约。一是生态涵养区产业整体发展水平相对落后，存在旅游业和生态农业发展水平不高、支撑产业发展的基础实施条件明显偏低、资源开采地区替代产业发展还面临着诸多困难等问题。二是为保障生态安全与涵养水源，将大幅度转移影响生态环境和水源涵养功能的产业，严格控制并逐步淘汰资源开采型产业，关停高消耗高污染企业。三是大规模退耕还林，将减少耗水量大的农作物的种植，对农业发展产生影响。四是立足于资源保护和可持续发展的生态友好型产业体系在短时间内还难以形成。

3. 补偿机制仍不完善。一是现行的生态林补偿并未体现生态效益补偿的实质和"受益者付费"的原则。二是生态林补偿标准与其他公益岗位补助标准不统一，标准调整机制不明确。三是覆盖全区的包含替代产业发展以及相关人员就业安置在内的长效机制亟待建立。四是缺少生态补偿金水平调整机制，造成政策激励作用下降。

4. 建设资金与管护经费投入相对不足。资金投入不足，缺乏稳定有效的资金筹措机制是制约生态涵养良性发展的最大障碍之一。第一，资金补偿渠道单一，生态涵养区的生态补偿主要是采取财政补贴为主投入的机制，财政拨款几乎构成了涵养区唯一的建设与管护经费来源，单一的政府补偿资金渠道，难以满足涵养区的基本需求。第二，资金补偿难以支撑发展，由于涵养区山区的发展基础弱，发展能力不足，产业转型难度大，巨额的资金投入仍难以满足生态涵养区的生态建设、环境保护和生态产业发展体系建设的需求。

5. 资源环境问题依然突出。生态涵养区整体经济发展相对落后，地方发展理念尚需转型，资源环境问题依然突出，良性生态系统尚未形成，促进可持续发展的体制机制仍需完善，生态治理任务非常繁重。2013 年，生态涵养发展区的能源消费量虽然在全市各区最低，但万元 GDP 能耗（0.59 万吨标准煤）仅次于城市发展新区（0.8 万吨标准煤），节能降耗状况较差。

6. 农村城镇化动力不足。一是，山区乡镇工业外迁至平原地区后，对原驻地的辐射与带动作用减弱。二是，小城镇规模小，基础设施和公用设施的单位投资成本高，对人口和投资的吸引力不强。三是，集聚能力较低影响三产发展，反过来又影响城镇发展。

（三）生态涵养区破除发展问题的方向

1. 调整产业结构，发挥资源优势。一是优化产业结构，建立包括生态型农业、绿色食品加工业、休闲度假旅游业在内的生态友好型的产业体系，以适应城市居民对环境、食品安全和休闲旅游日益高涨的需求。二是通过完善产业链条来强化优势产业。三是通过培育根植性的产业集群创造区域竞争优势。

2. 分类整理村庄，加强控制引导。一是加强对村庄规划建设的控制引导，综合分析包括资源与环境、灾害与风险等在内影响村庄发展的各类因素，可考虑将全区村庄分为城镇化型、迁建型、保留发展型三类，不同类型的村庄采取不同发展模式。二是通过分类整理、分期实施推动全区村庄统筹，实现有序发展。

3. 完善补偿机制，区域协同发展。一是建立生态补偿专项资金，用于补贴扶助因生态涵养导致的产业转移而产生的失业农民，通过提供失业救济、安排就业培训、扶助自主创业、提供公益性岗位等系列政策对他们进行妥善安置。二是建立生态环境建设专项资金，用于水源涵养区和生态脆弱地区的生态修复和维护。三是建立生态服务市场，通过提供生态服务计量、认证、监测服务与交易平台实现生态服务外部性的内部化。

4. 保护资源环境，恢复生态功能。逐步减少水源保护区、生态保护区、风景名胜区、文物保护区的人口，加强生态恢复治理以及环境基础设施的建设。对于担负着重要的生态维护职能的村庄，应加大公共财政的扶持力度，增强自身发展能力，确保本地区作为北京市水源保护地以及生态屏障等区域职能的功能发挥。

执笔人：周颖　徐轶遵　王昭

"十二五"时期北京市城乡一体化指标体系及发展分析报告

　　北京市"十二五"规划明确提出"率先形成城乡经济社会发展一体化新格局"，此后制定的各项制度均贯彻了城乡一体化的基本要求。包括：《北京市"十二五"时期社会公共服务发展规划》《北京市"十二五"时期社会保障发展规划》《北京市"十二五"时期社会建设规划》《北京市"十二五"时期教育改革和发展规划》《北京市"十二五"时期卫生发展改革规划》、《北京市"十二五"时期体育发展改革规划》等，并首次制定了《北京市"十二五"时期城乡经济社会一体化发展规划》，使北京的城乡一体化制度建设实现了整体水平的提升，并带动各项指标的改进。本节选取全市"十二五"期间经济发展、基本公共服务、城乡居民生活、城乡环境建设等领域的指标①，通过横向（郊区与北京市、城六区）与纵向（时间维度）分析，对"十二五"时期北京城乡一体化发展程度进行了评估。研究发现，"十二五"时期，北京郊区经济发展态势较好、公共服务均等化正在落实、农村居民生活质量不断改善、城乡环境越来越宜居，北京市城乡一体化新格局已经基本形成。

---

　　① 本节数据均来源于《北京市统计年鉴》《北京市区域统计年鉴》。

一、北京市"十二五"期间城乡一体化发展指标体系

根据《北京市"十二五"时期城乡经济社会一体化发展规划》，北京市城乡一体化发展主要指标体系由经济发展、基本公共服务、城乡居民生活、城乡环境建设、城乡社会管理 5 个一级指标、16 个二级指标组成，如表 1。

表 1　北京市"十二五"时期城乡一体化发展主要指标

一级指标	代码	二级指标	单位	2009	2010	2015	属性
经济发展	1	都市型现代农业生态服务价值年值增速	%	3		3	预期性
	2	第一产业劳动生产率	元	51 743	54 556	65 000	预期性
	3	发展新区 GDP 占全市比重	%	19.2	20.9	25	预期性
	4	远郊区万元 GDP 水耗	立方米	66.65	56.21	60	约束性
基本公共服务	5	郊区固定资产投资比重	%	45.6	48.7	50 以上	约束性
	6	农民医疗参合率	%	95.7	96.7	98	约束性
	7	城乡居民人均养老保险待遇水平	元	400	400	500	约束性
	8	九年义务教育完成率	%	96		98	预期性
城乡居民生活	9	农村居民人均纯收入增速	%	8.1	9	8	预期性
	10	农村居民家用计算机普及率	%	54.7	64	70	预期性
	11	农村居民家庭清洁能源普及率	%	83.5	85.8	90	约束性
城乡环境建设	12	山区县森林碳汇	万吨		10 000	10 100	约束性
	13	郊区污水处理率	%	52.4	53	70	约束性
	14	远郊区垃圾无害化处理率	%	87.36	89.93	92	约束性
城乡社会管理	15	村务公开满意度	%	49.05		85	预期性
	16	农村居民对社会管理及服务满意度	%			80	预期性

由于一些统计数据获取有一定难度，北京市城乡一体化发展水

平的评估无法直接采用该指标体系。因此，课题组结合《北京市统计年鉴》《北京市区域统计年鉴》，构建北京市城乡一体化发展水平指标体系，如表2。

表2　北京市城乡一体化发展水平指标体系

一级指标	北京市二级指标	单位	目标值	完成程度			
				2011	2012	2013	2014
经济发展	都市型现代农业生态服务价值年值增速	%	3	5.7	6.1	0.3	−0.4
	第一产业劳动生产率	元/人	6 500	62 502.16	70 286.48	77 533.60	81 884.45
	发展新区GDP占全市比重	%	25	21.04	20.86	21.11	21.06
	郊区万元GDP能耗①	万吨		0.74	0.71	0.67	0.63
公共服务	郊区固定资产投资比重	%	50以上	51.8	52.49	52.86	53.33
	农民医疗参合率	%	98	97.7	98.12	98.02	99.56
	城乡居民人均养老保险待遇水平	元	500	430	457.5	490	
	九年义务教育完成率	%	98	99.5	99.5	98.07	97.89
居民生活	农村居民人均纯收入增速	%	8	13.6	11.8	11.3	10.3
	农村居民家用计算机普及率	%	70	63	67	74	
	农村居民使用液化气比重②	%	90	82.7	83.9	90.5	
环境建设	郊区林木绿化率③	%		54.0	55.5	57.4	58.4
	郊区污水处理率	%	70		59.86	63.08	66.16
	远郊区县垃圾无害化处理率④	%	92				

注：一级指标"城乡社会管理"的两个二级指标为"村务公开满意度"和"农村居民对社会管理及服务满意度"，根据农委调查资料显示，2014年这两项二级指标完成情况分别为66.1%和76.1%，距离80%的目标尚有一定差距。

①由于无法获得"万元GDP水耗"的数据，因此用"万元GDP能耗"的指标替代。

②由于无法获得"农村居民家庭清洁能源普及率"数据，以"农村居民使用液化气比重"指标予以替代。

③由于无法获得"山区森林碳汇"数据，因此用"林木绿化率"指标替代。

④只有各区数据，2014年，各郊区生活垃圾无害化处理率均达到97%以上。

二、北京市"十二五"期间城乡一体化发展情况分析

根据近年来《北京市统计年鉴》《北京市区域统计年鉴》，课题组从横向和纵向两个维度进行深入分析。横向分析为郊区与北京市、城六区情况进行对比，纵向分析为从时间维度上对郊区发展情况和趋势的分析，以及对"十二五"城乡一体化目标实现的研判。

（一）郊区经济发展态势较好

1. 都市型现代农业生态服务价值年值增速波动较大，前两年增速较快，近两年增速回落。"十二五"期间，伴随着农林牧渔业总产值的增长，除 2014 年都市型现代农业生态服务价值略有减少外，2011—2013 年都市型现代农业都实现了持续增长。2011—2014 年，都市型现代农业生态服务价值年值增速分别为 5.7%、6.1%、0.3%和—0.4%。

表 3　农林牧渔业总产值及都市型现代农业生态服务价值

年份	农林牧渔业总产值		都市型现代农业生态服务价值	
	总产值（亿元）	增速（%）	年值（亿元）	增速（%）
2009	314.95	3.6	2 974.82	—
2010	328.02	4.1	3 066.36	3.1
2011	363.14	10.7	3 241.58	5.7
2012	395.71	9.0	3 439.39	6.1
2013	421.78	6.6	3 449.78	0.3
2014	420.07	—0.4	3 434.57	—0.4

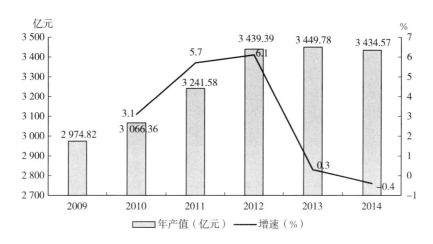

图 1 都市型现代农业服务价值及增速

2. 第一产业劳动生产率达到 81 884.45 元，高于 65 000 元的目标值。 "十二五"期间，全市第一产业劳动生产率从 2011 年的 62 502.16 元/人，提高到 2014 年的 81 884.45 元/人，增长了 31.01%。城市发展新区第一产业劳动生产率从 2011 年的 71 594.53 元/人，提高到 2014 年的 97 032.68 元/人，增长了 35.53%。生态涵养区第一产业劳动生产率从 2011 年的 54 131.77 元/人，提高到 2014 年的 65 649.53 元/人，增长了 21.28%。

表 4 第一产业劳动生产率

单位：元/人

地区	2011	2012	2013	2014
全市	62 502.16	70 286.48	77 533.60	81 884.45
城市发展新区	71 594.53	80 498.62	89 596.14	97 032.68
生态涵养区	54 131.77	59 359.64	65 064.87	65 649.53

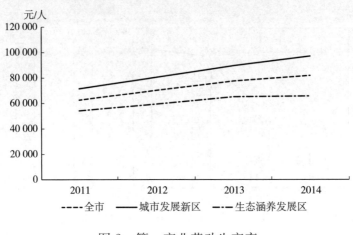

图 2 第一产业劳动生产率

3. 发展新区 GDP 占全市比重 2014 年为 21.06%，离 25%目标值尚有差距。 根据北京市功能区规划，发展新区包括房山区、通州区、顺义区、昌平区、大兴区和北京经济技术开发区。近年来发展新区 GDP 占全市比重呈"U"形分布，增长不明显，2014 年比重为 21.06%，距离 2015 年 25%的目标值尚有一定差距。

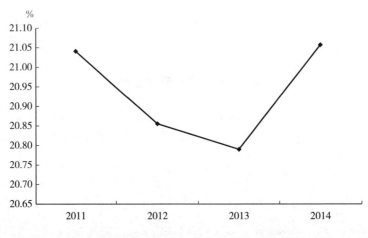

图 3 发展新区 GDP 占全市比重

表5 发展新区GDP占全市比重

年份	城六区			发展新区			北京市	
	总产值 (亿元)	占全市 比重(%)	增速 (%)	总产值 (亿元)	占全市 比重(%)	增速 (%)	总产值 (亿元)	增速 (%)
2011	11 315.8	69.60	14.4	3 419.5	21.04	14.2	16 251.9	8.1
2012	12 452.5	69.60	10.0	3 728.8	20.86	9.0	17 879.4	7.7
2013	13 809.5	69.70	10.9	4 116.6	20.79	10.4	19 800.8	7.7
2014	14 905.2	69.90	7.9	4 491.6	21.06	8.4[①]	21 330.8	7.3

注：①此处增速引用北京市统计局数据。

4. 郊区万元GDP能耗有待进一步下降。郊区的万元GDP能耗远高于北京市及城六区。"十二五"期间，郊区万元GDP能耗平均为0.69万吨标准煤，北京市为0.40万吨标准煤，城六区为0.25万吨标准煤。郊区的能耗降低率也有待改善，"十二五"期间，能耗年平均降低率为5.34%，北京市为5.47%，城六区为6.66%。

根据市农委数据，郊区万元GDP水耗由2011年的59.0立方米下降到2014年的45立方米，已经低于60立方米的目标值。

表6 郊区及北京万元GDP能耗及下降率

单位：万吨标准煤

年份	城六区		郊区		北京市	
	万元GDP 能耗	降低率 (%)	万元GDP 能耗	降低率 (%)	万元GDP 能耗	降低率 (%)
2009	0.71	3.18	1.07	5.24	0.54	5.76
2010	0.64	5.64	0.92	6.81	0.49	4.04
2011	0.26	10.08	0.74	5.45	0.43	6.95
2012	0.25	5.02	0.71	4.30	0.41	4.75
2013	0.24	5.45	0.67	6.03	0.39	4.88
2014	0.23	6.09	0.63	5.59	0.37	5.29

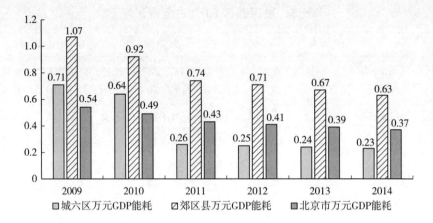

图 4　郊区及北京市万元 GDP 能耗比较（万吨标准煤）

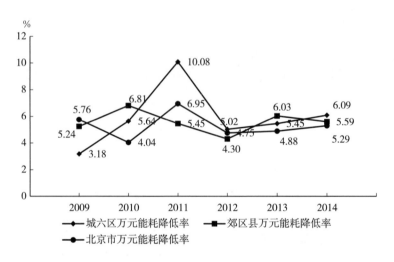

图 5　郊区及北京市万元 GDP 能耗降低率

（二）公共服务均等化正在落实

1. 郊区固定资产投资比重不断增加，2014 年达到 53.3%，提前完成目标。郊区固定资产投资的比重由 2011 年的 51.8%，提高到 2014 年的 53.3%，提前完成"十二五"50% 以上的目标。从增长率来看，郊区固定资产投资每年的增长率均高于全市增长率。

表7 郊区及北京市固定资产投资情况

年份	郊区			北京市	
	固定资产投资 （亿元）	增长率 （%）	占全市比重 （%）	固定资产投资 （亿元）	增长率 （%）
2009	2 216.1	59.97	45.6	4 858.4	26.2
2010	2 674.3	20.7	48.7	5 493.5	13.1
2011	3 061.8	14.5	51.8	5 910.6	13.3
2012	3 392.5	10.8	52.5	6 462.8	9.3
2013	3 717.3	9.6	52.9	7 032.2	8.8
2014	4 032.8	8.5	53.3	7 562.3	7.5

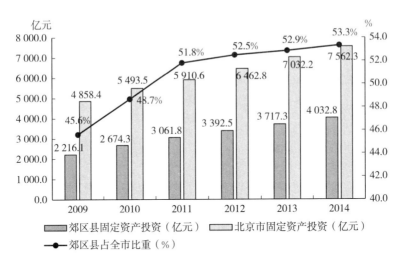

图6 郊区固定资产投资占比

2. 农民医疗参合率 2014 年达到 99.56%，提前完成目标。
2011 年以来，全市农民医疗参合率不断提高，由 2011 年的
97.70%，提高到 2014 年的 99.56%，提前达到"十二五"城乡一

体化98％的目标。城市发展新区和生态涵养区也在2014年达到全市平均水平。

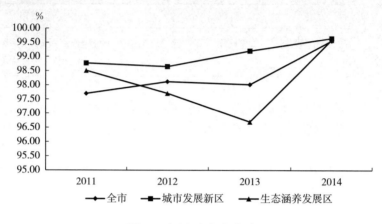

图7 农民医疗参合率

3. 城乡居民人均养老保险待遇水平不断提高，接近500元目标值。 老有所养，是居民享有的基本公共服务。目前北京市采取统一的城乡养老保险保障政策，人均养老保险待遇也不断提高。由2011年的430元，提高到2013年的490元，接近北京市"十二五"500元目标。

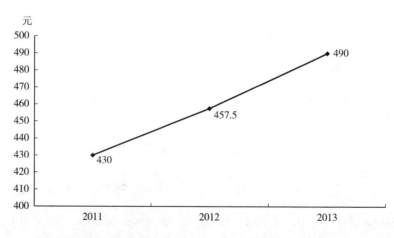

图8 城乡居民人均养老保险待遇水平

4. 义务教育完成率保持高水平，近两年有略微下降。 教育均等化是体现城乡一体化的一个重要指标。近五年北京市大力推行义务教育均衡发展，全市义务教育完成率基本在 97.8% 以上，与"十二五"98% 的水平接近。从各区情况看，朝阳区 2010—2014 年的义务教育完成率达到 99.5% 以上，海淀区义务教育完成率已达到 100%，房山区 2013 年的义务教育完成率为 99.98%，义务教育完成率保持在较高水平。

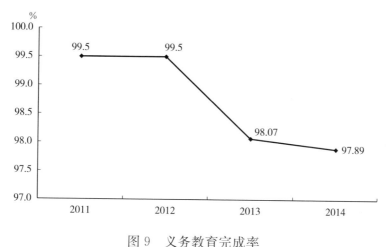

图 9 义务教育完成率

（三）农村居民生活不断提高，生活质量不断改善

1. 农村居民人均纯收入增速高于 10%，高于 8% 的目标值。 近年来北京市农村居民人均纯收入增速年均保持在 10% 以上，高于"十二五"城乡一体化农村居民人均纯收入增速 8% 以上的目标，也高于城镇居民可支配收入增速。城乡收入比值从 2011 年的 2.233 缩小到 2014 年的 2.171，呈略微缩小的趋势。

表 8　城镇居民与农村居民城乡收入比较

年份	城镇居民		农村居民		城乡收入比
	可支配收入（元）	增速（%）	纯收入（元）	增速（%）	
2009	26 738	8.1	11 986	11.5	2.231
2010	29 073	8.7	13 262	10.6	2.192
2011	32 903	13.2	14 736	13.6	2.233
2012	36 469	10.8	16 476	11.8	2.213
2013	40 321	10.6	18 337	11.3	2.199
2014	43 910	8.9	20 226	10.3	2.171

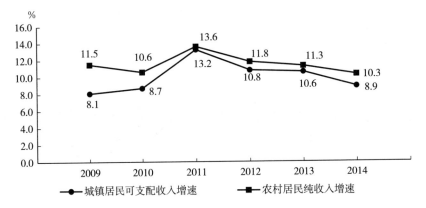

图 10　农村居民与城镇居民收入增速比较

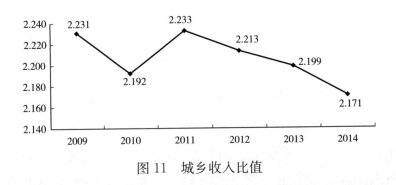

图 11　城乡收入比值

2. 农村居民家用计算机普及率提前达到目标值。 近五年来北京市农村居民家用计算机普及率不断提高，由 2009 年的 58% 提高到 2013 年的 74%。已经达到了"十二五"城乡一体化的 70%的目标,但与城镇居民仍然有一定差距。

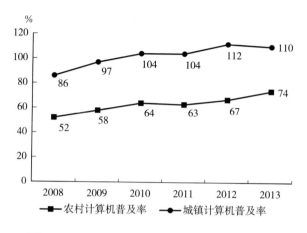

图 12　北京市城乡居民家庭计算机普及率

3. 农村居民使用液化气比重越来越高。从 2011 年的 82.7%,增加到了 2013 年的 90.5%,提高了 14.5%。由于该指标是对"农村居民家庭清洁能源普及率",目标值 90%仅供参考。

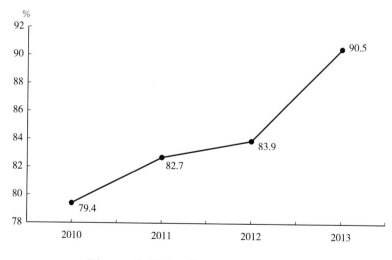

图 13　农村居民使用液化气用户比重

（四）城乡环境越来越宜居

1. 郊区林木绿化率不断提高。 "十二五"时期，全市林木绿化率从 2011 年的 54.0％，提高到了 2014 年的 58.4％。城市发展新区的林木绿化率从 2011 年的 38.6％，提高到了 2014 年的 43.6％。生态涵养区的林木绿化率从 2011 年的 66.4％，提高到了 2014 年的 70.9％。总体情况不断改善。

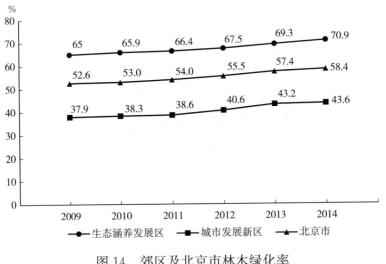

图 14　郊区及北京市林木绿化率

2. 郊区污水处理率不断提高，但距离目标值尚有一定差距。 郊区污水处理率不断提高，从 2012 年的 59.86％，提高到 2014 年的 66.16％，距离 "十二五" 70％的目标还有一定距离，也远不如全市水平。

3. 各郊区生活垃圾无害化处理率全部提前实现目标。 2011 年以来，各郊区生活垃圾无害化处理率不断提高。2011 年生活垃圾无害化处理率最低的是延庆县，为 89.77％，最高为平谷，为

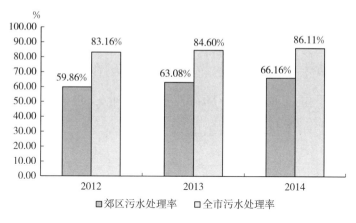

图 15 全市及郊区污水处理率

100%。到 2014 年,各郊区生活垃圾无害化处理率均达到 97% 以上,提前实现"十二五"城乡一体化规划中垃圾无害化处理率 92% 的目标。

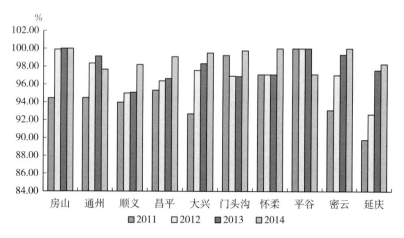

图 16 郊区生活垃圾无害化处理率

"十二五"时期,北京市城乡一体化取得了很大的发展。"十三五"时期,宏观环境上,经济周期和经济增长(土地开发)模式发生改变;宏观政策上,京津冀协同发展规划进入实施阶段,非首都核心功能将逐步疏解。下一阶段北京市的城乡一体化发展，将更加注重城乡高效、均衡、可持续发展，更加注重创新驱动的内涵式增长，更加注重生态文明建设，更加注重市场在资源配置中的决定性作用，更加注重区域均衡布局和功能型产业。通过改进绩效评估体系，促进城乡一体化综合质量的提升。

执笔人：赵秀池　周颖　赵雪婷

"十二五"时期北京市城乡一体化
主要问题及原因分析报告[*]

  "十二五"时期，北京实现了城市规模的快速扩张，经济总量不断增加，城乡一体化发展水平不断提高。但与此同时，发展过程中的资源要素制约和基层治理体系所带来的矛盾也逐渐呈现出来。城乡一体化推进过程中所遇到的问题，主要表现在土地、经济、环境、人口和管理五大领域，且相互影响、相互制约。在北京市城乡结合部地区，这些问题表现得更加突出。"十三五"时期，随着京津冀协同发展和北京城市功能疏解，需要在继续完善城乡一体化制度体系建设基础上，重点解决分配格局和发展空间的问题，避免城市发展新区和生态涵养区遇到相同问题的重复蔓延。进一步分析问题背后的深层次原因，一是城市发展规律没有充分把握；二是区域发展功能没有合理平衡；三是城乡二元体制没有根本突破。"十三五"时期，应当坚持问题导向，着力破解城乡二元体制、推进城乡要素平等交换和公共资源均衡配置，给农村发展注入新的动力，让广大农民平等参与改革发展进程、共同享受改革发展成果。

---

* 本研究参考了《北京市城乡结合部地区管理研究》和《朝阳区农村城市化发展研究》。

一、北京市城乡一体化进程中存在的五大问题

北京市城乡一体化发展进程中的问题集中表现在土地、经济、环境、人口和管理五大领域，这五大问题相互影响、相互制约。其中，土地问题是影响经济、人口、环境和管理的根源性问题；经济问题直接引发人口和环境问题；土地利用机制不顺畅导致低端产业和人口聚集，造成发展环境恶化，最终表现为管理问题。

（一）土地问题

城乡二元土地问题是导致城乡二元发展最根本的关键因素。

1. 集体土地权利和制度设计上存在缺陷。 相对于城市国有土地而言，农村集体土地在权利安排和制度设计上存在缺陷，这是城乡差距持续存在的主要原因之一。这也导致在集体所有权安排、集体成员权界定、集体资产安排和集体管理模式上需要进行进一步改革。与此同时，北京农村地区的土地权属争议不仅存在于国有和集体土地中，还涉及大量中央级企业和单位，基层组织难以统一管理，限制了发展。

2. 集体建设用地利用的政策限制较多。 在农村地区，集体建设用地利用受到诸多限制。集体经济组织需要在获得相关批准的情况下，在土地利用总体规划确定的建设用地上内部使用或者与其他单位、个人以土地使用权入股、联营时，才可以将土地用于非农产业发展；通常情况下，集体土地使用权不得出让、转让或出租用于非农业建设；农村宅基地尽管属于建设用地范畴，但其转让和交易

只限于集体组织内部,且收益权没有明确。在建设用地需要审批和指标管理情况下,农转用指标受限,制约了农民从事非农产业发展的机会,也使得违法使用集体建设用地的情况层出不穷。

3. 集体建设用地利用缺乏有效的城乡统筹机制。由于缺乏有效的城乡统筹机制,无法形成城乡统一的建设用地市场,政府(而非市场)在土地资源配置过程中权力过大。在城镇化加速推进的同时,人口呈现出从农村向城镇的身份转换不彻底现象,基本公共服务无法得到保障,廉价出租房在京郊尤其是城乡结合部地区大量出现。在农村地区,由于土地和财产的市场化交易程度不高,农村居民无法公平分享城镇化带来的成果,不但限制了农业现代化进程,也不利于城市整体发展。

北京市农村土地普遍存在低效利用的问题。2012 年,北京市农村地区土地经济合同的地均合同金额仅为 42 872 元/亩。其中,城乡结合部区域的土地利用相对较高,但是无论与中心城土地拍卖的价格相比,还是与城市地区土地租赁的价格相比,仍处于较低的水平。昌平、顺义、大兴、房山等新城地区的地均土地合同金额不足城乡结合部的 1/10。远郊区的土地利用价值则更低,甚至不足万元。

(二)经济问题

低效的农村土地利用导致集体经济收支平衡与农民就业增收的两难问题。

1. 农村集体经济收入与支出平衡难。目前,农村地区的基础设施和公共服务基本上由乡村集体组织提供,由于农村土地出让价

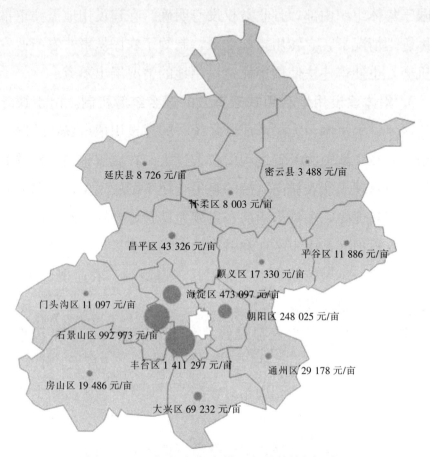

图 1　2012 年北京市农村土地地均合同金额
数据来源：北京市国土资源局。

格低、利用效率不高，集体经济组织收入不足以承担农民市民化所需的公共服务、社区建设、社区管理等服务支出，与大市政也难以形成有效的衔接。

2014 年，北京市农村集体经济组织在农村经济组织收入构成中占比不足 5%（图 2），呈现整体低效的特征，进而导致农村地区集体经济收支平衡、基础设施支出保障不足等一系列问题。

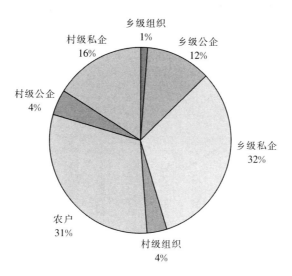

图 2 2014 年北京分机构农村经济组织收入构成

数据来源：北京市农村"三资"监管平台。

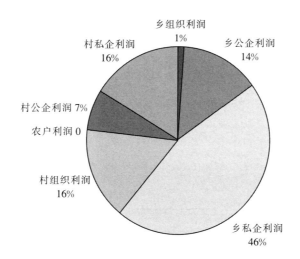

图 3 2014 年北京市经济组织利润构成

数据来源：北京市农村"三资"监管平台。

近十年，农村经济组织整体利润率不足 4%，"十二五"时期有进一步下降的趋势（图4）。其中，一产利润率不足1‰，二产和三产利润率在3‰～4.5‰之间徘徊（图5）。

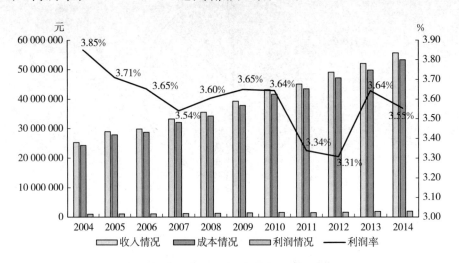

图4　北京市农村经济组织整体运行情况

数据来源：北京市农村"三资"监管平台。

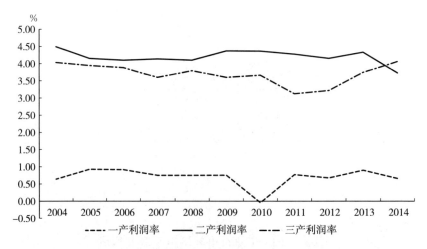

图5　北京市农村经济组织利润率产业结构

数据来源：北京市农村"三资"监管平台。

2. 农民就业增收与福利改善难。土地的低效利用使得农村地区的产业结构始终以低端产业为主,调整难度大,影响农民就业安置、增收和社会保障。农民通过集体土地的经营和转让收益太低,土地拆迁的一次性补偿方式无法维持上楼后长期的生活支出,迫使他们通过私搭乱建、群租房等方式获取短期收益,影响社会秩序和社会环境,也不利于产业发展。

从产业结构来看,北京市农村地区第三产业占比相对不高,二产占比较大,产业结构存在继续向上调整空间(图6)。从行业来看,北京市农村地区经济组织主营业务收入主要依靠工业、服务、商饮和建筑业,但服务业占比不高,低端产业仍有待提升(图7)。

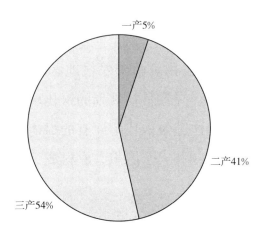

图 6 2014 年北京市分产业农村经济组织收入构成

数据来源:北京市统计局。

(三)环境问题

生态文明建设缺乏有效的资金投入和管护机制,导致农村地区

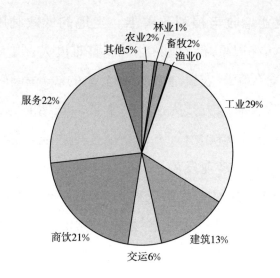

图 7　2014 年北京市分行业农村经济组织主营业务收入构成

数据来源：北京市农村"三资"监管平台。

绿化实施推进缓慢。

1. 规划绿地被违规占用。由于农村地区经济发展尚未达到与政策方针相匹配的阶段，导致最初规划的绿化用地被建设用地挤占的情况。低端产业和违法建筑取代了原有的绿地规划，加大了生态压力，造成各类环境问题和安全隐患。农村成为生态环境恶化的集中表现地区。

2. 生态建设的投入和支持不足。市级财政对绿地拆迁腾退的资金和政策支持不足，绿化指标的制定未充分考虑乡镇负担，实施过程中主要依靠下达行政指令，缺乏系统的公共政策推动和投入规划设计，导致农村地区绿化任务实施水平低、遗留问题多，拆迁不征地导致的长期发展隐患日益凸显。

3. 城乡一体的生态补偿和管护机制不衔接。目前的生态林补偿只针对集体生态林管护员，没有体现对全体生态林所有者的生态效益补偿，也没有体现"使用者付费"的原则。缺乏生态补偿标准和长效增长机制，无法产生有效激励。农村地区绿化养护标准明显低于城市地区，导致统筹城乡生态管护难度大。

根据北京市园林绿化局《北京市公园维护管理费用指导标准》等文件，城市绿地养护标准约 6.5 元/平方米，城市公园一般标准为 8 元/平方米，此外还有设施维护费 4.2 元/平方米、水体保洁费 2.4 元/平方米。但是农村地区一绿养护补贴只有 2 元/平方米；郊野公园绿地养护补贴为每年 4 元/平方米，实际支出达 9.1 元/平方米；二绿地区补偿期限暂定为 10 年，占地补偿从绿化当年开始，每年每亩 500 元（0.75 元/平方米），每 3 年递增 10%；景观生态林养护费用每年每亩 200 元（0.3 元/平方米），一般生态林养护费用前 5 年每年每亩 200 元，后 5 年每年每亩仅 100 元。

（四）人口问题

征地农民的安置保障与流动人口的管理问题交织并存。

1. 城乡二元体制衍生城市居民、农村居民和城市流动人口的三元矛盾。 北京农村地区尤其是城乡结合部地区拥有大量流动人口，呈现出城市居民、农村居民和城市流动人口三大群体结构，在城乡二元结构的基础上衍生出三元矛盾，流动人口利益诉求多样，管理难度大。

五环外的农村地区是外来人口高度集聚的区域，流动人口利益诉求多样化，管理难度大。

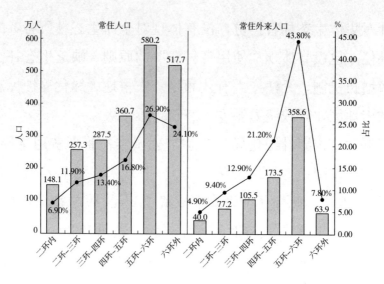

图 8   2014 年北京市分环线人口分布

数据来源：北京市统计局。

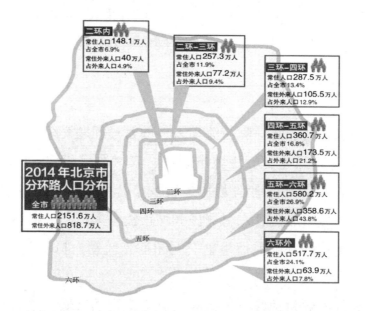

图 9   2014 年北京市分环线人口分布示意图

数据来源：北京市统计局。

2. 农民增收缓慢加大管理难度。农村地区拆迁之后,农民市民化进程受到指标、资金等限制,难以享受公共资源和服务,家庭支出压力大。农村地区对"瓦片经济"和低端产业仍存有较为严重的依赖,产业升级难度大,就业安置问题突出,农民人均纯收入增长缓慢,不足城镇居民人均可支配收入的 47%,加大了农村地区人口管理难度。

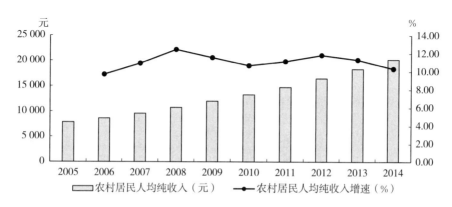

图 10　北京市农民人均纯收入情况

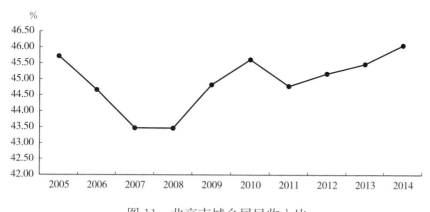

图 11　北京市城乡居民收入比

数据来源:北京市统计局。

（五）管理问题

城乡二元结构造成管理不衔接，权责不统一，基层组织保障难以落实。

1. 基层治理政经不分，无法构建起城乡一体的要素市场。 当前，在基层组织治理结构中，党组织、村委会和集体经济组织政经不分现象严重，影响集体经济发展，也无法建立起城乡一体的要素交流市场。以集体所有制为代表的产权结构并不完整，限制了农民享受相关权益（比如集体资产和宅基地收益权），阻碍了资源要素的市场化交流，造成农村产业的"小散低劣"现象，农民生活无法得到根本改善。

2. 各部门权责不匹配，基层依法行政困难。 乡镇承接的管理责任较多，但职权又相当有限，大量管理权力仍属于各垂直管理部门。而垂直管理部门之间、部门与地方政府之间的行政执法争议，乡镇一般很难处理。一些垂直管理部门搞"运动式、突击式"执法，不但长期来看成效不高，而且给基层部门依法行政造成困难。

3. 农村地区执法人员和经费不足。 农村基层实际管理部门的人员物力不足，与城市地区相比，在人员编制和经费供给上存在差距，特别是与地区常住人口不匹配，在人口结构复杂的地区，容易出现管理漏洞和职能缺位。

（六）城乡一体化发展进程中五大问题相互影响制约

1. 土地问题是影响经济、人口、环境和管理的根源性问题。 由于农民只有相对稳定的集体土地使用权，收益权和其他权利实现起来难度较大，农民个人的生产经营受到政策限制，集体土地无法按照市场定价和经济规律进行交易，客观上损害了农民利益。农村地区土地规划、权属管理混乱，大量的土地转让不仅没有使集体经济组织和农民获利、促进发展，反而损害了本地农民权益，造成产业低端化发展、环境恶化和基层组织财力不足等问题。

2. 经济问题直接引发人口和环境问题，低端产业吸引大量流动人口快速聚集。基层组织经济实力薄弱，难以建立完善的社会保障体系，也无法提供均等化的公共服务，造成大量流动人口聚集，环境压力大。与此同时，人口增加导致空间不足，环境问题难以引来优质产业，进一步加剧低端产业的聚集发展，使得产业结构调整难度加大。

3. 土地问题导致低端聚集，发展环境恶化，最终表现为管理问题的突出。一方面，城乡二元土地问题阻碍了经济发展，导致低端产业聚集，影响社会和自然环境，形成了相互影响的链条。而土地、经济、人口和环境的各种问题，都或多或少地以管理问题的形式表现出来。另一方面，公共设施配套不足、人口规模持续增长、生态环境治理缓慢、社会秩序存在隐患等问题，都不是单纯的管理问题。这些问题可以通过短时间内在某一管理领域增大投入、增设管理部门、扩充管理队伍等方式得到一定缓解，但仅仅依靠这些手段，无法根治这些问题。

二、引发问题的深层次原因分析

由于上述五大问题相互影响和制约，需要找出问题背后的关联性，这是解决问题的关键。我们认为，问题背后的深层次原因主要有以下三点：

（一）城市发展规律未能充分把握

1. 对大城市发展规律认识不足，城市快速发展进程中的"摊大饼"问题未能有效预防。城乡一体化进程中出现的问题，是大城市和特大城市发展到一定阶段必然出现的问题。在西方国家的发展过程中，针对大城市的边缘地区政策，核心目的都是防止城市过快扩张、出现低成本"摊大饼"式的发展。但是，我国在城市发展过程中却没有很好地吸取其他地区的经验教训，对城市发展规律认识不足，很多城市发展进程中的问题未能有效预防，致使问题不断积累。

2. 农村地区内在发展动力不强，市场化水平低，低效发展问题累积。农村地区在发展进程中很大程度上依靠大工程、大项目带动，无论人口还是产业发展都有较强的被动性，内生发展动力不强。发展过程中对市场力量和发展规律不够重视，过多依靠行政命令，造成城市发展单极化严重，功能没有疏解，中心城吸附能力强，周边发展不起来。农村地区粗放开发、无序蔓延，在面积迅速扩大的同时，问题也积累得越来越多。

3. 对发展中的问题采取"鸵鸟政策"，导致发展的矛盾冲突不断累积，成本越来越大。在问题发展初期，治理措施治标不治本；到了后期，解决措施又受到历史背景、发展阶段、经济条件等方面的局限。对于真正影响农村地区发展的深层次原因，如区域功能定位问题、城乡二元结构问题等破解方法不多，只是在社区管理、社会秩序等方面进行整治。长期治理让位于短期举措,加剧了问题累积,使得小问题变成大问题、个别问题变成普遍问题、局部问题变成全局问题。

(二)区域功能定位没有得到有效落实

1. 城市扩张需求和生态功能没有有效平衡,区域自身发展需求无法得到满足。目前,城乡二元结构引发的问题突出表现在城乡结合部地区,城乡结合部定位于城市空间绿色隔离区域,与城市扩张需求之间存在冲突。在城市强烈的扩张需求背景下,区域"绿隔地带"的功能定位过于片面,忽视了地区自身发展需要,以至于区域规划无法执行。如果不能有效平衡发展与绿化的功能定位,这些问题将可能在城市发展新区的城镇化过程中重复出现,产生新的城乡结合部地区。

2. 区域规划执行不到位,既没有成功阻止城市"摊大饼"式扩张,也没能培育内生发展动力。一方面,随着在后续工作中,认识到要划定城市增长边界和生态保护红线,但在实际工作中执行不到位,无法阻止"摊大饼"式的扩张。另一方面,对于农村地区的功能定位考虑不足,往往通过大型项目工程和重点村改造来带动发展,而农村地区自身发展动力不足。

3. 政策实施的摇摆不定,加剧了问题累积和蔓延。区域政策实施的摇摆不定衍生出城乡一体化进程中的诸多问题,包括商品房开发超量、回迁房规模不足、旧村拆迁资金匮乏、社会矛盾加大等,突出表现在城乡结合部地区。"十二五"时期,北京城市发展新区的土地成交、投资、人口增速都呈现出上升趋势,一些指标已经超过近郊地区，原有问题得不到有效解决，将很有可能导致这些问题在城市发展新区的扩张中重复蔓延，影响北京市城乡一体化的推进。

（三）城乡二元体制没有得到根本破解

1. 新中国成立以来逐渐形成的城乡二元体制固化，破解难度大、时间长。城乡二元的户籍制度形成于 20 世纪 50 年代，1958 年 1 月，全国人大常委会第九十一次会议讨论通过《中华人民共和国户口登记条例》，标志着中国以严格限制农村人口向城市流动为核心的户口迁移制度的形成。改革以后，暂住证制度既可以看做是这种城乡壁垒存在的标志，也可以看做是弱化这种壁垒的一种措施。城乡二元的土地制度形成于 20 世纪 80 年代，1986 年，国家正式颁布实施《土地管理法》，规定"任何单位和个人进行建设，需要使用土地的，必须依法申请使用国有土地"，逐步建立了国有征地、土地储备、市场招拍挂、规划审批等完整的土地征用、出让、开发、审批、收益分配制度。

2. 城乡二元体制下，国有土地和集体土地同地不同权。一方面，在现行的二元土地制度下，农村土地征收之后的收益再分配并不平等，相当数量的农民并未在土地开发的再分配过程中得到长期的社会福利保障。另一方面，在现行的征地制度下，产权结构变更的效率不高。在产权结构变更过程中，由于各方拥有的信息不对称，以及收益分配问题，造成交易成本过高。

3. 城乡二元体制下，城乡社会保障体制分割。目前，城市社会保障制度在管理体制已趋于成熟，并走向规范化的道路。而农村社会保障制度则较为落后，由于以集体所有制为内核的农村土地制度以及与之相关联的农业生产方式并没有发生实质性的变化，从而决定了农村以土地经营为基础的家庭保障主导模式没有得到根本改变。使得农村社会保障呈现出社会化程度低、非制度性和保障模式改造相对滞后的特点。近年来尽管农村也建立了新型合作医疗和农民养老保险，但其保障水平与保障方式与城镇社会保险存在较大的差别，造成农村社会保障水平与城市相比差距较大，农民因病致贫问题仍旧难以解决。

4. **城乡二元体制下，城乡公共服务不均等。**由于历史原因，在城乡二元结构下，城乡公共服务的供给也呈现出二元特征。偏向城市的供给政策使城乡居民在享受公共服务方面存在着严重的不均等现象。城市基本公共服务和基础设施主要由中央和地方政府提供和投入，而农村基本公共服务和基础设施在投入和建管机制上仍有待完善。在土地二元结构限制下，城乡公共服务供给并不均等。

三、"十三五"时期城乡一体化发展的形势展望

"十三五"时期，是全面建成小康社会的关键时期，城乡发展一体化是实现这一目标的重要载体和手段。一方面，宏观经济形势更加复杂；另一方面，首都发展阶段发生转变。北京市城乡一体化发展面临倾斜重点的转移、动力机制的转变、政府角色的转换、发展路径的重构和发展样态的多元化。

（一）宏观环境发生转变

1. 经济周期的转变导致宏观环境深刻变化。从市场环境看，随着国内经济增长潜力的逐步回落，资产市场价格下行的风险逐步加大，房地产价格已基本见顶。从核心动力看，随着土地要素的市场化改革，政府主导土地资源配置的开发模式将发生改变，市场将发挥更大作用。从发展目标看，城乡一体化评价标准多元化，更加强调生态、高效、服务和民生。

2. 宏观环境的转变，将使北京市城乡一体化发展呈现出三个方面的特征。

（1）从政策调控来看，需要遏制以地方政府为主体的城市化扩张。随着政策收紧，地方政府投资从债务扩张型向债务收缩型转变，地方融资平台从扩张型的平台融资向收缩型的融资平台整治清理转变，以地方政府为主体的城市化扩张将适当弱化。进一步推进结构性的财税改革，以房产税改革为核心，重塑地方财政。控制土地财政和预算，推进保障房配套建设，强化地方政府责任。

（2）从体制改革来看，需要构建以市场化为动力的新型城镇化模式。推进行政审批制度改革和资产证券化改革，规范发展债券、股权等投融资方式，构建鼓励社会资本参与城镇设施建设和产业发展的投融资机制，通过政府购买公共服务的方式，释放市场活力。推进土地制度改革，从单一的国有征地、政府审批模式向城乡土地同地同权转变，构建土地要素的市场化机制。推动农村土地征收、集体经营性建设用地入市、宅基地改革试点工作，积极发展农民股份合作，赋予集体资产股份权能，引导农村土地经营权有序流转，引导农村产权流转交易市场健康发展。

（3）从发展取向来看，需要改进地方绩效评估体系，促进城乡一体化综合质量的提升。推进资源价格改革，形成城乡一体化进程中注重效率发展的倒逼机制。注重环境评价指标，强化生态环境责任；注重民意评价指标，强化社会发展责任；加强公共服务、社会保障考评体系，强化政府服务责任。通过改进绩效评估体系，促进城乡一体化综合质量的提升。

（二）首都发展阶段的转变

1. 首都发展阶段的改变使北京城乡一体化面临新的要求。 从发展方式看，要从以资源投入为主的规模扩张进入到以要素投入为主的高效增长阶段。从发展责任看，要从以区域收益为目标的速度型增长进入到以外部效用为特征的质量型发展阶段。从发展格局看，要从以中心城为增长极的资源集聚进入到"中心—外围"的均衡布局阶段。从发展动力看，要从以产业扩张为特征进入到以功能强化为特征的发展阶段。

2. 首都发展阶段转变，将使北京市城乡一体化发展呈现出四个方面特征

（1）严控资源投入的规模扩张。严格控制人口增长，以户籍政策控制户籍人口的增长，以坚决制止违法建设控制流动人口的扩张。严格控制土地规划调整，以经济社会发展为导向进行城六区、城乡结合部等地区规划指标的调整，以城市均衡布局为导向进行城市发展新区、生态涵养区的规划实施和调整。

（2）强化"四个服务"的首都责任。强化作为首都的示范责任，强化节能减排、生态建设、环境治理，提升城市品质。强化作为首都的服务责任，推进硬件升级、布局调整和功能疏解。强化经济社会发展的导向责任，探索城乡一体化的整建制转居，推广城乡结合部旧村改造经验，提升就业、养老、医疗等社会保障水平，实现城市的均衡发展。强化京津冀协同发展的辐射效应，配合国家战略实施，推进环渤海地区合作发展，扩大区域发展的梯度纵深。

（3）推动城市均衡布局发展。一是空间的均衡发展，制定实施城南行动计划、西部发展意见、城乡结合部改造、新城规划等系列政策，推动从北部、东部到南部、西部，从中心城区到多中心，从功能拓展区到薄弱地区的均衡建设。二是功能的均衡布局，围绕新兴功能区域的项目布局、财政投入、资源聚集等，推动城市均衡发展。三是产居的均衡发展，以规划的指标调整、合理配比建设，推动居住组团的产业植入、产业功能区居住开发，形成职住融合布局。

（4）引导功能产业的融合发展。一是承载空间的融合，以综合功能区建设、专业产业区联动，推动空间的融合发展。二是产业聚集的融合，集成运用各级重点产业政策，引导产业聚集区向产业功能区升级，推动产业的融合发展。三是功能发展的融合，以重点功能区域为核心，构建高效联通的通道、发展嵌合的机制，形成综合的服务功能，推动功能的融合。

（三）未来发展趋势分析

1. 首都城乡一体化推进的倾斜重点转移。由于首都发展格局的调整，将使政策机遇、资源投入、空间释放、重大项目等从发达区域向薄弱农村地区倾斜，传统发达区域的城镇化进程将更加需要依靠自身的投入完成。

2. 土地的级差动力日趋减弱。随着宏观经济周期、发展阶段的改变，土地要素的市场价格溢价空间缩减，依靠土地价格级差推动的本轮城镇化进程将面临动力的减弱。

3. 政府的功能角色逐渐转换。按照"顶层设计"的方向，地方政府在城镇化进程中的功能角色将发生重大改变，由"主导实施"向"组织推动"转型。

4. 原有城乡一体化发展路径面临重建。由于市场化的体制改革进程推进，未来城镇化进程的推进速度将很大程度上取决于地方政府对市场化机制建设的创新能力、对发展热点的准确把握。

5. 城乡一体化发展更加多元化。由于城市发展目标、评价标准日益多元，将形成多样化的城市发展样态，生态城市、智能城市、集群城市、养老城市等样态的城市将会出现。

执笔人：周颖　徐轶遵　王昭

"十二五"时期北京市农村
居民收入分析报告

促进农民增收是城乡一体化发展的重要任务，2015 年，北京市立足服务首都城市战略定位大方向，农业农村经济发展总体平稳，农民收入保持较快增长。从收入角度来看，呈现出农村居民收入增速快于城镇居民、城乡收入比值缩小、工资性收入占比最高，经营净收入、财产净收入和转移净收入均保持增长等特点。从消费角度来看，农村居民家庭恩格尔系数持续走高，用于食品、居住和医疗保健的支出比例高于城镇居民，消费倾向和消费总量也在不断增加。从促进农民增收角度，建议从提高职业培训统筹规划转移就业、提高农民财产性收入、推进城乡社保和就业一体化、关注农村低收入群体等方面进一步改善，着力推进城乡一体化进程。

一、2015 年上半年北京农村居民收入保持较快增长，大部分消费支出同比保持增长

1. 上半年农村居民收入保持较快增长，工资性收入比重超七成。上半年，农村居民人均可支配收入 11 018 元，增长 9.1%，扣除价格因素，实际增长 7.5%；城镇居民人均可支配收入 26 171

元,增长 8.3%,扣除价格因素,实际增长 6.7%。从城乡收入上看,农村居民人均收入增速比城镇居民快 0.8 个百分点,完成年初实际增速计划指标;20% 低收入户人均可支配收入同比增长 10.4%,增速比全市增速高 2.0 个百分点;农村居民收入实际增长 7.5%,继续高于 GDP 增速。从收入结构看,工资性收入仍是主体。在农村居民人均可支配收入的四项来源中,所占比重由高到低依次为:工资性收入 7 943 元,占 72.1%,同比增长 11.6%;经营净收入 1 180 元,占 10.7%,同比下降 7.0%;转移净收入 977 元,占 8.9%,同比下降 7.7%;财产净收入 918 元,占 8.3%,同比增长 41.0%。

2. 农村居民八大类消费支出七升一降。同比增长的为:食品烟酒支出 2 287 元,同比增长 9.6%;衣着支出 523 元,同比增长 10.3%;居住支出 2 144 元,同比增长 7.1%;生活用品及服务支出 476 元,同比增长 0.4%;交通和通信支出 1 034 元,同比增长 33.9%;教育、文化和娱乐支出 483 元,同比增长 20.8%;医疗保健支出 687 元,同比增长 20.1%。同比下降的为:其他用品及服务支出 114 元,同比下降 8.8%。

二、北京市农村居民收入主要特点

(一)基于相对收入视角的分析

1. 农村居民收入增速连续 6 年快于城镇居民。2014 年,农村居民人均纯收入 20 226 元,同比增长 10.3%,扣除物价因素,实际增长 8.6%。城镇居民人均可支配收入 43 910 元,比上年增长

8.9%，扣除价格因素，实际增长7.2%。农村居民收入增速连续6年快于城镇居民。

2. 城乡收入差距绝对额持续拉大，收入比值连续四年持续缩小。城镇居民人均可支配收入由1996年的6 886元增加到2014年的43 910元，增长6.4倍；农村居民人均纯收入相应由3 563元增加到20 226元，增长5.7倍。尽管农民收入增幅连续6年超过城镇居民，但由于基础较低，两者收入的绝对差已经从1996年的3 323元拉大到2014年的23 684元，差距额平均每年扩大1 131元，平均每年递增11.5%，农村居民人均纯收入平均每年增加926元，城镇居民人均可支配收入平均每年增加2 057元。2000年城乡收入差距为5 000元，2006年10 000元，2013年突破20 000元。

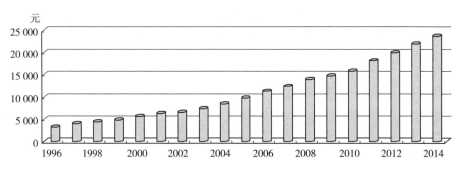

图1　1996—2014年北京市城乡居民收入差距对比

城乡居民收入比值从1996年的1.93增加到2014年的2.17。其中，2000—2014年，城乡居民相对差距总体上处于高位徘徊状态。2002年达到区间极小值2.12，此后持续扩大，2006年达到区间极大值2.32，2011—2014年比值持续缩小。城乡收入相对差距的波动，表明农民收入增长的基础仍不够稳固。从总体形状看，已经基本呈现出收入差距"倒U形"曲线的顶部形态。世界银行有关报告指出，按世界发展的一般规律，当经济发展水平在人均GDP为800～1 000美元阶段时，城镇居民收入与农村居民收入差距保持在1.7倍左右比较适度，世界上多数国家城乡收入比值为1.5，这一比值超过2的极为罕见。当前，城乡差距持续扩大，已经成为经济发展中的突出矛盾，社会发展滞后于经济发展，在农村更为突出。

3. 从10个远郊区看，门头沟区城乡收入差距最大。2014年，门头沟区城镇居民人均可支配收入最高，为38 023元，同比增长8.2%；农村居民人均纯收入18 861元，同比增长8.3%，增速比城镇居民快0.1个百分点；城乡居民收入比值为2.02，是10个远郊区比值唯一超过2的区县；城乡居民收入差距达到19 162元，远高于其他区县的收入差距。其次是大兴区，为18 307元。最小的是延庆县，为16 761元。

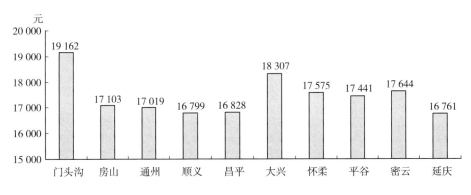

图2　2014年北京市各区县城乡收入差距对比

4. 从地域看，平原与山区之间发展不平衡。2011—2013年，平原居民人均纯收入由15 420元增加到19 098元；山区居民由12 908元增加到16 379元。2013年山区农民人均纯收入突破1.5

万元，比平原地区推迟三年实现，当年人均纯收入是城镇居民和农村居民的 40.6% 和 89.3%。

（二）基于内部结构视角的分析

1. 工资性收入占城乡居民家庭收入的比例最高。2014 年，农村居民工资性收入占农村居民人均纯收入的 64.6%；城镇居民工资性收入占城镇居民人均家庭总收入的 66.6%，占城镇居民人均可支配收入的 75.3%。在工资性收入、经营性收入、财产净收入、转移净收入四项家庭收入来源中，工资性收入所占比例最高，成为城乡居民家庭总收入的主要来源。

表 1　2006—2014 年北京农村居民收入结构比重对比

单位:%

年度	城镇居民		农村居民	
	工资性收入比重	转移净收入比重	工资性收入比重	转移净收入比重
2006	81.5	28.2	52.5	6.3
2007	78.8	29.2	59.4	8.1
2008	75.8	31.2	59.1	10.4
2009	77.0	31.6	60.7	13.3
2010	79.5	29.0	60.4	13.6
2011	76.5	30.6	65.0	15.3
2012	76.7	30.1	65.8	15.8
2013	75.1	32.1	65.6	18.8
2014	75.3	32.7	64.6	19.0

（1）工资性收入在农村居民人均纯收入中的比重快速增加，逐渐接近城镇居民。城乡居民工资性收入在人均可支配收入和人均纯

收入中所占比重的差距由 2006 年的 29％下降至 2014 年的 10.6％，农村居民工资性收入占纯收入的比例逐渐接近城镇居民。

（2）工资性收入的增加对农村居民人均纯收入增长的贡献最大，对农民增收的拉动作用正在逐年减弱。2014 年，农村居民人均工资性收入同比增加 1 037 元，增收贡献率为 54.9％，在四项收入中贡献率最大。从过去几年工资性收入增速、工资性收入的增收贡献率和农村居民人均纯收入增速几组数据对比，可以看出，工资性收入的增速和增收贡献率与农村居民人均纯收入的增长存在显著的正相关关系，说明增加农村居民工资性收入对于促进农民增收具有关键性作用。但是，从 2011 年以来，农村居民工资性收入的增加额逐年减少，增速逐年回落，对农民增收的贡献逐年降低，对农民增收的拉动作用正在逐年减弱。

表 2　2010—2014 年北京市农村居民工资性收入与纯收入的增长对比

单位：元、％

年度	人均工资性收入增加额	人均纯收入同比增长	工资性收入同比增长	工资性收入的增收贡献率
2014	1 073	10.3	8.6	54.9
2013	1 192	11.3	11.0	64.1
2012	1 264	11.8	13.2	72.6
2011	1 572	13.6	19.6	106.6
2010	733	10.6	10.1	57.4

2. 经营净收入三年来首次实现正增长。2012—2014 年，三年来北京市农村居民经营净收入首次实现正增长，三产增收贡献率达七成。农村居民人均经营净收入占农村居民人均纯收入的 4.3％，增收贡献率为 1.8％。从收入构成看，人均第一产业经营纯收入

258 元，下降 3.7％；人均第二产业经营纯收入 59 元，增长 51.3％；人均第三产业经营纯收入 550 元，增长 4.6％。第三产业成为农村居民家庭经营的主要业态和收入的主要来源。

3. 财产净收入同比增幅最大，主要来自租金收入。2014 年，农村居民人均财产净收入 2 452 元，增长 21.2％，在四项收入中增速最快。财产净收入占农村居民人均纯收入 12.1％，增收贡献率为 22.7％，比上年同期增加 6.3 个百分点。从收入构成看，租金收入占财产净收入七成以上，为 1 767 元，增长 13.1％；集体分配股息和红利收入 425 元，增长 36.7％；转让承包土地经营权收入 131 元，增长 42.4％。

租金收入增速波动较大。2000—2014 年，财产净收入由 175 元增加到 2 452 元，占农民人均纯收入的比例由 3.7％增加到 12.1％。租金由 102 元增加到 1 767 元，增长 17.3 倍，占财产净收入的比例由 58.3％增加到 72.1％。租金同比增速呈明显波动态势，2001—2014 年，最高租金同比增速为 47％，最低为 2.7％。

表3　2000—2014 年北京市农村居民租金收入对比

单位：元、％

年度	财产净收入	租金收入	租金比重	租金同比增加
2000	175	102	58.3	—
2001	245	134	54.7	31.4
2002	466	163	35.0	21.6
2003	610	200	32.8	22.7
2004	601	251	41.8	25.5
2005	617	361	58.5	43.8

（续）

年度	财产净收入	租金收入	租金比重	租金同比增加
2006	773	405	52.4	12.2
2007	927	487	52.5	20.2
2008	1 199	587	49.0	20.5
2009	1 402	656	46.8	11.8
2010	1 590	674	42.4	2.7
2011	1 537	991	64.5	47.0
2012	1 717	1 120	65.2	13.0
2013	2 023	1 562	77.2	39.5
2014	2 452	1 767	72.1	13.1

4. 转移净收入保持快速增长。 2014年，农村居民人均转移净收入 3 835 元，同比增长 11.3%，占农村居民人均纯收入的 19%，增收贡献率为 20.6%。从收入构成看，退休金、养老金收入 2 515 元，增长 8.7%。

转移净收入在四项收入中增速最快。与 2010 年相比，农村居民人均纯收入增长了 152.5%，其中工资性收入增长 163.3%、家庭经营收入增长 46.7%、财产净收入增长 154.2%、转移净收入增长 212.1%，转移净收入增速最快。

城乡居民转移净收入差距逐年扩大。由于农村居民转移净收入的基数小，快速增长的时间短，与城镇居民的转移净收入存在较大的差距，且有逐年扩大的趋势。2014 年，城乡居民人均转移净收入相差 10 528 元，比 2010 年相差 6 627 元又有较大幅度的增加。

（三）基于消费性支出视角的分析

2014 年，城镇居民人均消费性支出占当年人均可支配收入的

63.8%，农村居民人均生活消费支出占当年人均纯收入的 71.8%。城镇居民人均消费性支出比农村居民人均生活消费支出多 13 480 元，是农村居民的 1.93 倍。

表4　2010—2014年北京市城乡居民人均生活消费支出对比

单位：元、%

消费支出	城镇居民				农村居民			
	2014 年	2010 年	增加量	增量构成	2014 年	2010 年	增加量	增量构成
人均生活消费支出	28 009	19 934	8 075	100	14 529	10 109	4 420	100
其中：服务性消费支出	9 197	5 600	3 597	44.5	4 193	—	—	0
食品	8 632	6 393	2 239	27.7	5 043	3 121	1 922	43.5
衣着	2 903	2 088	815	10.1	1 251	779	472	10.7
居住	2 202	1 577	625	7.7	2 310	2 201	109	2.5
家庭设备用品及服务	2 143	1 378	765	9.5	1 069	564	505	11.4
交通和通信	4 407	3 421	986	12.2	1 583	1 322	261	5.9
教育文化娱乐服务	4 170	2 902	1 268	15.7	1 454	983	471	10.7
医疗保健	1 862	1 327	535	6.6	1 289	897	392	8.9
其他商品和服务	1 690	848	842	10.4	530	242	288	6.5

1. 农村居民家庭恩格尔系数持续走高。 2010—2014 年农村居民家庭恩格尔系数依次是 30.9%、32.4%、33.2%、34.6%、34.7%，几年来持续走高，说明农村居民家庭新增的生活消费更多的用于食品支出，与 2010 年相比，农村居民人均生活消费增加了 4 420 元，其中的 43.5% 用于增加食品开支。造成这样的结果，既有近几年食品类消费价格上涨过快的原因，2010—2014 年，居民消费价格指数（CPI）累计增长了 12.8%，而食品类价格增长了

25.4%；也有农村居民日常生活中更加注意改善饮食结构和营养水平的原因。

2. 农村居民家庭用于食品、居住和医疗保健方面的支出在生活消费中所占比例明显高于城镇居民家庭。2014年，农村居民生活消费中，食品、居住、医疗保健三项支出所占比例分别为：34.7%、15.8%、8.9%，城镇居民三项支出所占比例分别为30.8%、7.9%、6.6%。造成这样的差距，有城乡居民处于不同的收支发展阶段的原因，也有城乡居民享受不同的政策和待遇的原因，最典型的就是医疗保健方面，城镇居民持医保卡就医，报销比例高，还可以实时结算，农村居民享受的新农合是先就医，后报销，且报销比例低，使得城乡居民花同样的钱，但购买到的医疗服务却不一样。

3. 农村居民消费倾向（新增收入转化为消费的比例）高于城镇居民。与2010年，农村居民人均纯收入增加了6 964元，累计增长了52.5%，人均生活消费支出增加了4 420元，占收入增加额的63.3%。城镇居民人均可支配收入增加了14 837元，累计增长了51%，人均消费性支出增加了8 075元，占可支配收入增加额的54.4%，农村居民的消费倾向高于城镇居民。

4. 随着农村居民人均纯收入的增加，其消费总量也在不断增加。1996—2014年，农村居民纯收入的七成都用于消费，2009和2010年的76%收入用于消费，2014年71.8%收入用于消费，消费后剩余5 697元。保持和促进农民收入较快增长，对于扩大内需，拉动消费具有更加重大的意义。

三、促进农民收入增长的几点建议

为了适应京津冀协同发展的新形势，需要在 2015 年制定一些更加有效政策，落实新的措施，同时谋划"十三五"时期促进城乡发展一体化和农民收入持续快速增长的政策措施。现提出主要对策建议如下：

（一）继续加强职业培训提高农民就业能力，加大农民转移就业政策扶持力度，拉动农民工资性收入持续增长

上半年，全市各区县加大农民培训力度，提高农民职业技术水平，积极引导帮助农村劳动力向二、三产业转移就业。如大兴区积极培育规范的劳动就业组织，推动从业人员员工化；引导各级财政出资的绿色生态建设项目和社会公共管理服务项目安置低收入农户劳动力就业。延庆县积极将公益性就业岗位向低收入群体倾斜，让部分有劳动能力的低收入农户实现劳动致富。全市最低工资标准由每月 1 560 元提高至 1 720 元，增幅为 10.3%；2014 年发布的企业工资指导线对职工薪资待遇提高继续发挥积极作用。

北京市农经办"三资"管理平台数据显示，2010—2014 年，农村劳动力在第一产业就业人数减少了 5.4 万人，在二、三产业就业占农村劳动力的比例从 66.9% 增加到 69.5%。随着转移就业的深入进行，现在可转移的农村劳动力已经越来越少。因此应将促进农民工资性收入增长的重点转向规范农民就业行为、提高

农民转移就业的工资水平、建立合理的薪酬增长机制上来。此外，财政转移支付的村级公益补助、生态补偿等也需要有合理的增长。对于转移到社会企业就业的，要规范用工行为，与企业签订用工合同，参加城镇职工社保，保护转移劳动力的近期利益和长期保障。

（二）完善农村产权交易市场建设，助推财产性收入增长

上半年，农村居民财产净收入918元，其中红利收入447元，是上年同期的2.1倍。这得益于全市鼓励农民以土地经营权入股，发展多种形式适度规模经营，探索盘活农村闲置房屋发展休闲养老、乡村旅游等产业，继续强化集体资产经营、提高资产经营收益，农村土地流转日趋活跃，村集体股份分红水平继续提高，农民获得的股权收益较快增长。

在推进新型城镇化和城乡一体化进程中，贯彻落实党的十八届三中全会"建立农村产权流转交易市场""推进城乡要素平等交换"的精神；以"土地流转起来、资产经营起来、农民组织起来"引领农村改革与发展，引导城市现代生产要素向农业农村流动；加快农村土地承包经营权确权登记颁证，支持发展农业适度规模经营；推动集体经济组织产权制度改革向乡镇级拓展，健全农村产权流转交易市场。要让农民有集体产业支撑，实现农民城镇化进程中的利益依托，促进农村社会结构稳步和谐转型。做大做强集体经济，通过集体经济股权分配、土地入股、创造就业岗位和服务等，使农民可持续地从市场和改革中获得长远利益。

（三）继续提高社保标准，加速推进城乡社保和就业一体化进程

加快推进覆盖城乡居民的社会保障体系建设，不仅是改善民生，促进公共服务均等化的主要目标，也是深化收入分配制度改革的重要手段。在"十三五"城乡发展一体化规划中，应明确提出将新增的居民转移净收入更多地向农村居民倾斜，用于提高农村居民基础养老金、福利养老金标准，扩大农村低保对象覆盖范围，提高最低生活保障标准等。同时，在京津冀产业转移升级的背景下，有关部门应积极创造就业岗位，通过政策措施提高农村人力资源的利用，如对农村人才资源分类管理，达到人力资源高效合理的利用。加大对农村人力资源开发的政策倾斜，调整农村收入分配结构等政策。完善人力资源的流动机制，建立合理的劳动用工和人才政策。结合产业升级转移的需要，发挥市场在配置人才资源的基础性作用。农村人力资源开发必须根据市场的需要，动态的调整农村人才培养机制，实现宏观与观相结合，从整体布局、合理调配、优化整合城乡人力资源。

（四）加大对农村低收入群体的关注，保持农民收入较快增长

上半年，全市 20％低收入户人均可支配收入同比增长 10.4％，增速比全市增速高 2.0 个百分点。市农经办据显示，645 个低收入村实现农村经济总收入 88.1 亿元，同比增长 3.7％，比全市 6.3％的平均水平低 2.6 个百分点；农村经济总收入平均值为 1 365.3 万元，仅为全市平均水平（6 337.5 万元）的 1/5 多。农村低收入群

体是生活最困难的人群，也是最需要政府长期关注和帮扶的群体，需要长期不间断的监测和政策扶持。应创新扶贫方式，加强"精准扶贫"，根据每个乡镇和各村的情况，确定符合当地发展的产业项目，让农民就地解决就业。同时，要完善低收入农户的社会保障政策，给广大低收入农户提供兜底保障。要继续完善有关政策，不断缩小低收入农户与全市农民人均纯收入的差距，显著改善农村生产生活条件和生态环境，着力促进农民增收，保持社会稳定。

执笔人：冯学静

第三节 外省市城乡一体化研究

外省市城乡一体化体制
机制对比研究

　　成都、宜兴、珠海分别位于西南地区、长三角城市群和珠三角城市群，根据各自地理位置、经济状况、历史沿革等因素探索出不同特点的城乡一体化模式。成都市作为"全国统筹城乡综合配套改革试验区"，通过在制度、建设、产业、公共服务和社会治理方面构建城乡一体的统筹机制，初步建立起城乡经济社会发展一体化的新格局。宜兴市早年依托乡镇企业的发展，目前已进入后工业化时期，城乡一体化的重点由发展转向以生态文明为导向的美丽乡村建设，喊出"乡村让城市更向往"的口号。珠海市主要通过"城中村"全面改造，实现城市整体面貌的焕然一新。作为特大城市的北京，可以借鉴这三个城市的经验，创新理念、统筹规划、分类实施，加快推进城乡一体化进程。

一、成都、宜兴、珠海城乡一体化发展机制

由于各地资源禀赋和经济发展存在差异,三个城市在促进城乡一体化发展的过程中形成了不同的机制。

(一)成都市城乡一体化发展机制

成都市从制度、建设、产业、公共服务和社会治理五个方面加强城乡统筹力度,打造城乡一体化发展新格局。

1. 通过城乡制度统筹加快衔接配套。成都市从产权制度、农村金融体制和户籍制度三个方面进行改革,着力破解阻碍城乡协调发展的制度难题。在产权制度改革领域,构建"归属清晰、权责明确、保护严格、流转顺畅"的现代农村产权制度,形成农村产权流转服务体系和交易规则,通过示范片、示范镇和专项改革试点项目解决突出矛盾。在农村金融体制方面,建立覆盖城乡的公共财政制度,创新金融产品,完善服务体系。在户籍制度改革方面,实现城乡户籍居民享有平等的基本公共服务,建立户口登记地与实际居住地一致的户籍制度,使农民成为一种职业而非身份。

2. 通过城乡建设统筹打造功能互补的城乡体系。一是城乡规划一体化,成都市对全域范围内空间布局、资源分配进行统筹规划,构建"一城双核六走廊"的空间格局;建立乡村规划师制度和城乡一体的规划监督制度,为规划的实施提供保障。二是城乡基础设施一体化,推进农村公路联网升级建设,实现城乡交通基础设施一体化;实施城乡居民饮水保障工程,基本解决农村地区饮水安全

问题；推进城乡能源基础设施建设，基本实现农村电网、天然气管网满覆盖。三是加快幸福美丽新村建设，探索新农村建设"小规模、组团式、微田园、生态化"新路径，将近郊新农村建设与城市建设有机结合，启动环城生态区"六湖八湿地"建设，既能充分体现城乡功能性差异，展现田园风貌，又能满足现代需求，方便群众生活。

3. 通过城乡产业统筹构建现代农业经营体系。 成都市按照"以工促农、以贸带农、以旅助农"的原则，构建"农工贸旅一体化、产加销服一条龙"的都市现代农业体系，打造全产业链。一是创新现代农业规模经营机制，探索推广土地股份合作、家庭适度规模经营、"大园区＋小农场"等土地适度规模经营模式。二是推进一、二、三产业融合发展，扶持农产品精深加工业和农村商贸流通服务，大力发展观光农业、休闲农业，打造示范线，初步形成集中连片的农业风光。三是积极培育农村市场主体，发展农村专业合作社、股份合作社、专业大户、家庭农场、劳务公司等多种形式的新兴市场经济组织。

4. 通过城乡公共服务统筹促进资源均衡配置。 一是构建城乡一体的就业促进体系，在城乡就业政策、就业失业登记管理、就业援助制度、失业保险等方面，实现城乡一体化。二是构建城乡一体的基本养老保险制度，实现城镇职工基本养老保险和城乡居民基本养老保险之间的自由衔接，城乡分割现象彻底消除。三是构建城乡一体的基本医疗保险制度，实现新农合与城镇居民和大学生基本医疗保险进行并轨整合。四是构建城乡一体的社会救助体系。五是建立农村公共设施的配置标准体系。

5. 通过城乡社会治理统筹实现民主决策联动高效。 成都市以完善农村新型基层治理机制为核心,统筹推进城乡社会治理,一是规范决策机制,促进治理方式民主化,构建"村(社区)党组织领导,村民(代表)会议或村民议事会决策,村民委员会执行,村务监督委员会监督,其他经济社会组织广泛参与"的新型村级治理机制。二是加强培育引导,促进农民在技能、心理和文明习惯上的市民化。三是打破分治格局,建立与统筹城乡发展相适应的大部门体制,初步建立起城乡一体的"大交通""大城管""大综治"格局。

(二)宜兴市城乡一体化发展机制

从宜兴市的发展阶段来看,主要分为三个时期:第一个阶段是20世纪七八十年代,主要特征是"乡企先导,以工补农",乡镇企业的大力发展改变了农村传统社会结构,农业劳动力向城镇大量转移,也促进了当地农业适度规模经营的探索。第二阶段是20世纪90年代到21世纪初,特点是"乡企转制,工农联动",进入以城镇为载体的城乡工农联动发展时期。第三阶段是2006年至今,主要特点是"以城带乡,城乡一体",通过城乡统筹规划,更加注重农村的可持续发展

1. 七项工程打破城乡二元格局。宜兴市推进城乡一体化,首先要打破城乡二元的传统格局,实现真正意义上的城乡统筹,通过公共服务体系的均等化建设,让城乡居民尤其是农民平等享受改革所带来的红利。近年来全市在交通、供水、供气、污水处理、垃圾处理、绿化、管理等七大领域累计投入200多亿元资金,通过工程建设推动城乡一体化发展。

2. 四大合作促进农民增收。宜兴市重视农民合作组织对促进

农民增收的效果，主要通过土地股份合作社、股份经济合作社、富民合作社和农民专业合作社四种形式开展农民合作。对农产品比较丰富的村，主要以农业龙头企业和经纪人引导成立农民专业合作社，集合起来掌握农产品议价权。对不以分散经营土地且集体土地具有一定经营价值的村，通过土地股份合作社的组建，提升农民的股份分红收入。对具有一定产业基础和商服物业比较发达的村，则以富民合作社的形式拓宽农民财产性收入。通过几大合作社的组建，多渠道增加了农民收入。

3. "资金＋科技"助推现代农业发展。宜兴市发展现代农业，以资金和科技作为两大引擎。资金方面，通过工商资本、民间资本和外资三项资金的组合，投资各类农业项目，解决制约现代农业发展的资金瓶颈问题。科技方面，通过一、二、三产业融合，实现农业与高端制造业、农产品加工业、现代服务业深度融合，加强生物农业、创意农业、休闲农业等多种形式的创新，拓展农业多种功能，使传统农业大步迈向现代农业。

4. 美丽乡村打造生态文明新村。宜兴市开展美丽乡村建设，是以生态文明建设为总体目标，在注入现代发展理念的同时，注重保留乡村的传统风貌和文化习俗。通过集中资源和环境整治，发展与地区特点相适应的特色产业，使农家乐接待和休闲旅游融合到城乡一体化发展和生态文明建设中，吸引本村人口回流，旅游人数逐年增加，带动当地就业和农民收入的增长。

（三）珠海市城乡一体化发展机制

珠海市在城乡一体化的过程中，主要以"城中村"改造的形式推进，围绕"改造城中旧村、创建精品社区"的总目标，集中力量、不留死角，用三年时间完成 26 个旧村改造，成为广东省的典范。

1. 市场运作为主，政策推动为辅。在珠海市"城中村"改造中，政府没有直接投入资金，而是借市场之手完成改造过程。但在政策方面，珠海市决定三年之内在城区不再新批房地产用地，为"城中村"改造腾出市场空间。在这个过程中，政府虽然没有直接投入，但实际上出让了巨大的利益空间给村民和开发商。在具体操作过程中，坚持四个原则，包括规划先行原则，一村一个拆迁方案原则，政府决定、政策推动、市场运作原则，继承和发扬传统文化原则。

2. 合理制定方案，平衡各方利益。通过定原则、定规划、给政策，引入竞争机制吸引社会资本投资。出台"拆一免二至三"的优惠政策，即根据旧村区位、拆迁量，每拆 1 平方米房屋可免交 2~3 平方米建筑面积的地价，并免减相应费用，确保其利润空间。开发总量中，三分之一用于村民回迁，另外三分之二用于商品房。集体经济组织改组为股份制公司，股份量化到村民个人，解决转居之后的后顾之忧。

3. 政府严格把关，实现"规划最优"。珠海市政府坚持"以人为本"，规定先建好村民回迁房，保证村民的尽快回迁，减少不稳定因素。在建设招标阶段引入"规划最优"概念，提升开发水平。在随后推动公共设施和市场化服务中，政府与市场合作的模式也得到进一步推广。

二、成都、宜兴、珠海城乡一体化主要特点分析

(一) 成都市：以制度改革引领城乡统筹各项工作

破解城乡二元结构，传统的思路是通过工业化和农村城市化来缩小城乡之间的差距。但对于成都这样地处西部、经济有待发展、市场仍不完善的地方来说，如果仍然用传统的工业化思路，很可能陷入不可持续的发展路径。从成都市的工作机制可以看到，城乡一体化工作已经不仅仅是农业农村农民的事情，而是事关全市工作全局，其中又以各项制度的改革为引领，在城乡建设、城乡产业、城乡公共服务和城乡社会治理等方面均建立起统筹发展的体制机制，使得城乡一体化工作不仅是思想观念的更新，也是政策措施的调整，不仅是发展思路和增长方式的转变，也是利益格局和产业布局的调整，不仅是体制机制的改革，也是各级部门工作方式的改进。成都市立足实际，以制度改革为引领，将城乡一体化工作放到统揽全局的高度，以确保农民利益不受损为基本目标，创新政府与市场的关系，建立起城乡统筹发展的体制机制，不仅颇具特色，而且有推广价值。

(二) 宜兴市：从农村内生发展走向城乡融合互动

宜兴市位于江浙地区，是我国乡镇企业最发达的地区，在乡镇企业的带动下，农村工业化和城市化大踏步前进，也因此具有明显的江浙地域特点。一方面，通过乡镇企业的发展聚集了大量的本地甚至外地农民；另一方面，依靠农村工业化和集体经济壮大，带动

了区域的发展。因此宜兴市的特点在于：农村地区在发展过程中具有乡镇企业这一内生动力，并提供了丰富的劳动力、资源和市场，实现区域的能动发展，并逐渐向城市渗透，通过城乡互助、工农联动，实现城乡一体化。在这一自发过程之后，当城镇体系建立起来，城乡融合进入更高层次，通过以城带乡，进一步完善农村的各项设施和服务，推进生态文明建设，使越来越多的外出农民返乡创业、就业，越来越多的城市人走进农村休闲、养老，城乡进入良性互动阶段。

（三）珠海市：政府与市场合作实现三方共赢

珠海市的"城中村"改造是城乡一体化过程中矛盾最集中、利益相关方最多、推进难度相对最大的环节，北京与之类似的是城乡结合部的改造。在这个过程中，珠海市政府让出了巨大利益空间，吸引市场的介入，兼顾村民利益，取得了良好的效果。从一开始对"最优规划"方案的选取，使得改造过程定位在一个高水平，不是市政建设的补齐，而是实现区域整体价值的提升。对三个利益主体来讲，通过合作实现了三方共赢：政府通过优惠政策让出未来几年的潜在收益，但是困扰政府的各种难题有了解决的可能，农村地区可以向现代社区转变，生态环境得以改善，区域综合竞争力得以提升；社会资本通过参与改造，提高了农村城市化的效率，获得了市场利润，实现了社会价值；村民获得了更好的生活环境，得到了可持续的收益分配。

三、对北京城乡一体化发展的启示

在推进城乡一体化发展的进程中，成都、宜兴和珠海在地域、经济、城市规模、阶段环境等方面存在巨大的差异，北京作为特大城市，应当总结经验、准确评估、统一规划、分类实施。

（一）因地制宜，结合本地区发展阶段和特点制定城乡统筹模式

城乡一体化是一项复杂、艰巨的系统工程，解决城乡二元结构问题，既不能盲目照搬国内外的经验，奢求短期内实现目标，也不能将城乡一体化理解为城乡一样化。必须因地制宜找准最适合当地的发展方式，要从宏观环境、政策机遇、发展阶段、遗留问题等方面找准症结，在提高农村发展水平的同时，也要注意尽可能地保留乡村风貌和乡土味道，让人有乡情可亲、有乡愁可寻。"十三五"时期，北京的城乡一体化应以破解城乡二元体制、改善城乡生态环境、提供城乡均等服务、提高农村管理水平为目标，不应重复过去城市扩张、拆旧盖新的方式。要创新观念，从实际情况出发，发挥自身优势，有效实现城乡一体化。

（二）坚持新型城镇化与新农村建设相结合的双轮驱动

从外地发展经验来看，珠海市通过政府与市场通力合作，实现了"城中村"的顺利改造；成都市构建了现代城镇体系，并通过示范区、示范镇和示范项目来推进城乡统筹改革；宜兴市在后工业化阶段倡导以生态文明为导向的农业转型、农村改造，激发

出乡村文化、乡村生态独特的价值。事实上，发达国家的经验也表明，要实现城乡协调发展，大中城市应当与小城镇形成布局明确、功能互补的现代城镇体系，避免两者之间形成发展的严重失衡。把壮大小城镇经济和推进农业现代化作为转移农业人口、促进城乡协调发展的切入点。

从北京的情况来看，"十三五"时期要结合首都非核心功能疏解，推动城乡一体化发展，关键是要从解决城乡二元土地问题着手，通过构建城乡统一的建设用地市场，促进集体土地与国有土地同地同权，提升农村地区的发展驱动力。具体来说，城乡结合部地区的改造要以实现城市规划范围内的全面城市化为目标，完成拆建、农民身份转变和规划还绿；城市发展新区要以新型城镇化为核心驱动，合理承接城六区功能疏解，调整各乡镇产业布局和功能定位，推进产业转型升级，统筹解决进城稳定就业农民的身份转变；农村地区的发展要继续通过新农村建设来实现土地和人口的集中配置，不但让现代化的基础设施和公共服务得到保障，农民生活质量得到根本性的改善，而且要让传统农村风貌和习俗得以保留，生态环境得到彻底的治理和提升，乡村与城市形成良性互动的整体。

（三）打造城乡要素交流平台，注重培育农村的内生发展动力

成都市注重制度统筹，尤其是金融体制改革，通过一系列制度创新，力争促进城乡生产要素的自由流动，打破"小农经济"与外部市场无法对接的瓶颈。宜兴市传统上乡镇企业发达，民营经济活跃，在新的发展阶段，通过"四大合作"使农民组织起来，将农家乐、乡村旅游、现代生态农业与城乡一体发展、美丽乡村建设有机

融合，农村地区发展动力强劲。

北京发展都市型现代农业，重点是要培育"高精尖"的产业业态，京津冀三地协同发展，郊区农业的生产功能已经逐渐淡化，生态功能凸显，其中非常关键的一点是要借助金融工具进行制度、产品和平台的设计。制度上让集体资产的所有者与经营者分离，通过资产委托代理的方式，让专业经营团队实现资产增值，逐渐与市场化的城市经济融为一体；产品上通过资产信托化、土地信托以及产权颁证抵押贷款等方式进行探索；平台上借助土地股份合作社、集体经济组织成员参股合作、组建资产管理公司等方式实现城乡要素的交流。

（四）处理好政府与市场的关系，实现合作共赢

根据博弈论的思想，我们的社会要想走出囚徒困境，就必须使每一个利益相关方合作形成一个纳什均衡。也就是说，也许每一方从自己的角度来看并非最好的选择，但只要能达到整体策略的最优，那么这便是可以解决问题的最佳方案。在珠海市的改造进程中，政府选择了让利给市场和村民，对政府而言不是最优策略，但是企业的参与积极性提高，村民利益得到保障，农村地区综合实力得到提升，实现了整体策略的最优。成都和宜兴也具有相似的过程，无论采用什么方式推进城乡一体化，政府都需要作出让利，而这其中，政府让利的幅度，是影响城乡一体化推进速度和质量的关键因素。

北京的城乡一体化发展已经持续数年，取得了很大的成效，也到了攻坚克难的深水阶段，必然触发各大利益主体的博弈，因此，城乡一体化的推进实际上是一场利益博弈，尤其是在城乡结合部地区，是矛盾的焦点所在。马克思主义理论指出"追求利益是人类一

切社会活动的动因""每一既定社会的经济关系首先表现为利益"。在这个博弈过程中，不应该回避各主体的利益需求，政府应当破除制度障碍，发挥土地尤其是集体土地的杠杆作用，让市场充分参与进来，政府层面做好制度设计，保证参与各方的利益平衡。

执笔人：周颖

成都市以"五个统筹"
推进城乡一体发展

——四川省成都市考察报告

2015 年 11 月 9—12 日，北京市农经办（农研中心）调研组前往四川省成都市，考察统筹城乡改革发展工作。调研组与成都市农委、成都市委统筹委、成都市农经站等部门负责人进行了座谈，并前往锦江区"五朵金花"进行实地考察。

一、基本情况

成都市自 2007 年挂牌"全国统筹城乡综合配套改革试验区"以来，以健全城乡发展一体化体制机制为核心，着力推进城乡制度、城乡建设、城乡产业、城乡公共服务和城乡社会治理"五个统筹"，初步构建起城乡统筹发展的体制机制，城乡经济社会发展一体化新格局初步呈现。2014 年，成都市农业增加值比 2007 年增长了 1.6 倍，农民人均纯收入增长了近 1.6 倍；城乡居民收入比从 2.63（2007 年）降低到 2.26（2014 年）；城镇化率从 62.6%（2007 年）增长到 70.4%（2014 年）。

二、成都市城乡统筹发展情况

成都市从制度、建设、产业、公共服务和社会治理五个方面加强城乡统筹力度，打造城乡一体化发展新格局。

（一）统筹城乡制度改革，加快制度体系衔接配套

促进城乡一体化，破解二元体制是关键，制度障碍是根本症结所在。成都市从产权制度、户籍制度和农村金融体制三个方面进行改革，着力破解阻碍城乡协调发展的制度难题。

1. 推进农村产权制度改革，解决"地该怎么用"

（1）构建现代农村产权制度。成都市全面开展确权颁证工作。对农村集体土地所有权，农民合法取得的土地承包经营权、集体建设用地使用权、宅基地使用权、农房所有权和林权进行确权登记颁证；对不能确权到户的集体资产进行股份量化，向农户发放股权证，建立"归属清晰、权责明确、保护严格、流转顺畅"的现代农村产权制度。在此基础上，健全市、县、乡三级农村产权纠纷调解体系，开展农村产权"长久不变"试点。由于效果显著，成都市产权制度改革荣获第七届"中国地方政府创新奖"优胜奖。

（2）促进城乡要素自由流动。一是建立农村产权交易平台，建立市县乡三级农村产权流转服务体系，形成一套完整交易程序和规则。二是鼓励农民组建资产管理公司或土地股份合作社自主开发利用集体建设用地，保障了农民利益。三是探索有条件的农户自愿有偿退出宅基地。目前，成都农交所交易额达 417 亿元，交易总量居

全国同类交易所第一；通过农交所实现集体建设用地使用权交易88宗，交易金额7.22亿元；建设用地指标交易917宗，交易金额139.88亿元，城乡要素交流平台初步建立。

（3）开展统筹城乡综合改革示范建设。一是开展示范片建设，形成跨镇区域协调发展机制，推动新型城镇化和新农村建设。二是开展示范镇建设，探索整镇推进城镇建设、产业发展、农民转移的路径和办法，发挥示范效应。三是开展专项改革试点项目，在一些重点领域和关键环节开展专项试点，解决突出矛盾。目前，已经启动7个示范片、15个示范镇和14个专项改革试点。

2. 推进农村金融体制改革，解决"钱从哪里来"

（1）建立覆盖城乡的公共财政制度。一是率先将农村基本公共服务和社会管理经费纳入财政预算。二是完善财政一般转移支付制度和财政支农稳定增长机制，2014年成都市财政对"三农"投入达408亿元。三是加强资金使用监督。增加网络基层公开平台，改造"三资"公开平台，及时向群众公开财政资金使用情况。

（2）推进农村金融体制改革。一是创新农村金融产品。开展集体建设用地使用权、农地承包经营权、农村房屋、林权抵押融资，全市各类农村产权抵押融资超过120亿元。二是完善风险防范机制。通过成立产权抵押担保公司，建立农村产权担保和保险风险补偿专项资金、农村产权抵押风险防范基金、开展政策性农业保险和涉农商业型保险，完善风险分担机制。三是完善农村金融服务体系。设立村镇银行，鼓励金融机构向农村延伸，发展多种形式的新型农村金融服务机构等。目前，成都市已成立村镇银行12家，注册资本金合计11.5亿元。

（3）建立耕地保护补偿机制。一是设立耕地保护基金，市、县两级每年筹集约 29 亿元，每年每亩按基本农田 400 元、一般耕地 300 元的标准发放耕地保护金。二是将耕地保护与农村社保体系结合起来，耕地保护金的 90％发给保护耕地的责任农户，用于购买养老保险和医疗保险的个人缴费和其他支出。三是将耕地保护与发展现代农业结合起来，耕保基金的 5％用于农业保险补贴，另外 5％用于设立担保资金，为全市农村产权流转提供担保。

3. 推进户籍制度改革，解决"人往哪里去"。一是实现城乡户籍居民享有平等的基本公共服务，包括就业、社保、住房保障、社会救助、计划生育、义务教育、职业教育、民主管理权利、义务兵家庭优待等九个方面。二是保障农民各项权益，建立户口登记地与实际居住地一致的户籍制度，使农民成为一种职业而非身份。三是有序引导人口向外转移，合理控制中心城区规模，注重中小城市和小城镇发展，实现产城一体。

（二）统筹城乡建设，打造功能互补的城乡体系

1. 推进城乡规划一体化。一是综合制定城乡规划。成都市对全域范围内空间布局、资源分配进行统筹规划，建立城乡一体规划体系，构建"一城双核六走廊"的空间格局，包括 1 个特大城市、8 个新型卫星城、6 个区域中心城、10 个小城市和 80 个特色镇。二是建立乡村规划师制度。向社会招募了 125 名规划师派驻到各乡镇，帮助推进规划相关服务。三是建立城乡一体的规划监督制度。成立城乡规划督察专员办公室和规划自发监督局，形成"统一规划、属地管理、分级审查、强化监督"的规划管理体系，为规划的

除。截至 2014 年年底，全市城镇职工基本养老保险参保人数达到 547.51 万人，城乡居民基本养老保险参保人数达到 323.79 万人。

3. 构建城乡一体的基本医疗保险制度。 成都市将新型农村合作医疗与城镇居民和大学生基本医疗保险进行并轨整合，实现城乡基本医疗保险的市级统筹、城乡统筹和全域结算，做到了筹资标准、参保补助和待遇水平三个城乡均等。截至 2014 年年底，全市城镇职工基本医疗保险参保人数达 588.43 万人，城乡居民基本医疗保险参保人数达 704.85 万人。

4. 构建城乡一体的社会救助体系。 成都市以低保为核心，以帮困助学、帮困助医、帮困建房为配套，其他专项救助、临时性救助和社会帮扶为补充，建立起城乡一体的综合性社会救助体系。

5. 建立农村公共设施的配置标准体系。 成都市为减少公共资源配置的随意性和盲目性，制定了多层次的农村公共设施配置标准体系，包括重点镇、一般镇"1＋28""1＋27"，涉农社区和村"1＋23""1＋21"等标准，推动公共服务向农村覆盖，基础设施向农村延伸。

（五）统筹城乡社会治理，实现民主决策联动高效

成都市以完善农村新型基层治理机制为核心，统筹推进城乡社会治理，重点从三个方面着手。

1. 规范决策机制，促进治理方式民主化。 一是理顺干群沟通机制。探索推行乡镇、村（社区）党组织书记公推直选、开放"三会"制度和社会评价基层干部，实现干部"对上负责"与"对下负责"得有机统一，保障了群众的知情权、参与权、选择权和监督

权。二是构建新型村级治理机制，按照"三分离、两完善、一改进"①的思路，构建"村（社区）党组织领导，村民（代表）会议或村民议事会决策，村民委员会执行，村务监督委员会监督，其他经济社会组织广泛参与"的新型村级治理机制。三是推进农村新型社区自治管理创新，成立"院落管理委员会""业主委员会"等自治组织，与专业物业公司互补结合，实现城乡物业管理全覆盖。四是开展村民自建小型基础设施改革，发挥农民主体作用，将政府投入农村小型公共基础设施项目的选择、建管、评价等权利下放给农民，目前，全市 2 000 多个村实现了村民自建 GIS 管理信息系统。

2. 加强培育引导，促进治理主体多元化。一是促进农民在技能上进城。加强就业培训、就业援助、就业服务，广泛开展农民职业技能培训，提高农民就业创业能力。二是促进农民在心理上进城。通过在社区建立"心理健康服务站"，开展心理辅导和文明新风教育，加强进城农民在融入城市生活过程中的心理抚慰。三是促进农民在文明习惯上进城。发挥新市民学校作用，组织群众性文化活动，开展"万名志愿者进社区"主题活动，着力培育现代市民意识和文明生活习惯。

3. 打破分治格局，促进治理手段科学化。推进行政机构改革，对规划、农业、交通、水务等部门进行整合，建立与统筹城乡发展相适应的大部门体制。提高管理协同能力，初步建立起城乡一体的"大交通""大城管""大综治"格局。

---

① "三分离"指决策权与执行权分离、社会职能与经济职能分离、政府职能与自治职能分离。"两完善"指完善农村公共服务和社会管理体系、完善集体经济组织运行机制。"一改进"指加强和改进农村党组织领导方式。

三、对北京城乡一体化的启示

（一）城乡一体化的推进要以新型城镇化和新农村建设为双轮驱动

成都市在推进城乡一体化过程中，建立了"归属清晰、权责明确、保护严格、流转顺畅"的现代农村产权制度，不但实现了确权确地确股，而且建立了农村产权纠纷调节体系。在基本完成确权颁证工作基础上，探索推广土地股份合作、家庭适度规模经营和"大园区＋小农场"等经营模式，开展了以示范区、示范镇和示范项目来推进城乡统筹改革的方式，取得了良好效果。在城市近郊，将新农村建设与城市建设相结合，开展成都绕城高速周边"六湖八湿地"的生态区建设，既合理控制了中心城区规模，又实现了近郊生态建设和农村地区发展，城乡之间呈现出高度融合的发展态势。

从北京的情况来看，"十三五"时期要结合首都非核心功能疏解，推动城乡一体化发展，关键是要从解决城乡二元土地问题着手，通过构建城乡统一的建设用地市场，促进集体土地与国有土地同地同权，提升农村地区的发展驱动力。具体来说，城乡结合部地区的改造要以实现城市规划范围内的全面城市化为目标，完成拆建、农民身份转变和规划还绿；城市发展新区要以新型城镇化为核心驱动，合理承接城六区功能疏解，调整各乡镇产业布局和功能定位，推进产业转型升级，统筹解决进城稳定就业农民的身份转变；农村地区的发展要继续通过新农村建设来实现土地和人口的集中配置，不但让现代化的基础设施和公共服务得到保障，农民生活质量得到根本性的改善，而且要让传统农村风貌和习俗得以保留，生态环境得到彻底的治理和提升，乡村与城市形成良性互动的整体。

（二）城乡一体化的推进要以促进生产要素自由流动为主要目的

成都市非常注重制度统筹，尤其是金融体制改革，通过一系列制度创新，力争促进城乡生产要素的自由流动，打破"小农经济"与外部市场无法对接的瓶颈。在农村金融领域，成都市已经开展了一批试点，重点从集体经济的各类产权领域进行金融产品的创新，包括集体建设用地使用权、农地承包经营权、农房所有权和林权等，在确权颁证的基础上，借助市县乡三级农村产权交易平台，与金融机构开展合作，促进各类农村产权的抵押融资试点，规模超过120亿元。

北京发展都市型现代农业，重点是要培育"高精尖"的产业业态，京津冀三地协同发展，郊区农业的生产功能已经逐渐淡化，生态功能凸显，其中非常关键的一点是要借助金融工具进行制度、产品和平台的设计。制度上让集体资产的所有者与经营者分离，通过资产委托代理的方式，让专业经营团队实现资产增值，逐渐与市场化的城市经济融为一体；产品上通过资产信托化、土地信托以及产权颁证抵押贷款等方式进行探索；平台上借助土地股份合作社、集体经济组织成员参股合作、组建资产管理公司等方式实现城乡要素的交流。

（三）城乡一体化的推进要因地制宜构建多层次的公共服务配置标准体系

推进城乡一体化，城乡之间的公共服务体系实现一体化是关键。在这方面，成都市抓住"兜底"和"提质"两条主线，在农村社会保障方面进行"兜底"，从就业、养老、医疗、社会救助几个方面均构建了起城乡一体的保障体系，将农村公共服务的短板补齐；在"兜底"的基础上，针对重点镇、一般镇、涉农社区和村制定了多层次的农村公共设施标准体系，提高资源的配置效率。

北京目前在城乡居民的教育、医疗、社保等方面依然存在差距，没有实现并轨。2014年城镇居民人均收入中养老金、退休金达到13 129元，同比增加1 201元，而农村居民人均养老金、退休金仅为2 516元，同比增加202元，差距显著。"十三五"时期，需要进一步完善基本公共服务的多层次配置。在基础公共服务方面，加快建立城乡一体的居民基本养老保险制度和基本医疗保险制度，逐步提高基础养老金和福利养老金标准，推进新型农村合作医疗市级统筹，实现新农合的即时结算。在提升公共服务方面，明确政府、村级自治组织、市场的责任，政府主要承担公益性服务，村级自治组织可以根据自身实际情况开展一些福利性补贴，并通过市场来完善经营性服务，满足不同地区的公共服务需求。

执笔人：周颖

宜兴市努力实现真正
意义上的城乡统筹

——江苏省宜兴市城乡统筹工作考察报告

2014 年 6 月 17—20 日，北京市农村经济研究中心考察组在蒋洪昉副主任带领下，赴江苏省宜兴市考察城乡统筹发展经验。考察组与江苏省农委发展计划与财务处（省农业资源区划办公室）、宜兴市农业局、宜兴市委农工办负责人进行了座谈，并深入到村庄实地考察。

一、基本情况

宜兴市是江苏省无锡市的一个县级市，地处苏浙皖三省之交，东濒太湖，南邻浙皖，距沪宁杭三大都市各约 160 公里，是沪宁杭几何三角中心。该市下辖 14 个镇、4 个街道，有 216 个村委会、93 个社区居委会，全市总面积 1 996.6 平方公里，人口 107.73 万（2012 年）。从地形地貌上看，宜兴有"三山、二水、五分田"之称。全市土地总面积 263.7 万亩（不含太湖水面）。其中耕地 100 万亩，人均不足一亩。

2013 年的统计数字显示，宜兴市全年完成地区生产总值

1 190.23亿元，比上年增长 10.5％（可比价）；公共财政预算收入 86.61 亿元，比上年增长 10.5％；社会消费品零售总额 416.28 亿元，比上年增长 12.8％；全社会固定资产投资 555.34 亿元，比上年增长 21.9％；城镇居民人均可支配收入、农民人均纯收入分别为 36 412 元、18 783 元，分别比上年增长 9.6％、11.4％。

二、发展阶段

宜兴大致经历了城乡一体化发展的几个阶段：

（一）第一阶段：乡企先导，以工补农

20 世纪七八十年代，宜兴农民在田少人多的情况下，大力发展乡镇企业，开始进入"以工补农"阶段。乡镇企业的异军突起，使得农村结构发生了根本性变化，大批劳动力从第一产业向二、三产业转移。特别是到了 80 年代后期，劳动力结构的调整，促进宜兴开始了农业适度规模经营的积极探索，土地开始向种田能手集中。但村村点火、户户冒烟也使得农村失去了往日的宁静。

（二）第二阶段：乡企转制，工农联动

1992 年宜兴乡镇企业在全国范围内率先进行了包括股份合作制、公司制改造、租赁经营和产权转让、拍卖出售等多种形式的产权制度改革。随着乡镇企业产权制度改革的推进，外向型经济的发展和工业园区的建立，宜兴迈入以城镇（包括开发区）为载体的城乡工农联动发展的时期，农村的土地资源、劳动力资源大量流向工

业，各种工业园区逐渐兴起。农村人外出打工，工业园区繁荣了，农村却空心化了。

（三）第三阶段：以城带乡，城乡一体

2006 年，宜兴市按照城乡一体化发展的迫切需要，设置市规划局，打破了过去城市一元规划、摊大饼式的城市建设格局，由此进入到城乡一体化进程的新阶段。在发展理念上，宜兴人清醒地意识到，以牺牲环境为代价谋求发展的模式不再可行，走可持续发展道路的理念已深入人心，农村在生态文明建设中的作用和地位得到明显提升。随着农村环境的改善和公共服务设施、社会保障的一体化，越来越多的外出农民返乡创业、就业，越来越多的城市人走进农村休闲、养老，农村重新繁荣起来。

三、主要做法

总起来说，宜兴城乡统筹发展的做法可以归纳为织好"七张网"、推进"四大合作"、引进"三项资金"，建设美丽乡村。

（一）七张网打破城乡分治

城乡统筹，首先要打破"城乡分治"的传统格局，实行"城乡统管"，让城乡居民均等地享受城乡公共资源和改革发展的丰硕成果。近年来宜兴市积极推动"六项工程"（规划布局完善工程、现代农业建设工程、农民收入倍增工程、生态环境整治工程、社会公共服务共享工程、综合管理创新工程）推动城乡一体化向纵深发

展，累计投入 200 多亿元，在交通、供水、供气、污水处理、垃圾处理、绿化、管理等七个方面成功构筑起一张城乡一体的"幸福保障网"，在全省率先实现了七个城乡一体化。

1. 交通网。宜兴市积极推动公交服务向农村拓展，努力实现城乡交通基本服务均等化。近年来，该市先后投入 37.8 亿元资金，积极打造三省交通枢纽。到目前为止，全市通车总里程已达 2 200 公里，开通镇村公交线路 48 条，农村道路灰黑化覆盖率达到 100%，216 个行政村全部通上客运班车。目前宜兴已顺利实现"1530"交通建设目标，即境内所有乡镇运输车辆 15 分钟内能上国道、省道，所有干线公路上的车辆 30 分钟内能上高速公路，为商贸流通打下了坚实基础。

2. 供水网。自 2011 年起，全市 18 家镇园小水厂全面整合、统一划归宜兴水务集团统一管理，形成供水面积 1 600 平方公里，DN75 以上供水管道 2 120 公里的大网络。宜兴市先后投入近 20 亿元，使 107 万城乡居民全部喝上了稳定的饮用水。水务集团在全市统一建设 23 公用服务中心，为市民提供就近接水缴费等供水服务，并推出全市域跨区缴费、水费预存、电信代收、银行托收等多种缴费方式，提供延伸服务进家门服务，城乡居民同等享受便利条件。宜兴供水已基本实现了"同城、同质、同网、同价、同服务"的城乡一体化大服务格局。

3. 供气网。2001 年香港中华煤气与江苏万烽燃气合资成立宜兴港华燃气有限公司。2010 年宜兴港华公司牢牢把握"川气东送"大好机遇，按照市政府"城乡一体化"发展工作思路，供气区域从宜城市区向全市各镇、园、街道辐射覆盖，建成输配管网 1 200 多公里，形成高压管线环状闭合，中压管线城乡覆盖的格局。2011年11月底，宜兴天然气实现全市所有镇、园、街道全覆盖，成为我国首个天然气镇镇通的县级市。

4. 污水处理网。宜兴处于太湖上游，环境压力大。为加快推进城乡污水处理，该市积极采用BT、BOT等方式，在全省率先建立起了"统一规划、统一建设、统一运行、统一监管"的污水处理基础设施建设运行模式。目前，全市投入近20亿元，以11个污水处理厂为节点，建成污水主支管网总里程2 000公里，实现污水处理设施城乡全覆盖。城区生活污水处理率达95%，集镇建成区超80%，城乡污水处理在全国处于领先水平。

5. 垃圾处理网。目前宜兴已建成"组清扫、村收集、镇转运、市处理"的四级管理体制，全市拥有10座大型垃圾压缩中转站、120多座二级中转站、120辆垃圾运输车辆、3万余只垃圾收集容器，以及2 000多人的保洁队伍，实现清扫机械化，保洁快速化，处置无害化，城乡生活垃圾日产日清。现在，宜兴城乡生活垃圾主要送往该市光大垃圾焚烧发电厂。对各压缩中转站进入光大电厂的垃圾实际吨数和质量，宜兴有关部门将进行严格审查，并作为"以奖代补"的依据，按照10元/吨的标准，每个季度直接奖补到各镇（园区、街道）。按照目前全市日产生活垃圾500多吨这一数字计算，政府每年将拿出财政补贴100多万元。

6. 绿化网。近年来，市、镇两级财政投资造林绿化的资金超7.9亿元，高标准实施了交通干线绿色廊道、环太湖林业生态湿地、城市景观绿化、农村村庄绿化等一批绿化建设工程。宜兴市把农村绿化工作作为提升城市形象和综合竞争力的一项重要抓手来抓。农村村庄绿化已使 88 个村被评为省级绿化示范村、25 个村建成无锡市森林村。

7. 管理网。宜兴市在全国范围内建立了第一家县（市）级公用事业管理局，负责全市供水、市政排水、污水处理、燃气热力、环境卫生和城区防洪等公用设施的规划建设工作。宜兴依托公用事业管理局整合相关资源、搭建管理平台，实现了公用事业的城乡一体化管理目标，从管理体制上保障了城乡统筹发展。

（二）四大合作带动农民致富

只有农民富起来、集体强起来，在城乡统筹发展的过程中才有话语权、议价权、主动权。进入新世纪以来，宜兴市已累计组建土地股份合作社、股份经济合作社、富民合作社、农民专业合作社等四大合作组织 458 家，累计入社农户达 11.77 万户，带动农民增收4 亿元。

按照因村制宜、一村一策的改革思路，宜兴市通过分类指导、积极扶持、资金奖励等方式，快速推进农民专业合作组织的全覆盖。对茶叶、蔬菜等农产品丰富的镇村，依托龙头企业、农村经纪人队伍，通过鼓励、引导发展多种形式的农民专业合作，促其走上合作共赢之路。对不宜分散经营土地的镇村，则积极稳妥地推进土地股份合作社的组建，实现土地效益的最大化，使农民从入股土地中获取更加丰厚和稳定的收入。此外，宜兴市创新机制，在农民自愿的基础上，以标准厂房、公寓楼、服务业设施、农贸市场等物业为主要投资方向，推动富民合作社的建设，不断拓宽农民群众增收渠道，增加农民的资产性收入，形成了村级经济发展与农民增收的双赢局面，为城乡统筹发展夯实了基础。

（三）三项资金推动农业升级

通过政府推动、政策引导，宜兴市以"四两拨千斤"的方式，提升了工商资本、民间资本、外资"三项资金"投农的积极性。特别是 2006 年以来，每年吸引"三项资金"投资各类农业项目均超过 3.5 亿元，成为推进现代高效农业规模化发展的强大驱动力，解决了长久以来制约农业发展的资本、技术、机制、人才等瓶颈问题。

在"三项资金"的投入方向上，宜兴市委、市政府从发展战略性新兴产业的高度，推动农业与先进制造业、现代服务业和观光休闲产业联动发展。通过充分挖掘农业的生产、生活、生态功能，使传统农业成为接二连三、三产融合的生物农业、创意农业、休闲农业，实现了传统农业向现代农业的华丽转身，在城乡统筹的大潮中，农业焕发了新的生机。

（四）美丽乡村构建农村新活力

美丽乡村建设实质上是以农村环境综合整治带动农村各项工作，以生态文明为导向，促进农村全面发展。

从 2011 年开始，宜兴市充分依托"洞、茶、竹、陶"的独特资源和积淀深厚的历史文化底蕴，因地制宜实施村庄环境整治两年行动，累计投入整治资金 15 亿元，完成 3 324 个自然村的环境整治任务，建成三星级康居乡村 218 个，创建陶都美丽乡村 40 个。落实每年 3 000 万元的村庄环境整治长效管理奖补资金，"八位一体"的长效管理机制有效建立。

1. 更新发展理念，彰显乡村本色。在发展了理念上，宜兴市摈弃了传统的"大拆大建""拆旧村、建新村"、大范围集中居住的思维，始终把落脚点放在"乡村"上，注重保留乡村味道，尤其是保留村里的古树、老井、老屋，少硬化多绿化，少种草多种树，少大拆大建多整理修缮，在规划编制上提出"适度集聚、节约用地、促进生产、方便生活、服务生态旅游"的原则。在开展美丽乡村建设工作中，注重彰显乡村本色，在不破坏农村原生态的基础上，通过农村环境整治，恢复农村自然生态系统，使平原圩区更具田园风光、丘陵山区更具山村风貌、临湖溇区更具水乡风韵。

2. 建设规划先导，分类指导发展。在实际工作中，宜兴市以规划为引领，以环境改造提升、特色资源整合为重点，结合农村社区整治，打造美丽乡村。首先，对14个建制镇的总体规划进行修编，完成216个村庄建设规划编制、486个农民集中居住点规划编制。根据各个村不同的地貌特征、历史积淀和发展现状对全市14个乡镇、3 300多个自然村科学定位，形成产业带动型、旅游服务型、文化保护型、水乡风情型、山村风貌型、田园风光型六种村庄环境类型。

3. 融入特色产业，构造宜业新家园。产业与生态融合发展，成为引领推动宜兴农业发展的新引擎。将农家乐、乡村旅游、现代生态农业与城乡一体发展、美丽乡村建设有机融合，点燃了在外乡贤回乡创业的热情。近年来，宜兴乡村旅游年接待游客人次保持13%左右的年均增幅。2013年，全市接待游客1 572万人次，实现旅游总收162亿元，有效带动了农民增收致富。湖父镇洑西村"篱笆驿站"等农家乐发展如火如荼，户均收入超过 30 万元。农村成为创业的乐园、宜业的家园。

通过全面加快城乡一体化进程，有效打通了农民分享城市化红利的通道，使农民收入画出了优美增长线。2014 年上半年，宜兴实现农村劳动力转移就业 7 400 人，农村常住居民人均工资性收入 5 903 元，同比增长 10.4%。同时，上半年宜兴农村常住居民人均经营净收入同比增长 9.3%，达到 2 663 元。

4. 保留乡土文化，提振农村软实力。 在美丽乡村建设过程中，宜兴不仅强调彰显农村山水特色，也强调保留放大以传统乡村生产方式、生活方式等为内容的乡土文化特色，以传统结合现代的方式提升宜兴农村的魅力、实力和发展力。例如，周铁镇徐渎村妥善保护三国时的千年古银杏，并修缮建设长廊、广场、亭榭，一起形成景观序列；王茂村则就地取材，对古桥万缘桥、民国建筑修旧如旧，全力保存画家吴冠中（宜兴人）当年的笔下美景。挖掘文化底蕴，彰显文化内涵，宜兴美丽乡村美的更有故事、有魅力。目前，宜兴的农村"村村有特色、个个有看头"，让城市人更向往，让农村人更留恋。

四、对我们的启示

（一）正确判断本地区城乡统筹所处的发展阶段和特点，有针对性地确定城乡统筹发展的模式

纵观宜兴城乡统筹发展的三个阶段，基本上对应了前工业化时代、工业化时代和后工业化时代的不同发展模式，也生动反映了不

同时期对农村的不同认识——在前工业化时代，农村意味着落后，于是有了村村点火、户户冒烟的乡镇企业狂飙突进；在工业化时代，农村意味着土地资源，于是有了拆旧村建新楼、农民集中居住，农村工业园区遍地开花；在后工业化时代，农村意味着生态、意味着"乡愁"，于是又有了以生态文明为导向的美丽乡村建设。

宜兴作为中国经济最发达的长三角城市群中的一员，紧紧扣住后工业化时代的脉搏，喊出了"乡村让城市更向往"的响亮口号，将城乡一体化的重点放在了城乡统筹规划的全面落实、城乡均等化公共服务的全面覆盖上，走出了城乡统筹发展、城乡交相辉映的一条新路。

北京目前也已迈入后工业化阶段。未来首都城乡统筹应以提供城乡均等服务、提高农村管理水平为目标，不应简单地以"拆旧村、建新楼"式的新村建设取而代之。要更新观念，积极探索适应后工业化时代的新型城镇化道路。

（二）充分认识"三农"在城乡一体化中的地位和发展方向，实现"三农"在生态文明建设中的价值

从宜兴城乡统筹的成功实践看，城乡统筹不是要消灭农村，而是要把农村建得更像农村，把农村塑造成宜居、宜业的生态文明新家园；城乡统筹不是要取消农业，而是要积极引入外部资本和管理，推动农业的转型与升级，让农业成为集生产、生态、生活多种功能的现代农业；城乡统筹不是要消灭农民，而是要把农民变为能够同等享受各项公共服务、社会保障的富裕群体，"农民"不再是城乡二元体制下"二等公民"的身份标签，而是一种有前途的职业选择。"三农"在城乡统筹、打破城乡二元结构藩篱的伟大进程中，

分别实现了价值的重塑。

北京市应该继续大力推进都市型现代农业发展,让农业与市民生活更紧密结合,与首都生态建设更紧密结合。

要进一步深化"新三起来"工作,土地流转起来,与现代金融相结合;资产经营起来,与社会资本相结合;农民组织起来,与产业项目相结合。

在农村的建设方面,要积极推进美丽乡村建设。美丽乡村建设是人与自然、物质与精神、生产与生活、传统与现代、农村与城市融合在一起的系统工程,不仅涉及生态环境、基础设施等问题,更涉及历史、文化、生产、生活等方方面面,得实惠的不仅是农村和农民,同样为城市建设和城区居民拓展了发展空间与生活空间,也是解决北京"城市病"的有效途径。

(三)在实践中要以规划为引领,统筹城乡发展

北京市要统筹城乡发展的规划、建设和管理,打破城市规划和乡村规划分治的格局,把农村纳入城市总体规划、土地利用规划、产业发展规划的范畴,实现两规合一,充分发挥规划的引导作用。首先要强化规划对城乡空间布局的调控作用,优化村镇布局,合理布局生产;其次是通过规划促进产业与空间集约均衡发展;最后要通过规划促进实现人口、土地、产业集中发展的规模效益。核心是拆除城乡要素流动的藩篱。

(四)积极探索以生态文明为导向的区域经济发展模式

宜兴的城乡统筹实践,体现出了生态文明为导向的发展理念。

在公共服务均等化、社会保障均等化的基础上，宜兴倡导以生态文明为导向的农业转型、农村改造，激发出乡村文化、乡村生态独特的价值，最后这些价值通过满足城市人"逆城市化""寻找乡愁"的需求而转化为经济效益，实现了从"保生态"到"卖生态"的跨越，绿水青山变成了金山银山。

北京作为拥有两千多万城市人口的特大型城市和人均 GDP 突破 1.3 万美元的中等发达国家水平城市，逆城市化、寻找乡愁的需求非常强烈。京郊的农村"卖生态"大有可为，应该积极探索以生态文明为导向的经济模式，把城乡统筹与产业开发、农民增收和民生改善紧密结合起来，充分发挥美丽乡村的生产、休闲、体验、观光、养生、生态等综合功能。着力培育农村新型业态，发展乡村休闲经济、民宿经济、养老经济、体验经济、运动经济和养生经济。在城乡一体化进程中，促进城乡发展要素的自由流动，把农村建设成为与城市互相依存、互相支撑的空间，成为和城市拥有同等价值的空间。

执笔人：陈雪原　陈奕捷

目　　录

下　册

第三章

房山区城乡一体化发展研究

第一节　总　　论

房山区城乡一体化发展研究

　　"十二五"时期，房山区做出了新型城镇化是房山区发展第一拉动力的科学判断，在首都郊区发展提速和北京市一系列政策机遇下，全区城乡一体化进程取得了突出成绩。"十三五"时期，是全面建成小康社会的决胜阶段，房山区城乡一体化发展，要以"创新、协调、绿色、开放、共享"为发展理念，紧紧抓住京津冀协同发展、首都建设全国科技创新中心、国家新型城镇化综合试点以及国家生态保护和建设示范区四大机遇，围绕打造京保石发展轴桥头堡的总目标，落实生态宜居示范区和中关村南部创新城两大功能定位，加快实现经济、社会、城市三大发展方式转型，以协调的发展理念推动"三团、三轴、两区"空间布局的落实，以绿色、创新、共享的发展理念打造"新城""新业""新生活"，以促进农民增收为根本，以深化农村改革为抓手，以新农村建设为载体，着力构建城乡融合发展的新格局。

一、"十二五"时期房山区城乡一体化发展的特征

"十二五"时期，房山区城乡一体化发展，得益于宏观环境与政策的支撑和推动，以土地征用过程中的市场溢价作为推动发展的关键动力，探索出"大项目带动小城镇"的发展模式，有力地推动了全区农村城镇化发展，城乡一体化进程不断推进。

（一）房山区城乡一体化发展的宏观环境和政策机遇

房山区近年来的城乡一体化进程，得益于宏观环境的支撑和一系列政策文件的推动，包括《北京市城市总体规划（2004—2020）》《促进城市南部地区加快发展行动计划》《关于加快西部地区转型发展的实施意见》《北京市主体功能区规划》。《房山新城规划（2005—2020)》《北京市远郊区旧村改造试点指导意见》（京政农发〔2005〕19号）以及险村搬迁系列文件。房山区立足于北京市的总体规划，随着首都城市扩张、功能延伸而不断地深化推进城乡一体化发展。

（二）房山区城乡一体化发展的动力机制

过去几年，房山区城乡一体化发展主要靠城市化推动，其中土地征用的市场溢价是关键动力。在此过程中，政府获得土地财政收入，市场主体和村集体、农民获得开发收益与补偿，加上上级规模投入对城市化成本的分摊，农村城市化和城乡一体化进程得以快速推进。

（三）房山区城乡一体化发展的基本模式

近年来，房山区围绕"一区一城"新房山建设，探索出"大项目带动小城镇"的发展模式，形成了"一镇一企""一镇多企"的格局，有力推动了城乡一体化发展。

1. 城市组团推进模式。以长良、燕房、窦店三大城市组团为龙头，着力打造和谐宜居示范区。其中，长良组团主要以中央休闲购物区（CSD）为依托，以商务休闲产业、科教创意产业、中核装备制造、总部经济和科技研发成果转化为重点，打造全面融入首都、走向世界的新城示范区和世界城市的绿色水岸硅谷。燕房组团以石化新材料产业基地为依托，与良乡新城组团相呼应，建成以石化新材料为主导、现代服务业为补充的首都石化新材料产业新城。窦店组团重点打造北京高端制造业基地，建设科技创新中心、人才集聚中心与和谐宜居新城。

2. 功能区溢出带动模式。房山区规划了五大功能区，包括：中央休闲购物区（CSD）、北京石化新材料科技产业基地、窦店高端现代制造业产业基地、房山世界地质公园、北京农业生态谷，实施功能区带动发展战略。通过专项规划引导、政策的集中倾斜、资源优势的充分发挥五大功能区加快建设，整体抬升了地区土地价值。2013 年共完成投资 184.94 亿元（不含农业生态谷数据），完成土地储备面积 2 225.7 万平方米（不含房山世界地质公园数据），在功能区空间扩张、产业延展、配套需求等辐射、溢出过程中，带动了关联区域、周边区域的发展。

3. 重大项目带动模式。一是重大基础设施项目带动。在政府的直接主导推动下，通过建设征地的拆迁腾退和农民上楼，直接推动了区域的城镇化建设，如轨道交通房山线，带动了长阳、拱辰、西潞、阎村等 4 个乡镇的 28 个村、1 176 户农民拆迁上楼；京石二通道带动了 10 个乡镇的 53 个村、2 560 户农民拆迁上楼。此外，通过对项目周边设施环境的集中改造，带来周边土地要素的价格提升和市场主体的经营项目提前布局建设，整体形成了对房山农村城镇化建设有力带动。二是重大产业项目带动。如长沟镇文化硅谷项目带动了 1 个村、696 户农民拆迁上楼；河北镇中国美丽谷项目带动了 2 800 多户、7 000 余人的拆迁上楼。

4. 山区搬迁带动模式。 一是山区人口迁移工程，该工程是为了彻底解决山区群众因煤矿产业退出所带来的生活困难和地质灾害引发的生命财产安全问题，实现山区生态涵养功能。从 2006 年开始，房山区政府经过多次科学论证，决定分阶段、分步骤将山区 4.5 万人外迁安置在阎村、青龙湖、长阳、窦店、周口店等平原乡镇，一期工程占地 166 亩、建筑面积 6.08 万平方米，已于 2010 年 3 月动工。通过山区人口搬迁，泥石流采空区群众的居住安全问题得以解决，山区生态涵养功能逐步实现，农村城镇化进程稳步推进。二是山区中学搬迁工程，开始于 2005 年，目的是通过在全区范围内进行中学布局调整，改变山区综合教育水平不足、师资力量匮乏、生源逐年减少的现状，推进区域教育均衡发展。具体是在房山、良乡两地新建了房山第五中学和良乡第五中学，并改建了两所寄宿制学校，将山区 9 所中学一次性外迁到这 4 所学校。整个工程市、区两级政府共投入 3.3 亿元，4 所中学在硬件和师资力量方面均达到房山区最高水平。从 2006 年 9 月开始，每学年区财政还将投入 800 多万元用于山区外迁学生的学习和生活费用补贴，减轻搬迁对家庭造成的负担，成为推进房山区教育一体化发展的有效手段。

5. 土地储备推动模式。 2005—2008 年，房山区的城市建设用地新增情况处于持续稳定状况；2009—2012 年，北京市启动政府主导的千亿土地储备计划，房山城市建设发展迅猛，城市用地大量新增；2013 年后增长速度略微有所回落。自 2003 年土地储备制度建立至 2013 年，房山区已向市场供应总用地量 1 623 公顷，建筑规模 1 542 万平方米，土地出让总收入达 592 亿元。各类保障房供地 544 公顷约 664 万平方米，可供 5.53 万余户家庭回迁安置。通过信贷放大、滚动开发，规模推进了农村城镇化的拆迁腾退、农民上楼安置和转工转居。

6. 旧村改造带动模式。 2005 年北京市开始新农村建设试点工作，房山区立足于建设时尚新城，统筹推进、重点突破，确保旧城旧村形象有大改观、大提升。通过推进老旧小区综合整治，完成建筑节能改造 45 万平方米和 1 万户农民住宅抗震节能改造。按照"生产发展、生活宽裕、乡风文明、村容整洁、管理民主"的新农村建设总体要求，以实施"三起来""五项基础设施建设"和"百村帮扶"工程为重点，全力推进新农村建设，加速农村城镇化进程，农村基础设施进一步完善，集体经济不断壮大，农民收入持续增加，村庄环境面貌明显改善。

（四）房山区城乡一体化发展的主要成效

1. 人的城镇化进程不断加快。 2009 年以来，全区共有 9 000

多户农民上楼，2万多人实现农转居。农民上楼转居的步伐不断加快，人口城镇化率大幅提高，城镇化对全区经济的贡献率大幅提升。

2. 经济发展方式逐步转变。房山区新城建成区面积不断扩大，以三大城市组团为龙头带动全区经济的转型升级和发展方式转变。地区生产总值发展后劲较足，万元GDP能耗下降率高于全市和发展新区，农林牧渔业劳动生产率不断提高，农村居民人均纯收入稳步提升，农村居民家用计算机普及率逐步增长。

3. 基础建设和公共服务不断完善。农村固定资产投资占比远高于全市和发展新区，几乎全部农民都参加了新型农村合作医疗，城乡养老保险人均待遇水平不断提高，义务教育完成率保持在99.9％以上，打造了一批文化生活品牌，城镇综合承载力不断提升。

4. 城乡环境逐渐提升。一是污水处理率不断提高，2012年就达到了71％，提前实现了"十二五"70％的发展目标。二是林木绿化率不断提高，从2009年的53.3％提高到2013年的58.4％，比城市发展新区高5个百分点左右，比全市高1个百分点左右。三是生活垃圾100％实现了无害化处理。

5. 管理水平稳步前进。一是在全市率先推行了新城办公会制度，定期研究解决全区推进新型城镇化及城市开发建设的重大问题，制定出台相关政策意见。二是形成统筹管理机制，使房山主城区的城市面貌有了历史性变化，使农村环境有了较大改观。三是大力推进了数字房山建设，促进"三网"融合，不断提高管理的精细化和智能化水平。

二、"十三五"时期房山区城乡一体化发展面临的形势与重要障碍因素

"十三五"时期，随着房山区外部形势的不断变化，原有的发展路径面临新形势下发展方式的转变，房山区自身发展的障碍性因素也需要得到进一步改善。

（一）房山区城乡一体化发展的外部形势

1. 京津冀协同发展战略改变发展路径。2015 年 4 月 30 日，中共中央政治局会议审议通过了《京津冀协同发展规划纲要》，京津冀协同发展正式拉开大幕。房山区位于京津冀"三轴"之一的京保石发展轴，作为"京保石发展轴桥头堡"，对内承接市区高端要素、对外辐射拉动周边河北省地区发展，应当加快明确自身定位，以创新驱动为抓手，争取交通、生态和产业三个重点领域试点示范机遇，合理承接中心城区功能疏解，打造生态宜居的现代城镇体系，带动全区城乡一体化发展。

2. 首都发展规划转变提出新的要求。2014 年 2 月，习总书记视察北京，北京进入城市功能调整阶段。北京城市定位为政治中心、文化中心、国际交往中心、科技创新中心，打造国际一流的和谐宜居之都。目前首都人口、功能高度在城六区聚集，非首都功能与城六区人口疏解成为当务之急。推进城乡一体化发展进程，成为化解人口资源环境的矛盾压力，打造国际一流的和谐宜居之都的重要路径。

3. 农村经济体制改革进入关键时期。 党的十八届三中全会之后，农业农村发展步入新的阶段。但是由于宏观经济发展进入新常态，农村发展的推动力量在消减、制约因素在增多。需要通过改善支农资金的配置方式、提高资金的使用效率来对冲"三农"的制约因素，这就要通过深化农村经济体制改革，从城乡二元土地制度、农村产权制度、农村金融制度等方面破解制约农村发展的根本问题，为实现城乡融合提供有力支撑。

（二）房山区城乡一体化发展的制约因素

房山区在新阶段下推进城乡一体化，面临空间发展、生态环境、产业结构、城乡差距等制约因素，需要进一步解决明确发展目标，创新发展思路，解决制约全区协调发展的问题。

1. 空间发展不太协调。 一是空间发展资源不足。房山区总规划建设用地 5 113 公顷，到 2020 年总规划建设用地 4 762 公顷，其中 2012 年现状建设用地已达 3 668 公顷，开发余地仅剩 1 000 公顷左右。随着中央与首都总量控制、严控增量的规划出台，土地制度改革与市场调控、地方政府平台融资收紧，以信贷融资、滚动开发为主的土地储备模式越来越难以规模推进，区级政府推进农村城市化的扩张能力受到限制。

二是重点地区改造的方式难以形成协同发展的格局。在推进城乡一体化进程中，部分乡镇没有形成协同发展的格局，仅仅停留在自身经济发展和区域竞争状态，没有考虑大区域开发实际，难以发挥统筹带动作用。在推进项目开发时，由于缺乏征地安置方案和投融资方案、无区域整体规划实施方案、拆迁村庄难以实施等原因，影响手续办理和项目开发，甚至造成项目停滞。

三是重大项目带动方式产生遗留问题。房山区通过"大项目带动小城镇"的发展模式取得了良好的效果，发挥了小城镇对地区发展的集聚带动作用，推动了农村地区的快速城市化进程。然而在一定程度上，由于城市化进程快、建设集中，城乡结合部地区道路、水、电、气、热、排水等基础设施不足，教育、医疗、文化、社保等基本公共服务配套建设滞后，难以实现均等化水平，造成了工程项目的覆盖任务甩项和问题遗留。

2. 生态环境尚需改善。一是林木绿化率有待进一步提高。房山区约三分之二为生态涵养区，全区林木绿化率 2014 年为 58.5%，与全市平均水平 58.4% 相当；平原地区林木绿化率[①]只有 22.08%，低于全市 4.28 个百分点。需要进一步加大投入力度，提高建设标准。

二是环境污染防治力度需进一步加强。目前来看，环境污染防治力度尚需进一步加强。虽然全区污水处理率不断提高，在 2014 年达到了 74%，但仍低于全市 12 个百分点。空气治理方面，一些劣质燃煤作坊及流动商贩销售价格相对便宜，有些村民对优质燃煤价格都不太了解，导致农民认识上存在偏差，不愿购买优质燃煤，阻碍了"减煤换煤，清洁空气"行动的任务。

3. 产业结构仍需优化。房山区城乡一体化发展的产业制约因素，从深层次看，是由于长期积累形成的高端功能不足、产业结构不优、发展后劲不强等问题引起的。

---

① 2009 年二类资源调查数据（每 5 年调查一次）。

一是高端产业不足。首都核心功能、高端产业和外来高端人口总量不足，非核心功能、低端产业和自身需要疏解转移的人口不少，在一定程度上不仅出现了"城市病"，而且存在产业不强的"郊区病"和环境不优的"山区病"，战略性新兴产业的成长还不足以填补低端资源型产业迅速退出带来的缺失。

二是农村产业空间不足。例如，从土地规划指标上来看，三大组团、一环和两带地区的建设区面积分别为 19 233 公顷、7 009 公顷和 3 974 公顷，占该地区土地总面积比例分别为 46.12%、17.1%和 3.5%，农村产业发展空间存在占比很小、明显不足的问题，加大了转变农业增长方式的难度，农村分散、小规模的粗放经营格局还没有得到根本改变。

三是农业劳动生产率不高，都市型现代农业有待进一步发展。2014 年房山区农林牧渔业的劳动生产率为 7.8 万元/人，低于城市发展新区的 9.7 万元/人和全市的 8.2 万元/人。从农产品产出构成来看，绝大部分产品依然是以原料形式在市场出售，科技含量不高，传统农业过渡到都市型现代农业的过程比较缓慢，制约了农业的综合效益。

4. 城乡差距有待缩小。一是户籍人口城市化率远低于全市水平。2014 年户籍人口城市化率指标，房山区为 58.6%，城市发展新区为 58.9%，全市为 81.7%。房山区低于城市发展新区 0.3 个百分点，低于全市 23.1 个百分点。

二是城乡收入差距缩小幅度不大。"十二五"期间，房山区城乡收入差距虽然有所下降，但不明显，2011—2012 年城镇居民收入为农村居民收入的 2 倍，2013—2014 年维持在 1.9 倍。2014 年，城镇居民人均可支配收入为 35 912.0 元，农村居民纯收入为 18 809.0 元。2014 年，房山区城镇人均消费性支出为 28 009 元，农村居民人均生活消费支出为 12 529 元，城乡支出比为 2.24 倍。

三是优质服务资源不足。2014 年，北京市共有 83 所优质高中，房山区才有 1 所。占全市的 1.2%。而普通中学学生数为 8 868 人，占全市（157 877 人）的 5.6%。全市三级甲等医院 85 家，房山区仅有 2 家。占全市的 2.4%。而房山区常住人口为 103.6 万人，北京市为 2 151.6 万人，房山区人口为北京市的 4.8%。

四是集体经济发展参差不齐。例如，2013 年，从农村经济营业收入看，城关街道主营业务收入最高，达 115.3 亿元，占全区农村主营业务收入的 19.8%；其次是琉璃河镇与窦店镇，分别为 76.1 亿元和 57.0 亿元，占比为 13.1% 和 9.8%。蒲洼、南窖、史家营和大安山四镇主营业务收入均不足 1 亿元，占比均不到 0.2%。从农民人均劳动所得收入看，长阳镇农民人均劳动所得最高，达 20 470.5 元，比全区平均水平高出 90.7%。佛子庄乡最少，为 3 748.2 元，比全区平均水平低 65.1%。村集体经济发展不均衡，差距比较明显。

三、"十三五"时期房山区城乡一体化发展的总体要求

（一）指导思想

高举中国特色社会主义伟大旗帜，深入贯彻习近平总书记系列讲话和对北京工作的重要指示精神，坚持"四个全面"战略布局，遵循"创新、协调、绿色、开放、共享"的发展理念，全面融入京

津冀协同发展大局。主动适应经济发展新常态，紧紧围绕首都城市战略新定位，深化生态宜居示范区和中关村南部创新城功能定位，统筹推进城乡一体化工作，奋力打造京保石发展轴桥头堡，努力为首都率先全面建成小康社会、建设国际一流的和谐宜居之都贡献力量。

（二）基本原则

1. 创新驱动，制度先行。 城乡一体化的推进，需要不断创新体制机制。要坚持工业反哺农业、城市支持农村，从缩小城乡差别、城乡发展一盘棋角度去设计、制定相应的体制机制，使城乡一体化落到实处。

2. 规划引领，协调共兴。 城乡一体化是一个漫长的过程，在城乡一体化推进过程中，要注重城乡规划的作用，通过制定合理的城乡规划、经济社会发展规划、土地利用规划，推进多规合一，促进城乡一体化的实现。

3. 绿色宜居，生态永恒。 房山区作为生态宜居示范区，在城乡一体化的推进过程中，要注意生态环境的保护，要正确处理城市化、经济发展与生态环境的关系，把生态文明建设放在突出位置，实现城在林中、路在绿中，人在景中。

4. 开放发展，城乡互通。 在推进城乡一体化过程中，要实现人力、物力、财力各种生产要素的平等交换、合理配置，推进农民土地承包权、宅基地使用权的有偿转让，并保证其权益。

5. 成果共享，发展均衡。 在推进城乡一体化过程中，要注重让农民享受同等的教育、医疗等公共服务，建立更加公平的社会保障制度。促进城镇公共服务向农村和山区延伸。对农村实施精准扶贫、精准脱贫，因人因地施策，提高扶贫实效。对生态特别重要和脆弱的山区实行生态保护扶贫。

（三）发展目标

"十三五"时期的房山区城乡一体化发展，要以五大发展理念的转变引领发展方式转变，以发展方式的转变推动全区城乡一体化发展。要紧紧围绕"打造京保石发展轴桥头堡"的总目标，全面融入京津冀协同发展，合理承接首都核心功能、带动周边区域发展，努力走出一条符合首都核心功能要求、具有房山特色的城乡统筹发展之路。

1.打造京保石发展轴桥头堡。围绕打造"京保石发展轴桥头堡"，全面提升"内承外联"功能，着力优化"三团、三轴、两区"的空间布局，将房山建设成为对内承接城六区高端要素，对外辐射京保石的重要枢纽节点，在产业发展、基础设施、旅游生态等方面率先实现城乡一体、京冀协同的发展格局。

2.落实生态宜居示范区和中关村南部创新城两大功能定位。一是推动生态宜居示范区闪耀京津冀，使首都核心功能进一步增强，基础设施和公共服务设施短板有效破解，生产、生活、生态环境全面提升，城乡一体化新格局进步一步完善。二是推动中关村南部创新城强势崛起，重点功能园区全面提质增效，高精尖产业结构逐步形成，创新驱动发展动力进一步增强，力争把房山建设成中关村国家自主创新示范区的核心拓展区，为城乡一体化发展奠定坚实基础。

3. 加快实现经济、社会、城市三个发展方式转型。一是加快经济发展方式转型。经济保持中高速增长，力争 2020 年实现地区生产总值和城乡居民收入比 2010 年翻一番；经济结构显著优化，低端产业得到有序疏解，高端功能实现合理承接，服务业比重达到 50％左右，区域经济实现可持续发展。二是加快社会发展方式转型。社会主义核心价值观更加深入人心，历史文化事业和文体产业繁荣发展，文明程度进一步提高，覆盖城乡的公共服务体系和社会保障体系不断完善，就业、医疗、教育和住房条件同步改善，困难群众生活得到有效保障，社会治理体系和治理能力现代化水平进一步推进。三是加快城市发展方式转型。城市宜居性进一步得到提高，户籍人口城市化率达到 62％以上，万元 GDP 能耗、水耗持续下降，PM2.5 等主要污染物排放下降 20％以上，空气质量达到实际要求，主要河道生态系统逐步恢复，山水园林路生态空间布局更加优化，"城市病""郊区病"和"山区病"得到有效解决，城乡一体化取得重大进展。

四、"十三五"时期房山区城乡一体化发展的路径分析

"十二五"时期，房山区通过"大项目带动小城镇"的发展模式，奠定了"一镇一企""一镇多企"的良好基础，有力地促进了镇企联动、多点开花的格局。"十三五"时期，房山区城乡一体化发展，要在深入总结过去发展路径的基础上，紧紧抓住京津冀协同发展、首都建设全国科技创新中心、国家新型城镇化综合试点以及国家生态保护和建设示范区四大机遇，围绕打造京保石发展轴桥头

堡的总目标，落实生态宜居示范区和中关村南部创新城的功能定位，加快产业转型升级、加快推进城市化进程、加快完善社会治理水平，推进区域协调化、新城绿色化、新业融合化、新生活均等化同步发展，实现平原与山区资源互补、市民与农民平等互通、城市与农村融合互动。

（一）构建"三团、三轴、两区"空间格局，促进区域协调化

以京津冀协同发展规划为指引，按照北京市城市空间优化调整要求和房山区打造京保石发展桥头堡总目标，统筹考虑城市布局、产业布局和生态布局，在"十二五"时期"两轴三带五园区"和"三二一"空间布局基础上，构建"三团、三轴、两区"的空间格局，即"三大城市组团、三条城市发展轴、两大功能发展区"①，引领京保石轴线城镇组团化发展，构建京保石科技创新共同体。

1. 三大城市组团地区引领和谐宜居示范区建设。充分发挥三大城市组团的龙头带动作用，打造承担首都核心功能、承接聚集高端要素、引领京保石发展轴发展方向的和谐宜居示范区。加快编制三大组团地区的详细规划，对核心区、辐射区范围进行界定，明确各区域城市化建设目标定位。对核心区，应加快争取土地建设指标，通过土地一级开发项目，带动区域内剩余村庄整建制上楼转居和农村居民市民化进程。对中心城周边辐射区，重点解决因人口迁移带来的基础设施和公共服务配置不足问题。完善重大基础设施、商业设施、社会公共事业和社会管理力量的统筹，推进棚户区试点

---

① 三大城市组团，即长良、燕房、窦店三大城市组团；三条城市发展轴，即轨道交通发展轴、京港澳高速发展轴、京昆高速发展轴；两大功能发展区，即平原核心功能区和山区生态涵养区。

改造工作。创新建设融资机制，通过企业债券、政策性贷款、政府与社会资本合作等方式，拓展城市化建设的融资渠道。

长良组团打造国际一流的和谐宜居之都先行区，包括长阳、拱辰、西潞、阎村、良乡等地区。发挥长阳、拱辰、西潞等地区邻近中心城区的区位优势，积极承接高端产业和人才资源。以国家新型城镇化综合试点为契机，全力建设好中央休闲购物区项目，实施长阳三个村、拱辰街道一至五街改造工程，推进西路街道北五村和良乡新型城镇化示范区项目，打造生态优良、高端宜居的长良组团。

窦店组团建设中关村科技创新实验区。强化产业支撑，发挥窦店组团在京保石发展轴上高科技制造业的示范引领作用，引导发展符合功能定位的特色新兴产业集聚发展。向北主动承接中心城区高端产业疏解，向南对接河北涿州、保定等新兴市场，最大限度地实现"北承南联"的区位价值，建设产城融合、职住平衡的特色新城。

燕房组团建设转型发展和业城融合示范区，包括燕山、城关、周口店、石楼等地区。突出石化新材料科技产业基地的集聚化、融合化、低碳化发展，与窦店组团一起构建首都实体经济发展的前沿阵地。推进城关街道八个村改造工程、周口店建设北京文化遗产小镇和石楼科技农业示范镇。

2. 三条城市发展轴推动特色城镇聚集和高端产业发展。三条城市发展轴要以团带轴、以轴串城，吸引高端要素在沿线小城镇聚集，打造京保石发展轴下的特色城镇聚集轴和高端产业发展轴，带动京保石发展轴上一小时经济圈内保定、涿州等地区联动发展。其中，轨道交通发展轴联接长良组团和燕房组团，连接长阳、阎村、城关、燕山等城镇；京港澳高速发展轴串联长良组团和窦店组团，联接良乡、窦店、琉璃河等城镇。这两条发展轴是房山区通过高端服务业和先进制造业参与京冀合作和首都功能疏解的重要通道。京昆高速发展轴串联平原与山区，连接青龙湖、周口店、石楼、韩村河、长沟、大石窝、张坊等城镇。

对重点镇，强化对周边区域的带动能力和综合服务、特色产业功能，通过发展京冀两地公共交通路网建设加强对地区城镇化发展的引导作用。对一般镇，配置相应的服务功能，突出都市型现代农业、休闲观光产业等功能，进一步改善居住环境和公共服务质量，引导农民集中居住。发挥本区域地处京保石发展轴、东临首都第二机场、西接中国北京农业生态谷的区位优势，以青龙湖森林公园建设、长沟北京基金小镇兴起、琉璃河中粮智慧农场开园、周口店申办 2018 年第 42 届世界遗产大会等为契机，发展高端服务业、绿色航空安全食品产业、会展农业和文化休闲旅游产业，打造立足北京、辐射京津冀、放眼全国的金融、文化、旅游产业体系，推动房山区成为京保石发展轴上的科技创新和文化交流中心。

3. 两大功能发展区实现平原和山区协调发展。两大功能发展区包括平原核心功能区和山区生态涵养区。平原核心功能区包括所有平原地区乡镇，以打造高端产业区和高品质生活区为目标；山区生态涵养区包括所有山区乡镇，要充分发挥山区生态涵养功能，依托辖区内国家级、市级自然保护区和风景名胜区、地质公园等，制定民俗文化类、文化创意类等多层次休闲农业发展规划。加大公共财政对地区基础设施建设的支持力度，继续探索以"张坊模式"为代表的政府与社会资本合作（PPP）模式，拓展山区建设多元化融资渠道。树立建管并重的意识，探索专业管护、集体管护、协会管护、义务管护和商业管护相结合的多元化管理方式，确保农村基础设施投建设、管护、运营均衡发展。加大生态补偿转移支付力度，统筹整合全区涉农资金，引导乡镇将农业相关资金用于支持地区发展。加强农村综合帮扶工作，加快形成造血机制，促进经济相对薄弱地区发展，提高农村居民特别是低收入家庭生活水平。

（二）全面推进生态文明建设，实现新城绿色化

围绕建设国家生态保护与建设示范区，树立绿色发展、循环发展、低碳发展的理念。加大生态建设力度，打造优美景观、建设宜居新城，创建一批环境优美乡镇和生态村，提升农林水生态服务价值和生态涵养发展质量，构建城市与乡村相得益彰的绿色发展环境，为京津冀西北部生态涵养区建设奠定坚实基础。

1. 建立生态空间规划体系。结合房山区地形地貌、生态系统和地理单元等特征，重点构建"一屏两带三圈"生态空间格局，打造西部屏障水源涵养区、中部森林湿地绿化美化带、东部城市景观生态休闲区三个区域。西部屏障水源涵养区以恢复和提高植被覆盖为目标，以涵养水源为重点，深入实施人工造林、低效林改造、生态清洁小流域、封山育林和矿山恢复等工程，依托自然山体建设山地风情体验区，展现原生态山地景观，通过发展山地运动旅游、休闲观光等推进山区生态旅游产业。中部森林湿地绿化美化带以快速路网和河流水系为生态廊道，依托长沟国家泉水湿地公园、琉璃河湿地公园等重大项目带动湿地保护与建设，沿城市主干道建设大尺度生态景观廊道，发挥农业的生态功能。东部城市景观生态休闲区

以提升城市生态功能为目标，建设成片森林和恢复连片湿地，提升新城河道景观效应，选择重要节点进行休闲公园建设。

结合京津冀空间规划编制，根据主体功能定位和全市空间规划要求，划定生产空间、生活空间、生态空间，明确城镇建设区、产业园区、农村居民点等的开发边界，以及耕地、林地、草原、河流、湖泊、湿地等的保护边界。探索规范化的全区空间规划编制程序，扩大社会参与，增强规划的科学性和透明度。规划编制前应当进行资源环境承载能力评价，以评价结果作为规划的基本依据。关注京津冀环首都国家公园试点推进情况，研究辖区内自然保护区、风景名胜区、文化自然遗产、地质公园、森林公园等纳入国家公园试点的可行性。以房山世界地质公园为依托，协同保定野三坡、霞云岭、拒马河、长沟、琉璃河等邻近区域，构建京津冀世界级城市群生态空间规划体系。

2. 推进"四季房山、大美田园"建设。沿京石二通道等重点交通线，加大绿化美化和生态农业景观建设力度，建设与生态新城相融合的绿色农业走廊。着力构建"三线五区"[①] 和"五田六园"[②]的生态环境建设布局。依托农林水生态资源，拓展生态涵养和休闲服务功能，建设森林公园、湿地公园、滨河公园等，集中打造一批标准园、精品园和示范园，将主要农田建成"安全美丽田园"，形成田成方、林成网、渠相通、路相连、人与自然和谐的田园风光。

---

① 三线：琉璃河高速出口至十渡旅游黄金线、长周路交通线、周口店娄子水至黄山店旅游线。五区：琉璃河"古桥荷苑"、韩村河"天开花海"、长沟"水岸花田"、十渡"绿野花海"、周口店"迎风花谷"五个规模种植区。

② 五田：即粮田、菜田、花田、药田、茶田。六园：即采摘园、观光园、体验园、示范园、科普园、文化园。

抓好农业农村环境建设，积极创建国家级和市级最美乡村、市级乡村旅游示范镇，开展好区级"5个最美乡村、5条最美乡村路、5块最美农田"评选活动，提高乡村建设和休闲旅游服务水平。

3. 全面推进绿化造林生态治水工程建设。实施平原造林、山区造林、低效林改造、森林健康经营及城乡绿化美化等生态工程，精心打造青龙湖森林公园、长沟湿地公园、小清河湿地公园，提高生态环境养育水平。加大水域环境治理，营造山清、水秀、岸绿的生态水环境。实施南水北调良乡水厂建设工程，保障城市供水安全。加强农村水务基础设施建设，改善新农村用水水质、实施清洁小流域、雨洪利用及节水灌溉工程。

（三）创新信息化与农业现代化发展机制，推进新业融合化

1. 提质增效传统产业，大力发展都市型现代农业。围绕都市型现代农业生产、生活、生态、示范四大功能，将互联网与生态种养业、休闲观光农业、籽种产业、农业高新技术产业和沟域经济等各类业态创新结合，研究和实践"互联网＋农业生产管理""互联网＋农业市场营销""互联网＋农产品质量追溯""互联网＋农业信息服务"等。做强房山区葡萄酒、食用菌、中草药等优势产业，切实转变农业发展方式。

2. 完善休闲农业及乡村旅游信息化基础建设。加强房山区休闲农业和乡村旅游信息化试点示范，完善休闲农业及乡村旅游信息化基础建设。加强与成熟互联网平台的对接与合作，鼓励市级休闲农业星级园区通过互联网提升经营服务水平。依托中国房山世界地质公园，深化与保定市旅游协作，推进旅游与相关产业融合发展，

提升旅游配套设施建设水平，促进旅游与生态、文化、养老等产业互动融合，加速景点经济向景区经济转变。

（四）完善城乡公共资源与基本服务共享平台，实现新生活均等化

1. 构建更加积极的就业保障体系。 坚持实施就业优先战略，完善就业政策。建设规范统一的人力资源市场，为就业人员提供精细化服务。推进社会公益性就业组织建设，开发更多公益就业岗位，探索形成城乡一体的托底安置机制。围绕山区迁移人口、转居农民和"4050"人群，鼓励失业人员再就业，稳定和扩大农民就业创业，有针对性的做好就业帮扶工作。研究出台扶持政策，鼓励创业带动就业。充分发挥各级公共就业服务机构作用，落实好各项就业创业扶持政策，鼓励创业带动就业。大力发展现代服务业，壮大现代制造业，改善中小企业和非公有制经济发展环境，吸引更多的城乡劳动者进入新型社会经济领域就业。加强技能培训和就业创业的衔接，重点抓好订单、定向、定岗培训，为发展提供强大的人力资源保障。

2. 完善社会保险制度，健全社会保障体系。 "以增强公平性、适应流动性、保持可持续性"为主线，加快建成"城乡一体化、水平多样化、服务均等化、管理精细化"的社会保障体系。深入推进社保标准化建设，做好社会保险扩面征缴，推动社会保险基金收入持续增长。围绕灵活就业，做好保险扩面和稳定工作，确保城乡居民养老保险参保率达到98％以上，城乡居民基本医疗保险参保率达到98％以上。全面实施城乡居民大病保险制度，以养老、医疗、

事业保险为重点，大力推行社保工作的科学化、信息化和标准化，积极配合市级推进社会保障一卡通建设。推进社保业务服务下沉，减少断保、退保现象，确保参保人群稳定。

3. 推进社会福利制度适度普惠。 推进综合养老服务示范区建设，深化养老机构公办民营改革，开工建设区级社会福利中心，扩大老龄餐车覆盖面。加快养老服务设施建设，引导社会力量投资兴办养老服务机构。继续落实"九养政策"，加大政府购买社会化养老服务力度，拓展社区养老服务功能，完善居家养老服务体系。到2020年，实现百名老人机构养老床位按 4.0～4.5 张配置。完善残疾人公共服务体系，帮助残疾人共享发展成果、同奔小康。

五、"十三五"时期房山区城乡一体化发展的政策措施

"十三五"时期，房山区的城乡一体化发展，要以深化农村改革为抓手，以完善农村治理为载体，以促进农民增收为目的，以加快农业转型为手段，着力解决农业、农村、农民的发展问题，加速推进农业现代化，构建城乡融合发展的新格局。

（一）深化农村改革，推进"新三起来"工作

"十三五"时期的房山区农村改革，要以全国新型城镇化综合试点为引领，加强组织领导，研究深化农村改革的各项措施，加快农村集体经济产权制度改革、深化农村土地制度改革，推进"土地流转起来、资产经营起来、农民组织起来"，促进资金、人才等要素在城乡自由流动。

1. 继续深化农村土地制度改革，使土地流转起来。积极探索城中村改造新模式，以西潞街道北五村城乡一体化改造为重点，探索集体土地改革新模式；以城关街道洪寺等十个村棚户区改造为重点，探索老城区改造和农民市民化新路径。做好"三块地"的情况调查、规划编制等基础性工作。农用地在坚持集体所有的前提下，实现所有权、承包权、经营权三权分置、经营权流转的格局，探索农民以土地经营权入股发展农业产业化经营，鼓励支持有规模的工商资本到农村来发展适合企业化经营的现代种养业，认真总结推广平原造林、酒用葡萄种植等，有组织地进行土地流转的好做法。集体经营性建设用地要加快推进使用权确权登记颁证工作，建立集体经营性建设用地增值收益分配机制，鼓励乡镇、村集体经济组织以自主开发、联营联建等方式，发展适宜区域功能定位的二、三产业；总结推广拱辰街道梅花庄村、长阳一村利用建设用地建设临街商铺取得租金和收益分配的成功经验；积极推进良乡新型城镇化示范项目。宅基地方面，探索盘活农民闲置住房开发利用，发展符合功能定位的乡村休闲旅游和养老产业等，总结推广佛子庄乡利用闲置宅院建设"第三空间"的发展经验。

2. 推进农村集体产权制度改革，使资产经营起来。积极发展农民股份合作、赋予集体资产股份权能改革试点的目标方向，明晰产权归属，完善各项权能，激活农村各类生产要素潜能，建立符合市场经济要求的农村集体经济运营新机制。鼓励社会资本流向农村、融入农业、对接农民，扶持发展龙头企业、农村合作组织、家庭农场等新型农村经营主体，培育壮大农村新经济组织规模，增强发展后劲和带动能力。总结推广窦店村通过招商引资发展集体企业和现代农业、长阳镇盘活村级闲置资产创造经济效益、周口店镇黄山店村开发山场和林业资源打造坡峰岭景区等典型经验。探索开展农村承包土地经营权和农民住房财产权抵押贷款试点，研究农民住房财产权实现路径，落实农村土地的用益物权、赋予农民更多财产权利，有效盘活农村资源、资金、资产，促进农民增收致富和农业现代化加快发展。

3. 加强引导和培训，使农民组织起来。加强农民思想观念引导和产业技能培训力度，不断提高农民进入企业层面、社会层面的组织化程度，增强农民参与市场竞争的能力和水平。鼓励支持农村合作组织建设，推进一家一户经营向组织化、规模化生产，做大做强一批运作规范、市场竞争力较强的农民专业合作社，积极引导成立联合社，提高服务农民和服务发展水平。加强农村党支部、村委会、经济合作社的领导核心与市场组织能力，鼓励支持以集体经济组织为核心的多种合作模式，真正把农民组织起来，走向共同富裕。

（二）完善农村治理，加快新型农村社区建设

1. 提高农村现代化治理水平。着力提升基层组织改革创新、引领发展和服务群众能力，探索实践农村社区化服务管理模式，不断提高农村治理水平。加强农村民主政治建设，完善村级民主决策"票决制"，充分发挥村规民约在村民自治中的作用，通过民主程序，增强村民参与农村治理的主体作用和自觉性。围绕"一区一城"建设，深入开展宣传教育，引导广大农民坚定不移跟党走，使之成为推进新型城市化的中坚力量。

2. 加快新型农村社区建设。 加强农村基础设施建设和现代文明要素的植入，立足改善农村居住环境，注重保护民居特色和民俗方式，使农村非物质文化遗产得以延续传承，推进富有田园特色和乡村风貌的新型农村社区建设。通过村企合作、成立股份合作公司、土地信托等方式，盘活农村闲置资产。积极探索社区建设、资金平衡、土地利用方面的新举措，抓好窦店村、周口店等地民族村、特色村的试点建设工作。加大对传统村落的保护和居住环境的改善，抓好晓幼营社区等新型农村社区试点建设工程。

（三）促进农民增收，提高农民生活水平

1. 加强农民职业培训提升就业竞争力。 "十二五"时期，工资性收入增长对房山区农民增收的贡献率最大，"十三五"期间，应加强农民职业培训，提高就业竞争力，继续强化工资性收入的增长。在功能疏解的背景下，房山区退出一般性制造业的同时，应落实强农惠民政策，做好劳动力的转岗就业培训，促进劳动者知识、技术、能力不断提高，提高农业生产能力；调动社会各方面参与农民职业培训的积极性，鼓励各类教育培训机构、用人单位开展对农民职业技能的培训和学历教育培训；有效开展对农村劳动力分层次、分专业、分类型的培训，突出产业特色，提升农民竞争力。

2. 加大对农民合作社（联合社）的扶持力度。 随着房山区城市建设规模加大，城市建设速度加快，从事第三产业的农户不断增加，第三产业占经营净收入的比重不断提高，极大地促进了房山区经营净收入的稳步增长，应加大对农民合作社（联合社）的政策扶持力度来保持这一增长态势。从发达国家的经验看，农产品电子商

务的发展离不开政府部门的推广扶持和有力支撑。一方面要推广应用环境建设，强化农产品电子商务各类人才培养；另一方面还要提供公共支撑平台与服务，促进政府引导电子商务示范工程及农产品促销、产销对接等工作深入开展。积极发展跨村、跨乡镇的联合社，提高合作社的话语权和竞争地位；在市场准入方面给合作社专项扶持政策；明确配套政策，落实国家关于免征合作社增值税、印花税等已经明确的各项税收优惠政策，增加合作社带动农户增收能力。

3. 加快山区转型发展，逐步缩小与平原发展差距。持续加大山区扶持力度，聚焦山区基础设施和公共服务配套弱、群众增收途径少、产业层次小散低等问题，努力补齐山区转型的短板，逐步缩小山区与平原发展差距。加快大安山全山地运动公园、南窖水峪古村保护开发、史家营峡谷部落、蒲洼"京西小西藏"等项目建设，扩大河北镇中国美丽谷现实版、霞云岭"绿海红歌"品牌影响力，提升石花洞、上方山等景区品质，积极培育山区发展新支点。统筹解决好山区搬迁人员的转居、社保、就业等问题，拓展山区群众增收致富渠道，推动山区转型走在全市前列。完善低收入农户的社会保障政策，加大对低收入村和低收入户帮扶力度，完善相关机制，给广大低收入农户提供兜底保障，用好一事一议财政奖补政策，显著改善农村生产生活条件和生态环境，推动城乡居民共同富裕奔小康。

（四）加快农业转型，促进农村产业提质增效

1. 发展休闲农业，乐享宜居宜业新生活。房山区要抓住打造

生态宜居示范区的契机，大力发展休闲农业，实现产业融合发展。休闲农业集游、购、娱、食、住、行等于一体，提供了无限的商机和就业机会，是房山区加快农业转型、实现农村脱贫致富和就地城镇化的重要途径。要大力支持农民凭借当地独特的山水特色、闲置农宅，发展休闲农业，打造游、购、娱、食、住、行完整产业链，开发具有当地特色的、能带得走的土特产品。在特色旅游村镇打造中，一方面要借鉴国内外成功的经验，完善现代化的生活设施；另一方面要注意保留当地乡土气息，留住原住民和原生态物品。与此同时，休闲农业特色产品设计可以与养生养老结合起来，更好的服务于夕阳人群。

2. 发展认养农业，提高现代农业的质量和效益。房山区致力于打造京保石发展轴桥头堡，利用独特的地理位置，发展大都市周边的认养农业，不但可以提高现代农业的质量效益，也是实现就地就近城镇化的一条路径。认养农业可以促进农业增效、农民增收、农村环境改善，通过认养基地建设，可以使农民由生产者转变为"农工"，不仅可以获得种地的工资性收入，还作为"投资人"，通过土地流转获得租金。认养基地利用农业科技的力量，对生产、加工、销售、服务等环节对原有方式进行升级，并借助网络、自媒体等营销平台对外推广；通过微信、淘宝、京东网上商城等全面进行网络营销，并实现供需双方直接对接。还可以通过建立食品质量安全追溯系统，实现食品生产、仓储、运输、消费全过程监控。伴随着"认养农业"的推广，会有认养农事体验、采摘园、火炕居住等服务项目推出，从而派生出"认养农业＋旅游"模式、"认养农业＋养老"等模式，使传统农业产业链条得到延伸，实现专业化生产、规模化发展、产业化运营，走出一条传统农业转型的全新道路。

执笔人：周颖

第二节 房山区城乡一体化发展路径及指标体系研究

房山区城乡一体化发展路径回顾研究

房山区近年来的城乡一体化发展，得益于宏观环境与政策的支撑和推动，以土地征用过程中的市场溢价作为推动发展的关键动力，探索出"大项目带动小城镇"的发展模式，有力地推动了全区农村城镇化发展，取得了突出成绩，同时也遗留下来一些问题有待改进。

一、宏观环境与政策机遇

1.《北京市城市总体规划（2004—2020）》。《北京市城市总体规划（2004—2020）》提出建设 11 个承担中心城功能和人口、聚集新产业的新城，房山区是其中之一。

2. 北京城南发展行动计划。2009 年 11 月 6 日，北京市出台《促进城市南部地区加快发展行动计划》，将北京城市南部地区作为未来发展的重要空间和京津冀区域合作的门户通道。该行动计划从基础设施建设、产业发展、民生工程三个方面对房山区的发展建设提供了指导和支持。

3. 北京西部地区转型发展意见。2011 年 1 月，市政府下发《关于加快西部地区转型发展的实施意见》，指出北京西部地区是首都重要的绿色生态屏障和首都经济调结构、转方式、上水平的重要区域。要大力开发房山新城现代产业发展区，打造一批京西特色生态谷和特色小城镇，推进山区人口搬迁工作，增加对房山区的财政转移支付力度等。

4. 北京主体功能区规划。2012 年 7 月，在《关于区县功能定位及评价指标的指导意见》（京发〔2005〕6 号）等相关政策的基础上，北京市出台《北京市主体功能区规划》，房山区的平原地区被划定为 5 大城市发展新区之一，主体功能是重点开发、加快重点新城建设；而房山区的山区部分则被划定为生态涵养区，重点培育旅游、休闲、康体、文化创意等产业，推进新城、小城镇和新农村建设。

5. 房山新城建设。2007 年年初，《房山新城规划（2005—2020）》获得北京市政府正式批复，定位房山新城功能为"首都西南枢纽、友好产业新区、山水文化名城"。根据该规划，房山新城包括良乡组团、燕山组团、北京石化新材料基地和窦店建材新材料产业用地四个部分。随着新城建设的推进，房山区各项基础设施不断得到完善。

6. 山区发展政策。房山区山区部分农村城镇化进程的推进主要是依托相关山区发展政策。具体的包括新农村建设、旧村改造、险村搬迁等政策。其中旧村改造政策是 2005 年由北京市农委联合多部门发布《北京市远郊区旧村改造试点指导意见》（京政农发〔2005〕19 号），针对北京市远郊区的旧村改造提出规范性意见。北京市险村搬迁目前处于第二轮，在第一轮政策（京政办发〔2003〕56 号、京政农发〔2004〕10 号）基础上，当前主要有《北京市人民政府关于实施新一轮山区地质灾害易发区及生存条件恶劣地区农民搬迁工程的意见》（京政发〔2012〕28 号）和《北京市新一轮山区地质灾害易发区及生存条件恶劣地区农民搬迁工程管理办法》（京政农函〔2013〕44 号）两个文件。

二、动力机制

在现行土地制度下，土地征用的市场溢价是城镇化进程得以持续推进的关键。在此过程中，政府获得土地财政收入，市场主体和村集体、农民获得开发收益与补偿，加上上级规模投入对城镇化成本的分摊，农村城镇化进程得以快速推进。

（一）土地级差带来的溢价动力

在大规模的城镇化建设扩张进程中，农村地区区位环境得到改善，以土地区位级差、政策变性用途级差为基础，房山农村城镇化进程中有着土地溢价收益动力。

1. 随着城市扩张，抬升了房山农村土地的区位价值。随着首都城镇化的大规模扩张，房山一部分地区从郊区农村变为城市地区。包括三大组团的功能改善，轨道交通燕房线、京昆高速、京良快速路等交通网络覆盖，整体抬升了区域发展的区位价值。从征地补偿的最低标准看，根据北京市国土局制定的《北京市征地补偿费最低保护标准》，房山农村地区的征地补偿的最低标准，呈现由西及东逐渐增加的特征。

表1　北京市征地补偿费最低保护标准（房山区部分）

单位：万元/亩

乡镇	金额	乡镇	金额	乡镇	金额
蒲洼	1	周口店	3	长沟	4
霞云岭	1	大石窝	3	青龙湖	5
史家营	1	张坊	3	窦店	6
佛子庄	1	十渡	3	阎村	7
南窖	1	石楼	4	城关街道	7
大安山	1	韩村河	4	良乡	8
河北	2	琉璃河	4	长阳	8

数据来源：北京市国土资源局制定的《北京市征地补偿费最低保护标准》。

2. 城乡二元的土地性质，创造了土地变性开发过程中的政策溢价。在国家现行的土地制度下，形成了同地不同权的城乡二元的土地利用结构。在农村集体土地向城市的开发建设用地转变过程中，政府主导的国有征地、经营用地的招拍挂出让、规划立项的行政审批的制度安排，以及土地用途从农用地向建设用地变性带来的土地使用价值的抬升，形成了土地变性开发过程中的政策溢价。房山农村城镇化过程中，通过市级及区级政府主导的集体土地国有征用、招拍挂出让、规划审批等方式，改变了土地的用途性质，释放农村地区土地的政策溢价收益，建立了农村城镇化建设的政策溢价动力。

（二）红利分享激发的参与动力

1. 政府的土地出让红利。 在现行的征地补偿、土地招拍挂市场出让的制度下，政府通过对农村集体农用地征用的原用途补偿，经过土地一级开发之后，进行规划开发用途的招拍挂出让，实现了高额的土地溢价收益。

2. 市场的地产开发红利。 过去十几年，国内房地产市场迎来了爆发式增长的黄金时代，房地产价格持续攀升。政府通过征地出让实现土地溢价收益，市场主体推动房地产项目开发获得了超额的开发利润。

3. 农村集体的资产增值红利。 以国有征地、房地产开发为特征，房山区农村城镇化建设过程中，乡村集体经济组织实现了资产的增值收益。

4. 农民的现金补偿、土地变现红利。 在房山农民拆迁腾退的具体推进进程来看，在货币安置的情况下，农民通过一次性的高额拆迁腾退补偿，实现了原有的宅基地资产向货币资产的变现；在回迁安置的情况下，农民通过选择一定标准的货币拆迁补偿、建安成本价格的安置回购，实现了宅基地向货币、城市房地产的资产增值置换。

（三）土地财政带来的投入动力

1. 由于土地开发带来的巨大财政收入，激励了地方政府对农村的投入动力。 政府土地储备开发之后，经营用地招拍挂出让获得高额的土地溢价收益，以及土地开发过程中政策缴纳土地增值税、土地占用税等各项税费，构成土地财政收入的来源基地。北京目前土地出让溢价收益市区 6∶4 分成一级土地出让金，房山区级政府在推进农村城镇化的征地建设过程中同样获得了规模的土地财政收入，构成了政府投入推动的强大动力来源。

2. 利用土地产权的抵押融资，放大了政府对农村的投入能力。 政府土储征地开发过程中，通过将未来土地出让收益权进行抵押融资，扩大了政府对农村城镇化建设投入的能力。

(四) 跨级投入带来的政策动力

在农村地区重大项目落地、重大规划实施、重大功能调整、重大政策试点的过程中，通过上级政府在资金、指标、政策等多种形式的投入，摊薄了本级农村城镇化的成本，加快了农村城镇化的进程。第一，重点项目推进过程中占用集体用地，通过征地拆迁、农民安置和补偿，推动占地区域的农村市场化，分摊了区域城镇化的成本。第二，北京市在房山农村地区扩张布局过程中，重大规划实施、重大功能调整、重大政策试点等投入，直接带来市级资金投入，带来规划指标的调整、项目布局的增加，以直接资金投入分摊和规划指标平衡的方式分摊了农村城镇化的建设成本。

(五) 结构调整带来的创新动力

随着经济进入新常态，调结构的要求被提出，加上北京加快转型发展的要求，城镇化过程中的创新动力显现。长阳镇被确定为第二批国家智慧城市试点。2012 年中关村国家自主创新示范区房山园得到批复，创新驱动发展战略初显成效。

三、发展模式

房山区围绕"一区一城"新房山建设，加快构建"三二一"空间布局，探索出"大项目带动小城镇"的发展模式，具体包括城市组团推进模式、功能区溢出带动模式、重点项目带动模式、山区搬迁带动模式等形式，结合土地储备推动模式、旧村改造带动模式等外部推手，形成了"一镇一企""一镇多企"的格局，有力推动了农村城镇化发展。

（一）城市组团推进模式

以长良、燕房、窦店三大城市组团为龙头，着力打造世界城市示范区。其中，长良组团包括长阳、拱辰、西潞、良乡、阎村、青龙湖，主要以中央休闲购物区（CSD）为依托，以商务休闲产业、科教创意产业、中核装备制造、总部经济和科技研发成果转化为重点，打造全面融入首都、走向世界的新城示范区和世界城市的绿色水岸硅谷。燕房组团包括城关街道和燕山地区，以石化新材料产业基地为依托，与良乡新城组团相呼应，建成以石化新材料为主导、现代服务业为补充的首都石化新材料产业新城。窦店组团重点打造北京高端制造业基地，按照北京建设"五个之都"的要求，根据自身优势，建设科技创新中心、人才集聚中心与和谐宜居新城，紧紧抓住、依靠中关村品牌和实力快速打造适合北京特点的"工业地产"，支撑和谐宜居新城发展，按照市政府提出的高端定位、适度规模、一流公共设施的三要素要求，做好承接疏解工作。

（二）功能区溢出带动模式

房山区结合自身区位特点及产业转型升级的机遇，规划了中央休闲购物区（CSD）、北京石化新材料科技产业基地、窦店高端现代制造业产业基地、房山世界地质公园、北京农业生态谷等五大产业功能区，实施功能区带动发展战略。通过专项规划引导、政策的集中倾斜、资源优势的充分发挥五大功能区加快建设，整体抬升了地区土地价值。2013 年共完成投资184.94 亿元（不含农业生态谷数据），完成土地储备面积2 225.7万平方米（不含房山世界地质公园数据），在功能区空间扩张、产业延展、配套需求等辐射、溢出过程中，带动了关联区域、周边区域的发展。

（三）重大项目带动模式

一是重大基础设施项目带动。在政府的直接主导推动下，通过建设征地的拆迁腾退和农民上楼，直接推动了区域的城镇化建设，如轨道交通房山线，带动了长阳、拱辰、西潞、阎村等 4 个乡镇的28 个村、1 176 户农民拆迁上楼；南水北调巡线路带动了 7 个乡镇的 48 个村、557 户农民拆迁上楼；京石二通道带动了 10 个乡镇的53 个村、2 560 户农民拆迁上楼；即将开工的轨道交通燕房线，将会带动沿线城关、西潞、阎村、燕山等 4 个乡镇的 14 个村、600余户农民拆迁上楼。此外，通过对项目周边设施环境的集中改造，带来周边土地要素的价格提升和市场主体的经营项目提前布局建设，整体形成了对房山农村城镇化建设有力带动。二是重大产业项目带动。如长沟镇文化硅谷项目带动了 1 个村、696 户农民拆迁上楼；大石窝镇云居寺文化景区项目将带动 2 个村、400 多户农民拆迁上楼；河北镇中国美丽谷项目带动了 2 800 多户、7 000 余人的拆迁上楼。

（四）山区搬迁带动模式

山区搬迁带动模式包括山区人口迁移工程和山区中学搬迁工程。一是山区人口迁移工程，该工程是为了彻底解决山区群众因煤矿产业退出所带来的生活困难和地质灾害引发的生命财产安全问题，实现山区生态涵养功能。从 2006 年开始，房山区政府经过多次科学论证，决定分阶段、分步骤将山区 4.5 万人外迁安置在阎村、青龙湖、长阳、窦店、周口店等平原乡镇，一期工程占地 166 亩、建筑面积 6.08 万平方米，已于 2010 年 3 月动工。房山区计划"十二五"期间搬迁 2.1 万人，优先安排采空区受地面塌陷威胁的群众。在建设保障房进行安置的同时，还要解决好搬迁人员就业、转居、教育、社会保险等后续管理问题。通过山区人口搬迁，泥石流采空区群众的居住安全问题得以解决，山区生态涵养功能逐步实现，农村城镇化进程稳步推进。二是山区中学搬迁工程，开始于 2005 年，目的是通过在全区范围内进行中学布局调整，改变山区综合教育水平不足、师资力量匮乏、生源逐年减少的现状，推进区域教育均衡发展。具体是在房山、良乡两地新建了房山第五中学和良乡第五中学，并改建了两所寄宿制学校，将山区 9 所中学一次性外迁到这 4 所学校。整个工程市、区两级政府共投入 3.3 亿元，4 所中学在硬件和师资力量方面均达到房山区最高水平。从 2006 年

9 月开始，每学年区财政还将投入 800 多万元用于山区外迁学生的学习和生活费用补贴，减轻搬迁对家庭造成的负担，成为推进房山区教育一体化发展的有效手段。

（五）土地储备推动模式

2005—2008 年，房山区的城市建设用地新增情况处于持续稳定状况；2009—2012 年，北京市启动政府主导的千亿土地储备计划，房山城市建设发展迅猛，城市用地大量新增；2013 年后增长速度略微有所回落。自 2003 年土地储备制度建立至 2013 年，房山区已向市场供应总用地量 1 623 公顷，建筑规模 1 542 万平方米，土地出让总收入达 592 亿元。各类保障房供地 544 公顷约 664 万平方米，可供 5.53 万余户家庭回迁安置。通过信贷放大、滚动开发，规模推进了农村城镇化的拆迁腾退、农民上楼安置和转工转居。

（六）旧村改造带动模式

2005 年北京市开始新农村建设试点工作，房山区立足于建设时尚新城，统筹推进、重点突破，确保旧城旧村形象有大改观、大提升。通过推进老旧小区综合整治，完成建筑节能改造 45 万平方米；加快拱辰街道渔儿沟改造；继续 5 个新型农村社区试点后续工程，完成 1 万户农民住宅抗震节能改造。按照"生产发展、生活宽裕、乡风文明、村容整洁、管理民主"的新农村建设总体要求，以实施"三起来""五项基础设施建设"和"百村帮扶"工程为重点，全力推进新农村建设，加速农村城镇化进程，农村基础设施进一步完善，集体经济不断壮大，农民收入持续增加，村庄环境面貌明显改善。

四、取得成绩

（一）以人为核心，推进农业转移人口市民化

1. 农民上楼转居的步伐不断加快。 从拆迁力度看，2009—2014年，全区范围内拆迁总面积达647万平方米，其中整建制拆迁28个村。从农转居力度看，2009年以来，全区共有9 000多户农民上楼，2万多人实现农转居。

2. 人口城镇化率大幅提高。 从全市来看，2012年年底，房山区总人口98.6万人，其中城镇人口67.2万，人口城镇化率达到68%，比2005年提高11.7个百分点，年均增长速度为1.67个百分点，比全市年均增速高出1.3个百分点。与其他城市发展新区相比，房山区人口城镇化率处于中游水平，目前分别高出顺义、通州约13个百分点和5个百分点。

3. 城镇化对全区经济的贡献率大幅提升。 从土地收益看，2009—2013年底，房山区累计完成经营性土地出让962公顷，累计实现土地收益307亿元，占房山区近五年总财力的31%。从房地产业看，2009—2012年，全区公共财政预算收入累计完成126亿元，其中房地产业完成31亿元，占比达到21%。

自2009年以来，通过有序推动农业转移人口市民化，房山区新型城镇化进程进入了一个快速推进的新阶段。

（二）以"三二一"空间布局为基础，全区可持续发展能力明显增强

1. "三二一"空间布局日趋显现。房山区紧紧抓住轨道交通房山线、轨道交通燕房线、京石二通道等重大基础设施开工建设契机，科学合理地规划布局沿线的产业开发和城市建设，"三大城市组团、两条城市发展带、一个城市发展环"的空间布局日渐清晰，轨道交通房山线不仅成为一条交通线，正在成为一条城市带和经济带。

2. 三大组团地区经济实力大幅提升。2008 年，以三街九镇为主体的城镇经济体形成财政收入 7.5 亿元，占全区财政收入 36%。2013 年，三街九镇形成财政收入 26.67 亿元，占全区财政收入的 59.16%，其中税收过 10 亿的乡镇有 3 个，仅长阳地区完成 18.79 亿元税收，相当于 2008 年年底三街九镇的税收总和。城镇经济体实力不断提升，对于周边地区经济社会发展的带动力、辐射力和影响力大幅增强，更带动了全区经济的转型升级和发展方式的转变。

3. 新城建成区面积不断扩大。截至 2013 年年底，城市建成区已占全区总面积的 16.3%。从城市布局来看，长阳新城从 2009 年的起步区开始建设，到今天作为世界城市示范区已初见雏形；良乡组团东部地区依托良乡高教园区迅速崛起，借助拱辰街道一至五街改造，主城区城市面貌大幅改善；燕房组团规划面积扩展到 34.5 平方公里；窦店正在依托北京高端制造业（房山）基地，加快地区城镇化进程，打造业城融合的典范；阎村、长沟、青龙湖等重点小城镇建设也已经相继破冰，小城镇对地区发展的集聚带动作用日趋

增强，创造出了"大项目带动小城镇"的新型城镇化模式。从开复工面积来看，2009—2013年年底，全区累计开复工面积达到2 695万平方米，年均开复工面积为540万平方米，相比2008年以前，无论是规模还是速度，都创造了房山的历史。

（三）夯实基础建设，不断提高城镇综合承载力

1. 完善基础设施建设。2009年以来，房山区积极争取市里支持，多方筹措资金，陆续开工建设多条进城通道，如轨道交通房山线、轨道交通燕房线、良黄路、京良路、京石二通道、南水北调巡线路等。交通瓶颈的打破，使房山区融入首都市区的时空距离大幅缩短，在方便群众出行便利的同时，也为市区高端人群进入房山创造了条件。目前，在长阳和窦店地区，市区人员购房的比例可达到六成以上，这对于改善房山的人口结构、提升房山新城的人口素质有巨大作用。

2. 提升公共服务品质。伴随着房山区新型城镇化进程的快速推进，城市规模的日益扩大，市区优质的教育、医疗、文化等高端资源加速涌入，大大提升了房山区城市公共服务的品质。如长阳新城地区引进了武警医院、北京小学、北京四中等市区优质资源，带来了人气，带旺了商气。

3. 打造文化生活品牌。城市品牌方面，2009年以来，围绕建设首都现代生态休闲新城，房山区推出了Funhill标志，在此基础上，又推出了Funmade、Fundashing系列品牌。在文化品牌方面，成功举办了长阳文化节、长阳音乐节、长沟花田音乐节、长沟国际长走大会等系列文化活动，房山新城的知名度和美誉度都有大幅提升。

（四）提高管理水平，构建科学管理体制

1. 在全市率先推行了新城办公会制度。 定期研究解决全区推进新型城镇化及城市开发建设的重大问题，制定出台相关政策意见。

2. 形成统筹管理机制。 顺利完成卫生区创建和复审工作，使房山主城区的城市面貌有了历史性变化，使农村环境有了根本性改观。

3. 大力推进数字房山建设。 促进"三网"融合，不断提高管理的精细化和智能化水平。2013 年 7 月 2 日，房山区城市管理监察大队正式更名为房山区城市管理综合行政执法监察局，这是房山区创新行政执法工作的一次大胆尝试。

五、遗留问题

房山区新型城镇化建设取得了突出成绩，积累了许多经验，但由于推进过程速度快、规模大、时间短，也遗留了一些问题。

（一）资源紧缺造成的平衡问题

第一，在农村城镇化进程中，由于前期规划过程中对成本与后续投入缺乏评估与跟踪测算，造成规划指标的不足。根据区国土分局数据，全区总规划建设用地 51.13 平方公里，到 2020 年总规划建设用地 47.62 平方公里，其中 2012 年现状建设用地已达 36.68 平方公里，开发余地仅有 10 平方公里，后备用地不足。尤其以新

城良乡和燕房组团、长阳镇、窦店镇等乡镇近期用地指标缺口明显，而用地指标缺口明显地区恰恰是未来区域发展的重点地区。

第二，在项目实施过程中，一般策略是收益在前任务在后，对实施步骤缺乏统筹管理，从而导致在成本快速攀升之后，其他城镇化配套任务无法跟进；而对各级实施主体缺乏有效的监管，也导致一次性收益最大化之后的任务甩项。

（二）成本收益问题

第一，土地收益与城镇化长期成本无法实现平衡。一是短期的土地收益不能完全覆盖长期的劳动力安置、农民社会保障等支出；二是当期的货币补偿款不能承担上楼后的长期生活成本；三是一次性的收益补偿无法匹配转居市民化后的公共服务与社区管理费用。

第二，债务成本与宏观调控的矛盾产生的成本问题。当前地方融资平台的整治和国家信贷政策收紧，使得土储资金回款难度加大，债务成本增加。例如，根据区国土分局的数据，房山区目前土地储备项目总投资约 460 亿元，截至 2014 年 9 月，储备机构及政府资金高达 125 亿元暂未回笼，如按贷款基准利率 6.15％核算，每年将支出贷款利息 6.08 亿元。

（三）上楼转居问题

房山区十分重视农业转移人口市民化问题，但根据北京市总体规划，房山区被确定为普通新城，与其他城市发展新区相比，整体规模较小，存在先天不足，农业人口转居任务较重。从房山区过去的人口数据来看，以 2013 年为节点，过去 7 年房山户籍人口增加了 3.20 万人，其中农业人口减少了 7.25 万人，非农业人口增加了 10.45 万人，农业人口市民化任务还十分艰巨。在推进农村城镇化与城乡一体化过程中，农民上楼与市民化存在两方面问题：一是不征地导致农民上楼后的社会保障问题突出；二是农民居住方式改变，但生产、生活方式没有及时转变，导致产业发展没有同步、就业问题无法解决、水电气暖等设施跟进滞后等问题。

表 2　房山区户籍人口变动情况

单位：人

年份	农业	非农业	合计
2006	407 491	346 952	754 443
2007	394 669	363 748	758 417
2008	383 124	380 240	763 364
2009	363 803	403 515	767 318
2010	357 183	411 266	768 449
2011	348 457	425 120	773 577
2012	342 196	437 330	779 526
2013	334 953	451 448	786 401

（四）产业空间与转型升级问题

第一，产业发展空间不足。农村城镇化地区的空间开发倾向于住宅化、地产化，挤占了该地区的产业发展空间。

第二，产业转型升级难度大。一是周期错配，产业体系的培育需要较长周期，而拆迁腾退偏向短期规模集中，导致农村地区产业转型升级难度大。二是短期收支压力大，会导致农村产业空间的低效开发，使农村地区陷入低端化发展。三是产业发展资金严重不足。截至 2014 年 10 月底，房山区土地储备总债务余额达到 72.12 亿元，资金链压力较大。而且根据 2014 年融资贷款情况来看，市财政局第一批批复的 12.26 亿元融资规模额度里面，有将近一半（6 亿元）用于贷款延期，三分之一（4.15 亿元）为新增贷款，只有 2.11 亿元对应项目计划融资，也就是说不到五分之一的资金用于产业发展，这样的资金结构显然无法支撑城镇化过程中的产业升级。

（五）基础设施与公共服务配套问题

近年来，房山区农村城镇化推进速度快、建设集中，但是农村地区投入仍不能满足需要，道路、水、电、气、热、排水等基础设施及教育、卫生等公共配套设施与服务建设与地区群众需求尚存在一定差距。例如，在固定资产投资与项目开发过程中，注重城镇地区项目自身的开发推进与配套建设，而农村地区的整体设施环境建设尚待改善。

（六）集体经济可持续发展问题

据调研，房山区农村城镇化推进过程中，集体产业用地存在低效开发、利用及挂账资产、隐性成本支出责任等问题，影响了集体经济的可持续发展，容易损害农民合法权益。一是集体资产利用低端化，各乡集体产业用地、集体土地等资产主要以简单出租、合作开发、一次性协议出让开发等方式，实现一次性资产收益，容易导致农民长远权益的损失。二是挂账资产长期存在造成资产贬值流失的风险，这些挂账资产往往是由于项目建设过程中少征多占、占而不补、补偿滞后等现象形成的，挂账资产的长期不到位使得集体资产存在流失风险。三是集体经济对农民生活补贴、劳动力安置、资产分配等城镇化成本的隐性承担，形成较大的支出压力。

六、下一步设想

"十三五"时期，随着京津冀协同发展规划的实施，房山区城镇化发展模式应当发生相应的调整。从以土地增量开发为主转变为以土地存量开发为主，从以城区建设为主转变为以城乡统筹协调发展为主，从以城镇化推进为主转变为分区实现城乡发展一体化为主。具体从以下几方面开展工作：①优化城乡规划体系，着力推进"三二一"空间布局。②积极转变农业发展方式，大力发展都市型现代农业。③全面推进生态文明建设，构建和谐宜居的生态新区。④推进城乡基本公共服务均等化。⑤着力促进农民增收。⑥加快农村地区产业转型升级。⑦深化农村改革，推进集体经营性建设用地试点工作。⑧加强农村社会治理，提高现代化管理水平。通过转变工作思路，解决过去发展的遗留问题，构建城乡一体的均衡发展新格局。

执笔人：周颖　陈丹梅　斯达威

房山区城乡一体化指标
体系及发展分析

　　为了进一步了解房山区目前城乡一体化发展的现状和实现程度，课题组根据房山区城乡一体化发展情况，结合"北京市'十二五'时期城乡一体化发展主要指标"进行房山区指标体系的构建，并据此进行实现程度的评估，为相关部门制定城乡一体化发展战略和规划提供参考依据。

一、指标体系的构建

　　根据《北京市"十二五"时期城乡经济社会一体化发展规划》。北京市城乡一体化发展主要指标体系由经济发展、基本公共服务、城乡居民生活、城乡环境建设、城乡社会管理 5 个一级指标、16 个二级指标组成，如表 1。

表 1　北京市"十二五"时期城乡一体化发展主要指标

一级指标	代码	二级指标	单位	2009 年	2010 年	2015 年	属性
经济发展	1	都市型现代农业生态服务价值年值增速	％	3		3	预期性
	2	第一产业劳动生产率	元	51 743	54 556	65 000	预期性

（续）

一级指标	代码	二级指标	单位	2009年	2010年	2015年	属性
经济发展	3	发展新区GDP占全市比重	%	19.2	20.9	25	预期性
	4	远郊区县万元GDP水耗	立方米	66.65	56.21	60	约束性
基本公共服务	5	郊区固定资产投资比重	%	45.6	48.7	50以上	约束性
	6	农民医疗参合率	%	95.7	96.7	98	约束性
	7	城乡居民人均养老保险待遇水平	元	400	400	500	约束性
	8	九年义务教育完成率	%	96		98	预期性
城乡居民生活	9	农村居民人均纯收入增速	%	8.1	9	8	预期性
	10	农村居民家用计算机普及率	%	54.7	64	70	预期性
	11	农村居民家庭清洁能源普及率	%	83.5	85.8	90	约束性
城乡环境建设	12	山区县森林碳汇	万吨		10 000	10 100	约束性
	13	郊区污水处理率	%	52.4	53	70	约束性
	14	远郊区县垃圾无害化处理率	%	87.36	89.93	92	约束性
城乡社会管理	15	村务公开满意度	%	49.05		85	预期性
	16	农村居民对社会管理及服务满意度	%			80	预期性

由于区县层面对应的统计数据获取有一定难度，房山区城乡一体化发展水平的评估无法直接采用该指标体系。因此，课题组参考该指标体系，结合《房山区统计年鉴》《北京市区域统计年鉴》数据，构建房山区城乡一体化发展水平指标体系，如表2。

表2　房山区城乡一体化发展水平指标体系

一级指标	北京市二级指标	房山区二级指标
经济发展	都市型现代农业生态服务价值年值增速	农林牧渔业总产值增速
	第一产业劳动生产率	农林牧渔业劳动生产率
	发展新区GDP占全市比重	房山GDP占全市比重/五大园区投资占比
	远郊区县万元GDP水耗	万元GDP能耗下降率

（续）

一级指标	北京市二级指标	房山区二级指标
公共服务	郊区固定资产投资比重	农村固定资产投资占比/房山固定资产投资占全市比重
	农民医疗参合率	新型农村合作医疗参合率
	城乡居民人均养老保险待遇水平	农村居民参加城乡养老保险人数占比/城乡人均养老保险待遇水平
	九年义务教育完成率	义务教育完成率
居民生活	农村居民人均纯收入增速	农村居民人均纯收入增速/城乡收入比
	农村居民家用计算机普及率	农村居民家用计算机普及率
	农村居民家庭清洁能源普及率	实用燃气用户数
环境建设	山区县森林碳汇	林木绿化率
	郊区污水处理率	污水处理率
	远郊区县垃圾无害化处理率	生活垃圾无害化处理率

（一）经济发展指标

经济发展方面，城乡一体化主要体现在四个方面：一是农村经济和城市经济的互补，农村经济、农林牧渔业的发展，不仅创造了产值，还提供了文化旅游服务价值、景观增值价值和防护与减灾价值。由于缺乏房山区的都市型现代农业生态服务价值的评估数据，因此设立"农林牧渔业总产值增速"指标替代"都市型现代农业生态服务价值"指标。二是农林牧渔业劳动生产率的提升，会使城乡差别不断缩小，因此，设立"农林牧渔业劳动生产率"指标。三是房山作为城市发展新区，GDP占全市的比重体现了北京市城乡一体化的进城，同时，房山区五大园区的建设也是拉近城乡一体化的重要举措，因此，设立了"房山区 GDP 占全市比重"与"五大园区投资占比"两个指标。四是由于没有房山区万元 GDP 水耗的数据，因此用"万元 GDP 能耗下降率"的指标来反映房山区的经济效益的提升。

（二）公共服务指标

公共服务主要包括基础设施建设、医疗、养老、教育等内容。在房山区二级指标的设置中，"固定资产投资占比""新型农村合作医疗参合率""城乡人均养老保险待遇水平""义务教育完成率"等4 项指标基本参照保留相对应的北京市二级指标。

（三）城乡居民生活指标

城乡居民生活的二级指标基本参照北京市二级指标。补充"城乡收入比"指标，以反映城乡一体化在收入方面的差距；由于无法获得"农村居民家庭清洁能源普及率"的数据，故以"实用燃气用户"指标予以替代。

（四）环境建设指标

环境建设方面，基本保留北京市环境建设指标，设置"污水处理率""生活垃圾无害化处理率"指标，由于房山区缺乏森林碳汇指标计算，因此，设置"林木绿化率"指标以反映房山区城乡环境绿化建设情况。

（五）城乡社会管理指标

由于收集相关数据较困难，"村务公开满意度"和"农村居民对社会管理及服务满意度"指标数据还有待收集，因此，这些主观评价指标暂不列入指标体系。用一些客观指标来进行城乡一体化的评价更客观。

二、房山区"十二五"期间城乡一体化发展情况分析

根据近年来《房山区统计年鉴》《北京市区域统计年鉴》，调研组从横向和纵向两个维度进行深入分析。由于房山区属于城市发展新区，横向分析为与北京市、北京市城市发展新区近五年的整体情况进行对比，纵向分析为从时间维度上对房山区自身的发展情况和趋势进行分析。

（一）经济发展态势良好

1. "十二五"时期农林牧渔业总产值增速前两年增速不如全市和发展新区水平，后两年增速高于全市和发展新区。其中，2014年房山区增速比城市发展新区高 2.1 个百分点，比北京市高 4.2 个百分点，农业发展后劲较足。房山区农林牧渔业总产值由 2011 年的 450 201.6 万元，增长为 2014 年的 524 952.6 万元，持续保持增长。根据 2010 年市统计局数据显示，早在 2008 年房山区都市型现代农业生态服务价值（贴现值）达到 743.29 亿元，与 2007 年的 724.45 亿元相比增长了 2.6%，其中森林服务价值 674.52 亿元，占都市型现代农业生态服务价值的 90.7%。在城市发展新区中，房山区都市型现代农业生态服务价值占比重最高，为 34.4%；其他区县依次为：昌平 508.98 亿元，占比 23.6%；大兴 335.69 亿

元，占比重 15.6%；顺义 297.25 亿元，占比重 13.8%；通州 272.48 亿元，占比 12.6%。

表3 房山区及北京市农林牧渔业总产值

年份	房山区		城市发展新区		北京市	
	总产值（万元）	增长率（%）	总产值（万元）	增长率（%）	总产值（万元）	增长率（%）
2009	412 624.8	3.8	1 996 376.6	2.7	3 149 533.6	3.6
2010	426 437.4	3.3	2 060 277.9	3.2	3 280 226.5	4.1
2011	450 201.6	5.6	2 269 546.7	10.2	3 631 375.5	10.7
2012	464 499.0	3.2	2 463 257.8	8.5	3 957 128.8	9.0
2013	505 758.3	8.9	2 634 126.4	6.9	4 217 827.9	6.6
2014	524 952.6	3.8	2 678 101.9	1.7	4 200 672.4	−0.4
历年平均	464 079.0	4.8	2 350 281.2	5.5	3 739 460.8	5.6
"十二五"平均	486 352.9	5.4	2 511 258.2	6.8	4 001 751.2	6.5

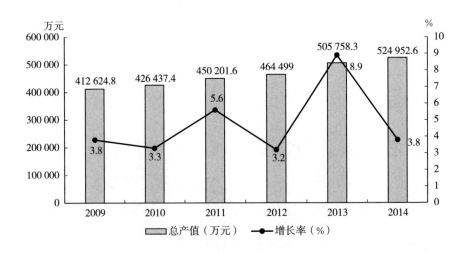

图1 2009—2014 年房山区农林牧渔业总产值及增长率

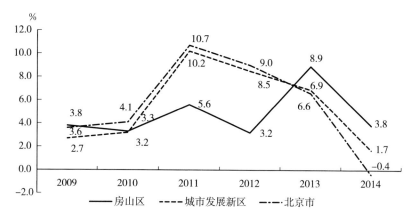

图 2 2009—2014 年房山区及北京市农林牧渔业总产值增长率

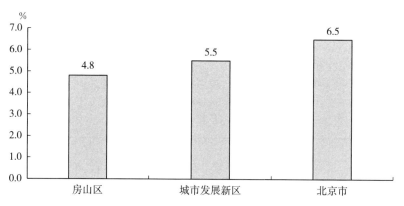

图 3 2009—2013 年房山区及北京市农林牧渔业总产值平均增速

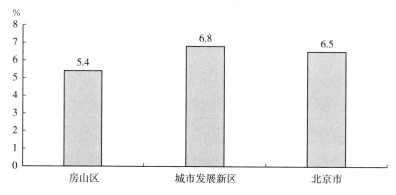

图 4 "十二五"期间房山区及北京市农林牧渔业总产值平均增速

2. 农林牧渔业劳动生产率从 5.6 万元（2010 年）提高到 7.84 万元（2014 年），提高了 39%。 但是，与城市发展新区（2014 年为 9.7 万元）、北京市（2014 年为 8.2 万元）的劳动生产率水平相比还有一定差距。

表 4　2009—2014 年房山区农林牧渔业劳动生产率

年份	总产值（万元）	从业人员（万人）	劳动生产率（元/人）
2009	412 624.8	7.3	56 523.9
2010	426 437.4	7.6	56 231.5
2011	450 201.6	7.4	60 838.1
2012	464 499.0	7.3	63 537.7
2013	505 758.3	7.2	70 148.7
2014	524 952.6	6.7	78 351.1

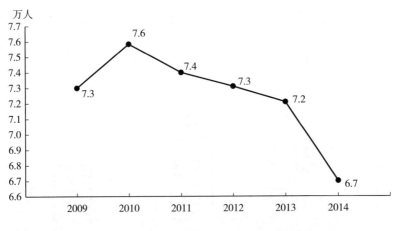

图 5　2009—2014 年房山区农林牧渔业从业人数

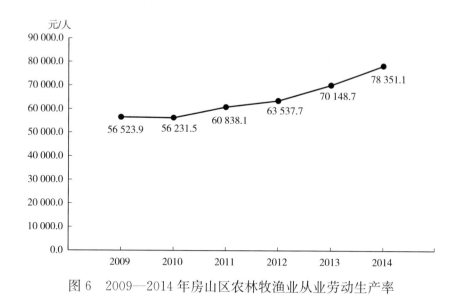

图 6 2009—2014 年房山区农林牧渔业从业劳动生产率

表 5 2009—2014 年房山区及北京市农林牧渔业劳动生产率

单位：元/人

年份	房山区	城市发展新区	北京市
	劳动生产率（元/人）	劳动生产率（元/人）	劳动生产率（元/人）
2009	56 523.9	47 790.1	51 716.5
2010	56 231.5	62 107.6	54 556.9
2011	60 838.1	71 594.5	62 502.2
2012	63 537.7	80 594.5	70 258.3
2013	70 148.7	89 732.3	77 516.4
2014	78 351.1	97 032.7	81 884.5

3. GDP 占全市比重略微降低，但 2014 年增速同比有所提高。近年来，伴随着国民经济由高速增长到中高速的转变，北京市 GDP 增速不断放缓，房山区 GDP 的增速也从 2009 年的 46.5%，降为 2014 年的 7.8%。但是在 2014 年普遍增速下降的同时，房山则难得地实现了增速的增长，由 2013 年的增速 7.2%，增加到 2014 年的 7.8%。说明房山区的发展后劲较足。房山区 GDP 在全

市的占比不断走低，由 2011 年的 2.6%，降低到近两年的 2.4%。
园区建设方面，近年来房山区加大了中央休闲购物区（CSD）长阳
核心区、北京石化新材料科技产业基地核心区、北京高端制造业基
地、中国北京农业生态谷和中国房山世界地质公园五大园区的建设
（表 7）。随着建设的深入，未来房山区又会产生新的经济增长点，
有效推动城乡一体化的进程。

表 6   房山及城市发展新区 GDP 占全市比重

年份	房山区			城市发展新区			北京市	
	GDP（亿元）	增长率（%）	占全市比重（%）	GDP（亿元）	增长率（%）	占全市比重（%）	GDP（亿元）	增长率（%）
2009	293.5	46.5	2.4	2 468.7	19.3	20.3	12 153.0	10.2
2010	371.5	26.6	2.6	2 994.5	21.3	21.2	14 113.6	10.3
2011	416.0	12.0	2.6	3 419.5	14.2	21.0	16 251.9	8.1
2012	449.3	8.0	2.5	3 728.8	9.0	20.9	17 879.4	7.7
2013	481.8	7.2	2.4	4 143.6	10.4	20.9	19 800.8	7.7
2014	519.3	7.8	2.4	4 491.6	8.4	21.2	21 330.8	7.3

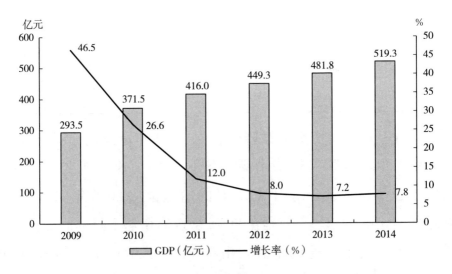

图 7   2009—2014 年房山区 GDP 及增长率

表7　房山区五大园区完成投资额

单位：万元

年份	CSD	石化基地	高端制造业基地	生态谷	地质公园
2012	956 444	276 668	354 517	0	261 811
2013	1 113 463	289 317	192 686	0	318 382
合计	2 069 907	565 985	547 203	0	580 193

4. 万元 GDP 能耗下降率高于全市和发展新区。其中，2010 年达到 13.67%，2011 年有所回落，近三年均高于全市和发展新区水平，能耗下降效果比较明显。

表8　房山及北京万元 GDP 能耗下降率

单位：万吨标准煤

年份	房山区		城市发展新区		北京市	
	能源消费总量	万元 GDP 能耗下降率（%）	能源消费总量	万元 GDP 能耗下降率（%）	能源消费总量	万元 GDP 能耗下降率（%）
2009	882.82	0.81	2 078.66	6.64	6 343.67	7.36
2010	867.76	13.67	2 721.54	7.28	6 954.10	4.04
2011	899.40	2.16	2 843.20	5.45	6 995.40	6.95
2012	898.50	7.37	2 937.90	4.88	7 177.70	4.75
2013	848.00	10.02	2 977.70	6.29	6 723.90	4.88
2014	851.20	7.9	3 042.00	6.02	6 831.20	5.29

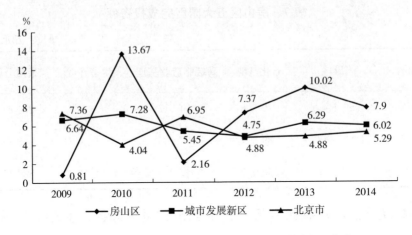

图 8　2009—2014 年房山区万元 GDP 能耗下降率

（二）公共服务均等化正在落实

1. 固定资产投资总额在全市占比（2014 年为 6.7％）略显不足，但房山区农村固定资产投资占比（2014 年为 20.7％）远高于全市（8.4％）和发展新区（12.1％）水平。房山区作为北京市的郊区县，其固定资产投资多少，决定着其基础设施、环境等状况的改善。2009—2014 年房山区完成固定资产投资 2 402.8 亿元，平均年增长率为 9.0％，城市发展新区平均年增长率为 13.9％，北京市平均年增长率为 10.4％。与城市发展新区和全市比较年增长率偏低，且近两年投资增速下降明显。房山区固定资产占全市比重平均为 7.3％，近两年都低于平均数，2014 年只占 6.7％。房山区农村固定资产投资占比远远高于城市发展新区与北京市。近五年房山区农村固定资产投资占比 2011 年最低为 11.9％，2013 年达到最高为 29.1％。从房山区角度，城乡一体化体现在农村固定资产投资占比的大小。农村固定资产投资越大，则农村的基础设施、环境改善越大。

表9 房山区固定资产投资情况

单位：亿元

年份	房山区			城市发展新区			北京市	
	固定资产投资	增长率（%）	占全市比重（%）	固定资产投资	增长率（%）	占全市比重（%）	固定资产投资	增长率（%）
2009	349.8	—	7.2	1 805.8		37.2	4 858.4	—
2010	403.8	15.4	7.4	2 216.0	25.3	40.3	5 493.5	13.1
2011	454.5	18.7	7.7	2 504.6	19.0	42.4	5 910.6	13.3
2012	490.1	7.8	7.6	2 725.3	8.8	42.2	6 462.8	9.3
2013	493.7	0.7	7.0	2 947.4	8.2	41.9	7 032.2	8.8
2014	505.8	2.5	6.7	3 188.1	8.2	42.2	7 562.3	7.5

表10 房山区及北京市农村固定资产投资情况

单位：亿元

年份	房山区			城市发展新区			北京市		
	农村投资	增长率（%）	农村占比（%）	农村投资	增长率（%）	农村占比（%）	农村投资	增长率（%）	农村占比（%）
2010	82.1	−11.6	20.3	285.5	−4.3	12.9	490.9	2.2	8.9
2011	59.0	−23.1	11.9	220.5	−17.7	8.8	446.7	−2.9	7.6
2012	99.6	68.9	19.7	369.1	67.4	13.5	609.8	36.5	9.4
2013	143.7	44.2	29.1	421.5	14.2	14.3	679.6	11.5	9.7
2014	104.6	−27.2	20.7	386.5	−8.3	12.1	635.7	−6.5	8.4

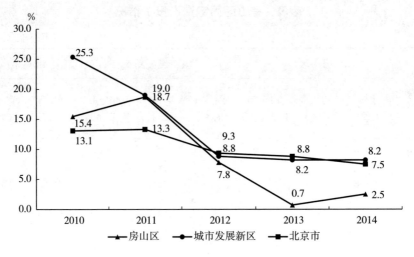

图 9　房山区及北京市固定资产投资增长率

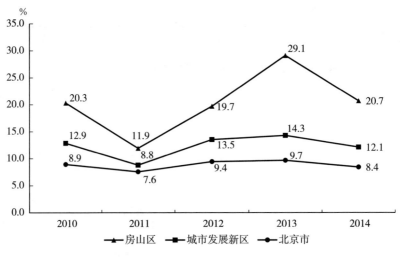

图 10　房山区及北京市农村固定资产投资占比

2. 几乎全部农民都参加了新型农村合作医疗。病有所医，是居民享有的基本公共服务，农民参加合作医疗比率的高低是城乡一体化程度的重要标志。近 4 年来，房山区的新型农村合作医疗参合率基本稳定在 100%，均高于城市发展新区及北京市。

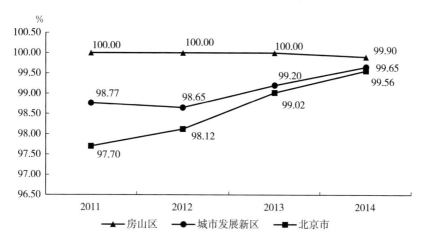

图 11　房山区及北京市新型农村合作医疗参合率

3. 城乡养老保险人均待遇水平不断提高。老有所养，是居民享有的基本公共服务，农民参加养老保险比率的高低也是城乡一体化程度的重要标志。房山区城乡养老保险以农村居民为主，历年农村居民参保率均高达 95％ 以上（表 11）。在城乡养老保险待遇方面，目前北京市采取统一的城乡养老保险保障政策，人均养老保险待遇不断提高。由 2010 年的 280 元，提高到 2015 年的 470 元。但离北京市"十二五"城乡统筹的 500 元待遇，还有一定距离。

表 11　房山区城乡养老保险参加情况

年份	农村人数（万人）	农村居民占比（％）
2010	22.30	99.78
2011	21.37	99.97
2012	21.90	99.90
2013	15.50	95.68

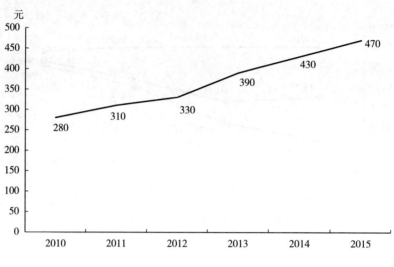

图 12　房山区城乡养老保险人均待遇水平

4. 义务教育完成率保持在 99.9%以上。教育均等化是体现城乡一体化的一个重要指标。近五年房山区义务教育完成率连续五年保持在 99.9%以上，高于《北京市"十二五"时期城乡经济社会一体化发展规划》中提出的 2015 年的发展目标值（98.0%）。

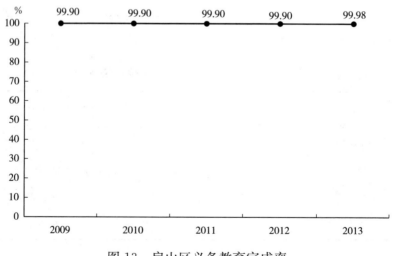

图 13　房山区义务教育完成率

（三）农村居民生活水平不断提高

1. 农村居民人均纯收入不断提高，城乡收入比呈略微缩小态势。 近年来房山区农村居民人均纯收入持续增长，总体保持在10％以上，略高于城镇居民的收入增速。城乡收入比稳定在1.9倍左右。

表12　房山区城镇与农村城乡收入比较

年份	城镇居民		农村居民		城乡收入比
	可支配收入（元）	增速（％）	纯收入（元）	增速（％）	
2009	21 955.0	8.0	11 315.0	12.3	1.9
2010	23 768.9	8.3	12 492.0	10.4	1.9
2011	26 956.0	13.4	13 527.0	13.5	2.0
2012	30 025.0	11.4	15 192.0	12.3	2.0
2013	32 886.0	9.5	16 916.0	11.3	1.9
2014	35 912.0	9.2	18 809.0	11.2	1.9

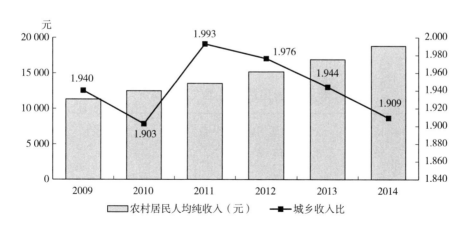

图14　房山区农村居民人均纯收入与城乡收入比

2. 农村居民家用计算机普及率逐步提高（2013 年为 71.6%），但与城镇家庭仍有一定差距。 近五年来房山区农村居民家用计算机普及率不断提高，由 2009 年的 53% 提高到 2013 年的 71.6%。与城镇居民拥有计算机普及率不断拉近，但仍然存在一定的城乡差别。

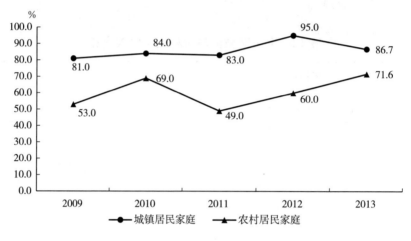

图 15　房山区居民家庭计算机普及率

3. 实用燃气用户越来越多，2010—2013 年增长 61.6%。 表 13 为房山区实用燃气用户增长情况。从 2010 年的 105 416 户，增加到 2013 年的 170 360 户，大幅提高了 61.6%。

表 13　房山区实用燃气用户情况

年份	实用燃气用户数	增长率（%）
2010	105 416	—
2011	123 835	17.5
2012	149 267	20.5
2013	170 360	14.1

（四）城乡环境越来越宜居

1. 污水处理率 2013 年为 73%，提前实现了"十二五"70%的目标值，但仍低于全市水平。房山区污水处理率不断提高，污水处理率在 2012 年就达到了 71%，提前实现了《北京市"十二五"时期城乡经济社会一体化发展规划》中污水处理率达到 70%的发展目标。2013 年房山区污水处理率高于城市发展新区 11 个百分点，但仍低于全市 12 个百分点。

表 14　房山及北京市污水处理情况

单位：万立方米

年份	房山区			城市发展新区			北京市		
	污水排放量	污水处理量	污水处理率（%）	污水排放量	污水处理量	污水处理率（%）	污水排放量	污水处理量	污水处理率（%）
2012	7 272	5 195	71	42 799	25 022	58	152 010	126 411	83
2013	7 733	5 652	73	43 795	26 971	62	155 317	131 401	85

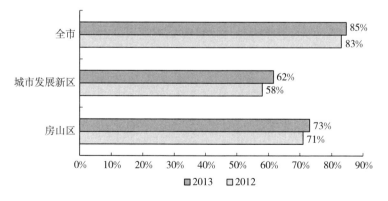

图 16　房山及北京市污水处理率

2. 林木绿化率从 2009 年的 53.3% 提高到 2013 年的 58.4%，比发展新区高 5 个百分点左右，比全市高 1 个百分点左右。 近年来，房山区的林木绿化率持续提高，生态环境越来越好。林木绿化率从 2009 年的 53.3%，提高到 2013 年的 58.4%，高于城市发展新区的林木绿化率大约 5 个百分点左右，也高于全市的林木绿化率 1 个百分点左右。

表 15　房山及北京市林木绿化率

单位：%

年份	房山区	城市发展新区	北京市
2009	53.3	37.9	52.6
2010	54.5	38.3	53.0
2011	54.7	38.6	54.0
2012	56.5	40.6	55.5
2013	58.4	43.2	57.4

图 17　房山区及北京市林木绿化率

3. 生活垃圾 2013 年已经 100% 实现了无害化处理。 近年来房山区非常注意环境卫生建设，生活垃圾无害化处理率不断提高，

2013 年已经实现了 100％无害化处理。

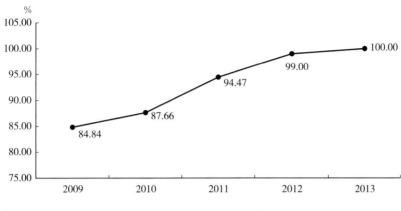

图 18 房山生活垃圾无害化处理率

执笔人：周颖 陈丹梅 斯达威

房山区农村居民收入分析报告

房山区在郊区加速城市化和实施城南行动计划、落实西部地区转型发展意见的政策机遇下，继续加快产业升级步伐，加大城乡建设力度，全区经济增长处于合理区间，农业农村经济发展总体平稳，都市农业发展态势良好，农村居民收入呈平稳增长态势。

一、房山区农民收入变动趋势分析

（一）农村居民收入在远郊区县中居于第五位

2010—2014 年，房山区农村居民人均纯收入由 12 492 元增加到 18 809 元，增长 1.5 倍，平均每年递增 10.8%。2014 年，北京农村居民人均纯收入实现 20 226 元，同比增长 10.3%；房山区农村居民人均纯收入 18 809 元，同比增长 11.2%。在 10 个远郊区县中，房山区人均纯收入居于第五位，通州区、顺义区、门头沟区和大兴区高于房山区。

（二）城乡收入差距仍处于扩大态势

五年来，尽管房山区农民收入增幅快于城镇居民，但由于基础较低，两者收入的绝对差已经从 2010 年的 11 277 元拉大到 2014 年的 17 103 元，差距额平均每年递增 11.0%，城乡居民收入差距呈现不断拉大的趋势。

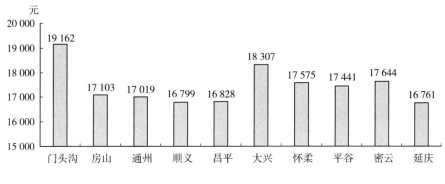

图 1　2014 年北京市各区县城乡收入差距对比

2014 年，在 10 个远郊区县收入的绝对值中，房山区居于第六位，收入比值为 1.91。其中：城镇居民人均可支配收入 35 912 元，同比增长 9.2%。工资性收入 25 451 元，同比增长 6.4%；经营净收入 544 元，同比增长 14.2%；财产性收入 392 元，同比增长 5.8%；转移性收入 14 392 元，同比增长 15.8%。农村居民人均纯收入 18 809 元，同比增长 11.2%。工资性收入 13 298 元，同比增长 15.5%；家庭经营收入 4 138 元，同比下降 6.2%；财产性收入 452 元，同比下降 21%；转移性收入为 2 904 元，同比增长 16.1%。

需要指出的是，由于口径和范围不一致，城乡居民人均年可支配（纯）收入及其差距的数据并不能真实的反映两者实际收入及其差距水平。由于我国现存的城乡二元体制方面的原因，城乡居民之间还存在较大的隐性收入差距，城镇居民的人均年可支配收入数据并没有涵盖所实际享有的实物性收入和补贴性收入，如住房、医疗、实物补贴以及低价的公用设施和文教卫设施，而农民并没有享受到同等的待遇，除少量救济优抚以外，没有更多的享受国家补贴，还有各种额外负担。在这样的背景下，城乡居民收入差距已经成为制约房山区经济协调发展、城乡一体化的"瓶颈"之一。有学者研究指出，如果把城镇居民享受的福利也考虑进来并将其货币化，中国城乡居民的实际收入差距可能会扩大为 6∶1 的程度。这种现象在房山区同样存在。

（三）拱辰街道、长阳镇和窦店镇农村居民人均纯收入最高，大安山乡最低

表 1　2010—2013 年房山区农民人均纯收入

单位：元

乡镇（街道）	2010 年	2011 年	2012 年	2013 年
全区	12 492	13 527	15 192	16 916
城关街道	13 222	14 882	16 755	18 865
拱辰街道	15 381	17 334	20 107	22 637
西潞街道	12 218	13 882	16 183	18 891
良乡镇	11 170	12 665	14 271	16 123
周口店镇	11 908	13 398	15 073	16 957
琉璃河镇	11 590	13 103	14 817	16 724
阎村镇	14 783	16 735	18 832	21 186
窦店镇	15 683	17 644	19 851	22 339
石楼镇	11 300	12 723	14 314	16 108
长阳镇	15 182	17 090	20 006	22 510
河北镇	9 206	9 666	9 956	10 569
长沟镇	10 814	12 299	13 989	15 779
大石窝镇	10 568	12 036	13 568	15 280

（续）

乡镇（街道）	2010 年	2011 年	2012 年	2013 年
张坊镇	9 232	10 386	11 680	13 162
十渡镇	8 953	9 670	9 655	10 862
青龙湖镇	10 964	12 374	13 979	15 728
韩村河镇	11 555	12 999	14 624	16 452
霞云岭乡	9 808	9 837	9 967	10 964
南窖乡	10 304	6 973	7 773	8 830
佛子庄乡	5 804	6 303	6 825	7 331
大安山乡	5 108	5 606	6 319	7 292
史家营乡	8 806	8 812	9 736	10 360
蒲洼乡	6 661	7 493	8 442	9 517

　　从收入的绝对值来看，2010—2013 年排在前三位的乡镇分别是拱辰街道、长阳镇和窦店镇，排在后两位的乡镇分别是佛子庄乡和大安山乡。近年来，作为房山区区府所在地的拱辰街道办事处，城市化极速发展，经济得到了飞跃式提升，居民生活水平稳步提高，消费能力逐年攀升。2013 年，拱辰街道农村居民人均纯收入最高。

二、房山区农村居民收入结构分析

　　农村居民收入中有不同构成，各构成的增长阻力是不同的，其增长潜力和空间也是有差别。因此，有必要根据农民收入结构进行分类探索。2014 年，工资性收入仍是主体，占 70.7%，家庭经营收入、财产性收入和转移性收入分别占 22.0%、2.4% 和 15.4%。

工资性收入处于绝对的支撑地位，无论是所占比重还是对农村居民增收的贡献均位居四项收入之首。

（一）工资性收入高于全市平均水平

工资性收入 13 298 元，同比增长 15.5%，占家庭总收入的比重达到 64%，对家庭总收入增长的贡献率为 99.5%，拉动家庭总收入 9.4 个百分点。全市工资性收入 13 072 元，同比增长 8.6%。

工资性收入是农村居民增收的主力军。快速增长的因素：一是 2014 年外出务工人数增加，务工工资水平增长较快。二是房山区大力发展新材料、新能源、高端装备制造和航空航天等战略性新兴产业，这些重点建设工程的开工，为农村剩余劳动力提供了大量的本地就业岗位。同时政府加大了清欠农民工工资的力度，保证农村居民务工工资能够及时到位，有力地推动了农村居民工资性收入的增加。三是随着街道中心区改造、农村二、三产业的不断发展以及劳动力转移，农民就业领域逐渐多元化，从事农业生产的收入比重不断下降，工资性收入（含外出打工收入）不断提高。主要体现在：产业结构调整和企业不断升级改造，餐饮业、服务业、商贸业逐渐繁荣，工资水平明显提升。此外，各级政府切实加强领导，确保各项培训目标任务落到实处，定期进行监督检查，同时转变培训方式，根据农民需要组织培训，注重培训的实效，提高他们的就业竞争力，使农民工更容易找到适合自己的工作。

（二）家庭经营收入有所下降

家庭经营收入 4 138 元，同比下降 6.2%。从收入构成看，第一产业收入 443 元，同比增长 14.6%；第二产业收入 135 元，同比下降 54.2%；第三产业收入 3 560 元，同比下降 4.5%。全市家庭经营收入 867 元，增长 4.1%。

家庭经营收入的下降主要是物价上涨、经营成本增加、竞争激烈、生产规模进一步缩减所致。在郊区城镇化快速推进、生态建设任务不断加重、户均耕地资源进一步减少的影响下，家庭经营收入可能会继续下降。今后，要改变传统经济方式，大力推广第三产业发展，扩宽富民道路，鼓励农民自主创业。

（三）财产性收入下降较快

财产性收入 452 元，同比下降 21%，下降幅度已达两成。从收入构成看，利息收入 44 元，下降 35.2%；租金收入 132 元，下降 47.5%。全市财产性收入 2 452 元，增长 21.2%，只占到全市平均水平的 18.4%。

财产性收入的下降主要是受旧房改造、危房拆除等城市化建设项目的政策连带效应，以及房地产市场持续走低，使得平房居民曾经"一住多租"现象有所减少，租金收入的普遍下降。

（四）退休金、养老金收入拉动转移性收入快速增长

转移性收入 2 904 元，同比增长 16.1%。从收入构成看，离退休金、养老金为 1 775 元，同比增长 27.2%；各项补贴收入 874 元，同比增长 24.5%，在转移性收入中占比 30.1%。全市转移性收入 3 835 元，增长 11.3%。

转移性收入快速增长。一是得益于近年来政府出台的各项惠民

政策措施，养老金和退休金连续上调。二是各项利好政策，如土地流传和林权制度改革的大力推进，使农民从土地中进一步解放出来，有余力外出打工、从事其他生产，而且直接拿到现金得到实惠。三是房山区拥有三分之一的山区地势，林地面积较广，涉及退耕还林的农户较多，国家退耕还林补助政策的周期延长，使得农户退耕还林补贴不断增长，促使转移性收入快速提升。

三、进一步促进农民增收的几点建议

近年来，房山区农村居民收入有了很大的提高，但城乡二元结构尚未完全打破，体制束缚仍然存在，城乡居民收入差距仍在不断扩大。全区"三二一"空间布局已经明确，城市化、工业化的快速推进，对提升农业农村发展水平，最大限度地转移农村人口提出了新要求。虽然增收的基础还比较脆弱、增收渠道还有待拓宽、增收长效机制尚未建立，促进农民转移就业、稳定就业、质量就业的难度不断增大，但是农民增收是缩小城乡差距、实现城乡一体化的中心环节，促进农民增收的关键是就业增收、帮扶增收和政策增收，要不断增加农民收入，改善农民生活。

（一）重视农民工资性收入的合理增长

2014 年，房山区完成平原造林 6.6 万亩，其中平原造林面积 6 万亩，比上年增长 19.1％，实现产值 8.2 亿元，同比增长 30.4％。工资性收入的快速增长，主要是依靠扩大获得工资性收入的群体规模实现的。随着转移就业的深入进行，现在可转移的农村劳动力已经越来越少。因此应将促进农民工资性收入增长的重点转向提高农民转移就业的工资水平、建立合理的薪酬增长机制上来。让更多的农民参与到新农村建设、平原造林及后期管护当中，在生态建设、绿岗就业中增加工资性收入。

尽快落实提高农村公益性岗位的补贴标准。自 2004 年开发农村公益性岗位、安置就业困难的农村剩余劳动力实现转移就业的政策实施以来，对于农民增收和农村社会事业发展发挥了积极的作用。但是，这项政策执行至今已经快十年了，岗位补贴依然延续最初的每人每月 500 元的标准，需要适当的提高补贴标准并建立合理的增长机制。同时，财政转移支付的村级公益补助、生态补偿等也需要有合理的增长。此外，加快完善城乡统一的就业政策体系，积极推进农村劳动力转移就业管理制度与就业失业管理制度并轨，推动农民向二、三产业转移就业。加大农民转移就业的政策扶持力度，全面实施就业精细化服务，稳定就业数量，提高就业质量，努力实现高薪稳定就业。

（二）以城市化发展引领都市型现代农业转型提升

按照北京市调结构转方式发展高效节水农业的总体部署，房山区提出了都市型现代农业的发展思路，确定了优化粮食种植，稳定蔬菜生产，控制畜禽养殖，增加林水面积的目标，鼓励发展体现首都功能定位的节水农业、籽种农业和生态农业，不再支持小散低的种植、养殖业发展，合理控制农田务工人员。做强食用菌、籽种、蔬菜等农业产业，做大红酒、磨盘柿、中草药等特色产业，做优农业休闲观光产业，控制养殖业新增规模，疏解现有总量，提高养殖水平。

目前，京郊农产品还处于生产没有明确计划、流通没有规模组织的自由竞争阶段，没有进入产业链条完整、有效有序竞争的阶段。应退出低端，向高端的农业转型，发展高精尖的农业。紧紧围绕京津冀协同发展要求，加快实施"龙头"战略，吸引国内外农产品加工、贸易、生产知名企业总部在房山发展，探索"外埠建基地、区内精加工"转型发展模式。鼓励合作社开展流通合作，拓宽合作社进入市场的新模式，解决"卖难"问题，保证农民受益。按照"平原建园区、浅山聚酒庄、深山抓沟域"产业布局，着力打造绿色可持续发展现代农业体系。

（三）深化农村土地制度改革，释放资源要素市场活力

近年来，房山区深化农村土地制度改革，扎实推进"新三起来"。以改革统揽全局，创新市场驱动机制，以"土地流转起来、资产经营起来、农民组织起来"引领农村改革与发展，引导城市现代生产要素向农业农村流动。截至 2014 年 4 月，确权土地面积42.8 万亩，流转面积 30 万亩，占确权面积的 70%。集体土地储备1 860 公顷，成交土地 467 公顷，占储备面积的 25.1%。

要紧紧围绕农村改革，以"新三起来"为抓手，以市场化为取向，探索建立统筹协调的"三农"发展机制，激发农村发展活力，实现农民有资源支配、有资产经营、有资格入市。把农民从土地中解放出来，使农业和农村的更多隐形资产进入市场，实现效益提升和富民增收。认真总结推广平原造林、酒用葡萄种植等有组织地进行土地流转的好做法，促进"土地流转起来"。土地流转必须尊重

农民意愿，必须通过公开市场进行，把农民的主体作用、市场在资源配置中的决定作用和规划引导、用途管制结合起来，释放出土地等资源要素更强的市场活力。

（四）推进城乡基本公共服务均等化，统一城乡养老、医疗保障水平

"十二五"时期前四年，房山区农村居民转移性收入增长了200％多，实现了快速增长。但城乡居民的转移性收入从数量、占比、增加额几方面比较，都存在巨大的差异。目前，城镇居民享受的医疗社会保险实行实时报销，支出的只是医疗费用的自付部分，而农村居民多数都是参加新型农村合作医疗，需要全额支付医疗费用。与城镇居民相比，农村居民在享受医疗、养老等社会保障方面还存在明显的差距，这是城乡发展一体化的短板。"十三五"时期缩小城乡差别、实现城乡发展一体化的任务仍很艰巨。

北京市目前规划的城市发展新区和生态涵养区，是规划出来而不是自然形成的，这就要求市政府在整体建设中发挥主导作用。将新增的居民转移性收入更多地向农村居民倾斜，提高农村居民基础养老金、福利养老金标准，推进新型农村合作医疗市级统筹，逐步实现新农合及时结算，逐渐完善城乡救助体系。推进城乡基本公共服务均等化，让农民与城市居民共同分享改革发展成果。

（五）健全低收入农户增收的长效机制，加大对低收入群体的关注

根据北京城市功能区定位，生态涵养区是北京的生态屏障和水

源保护地，其首要功能是生态涵养，所有与生态保护相抵触的产业都要退出。在转型过程中，由于缺乏产业支撑，农村居民收入来源少，下降非常明显。应创新扶贫方式，加强"精准扶贫"，根据每个乡镇和各村的情况，确定符合当地发展的产业项目，让农民就地解决就业。完善低收入农户的社会保障政策，给广大低收入农户提供兜底保障。

严格落实平原造林安排本地农民参加养护人员不低于养护人员总数60％的规定。树立"绿岗就业"的理念，在拓展绿色空间过程中，结合绿色城镇、绿色村庄和社区建设，切实找准经济发展与充分就业的结合点，坚持在生态建设中吸纳农民就业，在绿色资源管护中促进农民就业，在发展林水产业中拉动农民就业，使广大农民在造林绿化、生态管护和经营林业中更加受益，真正让绿色产业成为促进农民增收的新空间。不断缩小低收入农户与全区农民人均纯收入的差距，显著改善农村生产生活条件和生态环境，保持社会稳定。

执笔人：周颖

第三节 房山区城乡一体化发展区域性研究

房山区三大组团地区城镇化发展评估报告

房山区新型城镇化按照"三二一"空间布局（三大城市组团、两条城市发展带、一个城市发展环）分类推进。近几年，以三大组团地区为龙头，在经济、产业、人口和土地规划指标等方面都取得了较快速度和较大幅度的增长。房山区三大组团地区包括长良、燕房和窦店三大组团，一共涉及9镇（街道）185个村。其中长良组团包括长阳镇、拱辰街道、西潞街道、良乡镇、阎村镇、青龙湖镇等6镇（街道），共133个村；燕房组团包括城关街道和燕山地区，共22个村；窦店组团包括窦店镇，共30个村。

一、发展政策

发展政策主要从北京市、房山区两个层面进行梳理，北京市层面主要梳理了：《北京城市总体规划（2004—2020 年）》《促进城市南部地区加快发展行动计划》《北京市人民政府关于加快西部地区转型发展的实施意见》《北京市主体功能区规划》；房山区层面主要有：《房山新城规划（2005—2020 年）》《房山区经济和社会发展"十二五"规划》。针对房山区农村城市化和城乡一体化的政策实施，从产业、人口和搬迁三个维度进行梳理（两带、一环地区同），见表 1。

1. 产业政策方面，创建"一企一镇"合作机制，通过园区建设推动产业升级。 从北京市政策来看，房山区的产业定位主要是通过产业园区建设带动高端服务业、高新技术产业、现代制造业项目发展，创建"一企一镇"合作机制，推动产业升级。从房山区政策来看，三大组团分别成为新材料产业、新型装备制造业和商贸流通集散中心，通过功能区溢出带动效应引导产业发展和升级。

2. 人口政策方面，需要协调好人口资源环境发展水平，提高地区功能承载力。 三大组团地区是房山区推进城市化进程中的人口集聚地区，人口规模进行相应控制，"十二五"期间全区城市化率和常住人口需控制在一定范围之内。

3. 山区搬迁政策规定了集中与分散相结合的方式，尊重农民意愿。 三大组团地区是房山区煤矿关闭后搬迁安置房和配套设施建设项目的主要地区，并承担着外迁人员转岗就业的重要任务。

表 1 三大组团地区城乡一体化相关政策

	政策	产业	人口	搬迁
北京市	北京城市总体规划（2004—2020年）	（房山新城是）北京面向区域发展的重要节点，引导发展现代制造业、新材料产业（石油化工、新型建材），以及物流、旅游服务、教育等功能。	积极引导人口的合理分布，通过疏散中心城的产业和人口，大力推进城市化进程，促进人口向新城和小城镇集聚。2020年，房山新城规划人口规模约60万人。	加强农村居民点的整合……推动产业向规模经营集中、工业向园区集中、农民向城镇集中。
	促进城市南部地区加快发展行动计划	建设永定河水岸经济带，构建绿色经济走廊。提升产业园区发展能级，发挥高端引领作用。加快一批高端服务业项目发展。支持一批高新技术产业和现代制造业项目集聚发展。进一步淘汰和退出落后产业，大力发展新型替代产业项目。推动产业业态升级与城市发展趋势相适应。	—	
	北京市人民政府关于加快西部地区转型发展的实施意见	加快建设北京良乡经济开发区、房山工业园区、北京石化新材料科技产业基地、窦店现代制造业产业基地等产业园区，实施京西重工、长安新能源汽车等重大项目，重点发展高端制造、新能源、新材料和现代服务业，打造房山新城现代产业发展区。 创建"一企一镇"合作机制。将镇企合作纳入本市区县合作机制。	—	稳步推进山区人口搬迁工作。实施房山煤矿关闭地区人口搬迁工程，重点建设公主坟等地安置房和配套设施。加强再就业培训，帮扶外迁人员实现转岗就业，逐步实现"搬得出、稳得住、能致富"的目标。

（续）

	政策	产业	人口	搬迁
北京市	北京市主体功能区规划	打造高技术制造业、战略性新兴产业和现代服务业集群发展区。重点建设北京石化新材料科技产业基地、窦店高端现代制造业基地等高端制造业专业集聚区，努力形成一批国际一流、特色鲜明、高端高效的产业发展园区。	人口资源环境协调发展水平进一步提升。城市发展新区人口、功能承载力显著增强；生态涵养发展区人口向新城和小城镇集聚，涵养水源及生态功能显著提升。	引导生态涵养发展区人口集聚，人口集聚水平显著提高。
房山区	房山新城规划（2005—2020年）	以燕房新城组团为核心，组合阎村工业区、石楼工业区，与河北省周边城市形成上下游产业链，建设北京石油化工新材料产业基地。 以窦店新型建材产业研发基地为基础，建材产业向低物耗、低能耗、无污染、高性能、多用途、高附加值方向发展，积极发展建材研发、展示、推广、咨询服务业，形成北京住宅产业试验基地。 以良乡、窦店为基地，建设北京西南装备制造业基地，重点发展领域是数控机床、印刷机械、智能化仪器仪表和医疗设备，积极发展相关研发、展示、培训、咨询等生产性服务业，与河北周边城市形成加工配套链条，带动区域相关产业发展。 形成以新城商业中心、社区配套商业以及城郊大型商业综合体共同组成的商业设施网络，建设首都西南商贸流通中心。	积极引导人口向新城和新城周边城镇集聚。2020年，新城良乡组团与燕房组团规划城市人口总和控制在55.7万人，新城周边城镇的城镇人口达到21.7万人，比现状城镇人口增长51.5万人。	采取集中与分散相结合的方式，加快搬迁山区生存及发展条件恶劣的村庄。 分散搬迁约2.6万人：主要迁至青龙湖、长阳、阎村、窦店、周口店等新城周边镇，形成人口集聚和替代产业集聚区。 集中搬迁约1.9万人：在青龙湖、阎村之间规划预留集中安置区，集中规划，优先配置公共服务设施。

（续）

	政策	产业	人口	搬迁
房山区	房山区经济和社会发展"十二五"规划	良乡长阳新城组团——以中央休闲购物区（CSD）为依托，以商务休闲产业、科教创意产业、中核装备制造、总部经济和科技研发成果转化为重点，打造全面融入首都、走向世界的新城示范区和世界城市的绿色水岸硅谷。 燕房新城组团——以石化新材料产业基地为依托，与良乡新城组团相呼应，建成以石化新材料为主导、现代服务业为补充的首都石化新材料产业新城。 窦店重点城镇群落——以窦店高端现代制造业产业基地为依托，以窦店、良乡为核心，聚拢窦店和琉璃河、良乡、韩村河部分区域，统筹完善服务功能，逐步建设成为首都南部高端制造业新城。	全区城市化率力争达到80%，常住人口规模控制在110万以内。	"十二五"期间，按照山区农民自愿原则，采取集中安置与分散安置相结合方式，实施山区人口外迁工程，山区搬迁人口不少于2万人。

二、基本情况

（一）总体情况

2013年，房山区三大组团地区基本情况如下：

从经济指标看，三大组团地区固定资产投资总量为181.6亿元，占所有乡镇总量的76.8%，同比下降17.9%；税收收入实际完成60.6亿元，占所有乡镇总量的88.3%，完成全年任务的109.9%；财政收入实际完成24.8亿元，占所有乡镇总量的

89.8％，完成全年任务的 110.5％。

从产业指标来看，三大组团地区乡村从业人员在一、二、三产业的分布比例为 12.9∶29.4∶57.7，全区这一比例为 23.8∶28.3∶47.9；工业主要经济指标方面，工业总产值达到 120.8 亿元，占全区 75.1％，主营业务收入达 102.7 亿元，占全区 70.8％，利润总额为 1.3 亿元。

从人口指标来看，三大组团地区户籍人口为 35.7 万人，占全区 45.5％；农业户籍人口 12.4 万人，占全区 36.9％；三大组团农业户籍人口占地区户籍总人口的 34.6％，低于全区的 42.6％。三大组团地区乡村从业人员占乡村总人口比例为 50.9％。

从土地规划指标来看，三大组团地区土地总面积为 41 741 公顷，占全区比例为 21.4％；建设区面积 19 233 公顷，占全区比例为 63.7％；建设区面积占本地区土地总面积比重为 46.1％，高于全区平均水平 15.4％。三大组团地区（不含燕山地区）到 2020 年规划新增建设占用农用地合计控制在 5 476 公顷以内，土地整理复垦开发不少于 1 061 公顷，两者之差不大于 4 415 公顷。

（二）分类情况

1. 经济指标

（1）固定资产投资情况。第一，三大组团地区八乡镇（街道）固定资产投入占各乡镇合计总额的比例达到八成左右。尽管 2013 年占比为近五年最低，也达到 76.8％。其中，长阳、拱辰和城关三镇（街道）位列前三位，分别达到 90.8 亿元、31.7 亿元和 23.7

亿元。重大工程项目和城市组团规划的实施，加快了主体商业空间开发和产业用地的配套落实，投资拉动实现了地区经济的跨越发展、高端发展，快速推动了房山区城市化进程。

第二，三大组团八乡镇（街道）近三年固定资产投资顶峰出现在 2012 年。从数据来看，2011 年至 2013 年，三大组团地区 8 个乡镇（街道）合计固定资产投资额度同比增长率分别为－45.8％、35.7％和－17.9％，与全区情况类似，这也反映了三大组团地区在这项数据中的权重很大。

（2）财政和税收情况。第一，从实际完成全年任务百分比来看，三大组团地区除个别乡镇（街道）外，均较好地完成了年度税收和财政任务，且地区平均水平高于全区所有乡镇平均水平。这说明三大组团地区整体经济实力较强，在城市化推进过程中为全区农村城市化目标的实现能够提供资金动力，也应该是能够最先实现农村城市化的地区。

第二，三大组团八乡镇（街道）财税收入实际完成额度占总额百分比接近九成。这个比例与固定资产投资额度类似，得益于大量的固定资产投资和三大组团功能区溢出带动效应，大量财税收入资金为快速推进地区城市化进程奠定了经济基础。

单位：万元

表 2　三大组团地区固定资产投资情况统计表

乡镇（街道）	2011			2012			2013		
	数额	百分比(%)	增长率(%)	数额	百分比(%)	增长率(%)	数额	百分比(%)	增长率(%)
所有乡镇合计	1 971 812		−45.6	2 657 201		34.8	2 363 613		−11.0
三大组团地区合计	1 630 182	82.7	−45.8	2 211 972	83.2	35.7	1 816 305	76.8	−17.9
城关	134 338	6.8	−46.7	307 761	11.6	129.1	236 808	10.0	−23.1
拱辰	246 042	12.5	−60	292 837	11.0	19.0	316 653	13.4	8.1
西潞	53 494	2.7	−70	44 438	1.7	−16.9	15 855	0.7	−64.3
良乡	14 358	0.7	−56	24 903	0.9	73.4	16 713	0.7	−32.9
阎村	75 950	3.9	−85.2	80 018	3.0	5.4	95 368	4.0	19.2
窦店	152 484	7.7	−49.5	170 938	6.4	12.1	160 067	6.8	−6.4
长阳	916 951	46.5	0.3	1 223 463	46.0	33.4	907 919	38.4	−25.8
青龙湖	36 565	1.9	−81.7	67 614	2.5	84.9	66 922	2.8	−1.0

注："百分比"表示各乡镇（"三一一"地区）占全区所有乡镇总额的百分比。

数据来源：《房山区统计年鉴》，由作者计算整理。

表 3　三大组团地区税收情况统计表

单位：万元

乡镇（街道）	2011			2012			2013		
	全年任务	实际完成	完成任务百分比（%）	全年任务	实际完成	完成任务百分比（%）	全年任务	实际完成	完成任务百分比（%）
所有乡镇合计	437 374	487 844	111.5	564 550	572 723	101.4	641 110	686 235	107.0
三大组团地区合计	346 800	400 422	115.5	464 520	491 874	105.9	551 360	606 190	109.9
城关	67 500	75 928	112.5	88 080	121 272	137.7	136 000	121 549	89.4
拱辰	80 300	78 103	97.3	90 600	91 218	100.7	102 200	106 435	104.1
西潞	30 900	31 554	102.1	36 600	37 325	102.0	41 800	46 843	112.1
良乡	15 700	25 684	163.6	29 790	30 156	101.2	33 800	36 299	107.4
阎村	28 400	30 660	108.0	35 600	35 724	100.3	40 000	41 504	103.8
窦店	36 900	39 465	107.0	45 800	45 841	100.1	51 500	53 176	103.3
长阳	75 800	104 261	137.5	120 900	121 027	100.1	135 600	187 879	138.6
青龙湖	11 300	14 768	130.7	17 150	9 312	54.3	10 460	12 506	119.6

数据来源：《房山区统计年鉴》，由作者计算整理。

表 4　三大组团地区财政收入情况统计表

单位：万元

乡镇（街道）	2011			2012			2013		
	全年任务	实际完成	完成任务百分比（%）	全年任务	实际完成	完成任务百分比（%）	全年任务	实际完成	完成任务百分比（%）
所有乡镇合计	153 211	179 893	117.4	208 415	223 793	107.4	253 420	276 559	109.1
三大组团地区合计	126 210	151 436	120.0	175 810	198 178	112.7	224 760	248 406	110.5
城关	20 760	24 963	120.2	29 000	51 132	176.3	58 000	47 710	82.3
拱辰	30 200	30 777	101.9	35 700	36 025	100.9	40 860	45 449	111.2
西潞	13 005	14 019	107.8	16 300	16 346	100.3	18 535	18 981	102.4
良乡	5 980	8 832	147.7	10 250	10 353	101.0	11 740	13 332	113.6
阎村	10 460	9 897	94.6	11 500	12 420	108.0	14 090	14 104	100.1
窦店	10 120	11 146	110.1	12 900	12 991	100.7	14 730	20 760	140.9
长阳	32 260	47 608	147.6	55 300	55 467	100.3	62 900	83 089	132.1
青龙湖	3 425	4 194	122.4	4 860	3 444	70.9	3 905	4 981	127.5

数据来源：《房山区统计年鉴》，由作者计算整理。

表5　三大组团地区财税百分比情况

乡镇(街道)	2011		2012		2013	
	财政百分比(%)	税收百分比(%)	财政百分比(%)	税收百分比(%)	财政百分比(%)	税收百分比(%)
三大组团地区合计	84.2	82.1	88.6	85.9	89.8	88.3
城关	13.9	15.6	22.9	21.2	17.3	17.7
拱辰	17.1	16	16.1	15.9	16.4	15.5
西潞	7.8	6.5	7.3	6.5	6.9	6.8
良乡	4.9	5.3	4.6	5.3	4.8	5.3
阎村	5.5	6.3	5.6	6.2	5.1	6.1
窦店	6.2	8.1	5.8	8	7.5	7.8
长阳	26.5	21.4	24.8	21.1	30	27.4
青龙湖	2.3	3	1.5	1.6	1.8	1.8

注："财政/税收百分比"表示各乡镇（"三二一"地区）数额占全区所有乡镇总额的百分比。
数据来源：《房山区统计年鉴》，由作者计算整理。

第三，长阳、城关和拱辰占比较大、增长迅速，其他各乡镇（街道）财税收入占比不大、近年增长缓慢（图1、图2）。主要原因在于除土地财政之外的经济增长手段缺乏，新兴产业和创新体制对经济发展的贡献较小，需要在经济发展步入新常态、首都总规修编的"瘦身"背景下探索符合首都功能的新的经济增长方式和产业转型升级，为推动农村城市化和城乡一体化发展提供动力源。

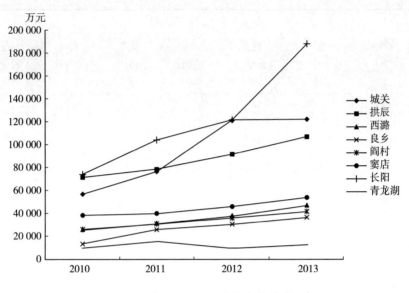

图1　三大组团地区税收变化走势图

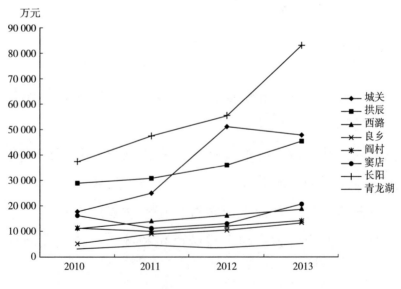

图2　三大组团地区财政变化走势图

2. 产业指标

（1）三大产业乡村从业人员分布和变化情况①。第一，除窦店、青龙湖和良乡外，三产占比均高于全区平均水平；城关、拱辰、西潞三个街道三产乡村从业人员均超过六成，一产不足10%，具有较为明显的城市化后期特征；良乡、青龙湖、窦店和长阳目前还有15%以上的一产从业人员，生产方式相对于城市化进程还需要进一步调整。城关、拱辰和西潞街道除部分村庄尚存在上楼拆迁和转居任务外，大部分地区均已实现生产生活方式的城市化转变，整体产业形态上已经具备了城市地区的发展特征，进入城市化的收尾阶段。窦店作为全区高端制造业中心，二产从业人员占比最高；青龙湖尚处于城市化初期，三产从业人员数量有待提高。

第二，近三年，三大组团地区一产乡村从业人员占比下降2个百分点，三产占比增加3个百分点，均高于全区水平，产业结构调整优化有序进行。西潞、拱辰二产从业人员占比下降最多，阎村、长阳一产从业人员占比下降最多，相应的，这四个乡镇（街道）的三产从业人员占比也增加最多。其中，西潞、拱辰二产从业人员占比分别下降7.1和6.3个百分点，三产从业人员占比分别上升8.7和6.4个百分点，这两个街道位于房山新城核心区，利用交通便利、物流发达等优势，发展成为房山区商贸、金融与经济发展的核心地区，形成了餐饮业、服务业、商贸业及建筑业占主体的产业结构，近三年产业结构进一步优化，三产从业人员占比进一步加大，巩固了城市化推进效果。阎村和长阳一产从业人员占比分别下降

---

① 由于暂时没有各乡镇（街道）三大产业经济数据，这里以三大产业乡村从业人员分布作为替代分析。

6.1 和 4.5 个百分点，三产从业人员占比分别上升 4.8 和 4.4 个百分点，产业调整优化效果明显，主要得益于轨道交通房山线的竣工通车和燕房线的建设，有效的改善地区的交通环境，发挥城市建设的引导功能，提升沿线土地价值，对疏解中心城人口和产业，推动城市功能布局优化效果显著。

表 6　三大产业乡村从业人员占比变化情况（2013 年相对于 2011 年）

乡镇（街道）	一产变化	二产变化	三产变化
所有乡镇合计	−1.6	−0.9	2.5
三大组团地区合计	−2.0	−0.9	3.0
城关	−0.6	−1.7	2.3
拱辰	−0.1	−6.3	6.4
西潞	−1.6	−7.1	8.7
良乡	1.5	−0.5	−0.9
阎村	−6.1	1.2	4.8
窦店	−1.3	0.5	0.9
长阳	−4.5	0.1	4.4
青龙湖	−3.1	1.6	1.6

数据来源：《房山区统计年鉴》，由作者计算整理。

　　（2）工业主要经济指标情况。从工业主要经济指标来看，窦店、城关和长阳三镇工业总产值占全区一半还多，尤其是窦店与长安汽车、中国北车等大型央企合作，打造高端制造业基地，具有组团推进城市化的功能溢出效应。但目前存在利润不高、发展瓶颈、首都非核心功能转移等问题，需要抓住与中关村管委会签署战略合作协议的机遇，大力发展信息技术、新材料和高端装备制造等，实现产业的创新升级。

表 7　三大产业乡村从业人员情况统计表

单位：人

乡镇（街道）	2011						2012						2013					
	一产	一产占比(%)	二产	二产占比(%)	三产	三产占比(%)	一产	一产占比(%)	二产	二产占比(%)	三产	三产占比(%)	一产	一产占比(%)	二产	二产占比(%)	三产	三产占比(%)
所有乡镇合计	74 322	25.4	85 478	29.2	132 616	45.4	72 098	24.7	86 005	29.0	136 977	46.3	72 098	23.8	85 637	28.3	145 135	47.9
三个组团地区合计	19 587	14.9	39 891	30.4	71 908	54.7	17 955	13.7	41 281	30.7	74 711	55.6	17 955	12.9	41 038	29.4	80 531	57.7
城关	2 763	9.4	7 476	25.4	19 217	65.2	2 795	8.9	8 320	26.7	20 003	64.3	2 795	8.8	7 555	23.7	21 486	67.5
拱辰	233	1.8	4 068	32.1	8 378	66.1	213	1.8	3 531	28.1	8 790	70.0	213	1.7	3 333	25.8	9 362	72.5
西潞	525	8.7	2 179	36.2	3 322	55.1	466	8.2	2 312	35.8	3 618	56.0	466	7.1	1 898	29.1	4 163	63.8
良乡	2 194	20.4	3 357	31.2	5 193	48.3	2 403	20.7	3 474	32.2	5 083	47.1	2 403	21.9	3 377	30.7	5 205	47.4
阎村	2 217	14.5	4 407	28.7	8 705	56.8	1 347	10.0	4 510	29.4	9 291	60.6	1 347	8.4	4 779	29.9	9 845	61.6
窦店	3 999	19.1	7 967	38.1	8 933	42.7	3 776	18.9	8 137	38.6	8 954	42.5	3 776	17.8	8 189	38.6	9 260	43.6
长阳	3 078	19.6	3 556	22.7	9 040	57.7	2 629	17.5	3 171	21.2	9 192	61.3	2 629	15.1	3 989	22.8	10 842	62.1
青龙湖	4 578	22.2	6 881	33.4	9 120	44.3	4 326	20.4	7 826	35.4	9 780	44.2	4 326	19.1	7 918	35	10 368	45.9

数据来源：《房山区统计年鉴》，由作者计算整理。

表 8　工业主要经济指标情况统计表

单位：千元

乡镇（街道）	2011					2012					2013				
	工业总产值	百分比(%)	主营业务收入	百分比(%)	利润总额	工业总产值	百分比(%)	主营业务收入	百分比(%)	利润总额	工业总产值	百分比(%)	主营业务收入	百分比(%)	利润总额
所有乡镇合计	14 558 008.1		15 342 608.0		373 974.0	13 368 335.1		14 324 769.8		−268 628.0	16 087 341.4		14 510 732.1		68 248.0
三大组团地区合计	9 740 634.8	66.9	10 158 294.1	66.2	400 538.0	9 380 391.7	70.2	9 830 746.4	68.6	−107 224.0	12 075 478.5	75.1	10 269 415.5	70.8	130 095.0
城关	2 946 784.2	20.2	3 375 655.6	22.0	39 280.0	2 841 073.2	21.3	3 016 985.5	21.1	50 895.0	2 950 363.3	18.3	3 130 079.1	21.6	66 778.0
拱辰	278 166.3	1.9	295 670.6	1.9	−2 006.0	325 366.2	2.4	327 358.4	2.3	−4 755.0	345 940.4	2.2	330 432.6	2.3	−8 932.0
西潞	358 090.0	2.5	403 108.2	2.6	1 921.0	384 178.1	2.9	384 332.4	2.7	−19 121.0	272 948.2	1.7	281 369.3	1.9	−7 694.0
良乡	679 298.7	4.7	685 460.2	4.5	28 777.0	963 718.4	7.2	1 101 416.5	7.7	44 473.0	1 158 068.7	7.2	1 011 141.1	7.0	43 758.0
阎村	1 167 219.4	8.0	1 169 553.2	7.6	14 530.0	887 162.4	6.6	960 817.4	6.7	−15 428.0	988 255.4	6.1	1 040 055.7	7.2	−7 018.0
窦店	1 536 176.0	10.6	1 440 531.8	9.4	137 988.0	1 399 504.0	10.5	1 572 488.1	11.0	−263 801.0	3 874 526.7	24.1	1 777 091.5	12.2	−23 676.0
长阳	1 910 642.1	13.1	1 930 037.9	12.6	56 398.0	1 965 734.6	14.7	1 853 349.2	12.9	87 022.0	1 850 303.3	11.5	2 054 169.7	14.2	37 500.0
青龙湖	864 258.1	0.6	858 276.6	0.6	123 650.0	613 654.8	0.4	613 998.9	0.4	13 491.0	635 072.5	0.2	645 075.8	0.1	29 379.0

注："百分比"表示各乡镇（"三二一"地区）占全区所有乡镇总额的百分比。

数据来源：《房山区统计年鉴》，由作者计算整理。

3. 人口指标。第一，从户籍人数变化情况来看，三大组团地区（尤其是长阳、拱辰和城关）是推进农村城市化的主要地区。2013 年，三大组团地区户籍人数为 35.7 万人，占全区总数的比重为 45.5％，农业人口为 12.4 万人，占全区 36.9％。三大组团地区近三年户籍人数增加了 10 118 人，占全区户籍增加人数的 78.9％；农业人口减少 8 193 人，占全区农业人口减少总量的 60.7％，其中，长阳、拱辰和城关三个乡镇（街道）农业人口分别减少了 2 037 人、1 735 人和 1 477 人，占全区农业人口减少总量的 38.9％，是推进农村城市化工作的主要地区。

第二，从乡村人口及乡村从业人员数据来看，三大组团地区各镇（街道）乡村从业人员占比仅五成，低于全区平均水平。其中，拱辰、西潞、阎村、长阳和青龙湖 2013 年乡村从业人员占比均低于全区平均水平，一方面由于征地拆迁，原住居民通过级差地租上涨带动房租上涨，使得乡村地区就业比例统计数据偏低；另一方面，对上楼转居之后就业问题是否得到妥善解决也应当引起注意。

4. 土地规划指标。根据房山区 2006—2020 年各乡镇土地利用总体规划，各乡镇土地总面积由允许建设区、有条件建设区、限制建设区和禁止建设区四种土地性质构成。

第一，从土地利用空间管制分区来看，三大组团地区是推进农村城市化和城乡一体化的主要地区。三大组团地区土地总面积为 41 741 公顷，占全区比重 21.3％；建设区面积为 19 233 公顷，占全区比重 63.7％；三大组团地区建设区面积占土地总面积比重为 46.1％，大大高于全区平均水平 15.4％，是推进农村城市化和城乡一体化的主要地区。

表9 三大组团地区户籍人数情况统计表

单位：人

乡镇（街道）	2011 合计	农业	农业占比(%)	百分比(%)	2012 合计	农业	农业占比(%)	百分比(%)	2013 合计	农业	农业占比(%)	百分比(%)
所有乡镇合计	773 577	348 457	45.0	37.8	779 526	342 196	43.9	37.3	786 401	334 953	42.6	36.9
三大组团地区合计	347 300	131 867	38.0	37.8	351 707	127 730	36.3	37.3	357 418	123 674	34.6	36.9
城关	70 218	17 059	24.3	4.9	70 660	16 919	23.9	4.9	70 871	15 582	22.0	4.7
拱辰	70 583	5 916	8.4	1.7	71 054	4 684	6.6	1.4	71 477	4 181	5.8	1.2
西路	31 236	3 392	10.9	1.0	31 596	3 385	10.7	1.0	31 838	2 996	9.4	0.9
良乡	16 609	11 979	72.1	3.4	16 793	11 978	71.3	3.5	17 258	12 053	69.8	3.6
阎村	39 628	20 870	52.7	6.0	40 196	20 778	51.7	6.1	40 793	20 571	50.4	6.1
窦店	42 550	27 549	64.7	7.9	43 177	26 871	62.2	7.9	43 886	26 473	60.3	7.9
长阳	35 581	17 816	50.1	5.1	36 742	16 030	43.6	4.7	39 143	15 779	40.3	4.7
青龙湖	40 895	27 286	66.7	7.8	41 489	27 085	65.3	7.9	42 152	26 039	61.8	7.8

注："百分比"表示各乡镇（"三三一"地区）农业人口占全区所有乡镇总农业人口的百分比。

数据来源：《房山区统计年鉴》，由作者计算整理。

表 10　三大组团地区乡村从业人员情况统计表

单位：人

乡镇（街道）	2011				2012				2013			
	乡村人口	乡村从业人员	从业人员占比(%)	百分比(%)	乡村人口	乡村从业人员	从业人员占比(%)	百分比(%)	乡村人口	乡村从业人员	从业人员占比(%)	百分比(%)
所有乡镇合计	552 764	292 416	52.9		564 338	296 088	52.5		583 659	302 870	51.9	
三大组团地区合计	256 198	131 386	51.3	44.9	265 507	134 437	50.6	45.4	273 921	139 524	50.9	46.1
城关	53 616	29 456	54.9	10.1	55 275	31 104	56.3	10.5	54 284	31 836	58.6	10.5
拱辰	23 729	12 679	53.4	4.3	26 158	12 553	48.0	4.2	27 302	12 908	47.3	4.3
西潞	11 239	6 026	53.6	2.1	12 648	6 463	51.1	2.2	14 867	6 527	43.9	2.2
良乡	18 932	10 744	56.8	3.7	19 119	10 792	56.4	3.6	19 730	10 985	55.7	3.6
阎村	32 560	15 329	47.1	5.2	33 763	15 340	45.4	5.2	34 494	15 971	46.3	5.3
窦店	40 570	20 899	51.5	7.1	41 153	21 082	51.2	7.1	42 117	21 225	50.4	7.0
长阳	32 318	15 674	48.5	5.4	32 918	14 988	45.5	5.1	36 727	17 460	47.5	5.8
青龙湖	43 234	20 579	47.6	7.0	44 473	22 115	49.7	7.5	44 400	22 612	50.9	7.5

注：“百分比”表示各乡镇（“三二一”地区）乡村业人员占全区所有乡镇总乡村从业人员的百分比。
数据来源：《房山区统计年鉴》，由作者计算整理。

表 11　三大组团地区土地利用空间管制分区情况

单位：公顷

乡镇 （街道）	允许 建设区	有条件 建设区	限制 建设区	禁止 建设区	建设区	土地 总面积	建设区 占比（％）
所有乡镇合计	25 000	5 216	148 827	16 844	30 216	195 887	15.4
三大组团地区合计	15 730	3 503	22 497	11	19 233	41 741	46.1
城关	2 595	357	2 344	0	2 952	5 296	55.7
拱辰	2 682	235	449	0	2 917	3 366	86.7
西潞	686	272	144	0	958	1 102	86.9
良乡	657	603	1 345	0	1 260	2 605	48.4
阎村	2 621	376	1 820	0	2 997	4 817	62.2
窦店	2 301	712	3 512	0	3 013	6 525	46.2
长阳	2 576	667	5 247	0	3 243	8 490	38.2
青龙湖	1 612	281	7 636	11	1 893	9 540	19.8

注：建设区面积＝允许建设区面积＋有条件建设区面积。

数据来源：北京市国土资源局房山分局，由作者计算整理。

第二，从建设区的面积来看，长阳、窦店和城关面积最多，西潞、拱辰建设区占比最高。从乡镇（街道）来看，长阳、窦店和城关建设区面积最多，分别为 3 243 公顷、3 013 公顷和 2 952 公顷，这三个乡镇也是三大组团的中心地区，需要大量建设用地带动农村城市化的实现。西潞、拱辰、阎村和城关建设区面积占本镇土地总面积比重均超过 50％（西潞、拱辰超过 80％），是农村城市化进程推进较快的地区。

第三，从土地规划的增量指标来看，新增建设占用农用地规模与土地整理复垦开发之间的差值较大。三大组团地区到 2020 年新增建设用地占用农用地规模为 5 476 公顷，占全区的 58.69％，而土地整理复垦开发为 1 061 公顷，占全区的 24.14%；占用农用地与土地整理差值为－4 415 公顷，这一数值占全区的 89.46%。在全市由增量发展转向存量发展的大背景下，需要加大腾笼换鸟力度，实现土地的集约节约利用。

表 12　三大组团地区土地规划增量指标情况

单位：公顷

乡镇（街道）	2020 年新增建设占用农用地规模（以内）	新增建设占用耕地	土地整理复垦开发（不少于）	占用农用地与土地整理之差（按限度值）
所有乡镇合计	9 330	4 320	4 395	－4 935
三大组团地区合计	5 476	2 541	1 061	－4 415
城关	1 008	557	105	－903
拱辰	845	309	26	－819
西潞	108	41	18	－90
良乡	344	175	49	－295
阎村	773	449	49	－724
窦店	1 062	522	397	－665
长阳	782	237	62	－720
青龙湖	554	251	355	－199

数据来源：北京市国土资源局房山分局。

三、发展建议

结合三大组团地区发展现状，我们从发展定位和产业项目两方面对各乡镇情况进行梳理，提出如下发展建议：

（一）长阳镇全力建设好中央休闲购物区项目，力争率先实现地区城市化发展

长阳镇作为长良组团的龙头，其城市化发展战略指导思想是"围绕城市化建设的主线，突出抓好人文居住区、休闲旅游度假区、高新技术产业园区、高效农业园区、高教园区的五区建设，进一步加大经济结构调整、房地产开发、招商引资与二、三产业升级、基础设施建设和党建与依法治镇五项工作力度"。其中，中央休闲购物区（CSD）建设项目作为全区五大功能区之一，将对地区城市化实现率先发展、示范发展起到至关重要的作用。

（二）抓住二道绿隔试点机遇，推进良乡和西潞农村城市化建设

良乡新型城市化示范项目和西潞北五村项目，按照市政府2015年3月23日第32号会议纪要，均已纳入二道绿隔地区试点范围，可以享受相关试点政策，这对于三大组团地区推进农村城市化是一个政策机遇。房山区域城市化发展应当紧紧抓住当前开展二道绿隔建设试点机遇，通过绿隔地区平衡指标调整、农民整建制转居、绿地地区基础设施建设、绿隔地区产业发展、绿隔建设实施的推进创新模式等重点工作，加快制定针对性实施方案，争取市级层面在规划指标、财政资金、建设投入等方面的支持，破解农村城市化难题。

（三）拱辰街道夯实二、三产业发展，加快推进一至五街旧城改造工程

拱辰街道作为房山区商贸、金融、经济发展的核心地区，要继续夯实餐饮业、服务业、商贸业及建筑业的主体产业发展。创新思路办法，做好规划，完善方案，算好明细账，筹措资金，加快推进一至五街改造工程项目建设。巩固农村城市化建设成果，完善梅花庄新村、西部回迁区、北部回迁区、楸树家园等居民定向回迁安置小区公共设施。

（四）城关街道明确产城并举、业城融合发展理念，打造"一城崛起、三点支撑"的发展格局

通过石化新材料科技产业基地、北京石油交易所和北京房山工业园区"三点支撑"，推进京西现代科技新城建设，实现城市与产业互为依托、互为支撑。明确"平台化三产、高附加值二产、主题化一产"的产业发展方向，三产向现代服务业乃至生态服务业升级，依托房山工业园区引进高科技产业，依托石化基地引进新材料产业，依托北京石油交易所发展现代服务业，以实现区域产业结构再造。重点引进一些高端商业品牌，如沃尔玛、上岛咖啡、必胜客、耐克、阿迪达斯等；二产不再以引进实体经济为主，而是将房山工业园区进行重新规划布局，主要以总部经济为主。全力打造以北大科技园为核心的新材料产业、生命与健康产业、节能环保制造业等新兴友好型产业；一产按照都市经济来进行布局，如波龙堡葡萄酒、乐义设施农业、"京一根"等都市

现代农业。

（五）窦店、阎村抓住京津冀协同发展机遇，推进实体经济发展和产业升级

两镇作为全区物流基地、创新产业基地和高端制造中心，承担着实体经济发展的重要任务，也是推进产业升级的首善之区。要把握好京津冀协同发展的机遇，加快推进高端信息产业、现代工业产业、综合商贸产业、创意文化产业和精品房地产业，打造"高端智造"研发中心、京冀"创新价值传导"重要节点、"两化融合型"产业新城标杆和"生态宜居型"特色精品小镇，着力提升地区经济发展活力。

（六）把握京津冀环首都国家公园试点机遇，提升青龙湖森林公园项目整体水平

京津冀协同发展规划提出要推进生态环境保护，开展环首都国家公园试点。青龙湖在三大组团地区属于城市向乡村过渡地带，要重点发展发展适应城市的多种功能业态，抓住建设青龙湖森林公园的有利契机，统筹好产业发展和生态建设，通过推进"生态产业化，产业生态化"，实现经济效益、生态效益、社会效益的有机统一，实现一条"大公园、大生态、大发展"的生态城市化之路。

表 13　三大组团地区各乡镇发展定位

乡镇	地形	城镇区位类型	发展特色	发展目标
城关	丘陵	新城	深度推进燕房融合化、一体化发展，加快实施城关街道南大街地下人防工程和东街村改造项目，建设京西现代科技新城，带动周边地区加速崛起，打造央地合作的典范	坚持"三化托一化"模式，全面推进京西现代科技新城建设
拱辰	平原	新城	一至五街改造	全区商贸、金融、经济发展核心地区
西潞	平原	新城	北五村改造纳入二道绿隔试点范围	全区物流中心、客流中心
良乡	平原	新城	加快新型城市化示范区建设，打造国际风情宜居新城、国际现代农业基地、国际生态农民新村、国际养老度假公园、国际智慧产业新城	新型城市化示范区
阎村	丘陵	新城周边型城镇	加快推进高端信息产业、现代工业产业、综合商贸产业、创意文化产业、精品房地产业，提升发展活力	全区物流基地、创新产业基地
窦店	平原	新城周边型城镇	北京"高端智造"研发中心；京冀"创新价值传导"重要节点；"两化融合型"产业新城标杆；"生态宜居型"特色精品小镇	中关村高端智造研发中心
长阳	平原	新城周边型城镇	长良组团龙头，以中央休闲购物区（CSD）建设项目为推手，加快航天城电子科技园、万科商业综合体等项目建设，打造"无线城市·智慧长阳"，实现率先发展、示范发展	中央休闲购物区（CSD）

（续）

乡镇	地形	城镇区位类型	发展特色	发展目标
青龙湖	丘陵	新城周边型城镇	抓住建设青龙湖森林公园的有利契机，统筹好产业发展和生态建设，通过推进"生态产业化，产业生态化"，实现经济效益、生态效益、社会效益的有机统一	"大公园、大生态、大发展"的生态城市化之路

表 14　三大组团地区各乡镇产业项目情况

乡镇	大项目	具体项目	合作企业
城关	京西现代科技新城	京西现代科技新城建设（"一城崛起、三点支撑"）	沃尔玛、上岛咖啡、波龙堡葡萄酒、乐义设施农业等
		城关街道南大街地下人防工程	汉森恒发公司
		东街村改造项目	北京天鸿集团、中建集团、中交集团、中海豪峰
		北大科技园房山信息分园	
拱辰	一至五街改造	一至五街改造	
西潞	北五村改造	北五村改造纳入二道绿隔试点	
良乡	新型城市化示范区	国际风情宜居新城	中海集团
		国际现代农业基地	
		国际生态农民新村	
		国际养老度假公园	
		国际智慧产业新城	
		中心区拆迁、高端制造业商务区建设、庄园群落建设重点工程	
		中心区建设、刺猬河三期治理、山区人口迁移良乡安置项目等重点工程	

（续）

乡镇	大项目	具体项目	合作企业
阎村	物流基地、创新产业基地	北京中融安全印务生产基地项目	联合国工业发展组织
		海聚、博源创新产业基地	中铁建工集团、飞航吉达
		汽贸产业群	北京云集商贸发展有限公司、奥迪、雪佛兰、奔驰、三菱
		创意文化产业	北京福展洲文化艺术发展有限公司
		精品房地产业	
窦店	高端现代制造业产业基地、中关村国家自主创新示范园	轨道交通集团项目	京西重工、长安汽车、中国北车等
		有轨电车项目	
		北控太阳能（CPV）系统生产基地项目	北控集团
		中关村新兴产业前沿技术研究院	中关村管委会
		新型产业地产开发	中关村发展集团、清华科技园
		若干"分布式"高端服务业聚集区	
		北京格瑞拓普食用菌工厂化生产	
		富恒农产品、北京翠林花海农产品等专业合作社	
长阳	长阳半岛中央休闲购物区（CSD）	中核北京科技园	中核集团
		绿色低碳精品住宅示范区	中粮、万科
		奥特莱斯名牌折扣中心	奥特莱斯
		世界级温泉度假城	港中旅
		金融港	金融街控股集团
		大型综合性生态旅游示范区	华侨城
		北京房车博览中心	

（续）

乡镇	大项目	具体项目	合作企业
青龙湖	青龙湖森林公园	国际红酒城项目	北京首诚航天农业生物科技有限公司、乐高乐等
		合众健康谷项目	
		青龙湖森林公园一期工程	
		青龙湖航空共生城项目	

执笔人：周颖

房山区两带地区城镇化
发展评估报告

房山区新型城镇化按照"三二一"空间布局（三大城市组团、两条城市发展带、一个城市发展环）分类推进。两条城市发展带，即南部城市发展带和北部城市发展带，其中南部城市发展带包括大石窝镇、张坊镇、十渡镇、蒲洼乡，共68个村；北部城市发展带包括河北镇、佛子庄乡、南窖乡、大安山乡、史家营乡、霞云岭乡，共80个村。基于两带地区发展现状，应当完善乡镇产业规划，加大财政支持力度，促进农民增收，探索以生态休闲旅游为主体的山区内生增长动力机制。

一、发展政策

1. 产业政策方面，适度发展旅游和生态农业，注意水源和生态保护。 两带地区属生态涵养区，产业发展的发展原则是生态、水源保护、适度旅游、生态农业。支持发展旅游、休闲、康体、文化创意、沟域等业态。鼓励都市农业、旅游休闲农业、文化产业发展。

2. 人口政策方面，鼓励向小城镇集中居住、提高人口承载力。

积极稳妥推进山区生态移民，鼓励人口向平原区转移，采取集中与
分散相结合的方式，促进人口向非农产业转移。

3. **搬迁政策方面，合理规划、科学引导险村搬迁。** 农村规划
人均建设用地面积要控制在 150 平方米以内，完善矿区、泥石流易
发区村民搬迁公共设施，引导农村人口向各级城镇转移。

表 1　两带地区城乡一体化相关政策

	政策	产业	人口	搬迁
北京市	北京市城市总体规划（2004—2020 年）	山区次区域是城市重要的生态屏障，拥有丰富的历史文化遗产和自然旅游资源，以生态维护、水源保护、适度旅游和生态农业开发为主。严格控制浅山区开发建设，加强绿化建设和生态恢复。	坚持统一规划、集中紧凑建设的原则，促进农村人口的就业和居住向小城镇、中心村集中。	坚持统一规划、集中紧凑建设的原则，促进农村人口的就业和居住向小城镇、中心村集中。将中心村建设成为具有地方特色、环境优美、布局合理、基础设施和公共服务设施完善的现代化农村新型社区。
	北京市主体功能区规划（2012）	生态涵养发展区，限制开发，要限制大规模高强度工业化城市化开发。要重点培育旅游、休闲、康体、文化创意、沟域等产业，推进新城、小城镇和新农村建设。	以山区重点小城镇、旅游集散特色镇和规划保留村为重点，提高人口和产业承载功能。	积极推进村庄整合及迁村进镇。通过对分散农村居民点的拆迁、合并、改造，扩大中心村规模。集约利用土地，规划农村人均建设用地严格控制在 150 平方米以内。采取多种措施，加快搬迁山区生存及发展条件恶劣的村庄。
	促进城市南部地区加快发展行动计划（2009）	加快山区旅游带的建设，完善世界地质公园景区内外部道路体系，重点支持石花洞风景区、十渡景区等景区升级改造，发挥旅游资源潜力，打造山区旅游精品路线，为市民开辟更多的西南休闲旅游场所。	—	—

（续）

	政策	产业	人口	搬迁
北京市	北京市人民政府关于加快西部地区转型发展的实施意见(2011)	落实促进产煤地区产业转型发展相关政策，支持旅游休闲等替代产业项目建设。建立矿山关停地区生态修复补贴机制。以浅山区特色林果业种植业为重点，突出高端、有机农产品品牌。重点打造旅游度假特色镇、商务会议特色镇和园区经济特色镇。	加强再就业培训，帮扶外迁人员实现转岗就业。	实施房山煤矿关闭地区人口搬迁工程，重点建设公主坟等地安置房和配套设施。
房山区	房山新城规划 2005—2020 年	鼓励都市农业、旅游休闲、文化产业等资源节约型绿色产业。	积极适应城市化、山区生态移民，窦店、阎村、青龙湖、周口店等新城周边城镇组团作为主要人口吸纳地区，提供就业岗位，完善公共服务设施。积极稳妥推进山区生态移民，鼓励人口向平原区转移，山区总人口从 8.9 万人下降到 5.4 万～4.4 万人，减少 3.5 万～4.5 万人。采取多种灵活移民方式，集中与分散相结合。	①2010 年，优先完成对山区泥石流易发区村庄居民的外迁工作，逐步搬迁煤矿和非煤矿山村民。② 2010—2020 年全面完成煤矿和非煤矿山村民搬迁，山区村资源开发和生态保育初见成效，"搬迁村"基本融入迁入村。③2020 年以后，"搬迁村"完全融入迁入村，全部妥善解决搬迁居民的就业、养老、医疗、保险等问题。
	房山区经济和社会发展"十二五"规划	按照"一镇一企"的模式，依托山区生态、旅游、土地等优势资源，坚持区域重点突破、重大项目带动和高端要素引进，吸引央企的品牌、技术、资金、人才等要素集聚，发展高端旅游、商务会议、现代服务等绿色替代产业，建设绿色现代山区和世界城市旅游目的地，实现山区农民增收致富。	按照山区农民自愿原则，采取集中安置与分散安置相结合方式，实施山区人口外迁工程，山区搬迁人口不少于 2 万人。	对于外迁后留下的村民，应该选择地理位置比较优越、自然生态条件较好、基础设施相对完备、产业特征比较突出的地方，撤并现有零散分布的行政村和自然村，整合建设中心村。对山区泥石流易发区及采空区等生存条件恶劣地区村民，采取整建制建设新村及部分迁建小区方式搬迁。

二、基本情况

(一) 总体情况

2013 年，房山区两条城市发展带地区基本情况如下：

从经济指标看，两带地区固定资产投资总量为 16.65 亿元，占所有乡镇总量的 7%，同比增长 1.1%；税收收入实际完成 2.1 亿元，占所有乡镇总量的 3.1%，完成全年任务的 115.5%；财政收入实际完成 0.80 亿元，占所有乡镇总量的 2.9%，完成全年任务的 124.6%。

从产业指标来看，两带地区乡村从业人员在一、二、三产业的分布比例为 38：22.1：39.9，全区这一比例为 23.8：28.3：47.9；工业主要经济指标方面，工业总产值达到 3.4 亿元，占全区 2.1%，主营业务收入达 4.2 亿元，占全区 2.9%，利润总额为 0.1 亿元。

从人口指标来看，两带地区户籍人口为 15.37 万人，占全区 19.6%；农业户籍人口 9.33 万人，占全区 27.8%；两带农业户籍人口占地区户籍总人口的 60.7%，高于全区的 42.6%；地区农业户籍人口占全区农业户籍人口比例为 27.8%。两带地区乡村从业人员占乡村总人口比例为 54.2%。

从土地规划指标来看，两带地区土地总面积为 113 124 公顷，占全区比例为 57.7%；建设区面积 3 974 公顷，占全区比例为 3.5%；建设区面积占本地区土地总面积比重为 3.5%，远低于全区平均水平 15.4%。两带地区到 2020 年规划新增建设占用农用地合计控制在 1 563 公顷以内，土地整理复垦开发不少于 2 345 公顷，两者之差高于 782 公顷。

（二）分类情况

1. 经济指标

（1）固定资产投资情况。第一，两带地区近三年固定资产投资占各乡镇合计总额的比例持续增长，但未超过 10%。近三年中，两带十乡镇固定资产投资占所有乡镇比例居前三位的为河北、大石窝及张坊，近三年中大石窝镇的固定资产投资占房山区所有乡镇的比例在山区十乡镇中一直是最高的，占比整体较低的是蒲洼乡，其三年占比分别为 0.1%、0.2%、0.2%。

第二，两带十乡镇固定资产投资总额持续增长，总体增长率呈先升后降态势，各乡镇固定资产投资增长率有较大波动性。两带总体固定资产投资从 2011 年的 10.39 亿元增长到 2013 年 16.65 亿元。

十乡镇近三年固定资产投资增长率波动最大的是河北镇，其 2012 年的固定资产投资增长率为 378.3%，但 2013 年却急速下降，增长率为 −52%，增长率变化的全距为 455.3%；波动率最小的是大石窝镇，其固定资产投资增长率全距仅为 4%，这说明大石窝镇的固定资产投资相对于河北镇更稳定。

（2）财政和税收情况。第一，两带十乡镇总体财政收入完成任务百分比近三年均超过八成，2013 年为超额完成；乡镇内部财政收入完成任务比存在较大差异。近三年财政收入完成任务情况均未达标的为霞云岭乡，均能超额完成指标的乡镇有河北镇、十渡镇、大安山乡、蒲洼乡，从财政支持城乡一体化角度可有力促进这四个乡镇的城乡一体化水平。

表 2 两带地区固定资产投资情况统计表

单位：万元

乡镇	2011			2012			2013		
	数额	百分比 (%)	增长率 (%)	数额	百分比 (%)	增长率 (%)	数额	百分比 (%)	增长率 (%)
所有乡镇合计	1 971 812		−45.6	2 657 201		34.8	2 363 613		−11.0
两带地区合计	103 852	5.3	−52.7	164 671	6.2	58.6	166 518	7.0	1.1
河北	9 814	0.5	−77.0	46 943	1.8	378.3	22 540	1.0	−52
大石窝	43 248	2.2	6.3	50 521	1.9	16.8	61 033	2.6	20.8
张坊	13 291	0.7	−31.2	12 970	0.5	−2.4	29 122	1.2	124.5
十渡	10 013	0.5	−63.4	13 032	0.5	30.2	16 754	0.7	28.6
霞云岭	7 411	0.4	−66.8	7 664	0.3	3.4	5 087	0.2	−33.6
南窖	3 014	0.2	−67.8	7 012	0.3	132.6	5 028	0.2	−28.3
佛子庄	7 000	0.4	−72.3	11 063	0.4	58	10 063	0.4	−9
大安山	4 349	0.2	−53.6	3 135	0.1	−27.9	5 674	0.2	81
史家营	4 210	0.2	−72.5	6 526	0.2	55	6 120	0.3	−6.2
蒲洼	1 502	0.1	−80.9	5 805	0.2	286.5	5 097	0.2	−12.2

注："百分比"表示各乡镇（"三二"地区）占全区所有乡镇总额的百分比。

数据来源：《房山区统计年鉴》，由作者计算整理。

表3 两带地区财政收入情况统计表

单位：万元

乡镇	2011			2012			2013		
	全年任务	实际完成	完成任务百分比（%）	全年任务	实际完成	完成任务百分比（%）	全年任务	实际完成	完成任务百分比（%）
所有乡镇合计	153 211	179 892.9	117.4	208 415	223 792.5	107.4	253 420	276 558.8	109.1
两带合计	6 836	6 552.7	95.9	7 185	5 962.5	83.0	6 385	7 958	124.6
河北	753	794.5	105.5	820	824.7	100.6	850	1 065	125.3
大石窝	1 870	2 164.9	115.8	2 520	1 060.4	42.1	1 200	1 853.8	154.5
张坊	1 275	1 078.6	84.6	1 250	1 329.8	106.4	1 505	1 875	124.6
十渡	893	977.2	109.4	1 010	1 025.1	101.5	1 059	1 111.3	104.9
霞云岭	535	508.2	95.0	525	389.7	74.2	400	151.5	37.9
南窖	559	336.8	60.3	348	159.5	45.8	164	172.2	105.0
佛子庄	255	142.4	55.8	146	150.2	102.9	154	635	412.3
大安山	174	175.5	100.9	181	437.6	241.8	450	568.3	126.3
史家营	284	107	37.7	110	250.9	228.1	258	125	48.4
蒲洼	238	267.6	112.4	275	334.6	121.7	345	400.9	116.2

注："百分比"表示各乡镇（"三二一"地区）占全区所有乡镇总额的百分比。
数据来源：《房山区统计年鉴》，由作者计算整理。

第二，两带十乡镇税收完成任务情况与财政收入完成任务趋势基本一致，各乡镇税收完成任务百分比存在一定差异。相比全区所有乡镇的税收任务情况，两带十乡镇税收任务完成情况并不理想，对所有乡镇税收完成任务情况有拉低作用，且 2011、2012 年十乡镇税收均未完成全面任务目标，税收实际完成为全面任务的 92％和 82.1％。在十乡镇中，近三年全部完成税收任务的有河北镇、张坊镇、十渡镇、大安山乡、蒲洼乡等 5 个乡镇，且大安山乡各年完成率高于所有乡镇的完成率；霞云岭乡、南窖乡和史家营乡均有两年未完成对应年份的税收任务指标；大石窝镇和佛子庄乡仅有一年未完成税收任务指标。

2. 产业指标

（1）三大产业乡村从业人员分布和变化情况[①]。第一，两带十乡镇乡村从业人员从事三产的比例近三年不断增长，这与房山区整体乡村从业人员三产占比变化一致。在 2011—2013 年两带乡村从业人员三产占比从 37.6％增加到 2013 年 39.9％。两带十乡镇中仅南窖乡和史家营乡三产乡村从业人员占比在 2011—2013 年出现下降趋势，其他八个乡镇三产乡村从业人员的比例均为上升趋势。

第二，近三年两带十乡镇一产乡村从业人员占比下降 0.1 个百分点，三产占比增加 2.3 个百分点，均低于全区水平，产业结构调整优化有待进一步推进。近三年，乡村从业人员一产占比超过五成的主要乡镇有霞云岭、大安山、史家营及蒲洼，这四个乡镇的地理区位均处于房山区西北边缘带，地理位置对其产业结构升级产生一

[①] 鉴于缺乏各个乡镇三次产业产值比例关系，本报告以三次产业乡村从人员比例关系来替代产业结构产值比重关系。

表 4 两带地区税收情况统计表

单位：万元

乡镇	2011			2012			2013		
	全年任务	实际完成	完成任务百分比（%）	全年任务	实际完成	完成任务百分比（%）	全年任务	实际完成	完成任务百分比（%）
所有乡镇合计	437 374	487 844	111.5	564 550	572 723.4	101.4	641 110	686 235.1	107
两带地区合计	22 604	20 806	92.0	22 780	18 698.5	82.1	20 070	21 023.2	104.7
河北	1 980	2 097.4	105.9	2 160	2 231.9	103.3	2 300	2 832	123.1
大石窝	7 060	7 156	101.4	8 300	4 708	56.7	5 290	5 315.4	100.5
张坊	3 234	3 270.2	101.1	3 790	3 824.3	100.9	4 300	6 028	140.2
十渡	1 959	2 014.2	102.8	2 075	2 171.6	104.7	2 240	2 286.2	102.1
霞云岭	2 323	2 344.2	100.9	2 415	1 770.8	73.3	1 830	480.5	26.3
南窖	3 045	2 167.1	71.2	2 230	973.5	43.7	1 000	1 012.5	101.3
佛子庄	850	447.1	52.6	460	910.2	197.9	940	1 357.8	144.4
大安山	329	405.7	123.3	420	480.9	114.5	495	643.6	130.0
史家营	1 355	388.2	28.6	400	973.7	243.4	1 000	286.4	28.6
蒲洼	469	515.8	110.0	530	653.6	123.3	675	780.8	115.7

注："百分比"表示各乡镇（"三一一"地区）占全区所有乡镇总额的百分比。

数据来源：房山区统计年鉴，由作者计算整理。

定制约；二产从业人员占比未超过 5% 的有史家营和蒲洼，变化趋势持续降低的有河北、大石窝、十渡、霞云岭，不断上升的有张坊、大安山、史家营，先升后降的有佛子庄和蒲洼。

2008—2013 年，两带十乡镇从业人员所占比例在六年中有不同变化趋势，两带十乡镇中的三产从业人员占比整体呈递增趋势的有六个乡镇，南部发展带有三个镇，分别是大石窝镇、张坊镇、十渡镇；北部发展带有三个乡镇，分别为河北镇、霞云岭乡、南窖乡。而两带乡镇三产从业人员占比呈递减趋势的有四个，其中南部发展带有蒲洼乡，北部发展带有佛子庄乡、大安山乡、史家营乡等三个乡镇。在所有山区十个乡镇中，三产从业人员占比总体趋势最高的是河北镇，在 2013 年达到了 60.9%，最低的为大安山乡，其 2013 年的三产从业人员占比仅为 23.9%，二者相差 37 个百分点，这说明山区内部乡镇城乡一体化进程存在一定差距。

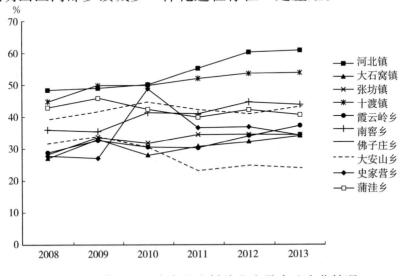

图 1　两带地区三大产业乡村从业人员占比变化情况

数据来源：2009—2014 年《房山区统计年鉴》。

（2）工业主要经济指标情况。第一，近三年，房山区两带十乡镇工业经济指标整体有下降趋势。工业总产值方面，两带地区占所有乡镇工业总产值的比例尽管不断下降，但下降的比例并不大，从3％下降到2.1％，这与两带产业结构转型相关，比如南窖乡将其10家煤矿关闭；在主营业务收入方面，两带十乡镇占全区所有乡镇比例的变化呈下降后升的趋势；但其工业利润总额不断下降，从2011年的0.18亿元下降到2013年的0.094亿元。

第二，从2011年开始，因为国家产业结构转型及山区生态涵养区的定位要求，部分乡镇关闭了煤矿等采掘业，对工业经济指标影响较大。北部地区的霞云岭乡、南窖乡、佛子庄乡、大安山乡、史家营乡等五个乡镇及南部发展带的蒲洼乡主要工业指标均接近于0，其余四个乡镇在2011—2013年均有工业，但各项工业经济指标占全部乡镇的比例均较低，仅大石窝镇各项工业指标占比在1％以上，而其他三个乡镇中除河北镇在2011年主要工业指标占比1％以上外，其他年份三个乡镇占比均在1％以下。

3. 人口指标。在2013年，两带地区总户籍人口为15.4万人，占全部乡镇的比例为19.6％，农业户籍人口为9.3万人，占全区比重为27.8％。

第一，两带十乡镇农业户籍人口占比近三年呈不断下降趋势，从2011年的63％下降到2013年的60.7％；农业户籍人口占全区农业户籍人口百分比则从2011年的27.5％逐渐增加到2013年的27.8％，反映了两带地区农业人口市民化速度不及全区平均水平。这与其他乡镇农业户籍人口变化有较大关联，如"三个城市组团"和"一个发展环"的农业户籍人口下降必然会使农业户籍总人口下降，进而引起两带地区农业户籍人口百分比上升。两带十乡镇的农业户籍人口占所有乡镇农业户籍人口比例在三年中均最大的是大石窝镇，其次是张坊镇，百分比最低的是大安山乡。农业户籍人口占比在 2011—2013 年超过 70％的有大石窝镇、张坊镇、十渡镇、霞云岭乡以及史家营乡和蒲洼乡等六个乡镇，而且农业户籍人口占比总体呈下降趋势，其他乡镇的农业户籍人口占比也呈不断下降趋势，两带十乡镇的城乡一体化逐步推进。

第二，近三年，房山两带地区乡村从业人员占比均高于全区平均水平。该指标在三年中均呈递增趋势的有河北镇、十渡镇、霞云岭乡、南窖乡，其中除河北镇外，其他三个乡镇的乡村从业人员占比均超过 50％；佛子庄乡的乡村从业人员占比基本保持平衡，在三年内均在 54.7％左右；大石窝镇和史家营乡的乡村从业人员占比在三年内持续下降；其余乡镇乡村从业人员占比或先升后降或先降后升，呈现一定波动性。

第三，两带地区乡村从业人员占所有乡镇乡村从业人员百分比呈不断下降的趋势，从 2011 年的 24.72％下降到 2013 年的 24.3％，在两带十乡镇中，该指标不断下降的乡镇有大石窝镇、佛子庄乡以及史家营乡等三个乡镇；该指标基本保持平稳的有十渡镇、霞云岭乡、大安山乡、蒲洼乡、河北镇等五个乡镇，其余两个乡镇均有一定波动，南窖乡为先升后降，张坊镇为先降后升。

4. 土地规划指标。按照房山区 2006—2020 年土地利用总体规划，各乡镇土地面积主要分为以下四类：允许建设区、有条件建设区、限制建设区和禁止建设区。

表 5 三大产业乡村从业人员统计表

单位：人

乡镇	2011						2012						2013					
	一产	一产占比(%)	二产	二产占比(%)	三产	三产占比(%)	一产	一产占比(%)	二产	二产占比(%)	三产	三产占比(%)	一产	一产占比(%)	二产	二产占比(%)	三产	三产占比(%)
所有乡镇合计	74 322	25.4	85 478	29.2	132 616	45.4	73 106	24.7	86 005	29.0	136 977	46.3	72 098	23.8	85 637	28.3	145 135	47.9
两带合计	27 574	38.1	17 548	24.3	27 165	37.6	27 342	37.6	16 747	23.1	28 551	39.3	27 741	38.0	16 174	22.1	29 158	39.9
河北	1 725	20.8	1 998	24.1	4 562	55.1	1 875	22.1	1 508	17.8	5 104	60.1	2 036	23.5	1 350	15.6	5 282	60.9
大石窝	8 014	35.1	7 773	34.1	7 034	30.8	7 998	35.0	7 483	32.8	7 363	32.2	7 861	34.3	7 197	31.4	7 838	34.2
张坊	2 639	27.8	3 580	37.7	3 266	34.4	2 644	27.8	3 583	37.7	3 268	34.4	2 965	30.5	3 697	38.0	3 058	31.5
十渡	2 073	33.8	875	14.3	3 188	52.0	2 085	33.7	781	12.6	3 321	53.7	2 074	33.7	766	12.4	3 316	53.9
霞云岭	2 997	55.8	752	14.0	1 624	30.2	2 897	53.2	684	12.6	1 862	34.2	2 865	52.3	567	10.4	2 041	37.3
南窖	1 507	44.5	492	14.5	1 388	41.0	1 498	44.0	388	11.4	1 521	44.6	1 487	43.7	418	12.3	1 496	44.0
佛子庄	2 705	38.1	1 409	19.8	2 993	42.1	2 673	38.4	1 430	20.5	2 861	41.1	2 741	38.8	1 256	17.8	3 071	43.4
大安山	2 302	60.4	614	16.1	895	23.5	2 163	55.9	757	19.6	951	24.6	2 126	55.7	782	20.5	912	23.9
史家营	2 673	63.0	12	0.3	1 559	36.7	2 511	61.9	45	1.1	1 503	37.0	2 560	64.0	61	1.5	1 382	34.5
蒲洼	939	57.3	43	2.6	656	40.0	998	53.0	88	4.7	797	42.3	1 026	54.9	80	4.3	762	40.8

数据来源：《房山区统计年鉴》，由作者计算整理。

表 6 工业主要经济指标概况统计表

单位：千元

乡镇	2011 工业总产值	百分比 (%)	主营业务收入	百分比 (%)	利润总额	2012 工业总产值	百分比 (%)	主营业务收入	百分比 (%)	利润总额	2013 工业总产值	百分比 (%)	主营业务收入	百分比 (%)	利润总额
所有乡镇合计	14 558 008	3	15 342 608	2.94	373 974	13 368 335	2.5	14 324 770	2.7	−268 628	16 087 341	2.1	14 510 732	2.9	68 248
两带山区合计	431 267	1	451 525	1.16	17 580	335 306	0.5	390 465	0.9	6 442	342 079	0.2	419 876	0.9	9 384
河北	147 902	1.4	177 780	1.24	−15 235	65 680	1.5	135 051	1.3	−1 847	37 404	1.4	131 704	1.4	894
大石窝	204 375	0.4	190 236	0.41	31 255	193 633	0.5	183 211	0.4	6 960	217 294	0.5	203 677	0.5	6 964
张坊	61 884	0.1	63 031	0.05	1 128	67 007	0.1	63 218	0.1	1 106	78 232	0.1	75 345	0.1	1 467
十渡	8 083	0.0	8 118	0.00	78	8 986	0.0	8 986	0.0	223	9 149	0.0	9 150	0.0	59
霞云岭	333	0.0	358	0.02	0	0	0.0	0	0.0	0	0	0	0	0	0
南窖	3 203	0.0	3 451	0.05	0	0	0.0	0	0.0	0	0	0	0	0	0
佛子庄	5 269	0.0	8 315	0.00	354	0	0.0	0	0.0	0	0	0	0	0	0
大安山	168	0	181	0	0	0	0.0	0	0.0	0	0	0	0	0	0
史家营	51	0	55	0	0	0	0.0	0	0.0	0	0	0	0	0	0
蒲洼	0		0		0	0	0.0	0	0.0	0	0	0	0	0	0

注："百分比"表示各乡镇（"三二一"地区）占全区所有乡镇总额的百分比，由作者计算整理。

数据来源：《房山区统计年鉴》，由作者计算整理。

表 7　两带地区户籍人数情况统计表

单位：人

乡镇	2011				2012				2013			
	合计	农业	农业占比（%）	百分比（%）	合计	农业	农业占比（%）	百分比（%）	合计	农业	农业占比（%）	百分比（%）
所有乡镇合计	773 577	348 457	45.0		779 526	342 196	43.9		786 401	334 953	42.6	
两带合计	152 186	95 894	63.0	27.5	153 013	94 755	61.9	27.7	153 746	93 281	60.7	27.8
河北	22 754	8 036	35.3	2.3	22 848	7 858	34.4	2.3	22 911	7 684	33.5	2.3
大石窝	37 909	28 404	74.9	8.2	38 114	28 253	74.1	8.3	38 269	27 724	72.4	8.3
张坊	21 504	15 808	73.5	4.5	21 627	15 667	72.4	4.6	21 755	15 479	71.2	4.6
十渡	11 250	8 206	72.9	2.4	11 290	8 123	71.9	2.4	11 323	8 042	71.0	2.4
霞云岭	10 725	8 444	78.7	2.4	10 761	8 360	77.7	2.4	10 821	8 272	76.4	2.5
南窖	7 028	3 256	46.3	0.9	7 099	3 207	45.2	0.9	7 165	3 163	44.1	0.9
佛子庄	15 624	8 527	54.6	2.4	15 674	8 342	53.2	2.4	15 776	8 236	52.2	2.5
大安山	9 355	2 800	29.9	0.8	9 446	2 662	28.2	0.8	9 472	2 491	26.3	0.7
史家营	11 420	8 807	77.1	2.5	11 509	8 709	75.7	2.5	11 591	8 652	74.6	2.6
蒲洼	4 617	3 606	78.1	1.0	4 645	3 574	76.9	1.0	4 663	3 538	75.9	1.1

注：百分比为对应乡镇农业户籍人口所有乡镇农业户籍人口的比重；农业占比为农业户籍人口占总户籍人口的比例，由作者计算整理。

数据来源：《房山区统计年鉴》，由作者计算整理。

表8 两带地区乡村从业人员情况统计表

单位：人

乡镇	2011				2012				2013			
	乡村人口	乡村从业人员	乡村从业人员占比(%)	百分比(%)	乡村人口	乡村从业人员	乡村从业人员占比(%)	百分比(%)	乡村人口	乡村从业人员	乡村从业人员占比(%)	百分比(%)
所有乡镇合计	552 764	292 416	52.9		564 338	296 088	52.5		583 659	302 870	51.9	
两带地区合计	131 534	72 287	55.0	24.72	132 599	72 640	54.8	24.5	135 599	73 523	54.2	24.3
河北	18 549	8 285	44.7	2.83	18 729	8 487	45.3	2.9	18 901	8 668	45.9	2.9
大石窝	34 661	22 821	65.8	7.80	35 557	22 844	64.2	7.7	36 818	22 896	62.2	7.6
张坊	17 268	9 485	54.9	3.24	17 278	9 495	55.0	3.2	19 592	10 170	51.9	3.4
十渡	10 961	6 136	56.0	2.10	11 035	6 187	56.1	2.1	10 830	6 156	56.8	2.0
霞云岭	10 442	5 373	51.5	1.84	10 269	5 443	53.0	1.8	9 571	5 473	57.2	1.8
南窖	5 959	3 387	56.8	1.16	5 979	3 407	57.0	1.2	5 887	3 401	57.8	1.1
佛子庄	12 986	7 107	54.7	2.43	12 761	6 964	54.6	2.4	12 910	7 068	54.7	2.3
大安山	6 499	3 811	58.6	1.30	6 499	3 871	59.6	1.3	6 515	3 820	58.6	1.3
史家营	11 353	4 244	37.4	1.45	11 405	4 059	35.6	1.4	11 399	4 003	35.1	1.3
蒲洼	2 856	1 638	57.4	0.56	3 087	1 883	61.0	0.6	3 176	1 868	58.8	0.6

注：百分比为对应乡镇乡村从业人口占所有乡镇乡村从业人口的比重；从业人员占比为对应乡村从业人员占对应乡村从业人口的比例。

数据来源：《房山区统计年鉴》，由作者计算整理。

第一，从土地利用空间管制分区看，两带地区土地总面积为11.3万公顷，占全区比重为57.7%；建设区面积为3 974公顷，占全区比重为13.2%。建设区占土地总面积为3.5%，远低于全区平均水平的15.4%。在两带十乡镇中，建设区土地占各自乡镇总体土地面积最高的是大石窝，最低的为蒲洼，仅为0.6%。从建设区面积看，大石窝建设区面积是最多的，达到了1 042公顷，蒲洼建设区面积最少，仅为56公顷。

表9　两带地区土地利用空间管制分区情况

单位：公顷

乡镇	允许建设区	有条件建设区	限制建设区	禁止建设区	建设区	土地总面积	建设区占比（%）
所有乡镇合计	25 000	5 216	148 827	16 844	30 216	195 887	15.4
两带合计	3 529	445	93 976	15 174	3 974	113 124	3.5
张坊	596	98	10 076	1 039	694	11 809	5.9
大石窝	912	130	7 947	101	1 042	9 090	11.5
十渡	307	39	16 304	2 755	346	19 405	1.8
蒲洼	48	8	7 843	1 200	56	9 099	0.6
霞云岭	166	59	16 426	3 925	225	20 576	1.1
史家营	198	10	8 550	2 086	208	10 844	1.9
佛子庄	339	38	12 668	1 935	377	14 980	2.5
大安山	232	17	4 995	988	249	6 232	4
南窖	115	7	3 197	734	122	4 053	3
河北	616	39	5 970	411	655	7 036	9.3

注：建设区面积＝允许建设区＋有条件建设区
数据来源：北京市国土资源局房山分局，由作者计算整理。

第二，从土地规划的增量指标看，张坊、大石窝、十渡及河北不能达到土地占补平衡；蒲洼乡、霞云岭乡、史家营乡、佛子庄乡、大安山乡、南窖乡等 6 个乡镇则可通过土地复垦开发得到土地的占补平衡。其中土地整理超出占用农用地的面积数最多的是史家营，其次为霞云岭，实现土地占补平衡乡镇未来城乡一体化土地动力指标将更有弹性。

表 10　两带地区土地规划增量指标情况

单位：公顷

乡镇	2020 年新增建设占用农用地规模（以内）	新增建设占用耕地	土地整理复垦开发（不少于）	占用农用地与土地整理之差（按限度值）
所有乡镇合计	9 330	4 320	4 395	−4 935
两带合计	1 563	593	2 345	782
张坊	268	106	237	−31
大石窝	598	377	465	−133
十渡	110	47	67	−43
蒲洼	19	1	252	233
霞云岭	127	5	469	342
史家营	79	3	443	364
佛子庄	70	18	172	102
大安山	52	9	98	46
南窖	49	3	83	34
河北	191	24	59	−132

数据来源：北京市国土资源局房山分局，由作者计算整理。

三、发展建议

两带地区各乡镇根据自身资源优势，主动对接外部资本，规划了特色鲜明的发展项目，实现了项目对乡镇经济社会发展的拉动，有效提高了农村居民的收入水平，提升了城乡一体化水平。

（一）完善乡镇产业规划，深入发展休闲农业

两带地区各乡镇充分发挥山区生态涵养功能，制定民俗文化类、文化创意类等多层次休闲农业发展规划。前者主要包括民俗文化、地方庙会、特色产业（石文化）、房山世界地质公园等；后者主要包括创意农业、山地运动度假公园、精品民宿度假区、高端旅游等。

（二）发挥生态休闲功能，促进旅游业发展和生态文明建设

根据北京市主体功能区规划，房山区有许多国家级、市级自然保护区、风景名胜区、地质公园（表13）。按照国家加快生态文明建设意见，以及北京市、房山区的整体规划，这些乡镇可以结合本地的特色旅游资源，整合外部资本，大力发展农业休闲旅游业，促进地区生态文明建设。

（三）立足沟域经济促进农民增收

两带地区属生态涵养区，从沟域经济视角发展绿色产业、绿色养殖和种植，如蜜蜂、柴鸡、柴猪等，提高农民收入水平，缩小城乡收入差距。

表 11 两带地区各乡镇发展定位

乡镇	地形	城镇等级	发展特色	发展目标
大安山	山区	普通镇	国际越野运动核心区、山地运动欢乐谷、综合服务区、极限拓展天地、绿色产业示范区	国家全山地运动度假公园

（续）

乡镇	地形	城镇等级	发展特色	发展目标
佛子庄	山区	普通镇	精品民宿度假区、挖潜提升民俗文化、创新提速休闲旅游、联动融合特色种养、精心打造友好产业	第三空间
河北	山区	重点镇、集中发展镇	美丽产业、创意产业、休闲产业和养老产业	中国美丽谷
南窖	山区	普通镇	历史文化交流区、户外文化休闲区、农耕文化体验区；文化创意产业经济带、运动休闲产业经济带、生态农业产业经济带、旅游服务产业经济带	京西民俗文化旅游产业集聚区
史家营	山区	普通镇	史家营国家矿山公园；中国房山世界地质公园圣莲山和百花山两大园区；瑞云寺、峡谷部落村、千亩白桦林和太极民俗旅游村	北京圣莲山佛道两重天
霞云岭	山区	集中发展镇	《没有共产党就没有新中国》词曲创作地；清凉世界，天然氧吧；北邻圣莲山自然风景区，西与河北省野三坡风景区相连，南与十渡风景区隔山相望，东过石花洞景区	绿色生态之乡、旅游观光之乡、干果精品之乡
大石窝	山区、丘陵和平原交叉地区	独立发展镇	石材开发、现代农业、民俗旅游、文化创意	一石一寺
蒲洼	山区	普通镇	①沟域经济走廊建设工程；②"七大特色园区"建设工程；③"八大基地"建设工程；④九项辅助配套工程	北京小西藏—高山蒲洼
十渡	山区	集中发展镇	十渡风景区	十渡风景名胜区

（续）

乡镇	地形	城镇等级	发展特色	发展目标
张坊	丘陵	普通镇	一镇两区。高端旅游休闲产业推动城市化建设	运动休闲小镇

注：—表示不确定；城镇等级结构确定标准来自《房山新城规划 2005—2020 年》。

表 12 两带地区各乡镇产业项目情况

乡镇	大项目	具体项目	合作企业
大安山	FunDashing 国家全山地运动度假公园国际越野运动核心区建设项目	国际越野运动核心区、山地运动欢乐谷、综合服务区、极限拓展天地、绿色产业示范区	—
佛子庄	第三空间	银狐洞之景、道家真武庙、薰衣草、藏酒木屋岩洞、孔雀谷	第三空间旅游发展有限公司、北京创意设计协会
河北	中国美丽谷	①和谐公社；②万佛堂文化创意街区；③半山艺墅；④颐养之境 慢活小镇；⑤圣水养生中心；⑥古村落精品酒店；⑦民俗商业街 山野休闲带；⑧山地主题公园；⑨探秘石花；⑩山地休闲小镇	京煤集团、山东龙岗集团
南窖	南窖乡水峪古村落开发项目	东村古民居观光为龙头与水峪民俗旅游区、农耕文化体验、西山果林采摘观光区、水库生态休闲旅游区、王位山原始次生林观光区、自然风光观赏区、生态涵养区、滑翔伞基地建设项目	—
史家营	北京圣莲山佛道两重天	史家营国家矿山公园；中国房山世界地质公园圣莲山和百花山两大园区；瑞云寺、峡谷部落村、千亩白桦林和太极民俗旅游村	北京洛可可科技有限公司、北京地质研究所

（续）

乡镇	大项目	具体项目	合作企业
霞云岭	霞云岭国家森林公园	《没有共产党就没有新中国》词曲创作地；清凉世界，天然氧吧；北邻圣莲山自然风景区，西与河北省野三坡风景区相连，南与十渡风景区隔山相望，东过石花洞景区	—
大石窝	一石一寺	云居寺文化景区项目、美石谷项目、西门子"云计算"综合信息服务产业基地项目	滕氏集团、北京能通国际信息服务有限公司与西门子（中国）IT 解决方案和服务集团
蒲洼	北京小西藏	一廊、四区、七、八、九工程	—
十渡	十渡风景区	—	—
张坊	运动休闲小镇	云居滑雪场、一渡高尔夫、乐谷银滩户外运动嘉年华、葡萄酒庄	云泽山庄农业观光有限公司、华夏幸福

表 13 两带地区市级禁止开发区域分布情况

类型	乡镇	名称	面积（平方公里）	级别
自然保护区	蒲洼乡	蒲洼自然保护区	53.97	市级
	河北镇	石花洞市级自然保护区	36.5	市级
	十渡镇和张坊镇	拒马河市级水生野生动物自然保护区	11.25	市级
风景名胜区	河北镇	石花洞风景名胜区	84.66	国家级
	十渡镇	十渡风景名胜区	301	市级
	大石窝镇	云居寺风景名胜区	42.3	市级
森林公园	霞云岭乡	霞云岭国家森林公园	214.87	国家级

（续）

类型	乡镇	名称	面积（平方公里）	级别
地质公园	十渡镇	北京十渡国家地质公园	301	国家级
	河北镇	北京石花洞国家地质公园	36.5	国家级
	史家营乡	圣莲山市级地质公园	28	市级
总面积			1 110.05	

执笔人：王军强

房山区一环地区城镇化
发展评估报告

    房山区新型城镇化按照"三二一"空间布局（三大城市组团、两条城市发展带、一个城市发展环）分类推进。一个城市发展环，即以长沟镇、琉璃河镇、韩村河镇、周口店镇、石楼镇等城镇为节点，以高速路网为联络线形成的珠链式城市发展环，涉及 128 个村。这五个镇前三者为北京市重点镇，后两者为一般镇。韩村河镇、长沟镇、周口店镇三个镇属于丘陵地带，琉璃河镇和石楼镇属于平原地区。通过一环地区城镇化发展评估，我们认为，一环地区应把握政策和区位优势，继续发挥重点小城镇资源集聚效应，通过中国北京农业生态谷项目、申办 2018 世界遗产大会、打造休闲观光产业带、举办特色农业节庆活动等方式，推进产业结构升级，辐射带动地区发展。

一、发展政策

    1. 总体规划方面，城镇化地区处于城镇化、山区生态移民的人口吸纳和安置地区，生态环境治理和恢复地区，产业以旅游业、都市型生态农业为主。到 2020 年，建成一批与中国特色世界城市要求相适应，特色鲜明、功能完善、宜居宜业、体制机制活、辐射能力强的小城镇，都市型现代农业发展水平显著提升，建成一批优质安全农产品供应基地、一批高水平的现代农业休闲观光园；进生态和产业协调发展，产业结构更加优化，生态友好型产业体系基本建立；推动城乡一体化进程，完善小城镇主要公共设施建设。

2. 重点镇和新城周边城镇完善相关设施，吸纳人口安置。 周口店镇作为新城周边城镇，要积极适应城镇化、山区生态移民，为主要人口吸纳地区，提供就业岗位，完善公共服务设施。南部京冀交界的琉璃河镇、韩村河镇、长沟镇是北京市域重点镇，作为独立发展城镇，增强发展活力，作为未来新城发展突破118万人时的人口与产业安置地区。

3. 优化三次产业布局，重点发展高附加值农业、物流配送和旅游休闲产业。 第一产业——平原地区和浅山区的长沟、韩村河镇、琉璃河镇，重点发展都市农业、设施农业、观光农业和农产品加工等高附加值农业，以基本农田保护为基础，形成大石河周边、小清河周边两个大规模绿色农业基地，改善地区生态环境质量。第二产业——石楼镇规划工业区，石楼镇、琉璃河镇建化工产品、农产品、建材专业物流配送区。第三产业——以旅游休闲产业为主。长沟镇、周口店镇、琉璃河镇3个次级平原区旅游服务中心。房地产业：长沟镇、韩村河镇、周口店镇浅山区城镇可结合旅游度假区建设，发展少量与旅游产业结合的旅游房地产项目。

表 1 一环地区城乡一体化相关政策

政策	产业	人口	搬迁
北京市城市总体规划（2004—2020年）	①实施以新城、重点镇为中心的城镇化战略，与城市空间布局和产业结构调整相适应，逐步形成分工合理、高效有序的网络状城镇空间结构。加强农村居民点的整合，改善生态环境，提高公共设施和基础设施服务水平，推动产业向规模经营集中、工业向园区集中、农民向城镇集中。②引导发展现代制造业、新材料产业（石油化工、新型建材），以及物流、旅游服务、教育等功能。③平原地区，重点发展设施农业、观光农业、农产品加工等高附加值的农业，注重发挥农用地的生态功能，以基本农田的保护为基础，形成若干与大环境绿化融为一体的农业区，改善城市总体生态环境。	坚持统一规划、集中紧凑建设的原则，促进农村人口的就业和居住向小城镇、中心村集中。将中心村建设成为具有地方特色、环境优美、布局合理、基础设施和公共服务设施完善的现代化农村新型社区。	调整改造与城市整体发展不协调的地区，整治"城中村"。采取多种措施，在规划期内全面完成"城中村"的改造，提升城市品质和提高城市整体环境水平。加快实施搬迁山区生存与发展条件恶劣的村庄。
促进城市南部地区加快发展行动计划（2009）	扶持一批具有一定优势的农业产业项目和重点镇产业项目发展。发挥高端、高技术农业产业项目的辐射带动效应，大力扶持具有优势的农产品加工等产业项目发展，支持重大现代农业项目，培育农产品加工龙头企业。重点发展与市级园区、大型重点企业相配套的产业，同时布局一批都市工业项目，建设中小企业聚集地，带动镇域经济发展。	—	—

（续）

政策	产业	人口	搬迁
北京市人民政府关于加快西部地区转型发展的实施意见（2011）	培育一批"京西特色小城镇"。以培育特色宜居宜业小镇为目标，重点打造琉璃河镇、窦店镇等园区经济特色镇。	—	实施房山煤矿关闭地区人口搬迁工程。加强再就业培训，帮扶外迁人员实现转岗就业，逐步实现"搬得出、稳得住、能富裕"的目标。
北京市主体功能区规划（2012）	城市发展新区——平原地区，该地区是本市开发潜力最大、城镇化水平有待提高的地区，主体功能是重点开发，要加快重点新城建设；生态涵养发展区——山区，该地区是保障本市生态安全和水资源涵养的重要地区，主体功能是限制开发，要限制大规模高强度工业化城镇化开发，重点培育旅游、休闲、康体、文化创意、沟域等产业，推进新城、小城镇和新农村建设。	房山新城成为承担中心城功能调整和人口疏解的主要地区之一。提高城市发展新区人口承载力，人口比重适度增加；引导生态涵养发展区人口集聚，人口集聚水平显著提高。	—
房山新城规划 2005—2020 年	周口店、长沟等浅山区城镇以旅游休闲产业为主，长阳、琉璃河等小清河沿线城镇以温泉休闲度假和绿色人居产业为主。山区煤矿及非煤矿山替代产业发展，南部长沟、韩村河、琉璃河、大石窝重点发展绿色食品和中草药加工基地，家具、家居制品等劳动密集型产业及石雕等传统工艺产业。地区绿色农业布局，平原地区和浅山区，以长沟、韩村河、琉璃河、窦店为基地，重点发展都市农业、设施农业、观光农业	周口店镇规划总人口5万人，其中城镇人口3万人；琉璃河镇规划总人口7万人；韩村河镇规划总人口6万人；长沟镇规划总人口5万人；石楼镇规划总人口3.3万人。	引导迁建。对位于城镇周边地区的村庄或规模小于50亩的村庄，采用土地置换等引导方式，引导村民向城镇或中心村集中，涉及行政村45个。分散搬迁约2.6万人：主要迁至青龙湖、长阳、阎村、窦店、周口店等新城周边镇，形成人口集聚和替代产业集聚区。

（续）

政策	产业	人口	搬迁
房山新城规划 2005—2020 年	和农产品加工等高附加值农业，以基本农田保护为基础，形成大石河周边、小清河周边两个大规模绿色农业基地，改善地区生态环境质量。地区第三产业发展，以良乡为基地，以青龙湖、十渡、长沟、琉璃河、周口店为次级中心，积极发展体育休闲产业；结合新城建设，平原区重点发展都市休闲娱乐业，建设良乡旅游服务接待基地，建设长沟、周口店、青龙湖、琉璃河 4 个次级平原区旅游服务中心；平原区以永定河—小清河发展带为重点，积极发展绿色观光农业、体育休闲产业，形成长阳、窑上、琉璃河等重点发展区；适度发展旅游会展产业，规划在良乡高教园区建设区级会议展览中心，在青龙湖、长沟、韩村河、十渡等沿山城镇结合旅游、度假和培训功能安排小型会议中心；城关、长沟、韩村河、周口店、张坊等浅山区城镇可结合旅游度假区建设，发展少量与旅游产业结合的旅游房地产项目。		
房山区经济和社会发展"十二五"规划（2011）	琉璃河重点城镇群落——以中国北京农业生态谷为依托，以琉璃河、韩村河为核心，统筹韩村河、石楼等部分农业用地，逐步建设首都具有世界水准的高端现代都市农业特色城市；长沟重点	重点城镇地区，发展与之相配套的二、三产业，建设园区经济特色城镇。一般建制镇，以重点旅游景区的特色优势资源为依托，建设一批特色鲜明的小城镇，以资源、	在产业发展基础较好，居住环境安全地区，建设山区特色小镇，发展旅游休闲产业，吸引留守农民搬迁集聚。对于外迁后留下的村民，应该选择地理位置比较优越、自然生态条件较好、基础设施相

（续）

政策	产业	人口	搬迁
房山区经济和社会发展"十二五"规划（2011）	城镇群落——以中国房山世界地质公园为依托，以长沟、大石窝为核心，优化配置基础功能，建设首都西南旅游集散中心，使之成为首都西南生态人文旅游城市的雏型。	人口和基础设施条件为依托，逐步使城镇中心区和中心村叠合发展向以旅游资源为核心，整合行政区划的方向发展。	对完备、产业特征比较突出的地方，撤并现有零散分布的行政村和自然村，整合建设中心村。

二、基本情况

（一）总体情况

2013 年，房山区一环地区基本情况如下：

从经济指标看，一环地区固定资产投资总量为 38.1 亿元，占所有乡镇总量的 16.1%；税收收入实际完成 5.9 亿元，占所有乡镇总量的 8.6%，完成全年任务的 84.7%；财政收入实际完成 2.0 亿元，占所有乡镇总量的 7.3%，完成全年任务的 90.7%。

从产业指标来看，一环地区三次产业乡村从业人员比例为 29.4∶31.6∶39.0，全区这一比例为 23.8∶28.3∶47.9；工业主要经济指标方面，工业总产值达到 36.7 亿元，占全区 22.8%，主营业务收入达 38.2 亿元，占全区 26.3%，利润总额为－7.1 亿元。

从人口指标来看，一环地区户籍人口为 19.3 万人，占全区 24.6%；农业户籍人口 11.8 万，占全区 35.2%。农业户籍人口占地区户籍总人口的 61.0%，高于全区的 42.6%。乡村从业人员占乡村总人口比例为 51.6%。

从土地规划指标来看，一环地区土地总面积为 41 022 公顷，占全区比例为 20.9%；建设区面积 7 009 公顷，占全区比例为 23.2%；建设区面积占地区土地总面积比重为 17.1%，高于全区平均水平 15.4%。一环地区到 2020 年规划新增建设占用农用地合计控制在 2 291 公顷以内，土地整理复垦开发不少于 989 公顷，两者之差不大于 1 302 公顷。

(二) 分类情况

1. 经济指标

（1）固定资产投资情况。第一，一环地区近三年固定资产投资峰值出现在 2013 年，增速较全区水平快 46.7%。从数据来看，2011 年至 2013 年，一环地区 5 个乡镇合计固定资产投资额度同比增长率分别为−40.0%、18.0% 和 35.7%。在 2013 年全区增长率为−11.0% 的情况下，一环地区的增速还保持着更加快速的增长，这也反映了区政府对一环地区经济发展提供了足够的资金动力。

第二，一环地区固定资产投入占各乡镇合计总额的比例在 10%～17%，比重在增长。2013 年占比为近三年的最高，达到 16.1%。其中长沟镇在其他四镇固定资产投资保持不变或下降的情况下，投资额达到 29.2 亿元；在一环地区占比 12.4%，分别比 2011 年和 2012 年高出 9.9 和 7.3 个百分点。在房山新城规划中，长沟镇以贸易、工业为主的综合性小城镇，是房山西南综合经济区及邻近地区的经济中心。近年来，长沟镇迎来了快速发展的"黄金机遇期"，被北京市政府确定为重点小城镇和旅游集散特色镇，2012 年被国家发改委确定为第三批全国发展改革试点城镇，地处

表 2　一环地区固定资产投资情况统计表

单位：万元

乡镇	2011			2012			2013		
	数额	百分比（%）	增长率（%）	数额	百分比（%）	增长率（%）	数额	百分比（%）	增长率（%）
所有乡镇合计	1 971 812		−45.6	2 657 201		34.8	2 363 613		−11.0
一环地区合计	237 778	12.1	−40.0	280 558	10.6	18.0	380 790	16.1	35.7
周口店镇	52 510	2.7	−11.4	46 086	1.7	−12.2	44 441	1.9	−3.6
琉璃河镇	85 688	4.3	−53.1	71 763	2.7	−16.3	27 221	1.2	−62.1
石楼镇	15 106	0.8	−70.9	9 917	0.4	−34.4	11 737	0.5	18.4
长沟镇	48 938	2.5	−34.5	135 308	5.1	176.5	291 914	12.4	115.7
韩村河镇	35 536	1.8	27.2	17 484	0.7	−50.8	5 477	0.2	−68.7

注："百分比"表示各乡镇（"三二一"地区）占全区所有乡镇总额的百分比。

数据来源:《房山区统计年鉴》，由作者计算整理。

中国房山世界地质公园功能区核心区，以发展文化创意产业和休闲度假产业为支撑，全力打造"中国文创第一镇"。

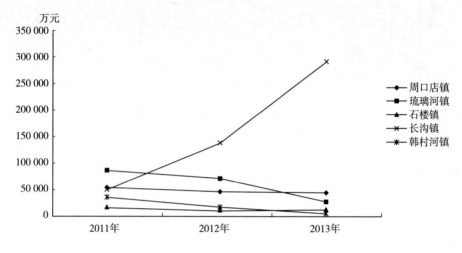

图1 一环地区固定资产投资变化走势图

（2）财政和税收情况。第一，从实际完成全年任务百分比来看，一环地区除个别年份外，未能完成年度财政和税收任务，且完成任务的地区平均水平大多低于全区所有乡镇平均水平。这说明一环地区在城市化推进过程中为全区农村城市化目标的实现能够提供资金动力有限。

第二，从财政情况来看，2011年一环地区顺利完成全区所有乡镇的年度财政任务，2012年和2013年均未完成任务。2013年，琉璃河镇只完成了55.5%（前两年均完成），除琉璃河镇外，均较好地完成财政任务；韩村河镇实际完成的财政收入，依旧保持着一环地区的前列，2013年达到7 632万元，占一环地区实际完成额的37.8%。

单位：万元

表 3　一环地区财政情况统计表

乡镇	2011			2012			2013		
	全年任务	实际完成	完成任务百分比（%）	全年任务	实际完成	完成任务百分比（%）	全年任务	实际完成	完成任务百分比（%）
所有乡镇合计	153 211	179 893	117.4	208 415	223 793	107.4	253 420	276 559	109.1
一环地区合计	20 165	21 904	108.6	25 420	19 652	77.3	22 275	20 195	90.7
周口店镇	3 830	3 449	90.1	4 000	2 291	57.3	2 595	2 780	107.1
琉璃河镇	5 680	5 983	105.3	6 950	7 059	101.6	8 005	4 440	55.5
石楼镇	1 035	1 184	114.3	1 370	1 373	100.2	1 555	1 891	121.6
长沟镇	2 120	2 375	112	2 750	2 409	87.6	2 730	3 451	126.4
韩村河镇	7 500	8 914	118.9	10 350	6 520	63.0	7 390	7 632	103.3

数据来源：《房山区统计年鉴》，由作者计算整理。

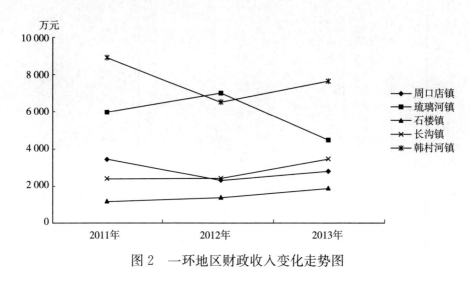

图 2　一环地区财政收入变化走势图

第三，从税收情况来看，2011—2013 年一环地区均未完成全区所有乡镇的年度税收任务，且 2012 年和 2013 年只完成了八成多。2013 年，琉璃河镇只完成了 51.2%（前两年均完成），除琉璃河镇外，均较好地完成财政任务；韩村河镇实际完成的税收收入，依旧保持着一环地区的前列，2013 年实际收入达到 22 567.5 万元，占一环地区实际完成的 38.2%。

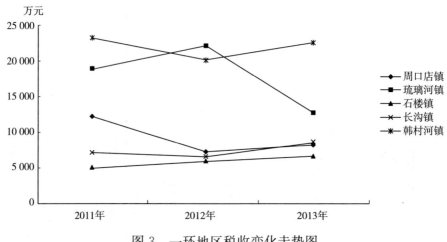

图 3　一环地区税收变化走势图

表 4　一环地区税收情况统计表

单位：万元

乡镇	2011			2012			2013		
	全年任务	实际完成	完成任务百分比（%）	全年任务	实际完成	完成任务百分比（%）	全年任务	实际完成	完成任务百分比（%）
所有乡镇合计	437 374	487 844	111.5	564 550	572 723	101.4	641 110	686 235	107
一环地区合计	67 970	66 616.5	98	77 250	62 151.2	80.5	69 680	59 021.2	84.7
周口店镇	18 000	12 240.3	68	14 200	7 334.3	51.7	8 220	8 306.3	101.1
琉璃河镇	18 800	18 975.4	100.9	22 000	22 292.5	101.3	25 000	12 797.5	51.2
石楼镇	4 440	4 953	111.6	5 750	5 906.4	102.7	6 630	6 696.3	101
长沟镇	6 290	7 238.3	115.1	8 400	6 538.7	77.8	7 330	8 653.6	118.1
韩村河镇	20 440	23 209.5	113.5	26 900	20 079.3	74.6	22 500	22 567.5	100.3

数据来源：《房山区统计年鉴》，由作者计算整理。

导致琉璃河镇财政和税收情况都不太理想的主要原因：一是支柱企业效益不凸显，琉璃河水泥有限公司受市场宏观调控影响，保价限量，加之享受政策性退税，没能带来可观的税收增量；二是镇域内支柱企业福利企业居多，净得税收减少；三是受规模工业因素制约，工业总产值同比减少7％，全镇13家规模工业中有6家企业产值不及2012年同期；四是为保中国北京农业生态谷项目，近年来没有引进大型企业入驻，造成增长乏力。

2. 产业指标

（1）三大产业乡村从业人员分布和变化情况。第一，从乡村从业人员统计情况看，一环地区从业人员三次产业比例优化程度未达到全区水平。2013年全区三次产业乡村从业人员比例为23.8：28.3：47.9，一环地区为29.4：31.6：39.0。除周口店镇外，三产占比均低均于全区平均水平。周口店镇三产从业人员约五成，一产两成左右；琉璃河镇一产从业人员相对较多，占四成左右，城市化进程还需要进一步调整。

第二，近三年一环地区一产乡村从业人员占比下降1.2个百分点，三产占比增加1.2个百分点，均低于全区水平，产业结构调整逐年优化。值得注意的是，在城市化步伐加快的情况下，只有周口店镇一产增加了，且达到3.2个百分点，2013年农林牧渔业总产值为19 760.5万元，同比增长9.7 ％；三产减少了2.1个百分点。周口店镇发展以林下种植为主要的林下经济，林下种植面积2 750亩，提高土地利用率；开发山场和林业资源，打造坡峰岭景区，发展乡村旅游。琉璃河镇是三产增加幅度最大的，一产减少的2.5个百分点都在三产中提高了，二产没有变化。

表5　三大产业乡村从业人员占比变化情况（2013 年相对于 2011 年）

乡镇	一产变化	二产变化	三产变化
所有乡镇合计	−1.6	−0.9	2.5
一环地区合计	−1.2	0	1.2
周口店镇	3.2	−1.2	−2.1
琉璃河镇	−2.5	0	2.6
石楼镇	−2.3	0.7	1.6
长沟镇	−2.4	1.1	1.4
韩村河镇	−1	−0.4	1.5

数据来源：《房山区统计年鉴》，由作者计算整理。

（2）工业主要经济指标情况。第一，一环地区工业占全区所有乡镇合计的 22%～31%。工业相对集中在周口店镇和琉璃河镇，其次是石楼镇，长沟镇和韩村河镇工业比重较低。2013 年，周口店镇、琉璃河镇与石楼镇工业总产值占全区的二成多。一环地区深入推进"大项目＋小城镇"建设，加速推进琉璃河镇的城镇化建设，着力打造与新型城市化发展格局相协调的城镇群落；周口店镇工业总产值累计实现 11.64 亿元，同比增长 1.1%，水泥、壁纸、合成橡塑、采石四大行业共 6 家规模以上工业企业是主要来源，实现 10.53 亿元。

第二，近三年全区工业总产值增加了 15.29 亿元，一环地区减少了 7.16 亿元。目前，一环地区提速长沟中国文创第一镇、河北美丽谷现实版、琉璃河都市型现代农业示范区建设，聚集高端产业，促进产业融合，建成一批经济发展强镇、特色农业大镇、旅游休闲名镇，增强产业发展、公共服务、吸纳就业、人口聚集功能。逐步形成"一镇一品、风格迥异、各具特色"的农村新型城市化模式。

表6 三大产业乡村从业人员情况统计表

单位：人

乡镇	2011						2012						2013					
	一产	一产占比(%)	二产	二产占比(%)	三产	三产占比(%)	一产	一产占比(%)	二产	二产占比(%)	三产	三产占比(%)	一产	一产占比(%)	二产	二产占比(%)	三产	三产占比(%)
所有乡镇合计	74 322	25.4	85 478	29.2	132 616	45.4	73 106	24.7	86 005	29	136 977	46.3	72 098	23.8	85 637	28.3	145 135	47.9
一环地区合计	27 161	30.6	28 039	31.6	33 543	37.8	27 319	30.7	27 977	31.4	33 715	37.9	26 402	29.4	28 425	31.6	34 996	39
周口店镇	2 486	18.3	4 256	31.3	6 868	50.5	3 098	23	4 001	29.7	6 377	47.3	2 882	21.5	4 026	30.1	6 468	48.4
琉璃河镇	10 303	39.2	7 078	26.9	8 909	33.9	10 172	38.6	7 185	27.3	9 005	34.2	9 821	36.7	7 193	26.9	9 773	36.5
石楼镇	4 297	30.3	5 814	40.9	4 088	28.8	4 243	29.3	5 863	40.5	4 383	30.3	4 197	28	6 224	41.6	4 555	30.4
长沟镇	3 423	23.1	5 143	34.7	6 240	42.1	3 374	22.8	5 184	35	6 258	42.2	3 091	20.7	5 341	35.8	6 502	43.5
韩村河镇	6 652	33.5	5 748	29	7 438	37.5	6 432	32.4	5 744	28.9	7 692	38.7	6 411	32.5	5 641	28.6	7 698	39

数据来源：《房山区统计年鉴》，由作者计算整理。

表 7 工业主要经济指标情况统计表

单位：千元

乡镇	2011					2012					2013				
	工业总产值	百分比(%)	主营业务收入	百分比(%)	利润总额	工业总产值	百分比(%)	主营业务收入	百分比(%)	利润总额	工业总产值	百分比(%)	主营业务收入	百分比(%)	利润总额
所有乡镇合计	14 558 008.1		15 342 608		373 974	13 368 335.1		14 324 769.8		−268 628	16 087 341.4		14 510 732.1		68 248
一环地区合计	4 386 105.8	30.1	4 732 789	30.8	−44 144	3 652 637.7	27.3	4 103 558.2	28.6	−167 846	3 669 783.8	22.8	3 821 440.6	26.3	−71 231
周口店镇	1 524 027.6	10.5	1 722 988.7	11.2	87 620	1 151 651.4	8.6	1 533 328.6	10.7	−21 638	1 164 188.7	7.2	1 303 343.5	9.0	−4 863
琉璃河镇	1 594 502.6	11.0	1 614 652.7	10.5	−171 262	1 284 590.2	9.6	1 382 348.2	9.7	−164 886	1 190 817.5	7.4	1 213 848.2	8.4	−81 359
石楼镇	829 016.8	5.7	883 388.1	5.8	34 858	894 167.6	6.7	858 244.8	6.0	9 948	969 582.3	6.0	958 901.5	6.6	27 900
长沟镇	187 463.2	1.3	256 497	1.7	41	173 131	1.3	204 008.7	1.4	11 889	201 359.8	1.3	203 178.3	1.4	−820
韩村河镇	251 095.6	1.7	255 262.5	1.7	4 599	149 097.5	1.1	125 427.9	0.9	−3 159	143 835.5	0.9	142 169.1	1.0	−12 089

注：“百分比”表示各乡镇（“三一一”地区）占全区所有乡镇总额的百分比。

数据来源：《房山区统计年鉴》，由作者计算整理。

表 8　一环地区户籍人数情况统计表

单位：人

乡镇	2011			2012				2013			
	合计	农业	农业占比(%)	百分比(%)	合计	农业	农业占比(%)	百分比(%)	合计	农业	农业占比(%)	百分比(%)
所有乡镇合计	773 577	348 457	45.0		779 526	342 196	43.9		786 401	334 953	42.6	
一环地区合计	191 349	120 696	63.1	34.6	192 413	119 711	62.2	35.0	193 550	117 998	61.0	35.2
周口店镇	36 916	20 496	55.5	5.9	37 223	20 311	54.6	5.9	37 507	20 012	53.4	6.0
琉璃河镇	58 426	34 621	59.3	9.9	58 617	34 410	58.7	10.1	58 722	34 230	58.3	10.2
石楼镇	29 946	22 023	73.5	6.3	30 070	21 853	72.7	6.4	30 205	21 306	70.5	6.4
长沟镇	26 516	15 620	58.9	4.5	26 682	15 540	58.2	4.5	26 837	15 317	57.1	4.6
韩村河镇	39 545	27 936	70.6	8.0	39 821	27 597	69.3	8.1	40 279	27 133	67.4	8.1

注："百分比"表示各乡镇（"三二一"地区）农业人口占全区所有乡镇总农业人口的百分比。

数据来源：《房山区统计年鉴》，由作者计算整理。

3. 人口指标。第一，从户籍人数变化情况来看，一环地区农业人数占六成，高于全区平均水平，有逐年递减的趋势。2013 年，一环地区户籍人数为 19.3 万人，占全区总数的比重为 24.6%，农业人口为 11.8 万人，占全区 35.2%。近三年一环地区户籍人数增加 2 201 人，占全区增加总数的 17.2%；农业人口减少 2 698 人，占全区农业人口减少总量的 20.0%。其中，韩村河镇和石楼镇农业人口分别减少了 803 人和 717 人，占一环地区农业人口减少总量的一半多。

第二，从乡村从业人员统计情况看，一环地区乡村从业人员占全区近三成水平。近三年，琉璃河镇是一环地区乡村人口及乡村从业人员占比最高的。琉璃河镇土地肥沃，有永定河、小清河、大石河等主要河流，有利于发展各类农业产业项目，是北京市的农业大镇。目前已形成肉鸭、生猪、果品、蔬菜、农产品加工、农业休闲观光等六大农业主导产业，已建设中粮五谷道场、天鸿顺、三江宏利、燕都立民、京之源、瑞雪环球、天瑞永和等一批具有较强带动能力的农业产业化龙头企业，已建成 2 个国家级、6 个市级、5 个区级标准化基地、35 个规模化养殖小区。2005 年被农业部确定为全国农产品加工示范基地，2009 年被农业部评为第二批全国农产品加工创业基地。

4. 土地规划指标。第一，从土地利用空间管制分区来看，一环地区建设区面积占土地总面积比重高于全区平均水平。一环地区土地总面积为 41 022 公顷，占全区比重 20.9%；建设区面积为 7 009公顷，占全区比重 23.2%。全区建设区面积占土地总面积比重为 15.4%，一环地区建设区面积占土地总面积比重为 17.1%，

单位：人

表 9 一环地区乡村从业人员情况统计表

乡镇	2011			2012			2013		
	乡村人口	乡村从业人员	从业人员占比(%)	百分比(%)	乡村人口	乡村从业人员	从业人员占比(%)	百分比(%)	乡村人口	乡村从业人员	从业人员占比(%)	百分比(%)

乡镇	乡村人口	乡村从业人员	从业人员占比(%)	百分比(%)	乡村人口	乡村从业人员	从业人员占比(%)	百分比(%)	乡村人口	乡村从业人员	从业人员占比(%)	百分比(%)
所有乡镇合计	552 764	292 416	52.90		564 338	296 088	52.50		583 659	302 870	51.90	
一环地区合计	165 032	88 743	53.80	30.35	166 232	89 011	53.50	30.06	174 139	89 823	51.60	29.66
周口店镇	30 761	13 610	44.20	4.65	30 447	13 476	44.30	4.55	30 490	13 376	43.90	4.42
琉璃河镇	47 464	26 290	55.40	8.99	47 310	26 362	55.70	8.90	48 103	26 787	55.70	8.84
石楼镇	24 168	14 199	58.80	4.86	25 080	14 489	57.80	4.89	30 893	14 976	48.50	4.94
长沟镇	26 044	14 806	56.80	5.06	26 333	14 816	56.30	5.00	26 435	14 934	56.50	4.93
韩村河镇	36 595	19 838	54.20	6.78	37 062	19 868	53.60	6.71	38 218	19 750	51.70	6.52

注："百分比"表示各乡镇（"三二一"地区）乡村从业人员占全区所有乡镇总乡村从业人员的百分比。

数据来源：《房山区统计年鉴》，由作者计算整理。

高于全区平均水平。各镇建设区占一环地区总土地面积相对较高的是琉璃河镇、石楼镇和长沟镇，均在 20% 以上；相对较低的是韩村河镇和周口店镇，分别为 14.2% 和 10.0%。值得注意的是，2014 年 8 月，房山区长沟镇 FS12－0001—0026 地块因其所属区位不占优势，无人报价，成交乏力，应对各镇建设区土地做出更为详细的规划。

表 10　一环地区土地利用空间管制分区统计表

单位：公顷

乡镇	允许建设区	有条件建设区	限制建设区	禁止建设区	建设区	土地总面积	建设区占比（%）
所有乡镇合计	25 000	5 216	148 827	16 844	30 216	195 887	15.43
一环地区合计	5 741	1 268	32 354	1 659	7 009	41 022	17.1
周口店镇	1 120	94	9 594	1 291	1 214	12 099	10.0
琉璃河镇	1 730	686	8 177	95	2 416	10 688	22.6
石楼镇	851	198	3 197	0	1 049	4 246	24.7
长沟镇	835	65	3 007	0	900	3 907	23.0
韩村河镇	1 205	225	8 379	273	1 430	10 082	14.2

数据来源：北京市国土资源局房山分局网站。

　　第二，从建设区的面积来看，琉璃河镇最高，长沟镇最少。在一环地区，琉璃河镇建设区的面积达到了 2 416 公顷，长沟镇为 900 公顷。琉璃河镇以文物保护、生态环境建设保护及防洪安全为前提，促进经济、人口、资源、环境及城市化健康有序发展，按照《琉璃河镇总体规划》，将建设成为以文化旅游、都市农业等绿色产业为主的城乡统筹生态宜居小城镇。

表 11　一环地区土地规划增量指标情况

单位：公顷

乡镇	2020 年新增建设占用农用地规模（以内）	新增建设占用耕地	土地整理复垦开发（不少于）	土地整理与占用农用地之差（按限度值）
所有乡镇合计	9 330	4 320	4 395	−4 935
一环地区合计	2 291	1 186	989	−1 302
周口店镇	324	123	364	40
琉璃河镇	693	319	97	−596
石楼镇	289	192	8	−281
长沟镇	442	226	245	−197
韩村河镇	543	326	275	−268

数据来源：北京市国土资源局房山分局网站。

　　第三，从土地规划的增量指标来看，大力推行节约和集约用地。一环地区到 2020 年新增建设用地占用农用地规模为 2 291 公顷，占全区的 24.6%，而土地整理复垦开发为 989 公顷，占全区的 22.5%；占用农用地与土地整理差值为−1 302 公顷，这一数值占全区的 26.4%。一环地区整合土地资源，清理、回购、协调闲置土地和低效利用土地的体制和机制，鼓励和支持利用荒地、坡地搞建设，尽量不占或少占耕地。积极进行独立工矿用地改造，琉璃河镇大型砖厂废弃用地和山区周口店镇煤矿区改造，积极调整土地用途、恢复生态环境，以发展替代产业和兼并等方式大幅度减少独立工矿的数量和占地面积，通过合理流转，作为新城的城镇建设用地和生态绿化用地。

三、发展建议

（一）把握京津冀协同发展的政策和区位优势，推进产业结构升级与临空产业发展

一是本地区琉璃河镇、韩村河镇、长沟镇三镇南接河北，处于京津冀协同发展的重要节点，力争发挥重要桥头堡战略作用，从而推进镇域产业结构升级、空间高效节约利用、生态环境改善。二是通过京津冀交通一体化发展引领，加速京冀交界地带的国道、省道联通，推进良常路改建三期工程等项目，促进京冀两地旅游发展，推动窦店高端产业基地和北京农业生态谷发展，为园区物流提供交通保障。三是本地区东邻大兴，处于新机场临空经济区辐射区。琉璃河镇距新机场仅 16 公里，全镇大部分面积处在新机场 25 公里临空经济圈辐射范围内，处于全区承接临空产业的最前沿，适宜发展对环境要求高、具有特色的高端服务业、绿色航空安全食品产业和文化休闲旅游产业，与中国北京农业生态谷融合对接，打造独具特色的临空产业链，形成"两核"东西联动发展格局，成为镇域发展的持久动力源和地区经济的新引擎。

（二）以中国北京农业生态谷项目辐射带动地区发展

中国北京农业生态谷作为北京市重点项目，是房山区重点打造的五大功能区之一，是都市型现代农业核心示范区，产业定位已经明确，招商引资取得重大进展，园区路网等一批基础设施配套项目已列入北京市重点支持目录。从直接经济效益来看：一是解决五个

村的村民安置补偿、社会保障、就业和可持续发展问题。二是将吸引中粮旗下企业进驻园区，还有可能吸引数十家国内外知名涉农企业如王老吉、雨润、好利来等在此设厂，预计年产值将超过150亿元人民币。三是可吸引众多国内外农业研究机构、涉农企业区域总部进驻园区。四是创造就业岗位4万～5万人，解决当地劳动力就业，吸引北京市及国内外农业专家、人才来此工作、交流、居住。从间接效应来看：一是改变原有农村的陈旧的面貌，建设成田园牧歌式的美丽新园区。二是作为都市现代农业示范区的核心区，它的建设将对周边地区的经济发展产生巨大的辐射效应。三是使北京市成为世界农业交流和对接的平台、国内外农业高科技人才聚集之地、世界一流的农业科技创新研发和总部基地。

（三）开展重点小城镇建设

琉璃河、韩村河与长沟为市重点小城镇。琉璃河镇在新版镇域总体规划基础上，开展中国北京农业生态谷、临空经济产业园、燕都大遗址公园、大石河湿地公园等重点功能区项目，推进镇中心区C街区改造项目。长沟镇中心区发展旅游业、服务业、文化创意产业，明确低密度、高品质使用居住用地原则，将全镇划分为水系生态游赏区、运动休闲度假区、中心综合服务区、特色农庄体验区、现代农业耕作区五大产业区，为发展特色旅游创造条件。韩村河镇强化规划引领，构建完整的城镇总体发展定位、功能分区和发展远景，实现"总规""控规"和"土归"的立体衔接。抓住机遇实现建筑建材产业、特色产业的转型发展，传统农业、旅游休闲产业的战略提升，以及社会发展的优化转型。

（四）通过申请和举办 2018 世界遗产大会，提升周口店镇和房山区文化影响力

根据《北京房山世界地质公园总体规划》《北京房山历史文化集聚区总体规划》《北京房山西部生态涵养区总体规划》，周口店镇分别被赋予"房山世界地质公园的核心区"、"房山历史文化旅游集聚区的龙头地区"和"房山西部生态涵养区的重点地区"，并承接了申请 2018 世界遗产大会。要着力打造文化产业发展新格局，将申办世界遗产大会、加快非物质文化遗产博览园建设纳入今后一段时期内的发展目标。通过举办世界遗产大会，集中展示中华文化的独特魅力，提升本地区对国际高端要素的聚集和吸附能力。

（五）打造休闲观光产业带，延伸农业产业链条

琉璃河镇加大农业休闲产业发展，不断完善基础设施建设，形成贾河村、务滋村梨花观赏区和"古桥荷苑"荷花观赏区。长沟镇以龙泉湖为中心，加大长走路线周边农业景观建设，打造"城市之间·水岸花田"景观品牌，形成以沿村千亩油菜花、葵花为龙头，环绕龙泉湖，遍布周边三座庵、北良、甘池等几个村的景观农业带。韩村河镇以"天开花海"为核心，辐射周边几个村，延长至上方山景区，打造景观农业产业带。周口店镇完善黄山店登山赏叶观光产业带等具有区域特色的休闲观光产业模式。

（六）举办特色农业节庆活动，搭建休闲观光平台

在连续举办琉璃河梨花节、长沟花田音乐节、韩村河天开花海

观光季、长沟稻菽节、周口店黄山店登山节等系列活动基础上，打造"要爬山，到房山"运动休闲品牌，安排专项资金，打造特色鲜明、有安全保障的山脊游、峡谷游。组织开展主题观光休闲旅游活动，推出精品观光采摘园、特色景观农业休闲旅游线路、农家特色美食趣味采摘，充分展现房山景观农业发展。

表 12　一环地区各乡镇发展定位

乡镇	地形	城镇等级	发展特色	发展目标
周口店镇	山区、丘陵、平原各占三分之一	一般镇	周口店镇处于世界文化遗产保护协调范围，以生态恢复为主，重点发展文化产业、旅游休闲产业。	一张牌 一面旗一件事，全力打造世界文化旅游名镇
琉璃河镇	山区、丘陵、平原各占三分之一	重点镇	琉璃河镇为沿河地区，以风沙源治理为重点，以文化、旅游、休闲度假、都市农业等绿色环保型产业为主的综合性生态宜居小城镇，以遗址文化为主要内容的青少年爱国主义教育基地，强调空间发展与北部窦店对接，注重与燕周遗址的保护相协调。地区南部门户，展示城市深厚的历史底蕴和整洁有序的城市风貌。	构建"一谷两园三河三线遍地林"的空间布局，全力打造都市型现代农业示范镇、田园牧歌休闲港、绿色生态"新燕都"
石楼镇	平原	一般镇	石楼镇以农业为基础，重点发展商业、服务业等第三产业的综合型建制镇。	以"贾岛故里·生态石楼"为发展定位，以打造"京南绿宝石"为发展理念，以生态休闲示范镇建设为发展目标

（续）

乡镇	地形	城镇等级	发展特色	发展目标
长沟镇	山区、丘陵、平原各占三分之一	重点镇	以生态恢复为主，以贸易、工业为主的综合性小城镇，是房山西南综合经济区及邻近地区的经济中心。文化创镇，京南旅游集散中心落成和文化硅谷项目的建设工程，吸引精品文化项目入驻。城市之间，水岸花田。	"滨水、生态、文化、活力、宜居"的现代生态休闲新城，将重点发展总部型、创意型经济，引导发展以金融、文化创意、商务服务、休闲娱乐等产业为主的现代服务业，打造北京西南绿色休闲之都。
韩村河镇	山区、丘陵与平原的过渡地带	重点镇	韩村河镇以生态恢复为主，房山区都市农业区的新农村示范镇，以建筑业、观光农业和休闲旅游度假为主。	以建设中国北京农业生态谷为依托，以中国房山世界地质公园为依托，逐步建设西南旅游集散地，成为首都西南生态人文旅游小城镇。

表 13　一环地区各乡镇产业项目情况

乡镇	大项目	具体项目	合作企业
周口店镇	世界文化旅游名镇	中国恐龙谷与城郊乡村生态旅游综合技术示范乡村建设项目	中国科学院 北京大学
		北京人遗址	
		金陵	
		十字寺	
		贾岛故居	
		庄公院	
		九龙山风景区	

（续）

乡镇	大项目	具体项目	合作企业
周口店镇	全国非物质文化遗产传承中心（产业园）项目	申办世界遗产大会	故宫博物院
		中国非物质文化遗产展览中心	
		全国工艺美术大师作品展示交易中心	
	商贸物流产业带	瓦井工业园	
		中关村国家创新示范区房山园	
琉璃河镇	中国北京农业生态谷	中国北京农业生态谷	中粮集团
			天鸿顺
			三江宏利
			燕都立民
			京之源
			瑞雪环球
			天瑞永
	西部燕都文化产业园	西周燕都遗址	古石桥
			岫云观
			金门闸
	东部临空经济产业园	高端服务业	
		绿色航空安全食品产业	
		休闲旅游产业	
	湿地生态和亲水休闲旅游产业带	大石河	三角城
			石花洞
			万佛堂
			琉璃河大桥
		小清河	
		永定河	
		生态亲水休闲旅游产业带	

（续）

乡镇	大项目	具体项目	合作企业
石楼镇	生态农业	北京房山现代渔业创新园	北京山合水易规划设计院
		北京草根堂种养殖专业合作社	
	低碳企业	康美（北京）药业股份有限公司	
		北京极易化工有限公司	
		北京德山线缆有限公司	
		北京成宇化工有限公司	
		北京欣博源包装制品有限公司	
	旅游休闲	向日葵公社	
	"京南绿宝石"生态品牌	万亩森林公园	
		湿地景观	
		富硒水果种植	
		农业示范采摘	
	贾岛故里	贾岛墓	
		贾公祠	
长沟镇	城市之外、水岸花田	北京国际长走大会	
		花田音乐节	
		长沟花田节	
	"北京文化硅谷"大型文化创意产业项目	华嬉园——青少年数字文化体验基地	
		安泰园——青少年防灾减灾教育基地	
		神州百戏演艺中心	
		物质文化遗产	
		非物质文化遗产中心	
		文化部民族民间文艺十大集成数据库	
		百强文化企业总部基地及艺术家创作生活园区	
		文化产业品牌展示区和孵化区	

（续）

乡镇	大项目	具体项目	合作企业
长沟镇	特色风貌京畿小镇	世界地质公园博物馆	
		京南旅游集散中心	
	"一园、两河、三湖、十景"的水景观绿色生态长廊	长沟泉水湿地公园	
		"涵养水源和维持生物多样性"的科普宣教基地	
	文化创意产业园	天赐圣泉马术俱乐部	
		中国房山地质公园博物馆	
韩村河镇	重大项目建设	中国房山世界地质公园	
		南水北调巡线路	
	建筑建材产业	韩建地产	
	特色产业	北京京石服装产业基地	
	旅游休闲业	上方山国家森林公园	
		韩村河民俗旅游村	
		龙门生态园	
		圣水绿洲	
		上方山乐路一斗泉	
	都市型农业	天开花海乐园项目	
		万亩香椿种植基地	
		罗家峪村千亩红薯种植基地	
		北京尚大·沃联福生态农庄	
		二龙岗民俗采摘园	
		天开果园	
		下中院樱桃园	
		孤山口杏园	

执笔人：冯雪静

打造新型城镇化示范区，
推进城乡一体化新格局

——房山区良乡镇城乡一体化发展调研报告

近年来，房山区良乡镇以城镇化建设为主线，不断推动区域发展，确定发展定位。尤其是 2013 年以来，通过与中海集团签订合作协议，良乡镇希望以统筹城乡新型城镇化良乡示范区建设项目为契机，深入推动全镇范围内新型城镇化建设，打造城乡一体化发展新格局。

一、基本情况

良乡镇位于北京市房山区长良组团区域范围内，距市区 25 公里，东与长阳镇接壤，南临窦店镇，西与阎村镇接壤，北至长虹路与拱辰街道办事处相接，是房山新城周边以都市农业、生态旅游为主导综合发展的宜居城镇，承接房山新城部分职能。全镇总面积 25.9 平方公里，辖 16 个村民委员会，2013 年户籍人口 1.7 万人，农业人口 1.2 万人。

二、发展思路

（一）区级统筹，搭建合作平台

2013 年 5 月，房山区政府与中海集团就统筹城乡新型城镇化良乡示范区项目签订了全面合作战略协议，同年 9 月，中海集团正式进驻，项目筹备和建设正式启动。该项目占地 26 平方公里，预计投资额 200 亿元以上。项目的本质是城乡一体化项目，该项目以"城乡统筹"为原则，从城乡规划、产业布局、基础设施、民生改善、推进实施五个方面出发，统筹安排各项工作。

（二）城乡规划，引入实施单元理念

项目在原有 2011 年良乡镇总体规划基础上，响应北京市总规修编提出的新理念，以实施单元的形式进行全镇范围统筹研究。总体规划定位是打造良乡新城综合配套服务区，主要分为四部分：镇中心区、官羊新村、北部组团（北五村环境整治区）和南部组团（南部保留村）。其中：镇中心区是全镇生产生活配套服务中心、对外交流中心，官羊中心村承接休闲旅游、生态养生、科技农业等功能，北五村环境整治区完善房山新城城市功能，南部保留村承接农业生产示范、生态旅游等功能。项目分两期，镇中心区和官羊新村为项目一期，北部组团和南部组团为项目二期。

（三）产业布局，打造三核驱动的复合产业发展体系

良乡镇过去以工业、农副产品深加工和农业为主。基本农田占

耕地面积一半左右，产品附加值不高。开展新型城镇化示范区项目以来，中海集团对全镇进行整体产业定位和布局，致力于打造以农业发展核心、产业发展核心、休闲发展核心为驱动的复合产业发展体系。一期项目主要进行村镇中心区和官羊新村的建设，根据现状产业和农业进行综合改造提升，其中：中心区以农业生产性服务业和生活性服务业为双轮驱动，发展特色化、田园式、体验式商业服务功能和农业生产性服务，构建都市田园小城功能体系；官羊新村重点发展农业及其提升型产业、养老养生产业、休闲旅游产业、文化创意产业、TMT 产业等。二期项目主要进行村庄复制和高端产业引进，其中：北部组团依托良乡大学城，综合考虑两创机遇，重点发展高科技产业、智慧制造业、环保产业、医药健康产业等产业；南部组团为远期发展组团，借鉴官羊新村发展模式。

（四）政企合作，合理分配收益

合作方式上，村集体以土地入股，中海集团以资金及资源入股，组建现代化农业公司、集体产业公司，统筹经营农用地、集体产业用地，并负责拆迁腾退和村民安置。收益分配方面，村集体获得经济主体地位、实物资产和土地入股收入；村民可以获得相关就业岗位，并以土地租金、分红方式获得持续的资金回报，部分转居村民可获得社保收入；地方政府获得产业发展的税收收益；中海集团获得投资回报。

（五）城乡一体，逐步化解城乡二元结构矛盾

良乡新型城镇化示范区拟围绕"人""地""产业"展开城乡统

筹工作，通过农民就地城镇化、农业全面现代化、农村创新城市化三方面的有机融合，创新解决"三农"问题逐步化解传统城乡二元结构矛盾。

1. 就地城镇化。通过企业、社区服务中心以及外聘专家对农民进行生产技能培训，改善农民落后的生产生活观念，提升技能水平，将农民培养为产业工人、园艺技师、专业服务人员，解决农民就业问题，实现农民素质全面提升。并通过改变农民传统单一的休闲方式，通过新建公园、体育场馆、影院、购物广场等文化体育休闲设施，丰富农民精神文明生活，改善农民精神面貌。

2. 农业现代化。打破良乡镇原有的传统农业产业格局，因地制宜结合良乡镇区位、资源、环境特点进行农业升级，吸引大型农业企业进驻，促进农业科技化、智能化、规模化发展，实现都市农业现代化发展。

3. 农村创新城市化。借鉴田园城市的规划设计理念，让富有空间层次感的景观绿地、城市天际线与低密整齐的新村建筑相互映衬，营造出具有良乡特色的庄园式新城。

三、进展情况

按照进度安排，2015—2018 年为项目一期，主要涉及镇中心区和官羊新村片区工作推进。2018—2020 年为项目二期，主要涉及城乡结合部北部组团环境整治片区，以及南部组团统筹城乡配套服务区片区。

1. 中心区。目前镇中心区以综合改造开发的模式，同步推进征地、拆迁、安置房、市政基础设施等方面工作。拆迁腾退方面，中心区涉及邢家坞和南庄子两个村，其中，邢家坞村共有居民 800 余户，宅基地面积合计约 22 万平方米，房屋建筑面积约 21 万平方米，截至 2015 年 5 月 14 日，良乡镇中心区住宅拆迁已签订拆迁协议 686 户，完成总任务的 82%，已搬家交钥匙 474 户，已拆除房屋 464 户，已选房 149 户，已领存折 145 户。南庄子村的 149 户宅基地，仅用一个月时间就签订协议 122 户，为当前安置房的建设奠定了坚实的群众基础。

2. 官羊新村。官羊新村包括官道、西石羊、后石羊、东石羊四个村，现状建设用地约 150 公顷，目前已纳入全市二道绿隔试点范围，拟借鉴西红门"283"模式，申请"拆 10 建 6 还 4"，获得规划建设用地指标约 90 公顷，目前规划尚未批复。实施方面，根据官道石羊四个村的实际情况，拟选择村委会号召力较强、且被列为新型农村试点的后石羊村作为重点推进村落，作为示范村带动其他三个村的实施。

四、存在问题

（一）集体建设用地集约利用面临指标限制和同地同权等问题

目前，镇中心区通过国有征地溢价，不但可以实现资金平衡，还能覆盖官羊新村建设资金成本。主要问题在于官羊新村区域内集体建设用地规划批复和产业发展。

1. 集体建设用地指标限制问题。按照《村镇规划标准》（GB 50188—93），人均建设用地指标不得超过 150 平方米，以官羊新村户籍人口 4 160 人计算，集体建设用地不得超过 62.4 公顷。目前区域内现状建设用地约 150 公顷，拟申请 90 公顷规划指标，这里尚有一定差距。

2. 产业发展同地同权问题。按照项目规划，一期项目拟在中心区发展田园式休闲商业，通过农业生产性服务业和生活性服务业驱动；官羊新村依托生态优势发展生态办公、田园养老和农业休闲等产业。两者形成互有侧重的差异性联动发展。目前来看，能否做到集体建设用地与国有土地同地同权是这块区域发展的关键，由于集体建设用地上发展产业受到诸多限制，并且存在产权证问题，乡镇领导和中海集团对后续能否进行产业业态优化升级尚存在顾虑。

（二）基础设施与公共服务配套滞后

1. 基础设施尚需完善。良乡镇目前基础设施尚需完善，村内道路需要硬化，雨、污等排水设施缺乏，烧煤取暖存在煤气中毒隐患和环境污染问题，垃圾处理设施需要改良。

2. 农民增收途径少。目前良乡镇户籍人口 17 516 人，其中农业户籍 12 130 人。2014 年农民人均纯收入 18 151 元，但主要靠外出打工赚钱，工资性收入占 78%，财产性收入仅占 1%，集体资产收益偏低。

3. 征地转居留下隐患。中心区邢家坞村现有户籍人口 2 190 人，农业户籍人口 1 550 人，项目征地将解决 492 名村民的转居问题，剩余 1 058 人无法转居。转居村民根据征地协议，转居后按照人均 10 平方米返还商业；未转居村民也失去宅基地上楼，为保障其收益，将利用剩余农业用地发展现代都市农业，创造效益，解决未转居村民收入保障问题，但失地农民也留下了生活隐患。

4. 社会保障覆盖比例偏低。新农合方面，目前官羊新村参加

农村新型合作医疗人数共 2 749 人，仅占户籍人口的 66％，且新型
合作医疗的报销覆盖医院少、报销额度低，没有解决农民无钱医治
重大疾病的难题。农村社会养老保险方面，官羊新村参保人数共
1 384 人，仅占户籍人口的 33％，随着我国老龄化进程加快，村民
养老风险不断加大。低保方面，目前官羊新村享受低保人数为 79
人，占总人数的 1.9％。

表 1　官羊四村社保现状情况

村名	户籍人口（人）	参加农村新型合作医疗人数（人）	参加农村社会养老保险人数（人）	享受最低生活保障人数（人）
官道	1 123	759	326	26
西石羊	787	571	310	18
后石羊	1 109	766	340	14
东石羊	1 141	653	408	21
合计	4 160	2 749	1 384	79

（三）北部组团规划调整和资金平衡难度较大

按照项目规划，在项目一期基础上，二期产业定位于高价值、
高潜力、高成长性的产业，符合北京和房山的发展预期。其中北部
组团主要发展高价值产业，是项目的重点产业发展单元，但是该地
区的规划调整和资金平衡难度较大。

五、几点建议

（一）与市农经办合作开展二道绿隔相关政策的专题培训与方案制定，促进集体建设用地集约利用

2015 年 3 月，《关于研究房山区规划建设有关工作的会议纪

要》（北京市人民政府会议纪要第 32 号）将良乡镇新型城镇化示范区项目纳入第二道绿化隔离地区试点范围，享受相关试点政策。北京市农经办（农研中心）近年来致力于研究全市二道绿隔地区乡镇统筹利用集体建设用地试点的路径探索工作，该试点工作是北京市委新型城镇化体制改革专项领导小组的四项重点试点工作之一，目前正与北京市规划院组成联合调研课题组，对全市五区六镇进行试点研究。试点工作以乡镇工业大院改造为重点，通过规划调整实现减量发展、规划还绿和产业升级，建立一套集体建设用地集约利用的政策体系和规范流程，实现壮大集体经济实力、促进农民就业增收的长效机制。良乡镇如果有需要，可以与北京市农经办合作开展二道绿隔相关政策与实践经验的专题培训与相关方案设计，加快探索与良乡镇实际情况相适应的集体经营性建设用地集约利用途径。

（二）以基础设施建设带动均衡发展，推进基本公共服务均等化

1. 基础设施推进区域发展。从全镇的层面上统筹基础设施，将镇中心区的土地收益投入到全镇的道路、水、电、气、热、环境、卫生等配套建设上，为产业项目落地夯实基础。同时，借助城镇基础设施和重点工程项目开工，包括良常路城市道路建设、山区安置房建设、高端制造业商务区、刺猬河三期治理、镇中心区建设、中心区土地一级开发、良乡镇中心幼儿园等工程项目，加快新型城镇化建设。

2. 推进基本公共服务均等化。一是发展农民股份合作，村民通过入股发展集体产业获得收益分红，增加农民的财产性收入。二是通过多种途径完善社会保障力度，参照《北京市城乡居民养老保

险办法实施细则》缴纳养老保险，通过补充商业保险的形式，提供医疗保险、大病保险，降低农民看病支出，通过集体产业提供就业岗位，为工人提供医疗失业等保险。三是加强环境整治，改善农民居住环境，逐步实现医疗、教育、文化等各方面条件的提升。

（三）打造都市型现代农业体系

良乡镇具有良好的农业和农副产品深加工基础，目前都市型现代农业体系在逐步形成。要充分利用现有产业资源，大力提升花卉、果蔬、食用菌、休闲农业产业。继续建设食用菌工厂化聚集区、华冠农副产品深加工基地、凯达恒业红小豆基地、卓宸奶酪生产基地、昊屹特禽养殖加工基地等一系列农副产业重点项目，镇区加强对农副产品生产加工龙头企业在销售、品牌建设等方面的扶持力度，促进农副产品生产的标准化和规范化，增强良乡镇农副产品的生产能力，打造精深加工链条。同时发展绿色农场、科教农园、观光农场、休闲农场等多种形态的农业产业项目群，推动一、二、三产业融合发展，加速提升都市型现代农业向高、精、深发展，以此树立具有市场化、品牌化、信息化特征的都市型现代农业发展典范，形成在房山区乃至北京市都具有影响力的都市型现代农业基地。

执笔人：周颖

实施"一城一区一园"战略，
初步形成城乡一体化

——房山区窦店镇城乡一体化发展调研报告

首都发展进入新一轮的战略转型期，房山区按照"一区一城"新房山和"三大城市组团、两条城市发展带、一个城市发展环"发展战略的要求，加速新型城市化和工业化进程。窦店镇新型城市化建设以科学发展为主题，以转变经济发展方式为主线，以新型周边型城镇为突破口，以实现城乡一体化为目标的发展模式，着力打造"新城、新业、新生活"的新窦店，初步形成了城乡一体化的新格局。

一、基本情况

窦店镇位于京南35公里处，四邻分别与良乡、琉璃河、石楼、阎村镇接壤。西邻大石河，东邻小清河，处于两河之间平原地带。地势平坦，土壤肥沃，地下水资源丰富，电力充足，有丰富的地热资源。全镇总面积65.34平方公里，30个村民委员会，其中已完成集体经济产权制度改革的村25个。2013年，全镇常住人口68 744人，户籍人口43 761人，其中农业人口26 387人。有汉、满、回、壮、苗、黎、彝、藏、蒙古、朝鲜十个民族。

二、发展思路

（一）积极适应新城周边城镇组团的要求

1992 年版的窦店总体规划是"旧镇改造"型。2002 年，原交道镇并入窦店镇，镇区人口规划为 7 000 人。2004 年，镇区的流动人口就超过了 1.2 万人，原规划的基础设施、公共服务设施等都无法满足需要。在 2005 年编制的房山新城规划中指出，窦店镇作为新城周边的重要城镇之一，承接了新城规划中对窦店镇的定位并进行了深化，将窦店的城镇性质定位为："房山新城周边重要的产业发展新区，以都市型工业、现代农业、绿色人居和教育产业为主导的生态型城市片区，是新型产业基地、绿色生态核心、活力宜居城镇和文化发展新区。"现代农业和都市型工业的定位，体现了窦店城乡纽带的重要区域作用。窦店镇积极适应城镇化、山区生态移民等新城周边城镇组团的要求，作为主要人口吸纳地区，提供就业岗位，完善公共服务设施。

2013 年，房山区着眼首都城市功能定位和非核心功能疏解，赋予了窦店全新的功能定位，历史性地把窦店与长良、燕房并列为房山区的三大城市组团。窦店的发展又站在了新的历史起点上，窦店组团要依托中关村"一区十六园"之一——北京高端制造业基地"高精尖"产业建设和窦店民族特色社区化改造为主导的城市化建设，打造业城融合的典范；要建成以高端制造为特征、以民族产业为特色、有别于其他组团又相对独立的现代新城。目前，窦店城镇规划区面积 7 平方公里，城镇建成区面积 2 平方公里。城镇建成区总人口 32 344 人，户籍人口 25 145 人，其中农业人口 15 770 人。

（二）探索产业项目落地新方法

2011 年 7 月北京市唯一市级规划的"北京高端制造业基地"（简称基地）落户房山窦店镇，基地规划核心区为 12 平方公里，扩展区为 30 平方公里，控制区为 50 平方公里。

1. 基地发展历程。2009 年基地开始建设。原名"房山新城窦店工业基地"。当年 4 月进行规划设计，并成立了"京西重工"，为首钢总公司、宝安投资公司、房山国有资产管理公司三方投资创立的合资企业，成功收购了美国前德尔福底盘系统公司。于 11 月开始建厂，成为基地首家落地企业。

2010 年基地更名为"北京窦店高端现代制造业产业基地"。作为房山区产业结构调整、走新型工业化道路，加速推进"三化两区"和"两轴、三带、五园区"建设的重点功能区之一，也是北京市政府"城南行动计划"重点支持建设的产业基地之一，基地建设得到了市、区政府的大力支持。基地已入驻企业京西重工完成厂房建设及设备安装，签约落地项目有北控太阳能（CPV）系统生产基地项目、长安汽车项目、北车项目 3 家企业。

2011 年，基地建设受到市政府和区政府的高度重视，确立为北京市级开发区。更名为"北京高端制造业产业基地"。京西重工、长安汽车、北控项目加速建设；京城机电项目、国能电力项目、瑞好奔驰汽车零部件项目、特种机械加工项目、长安汽车研究院项目等 5 个项目成功签约。配套基础设施建设快速推进。

2012 年，基地扩区申请成功。并于 2012 年年底纳入"中关村国家自主创新示范园"。基地企业：京西重工、长安汽车、国能电池 3 家企业已投产；北控、金朋达无人飞机、北京矿大、海斯特 4 家企业在建；北车轨道交通装备产业园、五轴联动、北京乐利荣汽车零部件有限公司、北京宏立致信汽车部件有限公司、北京神驰科技发展有限公司、普驰电气装备制造基地等 8 家企业即将开工建设，另外，拟入驻的项目有新材料与新能源科技产业园项目、汉能光伏产业集群项目，GTA 纯电动汽车、恩布拉科雪花压缩机项目等 6 个项目。

2. 建立政府基地融合体制。在北京高端制造业基地，长安汽车从签订协议到项目落地，用了 3 个月时间，创出了"长安速度"，这在很大程度上归因于产业基地与政府职能部门建立的融合工作体制，以及在此体制下探索出的多方联席会议制度。

房山产业功能区建设过程中，各产业园区成立了管委会，作为政府的派出机构，负责园区建设和项目落地的协调工作。即在企业项目申报时，由管委会作为企业和若干相关政府部门的纽带，这样投资企业只需面对一个部门，彼此间经由管委会串联，信息流动共享，成为缩短项目落地时间的重要因素之一。北京高端制造业基地管委会和窦店镇政府的工作体制是一种融合模式，兼容并蓄的关系。这种管理体制是体制创新的典范，产生了凝聚力、创新力和驱动力，有利于基地的建设和发展。

3. 建立联席会议制度。联席会议是为了解决某一问题，没有隶属关系但有工作联系的单位或部门，定期或不定期以召开会议的形式，在充分发扬民主的基础上，达成共识，形成具有约束力的会议意见，用以解决工作中遇到的各种新情况、新问题，使参加联席会议的各方达成共识并组织实施。北京高端制造业基地建立的三级会议制度是较为典型的模式。

高端制造业基地管委会在工作中探索实行三级会议制度来促成项目落地并缩短项目落地时间。三级会议包括：专题会议、主任办公会、例会。专题会议是就项目审批、落地、建设的问题，基地管委会需要统筹协调，相关委办局需要组织实施的某一具体问题进行协调实施的会议。基地管委会与窦店镇相关的委办局直接对接的会议，有关部门认真贯彻执行会议做出的决议。主任办公会是基地最高行政事务决策的会议，是研究基地建设与项目进展工作中遇到的新情况、新问题，商定和决定工作中的重大问题以及基地统一思想的会议。例会是一个月一次的大会，基地建设中相关30多个委办局都要参加，主要内容是汇报工作的进展情况。通过三级会议制度提高会议效率，形成顺畅的沟通渠道。

（三）建设"生态宜居型"特色精品小镇

1. 现代都市型农业初具规模。首都郊区的农业具有特殊性，只要立足于服务首都、服务市区，传统的一产转变为都市型现代农业，就会被纳入城市经济的范畴，具备高端业态的特征。提升农业产业化水平的主要抓手就是大力发展都市型现代农业。

窦店镇是房山区第二农业大镇，近年来农业生产品种也在不断更新，全镇由设施蔬菜生产为主逐步向食用菌种植、籽种产业、园艺花卉、观光采摘等领域扩展，初步形成了以花卉种植为主的小清河设施种植千亩园区、以籽种产业为主的窦店小麦籽种繁育千亩园区、以苗木绿化种植为主的袁庄苗木花卉种植千亩园区、以蔬菜种植为主的芦村泰华千亩园区、以农副产品种养殖为主北京高端制造业基地农业设施产业园区、以观光采摘餐饮于一体的富恒农业休闲千亩园区"六个园区",以及"一基地"即格瑞拓普工厂化生产食用菌基地,可以作为发展农业旅游的优良资源。全镇合作社总数达到27家,入社农户达到1 000多户,户均增收3万元。全镇共有16家单位通过无公害农产品认证产品,认证土地面积4 700多亩。此外,镇内还拥有北京面积最大的三仁御园500亩梨园,是北京市政府为2008年奥运会特供果品而建的有机梨园,已经开发了采摘、休闲租地等活动项目,每年逢梨花开放时节还举办一定规模的"梨花节"等活动,积极推进经济发展方式转变和产业结构调整,努力提高政府的公共管理和服务水平,促进区域经济社会又好又快发展。

2. 平原休闲度假产业。窦店镇是座古镇,地处古燕中都地良乡镇与商周遗址琉璃河镇之间,拥有着三百年历史的窦店清真寺、历史上曾数次建县连绵千余年的窦店土城遗址、建于明万历年间经历过大火焚烧多次重建的宏恩寺、建于金代位于窦店镇于庄村南上坡的于庄塔、望楚汉墓、后街革命烈士陵园以及非物质文化遗产芦村"少林会"等。

窦店镇加大生态环境建设的投入,绿化美化初步实现了由主街大道向小巷庭院延伸。重点发展都市农业、设施农业、观光农业和农产品加工等高附加值农业,以基本农田保护为基础,形成大石河周边、小清河周边两个大规模绿色农业基地,改善区域生态环境质量。在以"和谐宜居之都"为导向,依托小清河等生态资源基础,全方位导入生态理念,营造生态、闲适、宜居、配套完备的生产生活环境，吸引高端人才和高端产业要素聚集，打造人口规模适宜、配套齐全、生态优美、宜业宜居的特色精品小镇。

三、主要优势

窦店镇以科学发展观为统领，实施"一城（现代化新城）一区（首都高端制造业新区）一园（现代化都市农业产业园）"，以打造现代化绿色工业新城为目标，以富民增收为主线，站在首都发展的新阶段和新起点，实施"双轮驱动"战略，全力推进城市化进程．着力打造实力、绿色、人文、宜居、和谐新窦店，初步形成了城乡一体化的新格局。

一是区位条件优越。窦店组团地处京冀联接区，规划期内作为未来主要产业发展区，是"京—保—石"发展轴的重要节点区域。从功能上看，向北可以承接中心城区功能疏解、承接中关村创新，向南可以对接河北涿州、保定等区域，具备"北承南联"的区位价值。

二是与中关村对接。在长安汽车、中国北车两大龙头企业、轨道交通集团项目、有轨电车等一大批重大项目落户窦店，奠定区域高端制造业发展的基础上，与中关村共建的开放性创新平台进入市级视野。2013年，签订战略合作协议。中关村新兴产业前沿技术研究院经过积极谋划，得到中央部委和市委市政府领导的高度关注和大力支持，进入市级战略视野，将于年内建成，在津冀其他区域与中关村对接合作中占据先行的有利位势。

三是打造北京住宅产业试验基地。窦店镇依托高端制造业基地,具备打造京津冀节点性城市、承接首都核心功能,带动周边城市化发展的先决条件。结合房山循环产业体系的建设,积极响应国家绿色节能住宅发展需求,建材产业发展与绿色人居建设相结合,以窦店新型建材产业研发基地为基础,建材产业向低物耗、低能耗、无污染、高性能、多用途、高附加值方向发展,积极发展建材研发、展示、推广、咨询服务业,形成北京住宅产业试验基地。

四、存在问题

(一) 产业结构不符合首都功能定位,经济指标增长方式单一

2015 年上半年,窦店镇税收、财政收入大比例超额完成任务。工业产值大幅度增加,列全区乡镇第一,工业税收占全镇税收总量最大,达到 72.5%,成为拉动税收增长的主要增长点。2014 年,三次产业比重为 9.6∶65.6∶24.8,其中工业在三次产业中的占比高于房山区 3.2 个百分点,远高于北京市平均水平,其工业重镇特征明显。镇域内企业从业人员达到 18 229 人。其中制造业人员最多,为 5 426 人,占总从业人数的 29.8%,其次是批发零售业、社会服务业、住宿及餐饮业,分别为 3 292 人、2 865 人和 2 242 人,分别占总从业人员的 18%、15.7% 和 12.3%。由于首都城市功能的调整,窦店产业结构已经不适应新时期发展需求。一产基础较好;二产除基地内企业以外,布局分散,地均产值较低,较多工业企业有待转型;三产发展快速但尚有较大提升空间,生产性服务业发展滞后。

（二）受规划指标影响，发展空间不足

窦店城镇用地指标转移给基地，使得镇区发展空间受限。依据现行总体规划，为支持基地建设，镇区大量用地指标被划入基地，造成转型发展面临一系列问题。一是由于现行的城市规划和土地利用规划两规不符，造成了大量建设用地无法使用。二是目前执行的这版总规是基于 4 万常住人口规模编制的，难以适应急剧增长的人口数量。三是在社会事业发展及社区环境建设方面存在着薄弱环节，小城镇承载能力还不高。社区公共设施建设还跟不上经济发展和居民生活水平提高的需要，教育、卫生、文化、体育等社会事业发展相对不足，难以满足群众的基本需求。四是高端产业、高端人才的大量聚集，使基地周边配套显得乏力，高标准的商业、公寓综合体、现代城市配套要素缺乏。

（三）休闲农业与乡村旅游资源未被充分利用

一是农业资源利用不足，没有对镇内"六园区"及"一基地"进行规划，纳入休闲农业及乡村旅游的范围。很多农产品的生活和生态功能未得到开发，营销宣传不到位。如其花卉园区，三仁御园梨园等，当地非物质文化遗产芦村"少林会"知者甚少，镇内的宗教特色和文化没有与旅游结合起来带动地区经济发展，镇内的古迹也没有被有效的保护与开发，用来开展旅游活动，传承历史等。二是各景区景点之间各自为政，阻碍了资源的整合。虽然镇内有优质的农业资源，丰富的人文景观资源，有优美的村庄，有定期和不定期的节庆和节事活动等，但并没有针对全镇旅游资源进行整体的规

划。区域内的整合不足，阻碍了休闲农业与乡村旅游的发展。

五、几点建议

（一）落实京津冀协同发展纲要，探索新型产业模式

北京高端制造业基地作为房山区五大功能区之一，在不断加速新型城市化和工业化进程的同时，还要全面对接中关村，强化区域"高端智造"创新功能，培育信息技术、新材料、装备制造等产业领域创新优势，实现制造业基地的创新升级。向绿色高端现代制造产业新城方向发展，为窦店的经济社会发展提供空间支持，为房山区调整产业结构，转变发展方式，加速新型城市化和工业化进程，融入首都经济做出贡献。

习总书记考察北京时明确提出了北京"科技创新中心"的定位，指出要"优化产业特别是工业项目选择"。产业要素在郊区县落地，利用的是中心城区的人才、信息、科技、市场等资源。北京不是不要制造业，而是要发展创新型的经济形态，要发展高端、集约、低碳的制造业。一是探索新型产业模式。推动"制造业基地"向"智造研发中心"升级，探索新型产业模式，引入诸如中关村发展集团、清华科技园等第三方专业化主体，参与园区、研究院、孵化器等建设与运营。通过专项协议委托，政府行使规划引导、政策提供、协议调控职能，由第三方机构负责园区建设、项目招商、企业服务等系列服务。二是对接人才特区政策，打造高端人才聚集中心。以"人才聚集之都"为导向，用好中关村人才特区政策，加强高端人才公寓等区级人才引进政策配套，加速高端创新人才、海外

留学人员、研发团队等集聚，打造高端人才宜业宜居之地，以"人才高端化"带动"产业高端化、消费高端化"。三是加快产业园区发展。建设产业区和居住区，产业区的发展促进旧村改造和当地的城市建设，基地的规划目标是建成生态环境优良、配套齐全、交通顺畅、资源可持续利用、生活生产安全舒适的地区。

（二）科学调控人口，推进"以人为本"的城市化

围绕高端基地建设，加快推进农村征地拆迁，实现整征整转，推动本地"农民"向"市民"的身份转变。同时，结合流动人口与户籍人口倒挂的实际，做好流动人口群体就业服务，谋划研发、设计、软件、金融等服务业发展，建设一批服务业发展载体，吸引中心城区从业人员来窦店落地，未来，窦店全区域人口控制在 15 万左右。推进以人为核心的城市化是新型城市化的关键要义，城镇化既是人口向非农产业转移，向城镇集中的过程，同时也是生产和生活方式由农村型向城市型转化的过程，享受到与城市居民没有差别的公共服务。小城镇发展要坚持扩大外延和丰富内涵并举，在扩大小城镇规模，增加城镇容量的同时，要着力增强城镇聚集功能，提升小城镇吸引力。

一是在开展中心城镇建设工程、窦店村民族特色社区建设工程、中心区市政建设工程、面向全镇范围内城乡劳动力开展"定向、定岗、定单"式免费岗前技能培训、基层法律服务全覆盖等各项事业，合理开发利用土地资源，努力实现小城镇建设和经济发展与人口、资源、环境的协调发展。优先建设新城职业教育和成人教育设施，提高职业教育和技术培训水平。二是在农村征地拆迁、整

征整转的前提下，积极发展与高端基地、科技园区及城市配套相关的配套产业，形成长期、可持续的集体经济收益，实现对农民拆迁转居过程中的跟踪支持，推动"农民"向"市民"转变。三是针对流动人口与户籍人口倒挂的实际，要做好流动人口群体就业服务，谋划研发、设计、软件、金融等服务业发展，建设一批服务业发展载体，吸引中心城区从业人员来窦店落地，推动流动人口群体由"置业"向在本地"创业、就业"转变，实现区域职住平衡。

（三）明确定位，做好休闲农业与乡村旅游的发展

社会的高速发展，休闲农业与乡村旅游已经成为旅游业新的重要增长点，是旅游业不可缺少的重要组成部分。在进行休闲农业和乡村旅游开发时，需要注重生态效益，明确发展定位。依托产业合格规划休闲农业与乡村旅游发展格局、积极制定相关政策予以支持，制定科学的规划并落到实处。结合当地资源开发特色旅游项目，建立并完善旅游服务体系，依托节事节庆活动打造品牌，促进休闲农业与乡村旅游的发展。

一是目标定位。主要是立足窦店镇，面向良乡、延伸至丰台、大兴、河北，将窦店镇建设成为清真餐饮特色名镇，农业休闲大镇，实现与区内及周边区域知名景点（区）的无缝对接。二是功能定位。主要为市民提供休闲、体验农业的场所，根据不同区域的特点，吸引不同层次的人群广泛参与，提供满意服务。三是形成品牌。窦店村是回族村，拥有具有300多年历史的窦店清真古寺和新建的北京市最大的清真寺，应积极进行一些节事活动筹划，做好休闲农业与乡村旅游线路设计，进行打造和推广宣传。线路设计时应

结合当地特色打造品牌线路，要敢于打破区域和行业的界限，把区内品牌旅游景区串起来，把相关旅游景点连起来，使游客能充分体验到窦店镇休闲农业与乡村旅游独特魅力。

执笔人：冯雪静

以 PPP 模式为依托，
全力推进城乡一体化

——房山区张坊镇城乡一体化
发展调研报告

当前，按照中央和市委的总体部署，房山区正在紧紧抓住全面深化改革的重大机遇，把顶层设计和基层探索结合起来，再造新型城市化第三次转型的发展动力。在这一过程中，作为山区农业大镇和丘陵乡镇的张坊镇进行了积极探索，通过全面深化改革来激发转型发展的更大活力、再造新型城市化推进的更大动力，全面提速提质全域范围的就地城市化进程，创造出了"张坊模式"。"张坊模式"即地方政府委托企业进行全域城市化开发运营，区域开发后增加的财政收入，在合作期内由政府与企业按约定进行分成的一种建设模式。

一、基本情况

张坊镇位于北京西南 55 公里的拒马河畔，地处北京房山世界地质公园核心区，是连接京冀、外埠的首都西南门户和京西南重要旅游节点。全镇总面积 119.4 平方公里，15 个行政村，2.1 万人口，山区、平原、丘陵各占三分之一。不仅是"远离都市尘嚣、领略田园生活"的市外乐园，还是聚集旅游高端的投资热土。

二、发展思路

（一）坚持创新驱动，城市化建设取得新突破

一方面，创新城市化建设模式。促成房山区政府与华夏幸福基业股份有限公司签订战略合作协议，采用 PPP 模式分三个阶段对全镇进行整体开发，计划总投资 500 亿元，将把张坊打造成一个以赛车文化为主题的特色小城镇，实现张坊全镇域城市化。为保证工作的顺利进行，成立了"张坊镇推进城市化建设指挥部"，定期召开项目推进会。目前，已初步完成中心区张坊、南白岱、西白岱、史各庄 4 个村的清登工作，镇域总体规划、北京国际赛车谷规划、拒马河滨河公园规划同步进行，集中供水厂、污水处理厂、110 千伏电站等基础设施建设前期准备工作已经启动。另一方面，推动一体化协同发展。"独行快"不如"众行远"，主动发挥地处京冀节点的区位优势和北京的品牌优势，与涞水县积极对接，在社会治安联防联控、区域品牌打造上取得新进展；与天津市的双街镇、重庆市的跳蹬镇结为友好乡镇，在经济、技术、社会发展等方面实现优势互补。

（二）坚持重大项目引领，基础设施建设得到新提升

张坊镇重点工程建设势头强劲，固定资产投资连续两年突破 2.5 亿元。重大惠民工程镇文化广场、文体中心成教中心综合楼建设完成投资 1 500 万元，即将投入运营；龙熙堡等 5 家酒庄累计完成投资 7 000 万元，实现葡萄种植 4 800 亩，丹世红酒庄进入酿酒

阶段；爱琴海薰衣草庄园二期建设新引入 7 个水上项目，累计接待游客 12 万人次，实现收入 400 余万元；乐谷银滩以打造"高山峡谷漂流"为主要特色，进行了拒马银滩、太行乐谷等基础配套设施建设，该项目累计完成投资 1 亿元，逐步成为十渡景区新的高端旅游品牌；仙栖谷沟域建设稳步推进，在东关上、三合庄、瓦沟三个村新种植中草药 3 000 亩，整修堤堰 3.4 万米，修建蓄水池 11 座，沟域经济发展取得新进展。

（三）深入推进生态文明建设，镇域环境改善获得新成效

打破传统发展路径，把"生态建设产业化、产业发展生态化"融入"一镇两区"发展思路，实现了生态健康发展。一是生态建设稳步推进，镇域环境明显改善。完成荒山造林 1 000 亩、低效林改造 3 000 亩、森林健康经营 5 000 亩，全镇的森林覆盖率达到 41.2%，林木绿化率接近 60%，远超全区平均水平；围绕建设美丽张坊，以世界地质公园中期评估为契机，以镇中心区、主要旅游交通干线、景区景点为重点，组织开展了大规模的环境整治和集中清理行动，对周张路 10 公里旅游黄金线进行了景观绿化及沿线旅游公共服务设施建设。二是产业结构不断优化，综合整治效果显著。先后淘汰 27 家资源型企业和 14 家落后产能企业，实现落后产业为生态产业让路；积极组织力量，进一步加大对私挖盗采的打击力度；对镇域内违法建设保持高压态势，依法组织帮拆违法建筑 6 次，拆除违法建筑 7 起，拆除小产权房 5 800 平方米，有效地遏制了各类违法建设的发生。三是执行大气污染防治条例，全面启动清洁空气行动计划。实施建筑工地扬尘监控，规范餐饮企业油烟排放

标准，更换节能炉具 200 套，减煤换煤 800 余吨。

（四）落实以人为本理念，保障和改善民生取得新成绩

1. 打通联系服务群众"最后一公里"，切实解决群众"八难"。 在解决出行难问题上。为千河口、下寺等村维修太阳能路灯 600 余盏，新安装 150 盏，方便了居民夜间出行。在解决吃水难问题上。为三合庄、瓦沟等山区村建小水窖 770 座，解决了近 3 000 人的吃水问题。在解决就业难问题上。开设培训课程提高劳动力职业技能，借助红酒庄园、乐谷银滩等项目带动就业，新安置劳动力 500 余人。在解决看病难问题上。选派医疗骨干进村为 3 200 名 60 岁以上老人免费体检，聘请宣武中医院专家定期坐诊，方便了群众就医。在解决浇地难问题上。在蔡家口、大峪沟等 7 个村实施高标准农田整理工程，修建水渠 6 500 米，安装 6 台农业排灌变压器。在解决用电难问题上。为广录庄、片上等 7 个村新增、更换居民照明变压器，解决 4 000 余户百姓用电高峰期电力不足问题。在解决增收难问题上。通过项目带动，逐步提高收入水平，目前新安置劳动力月均收入达到 2 500 元。在解决纠纷和诉求难问题上。各村成立"连民心恳谈室"，解决群众关心的各种实际问题，变上访为下访，架起党群连心桥。

2. 各项社会事业有序开展。 中关村中学与张坊中学"手拉手"项目顺利实施，教师水平和学生素质进一步提高；社会保障体系不断完善，新农保、新农合、社会救助等工作扎实推进；高质量完成第三次全国经济普查工作；继续保持了全镇低生育水平；妇女、儿童、残疾人事业健康发展；征兵任务超额完成。

三、进展情况

（一）重点工程重点工作

1. 龙熙堡葡萄酒主题文化园项目。一期投资约 2 亿元，建设内容包括酒堡、5 星级度假酒店、养生会所、私人酒窖、大型会议中心、葡萄酒俱乐部、婚纱摄影广场、徒步、山地自行车度假营地等。目前已种植苗木 260 亩，平整场地 30 亩。2015 年计划投资 5 000 万元。

2. 乐谷银滩旅游度假区。计划投资 9 000 万元。主要建设内容包括峡谷内景观工程、滩地的景观工程和餐饮、住宿、旅游设施等工程。已完成 6 500 平方米的混凝土停车场和排水管线铺装工件；漂流水道已投入运营；绿化种植 45 000 余棵；修建 2 000 米的混凝土道路；新建蓄水池 3 个；修旅游步道建设 4 200 米；河滩两岸景观石砌护 2 100 米；河滩地拦水坝施工完成；河道沙石清理 8 500 立方米。2015 年计划投资 1 300 万元。

3. 丹世红酒庄。2015 年计划投资 5 000 万元。该项目是以葡萄种植、葡萄酒酿造为主体，融观光、休闲及世界葡萄酒文化旅游为一体的生态产业化项目，总占地面积 1 120 亩。已栽植苗木 13 100 株，立水泥架杆 9 100 根。

4. 南白岱村民安置楼建设项目。建设永久安置房 5 万平方米，安置 416 户 1 250 人，2015 年投资 4 000 万元。

5. 薰衣草庄园建设。2015 年投资 1 000 万元，打造冰雪嘉年华游乐场。

6. 拒马河河道治理。借助水务部门正在实施的拒马河河道治理工程，由华夏增加投资 8 000 万元，按照城市河道的设计标准完成拒马河滨河公园的建设，打造水清岸绿的滨河休闲空间。

（二）引进项目的情况分析

目前，张坊镇与华夏幸福基业股份有限公司签订战略合作协议，将开展赛车场、集中供水厂、污水处理厂和变电站等项目的建设，目前各项目正在选址和办理手续阶段。

四、存在问题

房山是"东部中的西部"，而张坊又是房山发展格局中的"西部"，作为经济不发达乡镇，我们所面临的发展任务更加艰巨。张坊的发展同房山并不同步，一方面房山区城市化进程已经破冰，而张坊还处在初级阶段；另一方面全区的产业已经转型升级，而张坊的产业转型还不突出。特殊性的存在要求必须充分认清张坊发展面临的新常态。

（一）加速推进城市化建设将成为张坊发展的新常态

以 2014 年 5 月 26 日房山区政府与华夏幸福基业股份有限公司签约整体开发建设张坊镇为标志，工作重点放在如何推动全镇城市化建设上。以创新的 PPP 模式和大量社会资本的投入，迅速启动张坊镇基础设施建设工程，拉开城市化建设序幕，加快形成以高端服务业为引擎的产业模式，培育高精尖产业项目，实现业城融合，一开始就要避免"城市病"；下大力气在北京国际赛车谷、起步区建设等高端服务业项目上，做好传统产业转型升级这篇大文章，全力打造高端葡萄酒文化旅游区和体育休闲产业示范区。

（二）与涞水县区域一体化将成为张坊发展的新常态

一条拒马河之隔、三条主动脉连接，张坊与涞水地缘相近、人缘相亲，经济、社会、生态、文化等方面有着不可分割的联系。将围绕京津冀一体化协同发展，在世界地质公园建设、综合环境整治、经济社会发展等方面进行积极探索、积极作为，加速融入京津冀一体化大格局。

（三）对全镇党员干部政治思想、素质作风的高标准、严要求将成为张坊发展的新常态

随着城市化建设步伐的加快，面临土地流转、征地拆迁等一系列问题，对镇村两级干部都是严峻的考验。在这种形势下，全镇党员干部应该具备更高的站位、更解放的思想、更强的服务能力、更高的业务素质，从而更好地承担起张坊转型发展的重任。

（四）群众自身利益诉求最大化同政府规则、市场规则形成的矛盾将成为张坊发展的新常态

城市化进程中的大拆大建必将带来一系列新的矛盾点，这些矛盾的核心在于，群众必然追求自身利益最大化，而不考虑现实条件、政策规定等多重客观因素。可以说，这些矛盾是发展中不可避免的，也是镇村两级干部必须面对的。在新常态下，如何找到群众

利益最大化与政府、市场规则的平衡点，对全镇党员干部来说是重大考验。

五、几点建议

（一）夯实基础，加快推进城市化进程

1. 要不断完善镇域基础设施。以与华夏幸福基业的全面合作为契机，乘势而为，完成镇域总体规划、中心区规划及北京国际赛车谷规划，全力推进北京国际赛车谷项目落地，完成土地整理、地上物拆迁等前期工作；积极协调对镇内产业项目、公共服务、基础设施等方面的实地投资，启动拒马河滨河公园景观提升工程，加速推进中心区集中供水厂、污水处理厂、110千伏电站等基础设施开工建设。

2. 要推进京津冀一体化协同发展。张坊正在从首都边缘地区向京冀中心区转变。在这一过程中，张坊面临着千载难逢的机遇，我们要坚持开放合作，破除体制障碍。以建设北京国际赛车谷为载体，依托涞水县京涞新城，争取在基础设施、公共服务、规划设计等方面取得突破；以建设世界地质公园为载体，整合生态、旅游等资源，引资金、招项目、聚人才、促合作，实现经济共同发展。

3. 要打造良好投资环境。经济基础相对薄弱，大项目、大企业不多，要通过打造良好的投资环境，吸引社会资本，突出固定资产投资在改善发展基础、拉动经济增长、解决劳动力就业等方面的重要作用。同时，镇村干部要树立大局意识，解放思想，转变观念，不断提高业务素质和做群众工作的能力，确保完成全年工作任

务，为长远发展奠定坚实基础。

（二）项目带动，进一步推动产业结构转型升级

1. 继续推进重点工程建设。加快葡萄酒文化旅游区建设，实现丹世红、龙熙堡、拓普威、年度四家酒庄开工；加快体育休闲产业示范区建设，实现乐谷银滩高端旅游项目、薰衣草庄园冰雪世界、北白岱农业观光园等重点工程开工。同时，要积极配合企业做好各项手续办理，加快项目落地速度。

2. 继续推动山区转型发展。以市级沟域经济项目绿色仙栖谷为重点，按照"一环两带三园区"规划内容，丰富沟内旅游节点，带动休闲旅游产业发展。整合发展资源，运用市场手段实现资源效益最大化，推动山区经济转型升级。

3. 继续培育巩固新兴产业。推动节能减排持续深入，严格把握企业准入门槛，引导企业向"绿色、节能、环保、低碳、高效"方向转型，不断巩固现有企业发展基础，结合区域功能定位，加强对旅游文化创意产业的扶持服务力度，增强区域文化元素对外的影响力。

（三）生态统领，加速推进美丽张坊建设

牢固树立生态文明理念，多措并举，综合施治，努力建设天蓝、地绿、水净、景美的新张坊。

1. 加大生态环境建设力度。以申报创建北京市市级旅游休闲小镇为契机，以发展高端旅游为主攻方向，力争把张坊建设成为京西南旅游产业示范镇，提升张坊整体旅游环境。完成太行山三期造

林 1 600 亩、森林健康经营林 1 000 亩、低效林改造 1 500 亩、农业综合开发生态建设 1 500 亩、矿山修复 560 亩。借助拒马河等重点河流治理，加大镇域内拒马河滩涂综合整治。

2. 进一步改善镇村环境。 组织专人开展辖区内环境秩序专项巡查，实施环境脏乱点、卫生死角的综合治理工作，做好房易路、京昆高速以及采摘观光大道两侧的环境整治，努力实现由突击性整治向常态化治理、由政府主导向群众自觉、由治标向治本转变，建立环境治理长效机制，打造张坊良好形象；继续深入落实北京市"减煤换煤，清洁空气"行动实施方案，妥善完成 2015 年度减煤换煤、更换炉具、液化石油气站点建设、抗震节能改造等各项工作；以争创首都生态文明村和"北京最美的乡村"为动力，提高新农村建设水平。

3. 保持打非治违高压态势。 不断加强对土地使用和违法建设的监督管理，重拳打击未批先用、滥占滥用土地和私挖盗采等违法行为。明确各村支部书记为治理违法建设的"第一责任人"，对镇中心区重点村、重点区域的私搭乱建进行严格监控，发现一起，拆除一起，同时对责任人进行诫勉谈话，通报批评，确保违法建设零增长。

执笔人：孟冬

第四章

顺义区推进新型城镇化的实践与思考

第一节　总　　论

顺义区推进新型城镇化的战略思考

顺义区人民政府区长　卢映川

　　新型城镇化是改革开放进入新时期发展的重大战略课题。党的十八届三中全会强调，要完善城镇化健康发展体制机制，推进以人为核心的城镇化，走新型城镇化道路。习近平同志提出，城镇化路子要走正，不要犯历史性错误。这里联系顺义实践，对推进新型城镇化谈一些思考和认识。

一、顺义区城镇化的基本情况

　　顺义区位于首都的东北部，总面积 1 021 平方公里，下辖 19

个镇、6个街道办事处、426个行政村，常住人口98.3万，是北京市三个重点发展的新城之一，定位为北京面向国际的首都枢纽空港，带动区域发展的临空产业中心和先进制造业基地，未来将打造成为北京东北部现代化综合新城。改革开放30余年来，顺义区始终坚持工业化与城镇化同步推进，坚持见物与见人同步实现，坚持城市、乡镇、农村同步发展，走出了一条符合区域实际的城镇化道路，完成了由远郊区县向城市发展新区和重点新城的演进，实现了由农业大区向工业强区的飞跃。

（一）坚持规划引领，整体推进区域城镇化

顺义区坚持用整体性、系统性眼光审视城镇化进程，以规划为先导，把城镇化纳入全区发展战略的整体布局中，统筹谋划、统一推进，保证了城镇化的发展方向和实施效果。按照北京城市总体规划赋予顺义区的功能定位，编制了顺义新城规划、19个镇域规划、32个街区控规深化方案以及所有村庄发展规划，明确了新城、重点镇、一般镇和新农村的城镇体系，"一核、两带、三区、四镇"的城市空间布局，新城规划获得全国二等奖。注重统筹安排城镇化中的各项重点任务，坚持业城双轮驱动，坚持新城建设与新农村建设协同推进，坚持临空经济与现代制造业整体发展，坚持经济发展与人口调节互相促进，实现了城镇化整体水平的提升。

（二）坚持见物见人，有力维护农民利益

顺义区提出了见物见人的城镇化取向，以解决农民的就业、社会保障为重点，使城镇化过程成为让农民受益的过程。注重促进农

民就业增收，在全市率先将农民纳入城乡统一的就业范畴，建立起"政策扶持、就业服务、责任考核、技能培训"工作体系，较好完成了农村劳动力向二、三产业转移就业。目前，顺义区城乡劳动力二、三产业就业率达到95%，被评为"全国农村劳动力转移就业工作示范区"，并成为北京市首个充分就业区。注重提升农民社会保障水平，建立城乡全覆盖的养老保险、医疗保障和社会救助体系。2013年，城乡无保障老人福利养老金达到每月370元，比全市平均水平高60元；新型农村合作医疗覆盖面达到99.8%；大病救助标准达到14万元，城乡低保标准统筹提高到每月580元。

（三）坚持双轮驱动，促进业城融合发展

坚持业城双轮驱动，积极推动临空经济区和重点新城建设融合发展。注重以业兴城，以首都机场为依托，以园区建设为载体，以重大项目为抓手，构建起以临空经济和现代制造业为先导，多点支撑的产业体系，引进了现代汽车、中航工业北京航空产业园、国家地理信息科技产业园等投资超过百亿元的市级重点项目。1998年以来，顺义区经济年均增长率达到20%以上，公共财政预算收入年均增长率达到25%以上。2013年，全区地区生产总值达1 232.2亿元，公共财政预算收入达98亿元。工业总产值完成2 640亿元，占全市的1/6。产业的大发展奠定了城市发展的经济基础，提供了丰富的税收收入和就业岗位，解决了城镇化中钱从哪里来、人往哪里去两个最重要的问题。注重以城载业。充分借助举办奥运会水上项目和第七届中国花卉博览会等重大活动的契机，以机场周边为重点，不断完善城乡水电气热路等基础设施和公共服务设施。区域内

已经拥有 T3 航站楼、新国展、轨道交通 15 号线等一批对全市具有重大影响的重点基础设施，城市承载能力显著增强，为产业的发展提供了强有力的支撑。

（四）坚持科学调控，实现人口与城镇化进程相协调

顺义区较早意识到城镇化进程中人口与经济发展的内在联系，对首都重点新城定位下的人口承载能力作出较为准确的判断，2002 年就明确提出"适应需求、控制规模、提升素质、促进发展"的总体思路，确定了新增城市人口以农转居为主、区内人口转移以农村人口向城镇转移为主、引进区外人口以产业发展需要人员为主的"三为主"人口工作方针，制定了"以产引人、以业控人、以房管人"的人口工作措施。历届区委、区政府一以贯之地重视人口调控工作，大力发展高端产业，清理低小散劣业态；出台了一系列促进本地劳动力就业的政策措施；科学调控房地产市场发展，严厉打击违法建设，有效控制了人口规模过快增长。"十一五"期间，顺义区经济年均增长保持在 20% 以上，而流动人口数量年均增长约 5%。

（五）坚持环境强城，构筑城镇化的生态屏障

顺义区始终秉承着"城市园林化、农村森林化、道路林荫化、农田林网化、庭院花园化"的理念，将山、水、田、林、路都作为基础设施的重要组成部分，不断加大城乡生态环境和人居环境治理和保护力度，近年来累计投入 18 亿元实施潮白河综合整治、滨水森林公园、引温入潮等生态工程，在支撑全区经济社会平稳较快发

展的同时，空气中主要污染物浓度持续下降，全区森林覆盖率达到25.2%，城镇人均公共绿地面积达到 28.4 平方米，荣获了全国绿化模范城市、国家环境保护模范城区、国家生态区等称号，"滨水、生态、国际、活力、宜居"的城市特色进一步彰显。

二、顺义区推进新型城镇化面临的新形势、新任务

（一）当前城镇化面临的新挑战

改革开放以来，随着城镇化进程的加快和经济社会的快速发展，农村与城市都发生了重大的变化，城镇化进程面临着越来越多的挑战。对于顺义这样的特大型城市近郊区来说，这种挑战主要体现在以下四个方面。

1. 农村社会结构深刻变化。当前，人们的生产、生活重心已经从农村转移到城市，农村的人口数量和结构，农民的生存基础都发生了根本变化。从顺义区的情况来看，户籍结构方面，2010 年开始，顺义区户籍人口城市化率开始超过 50%。居住结构方面，目前在城镇居住的人口达到 65.7%。年龄结构方面，农村长期居住者呈现老龄化态势，顺义区北石槽、木林、龙湾屯、北务、张镇等地区，60 岁以上老人占比均超过 17%，远高于全区 12.1% 的平均水平。就业结构方面，顺义区 41 万劳动力中，二、三产业就业占到 95% 以上，一产劳动力约 1.97 万人，仅占 4.8%，其中真正纯农业劳动力只有约 8 000 人。社保结构方面，新型农村社会养老保险、新型农村合作医疗覆盖率已经达到 98% 以上。

2. 反城市化趋势和因素逐步显现。近年来，随着首都城市中

心区拥堵效应增强和郊区基础设施、公共服务条件及生态环境改善，反城市化的趋势和力量开始出现。表现为两个方面：一是农民不愿转非，课题组在顺义区的调查显示，有 55.3％的农民认为城市比农村生活幸福，但是 55.4％的农民不愿放弃农业户口，有 50.4％的农民在转非后不愿意放弃宅基地。二是越来越多的人，特别是富裕阶层开始回到农村工作、居住。

3. 以土地为主导的城镇化成本日益高涨。由于多年来高速的城镇化，土地这一最基本的要素越来越稀缺。从顺义区的土地利用情况来看，1998—2012 年 15 年期间，建设用地面积增加了 9 478 公顷，人均耕地面积由 2000 年的 1.3 亩下降到 2012 年的 0.84 亩。多年来，土地在支撑城镇化的同时，也形成了一种强烈的社会预期，凡是占有土地的企业和农民都对征地拆迁补偿产生很高的期望值。就企业而言，工业化初期在乡镇发展的企业和个人占用了大量集体土地，面对土地的升值，产生了极强的甚至是不合理的利益获取动机。就农民而言，农民土地权利意识不断增强，安置费用迅速上涨。近年来，顺义区劳动力转非安置成本已达到 28 万～30 万，超转人员则已达到 69 万，并且还在以每年 10％的速度提高。

4. 回迁社区大量涌现。伴随着大规模的征地拆迁，大量农民搬迁上楼，产生大批回迁社区，这些社区在地域和外观上属于城市，但在管理方式上依然是农村。一方面，由于城乡生产方式、生活方式的差距长期存在，农民转非上楼后，还在很大程度上保留着农村的生活方式和农民固有的一些思想观念，不缴物业费和水电气热费的现象普遍存在，影响了小区的正常运行管理；另一方面，拆迁村党组织不熟悉、不了解城市社区管理规律，仍然习惯沿用旧有的村庄管理模式，制约了村居对接步伐。

（二）新型城镇化的新要求

可以说，中国的城镇化既有辉煌的成就和无可替代的作用，也产生了诸多问题。因此，新一届中央领导集体在深刻反思国内外城镇化发展经验与教训的基础上，从国情出发，以科学发展观为指导，提出要走新型城镇化道路。十八大以来中央对新型城镇化提出的要求概括说来主要包括三个方面：一是构建科学合理的城市格局，大中小城市和小城镇、城市群科学布局，与区域经济和产业发展紧密衔接，与资源环境承载能力相适应。二是有序推进农业转移人口市民化。三是把生态文明理念和原则全面融入城镇化全过程，走集约、智能、绿色、低碳的新型城镇化道路。

为落实中央的部署，北京市在 2013 年下发了推进农村"新三起来"的意见，将推进土地流转起来、资产经营起来、农民组织起来确定为推进新型城镇化的重要战略，要率先形成城乡一体化发展格局。市委十一届三次全会进一步提出要着力推进城乡一体化发展，优化城市功能布局，有序推进农村城镇化，提高农村经济和重点区域发展水平。特别指出要结合总体规划十年评估，进行规划修订，划定城市开发边界和生态红线，明确人口总量、城市规模、生态环境的控制目标，坚决遏制城市"摊大饼"式发展。

根据中央市委对新型城镇化的部署，结合顺义区近年来推进城镇化的实践。我们认为，新型城镇化主要新在以下四点：一是理念创新。要切实立足人口资源环境可持续发展，站在新的历史起点上考量城镇化，做到以人为本和科学规划。二是技术创新。第三次工业革命将互联网技术和可再生能源结合起来，信息技术广泛应用和能源供应分散化是其特征，这一特征将根本性变革过去那种为获取信息便利和能源集约节约利用而呈现的工业聚集现象，大中小城市和小城镇协调发展的网络化空间布局将成为发展方向。三是制度创新。应当处理好政府与市场二者的关系，发挥市场在资源配置中的决定性作用，维护农民的市场主体地位。四是适应中国国情。即适应城乡二元结构体制和农村集体所有制这两大制度特征，着力推进城乡统筹，深化农村各项改革，保障农民权益。

（三）顺义区新型城镇化发展的趋势分析

当前，理论界对城镇化阶段比较权威的划分是美国城市历史学家诺瑟姆提出的 S 形曲线，根据人口城市化率将城镇化分为初级（30％以下）、中级（30％～70％）、高级（70％～90％）三个阶段。按照这一理论划分，改革开放以来，以 2003 年为界线，顺义区城镇化发展可以划分为初级阶段和中级阶段（图 1）。

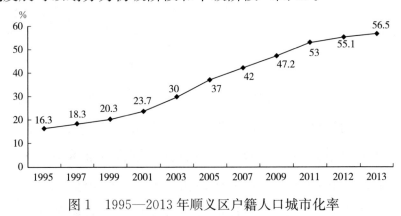

图 1　1995—2013 年顺义区户籍人口城市化率

北京市依据农村城镇化综合实现程度将城镇化分为三个阶段：初级（40%以下），中级（40%～80%），高级（80%以上）。按此标准划分，2010年以后，顺义区已经进入到城镇化的高级阶段（图2）。

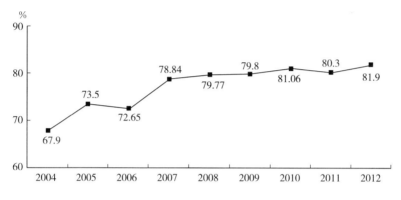

图2　2004—2012年顺义区农村城镇化综合实现程度

综合考虑诺瑟姆曲线和北京市对农村城镇化综合实现程度的划分标准，根据顺义区实际，判断得出顺义区城镇化经过起步（1978—1992年）、加速（1992—2002年），目前已经进入提质阶段（2003年至今）。结合新型城镇化的要求和顺义区的发展阶段，我们认为顺义区未来的城镇化进程将呈现以下趋势。

1. 在战略选择上，更加注重城市和乡村一体化。城镇化本身的系统性决定了必须实施整体推进。无论是中央提出的构建科学合理的城市体系，北京市提出的率先形成城乡一体化发展格局，还是顺义区所处的城镇化发展阶段，都决定了我们必须统筹城市、乡镇、村庄规划布局，进行城乡一体的产业、基础设施、公共服务规划，实施整体推进的城镇化发展战略。反观顺义区的城镇化，虽然比较重视整体推进，但也存在城镇化进程不平衡的问题，突出表现为：一是河东河西发展不平衡。由于历史及地理的原因，顺义以潮白河为界存在河东和河西两个发展区域。顺义新城规划明确的三个城区之中，已经全面启动建设的中心区和空港区都集中在河西，河东地区作为首都城市发展的备用地尚未全面启动开发建设。因此，目前河东河西在经济发展水平、城市化率、产业发展、财政收入、基础设施及公共服务设施方面都存在着较大的差距（表1）。

表 1　河东河西经济社会发展情况对比表（2011 年）

地区	人均限额以上工业增加值（万元）	地方财政收入（亿元）	人均纯收入（元）	户籍人口城市化率（%）	高速公路里程（公里）	11 万伏变电站数量（个）	燃气用户（户）	中小学数量（个）	3 000 平方米以上大型商场（个）
河东	13 656	6	10 196	35.15	18.55	4	8 000	30	1
河西	115 961	21.32	12 558	66.47	73.12	8	11 000	46	18
比值	1：8.5	1：3.5	1：1.23	1：1.89	1：3.9	1：2	1：3.7	1：1.5	1：18

二是小城镇与新城组团之间发展不平衡。2011 年顺义区小城镇地区人口城镇化率仅为 23%，低于全区 30 个百分点。高丽营、杨镇、李遂、赵全营四个重点镇总面积占全区的 25.6%，但常住人口仅占全区的 19.3%，镇中心区人口占比重都没有达到目标规定的 50% 以上，规划中所确定的"转移本地农村人口、聚集农村产业、解决当地农民就地城镇化"等功能没有充分发挥出来。

2. 在价值取向上，更加注重人的城镇化。新型城镇化的核心是人的城镇化，其实质是尊重农意愿、保障农民权益，让农民在自己的土地上富裕起来并享受到与城市居民同质的生活。在这方面，虽然顺义区始终注重让农民在城镇化中受益，但随着农民主体意识的觉醒和工作的推进，我们的城镇化进程与群众需求之间的差距日益显现。课题组对全区 10 个镇、20 个村共计 123 名村民进行的问卷调查显示：农民对就业的需求与政府提供的就业服务之间存在差距，有 62.6％的农民认为进入城镇生活后难以顺利找到工作，有 72.4％的农民对于土地流转后就业问题的解决感到不满意。农民土地流转权益维护还不到位，有 76.4％的农民愿意流转土地，但 62.6％的农民认为流转的价格不合理，表示土地流转后无法顺利得到补偿的比例为 41.5％。

3. 在发展路径上，更加注重城市与自然相和谐。 新型城镇化将维护生态美好作为原则底线，要求把城市和乡村都建设得更加宜居。必须着眼于更长时间跨度，以时间换空间，通过政策安排和实际操作，实现城镇化质量、速度、效益相统一，人口、城市、自然相协调。理论界以及西方国家的实践表明，城市化率年均增长 0.6～1 个百分点是比较合理的速度，人口、资源环境、基础设施能够保持和谐共进。过去十年里，顺义区的户籍人口城市化率年均提高 2.83 个百分点，人口调控和生态环境的压力日益增大。人口方面，2013 年，顺义区的常住人口已经达到 98.3 万，其中居住半年以上流动人口 37.3 万。按照顺义新城规划，到 2020 年，全区总人口规模应当控制在 134 万，这其中包括需要承接中心城疏解人口 40 万。而顺义区目前在建的 5 000 万元以上产业项目有 90 个，全部投产后，将带来大量就业岗位，在户籍劳动力已经充分就业的情况下，只能靠外来劳动力进行补充，完成人口调控指标压力很大。生态环境方面，目前，顺义区有生活污水收集管网的村仅占 18.8％，重点河流排污口排放污染物达标的仅有 1/5。同时，环境建设制度化、常态化、规范化管理水平依然不高，违法建设、违法经营、违法广告等现象屡禁不绝，已经成为城镇化发展中的顽疾。

4. 在推进方式上更加注重改革创新。城乡二元结构体制是制约新型城镇化发展的瓶颈所在，也是未来改革的重点。当前，在顺义区，土地、户籍、社会管理、居民收入等方面的二元结构仍然比较明显。2012 年，顺义区的户籍人口城市化率为 55.1%，低于北京五个城市发展新区平均水平 14 个百分点，也远远低于当年农村劳动力 93% 的非农就业率。1998 年以来，顺义区整建制拆迁了 62 个村庄，但都没有完成集体资产处置，回迁社区的管理难题一直无法破解。下一步，应通过政策机制创新，着力破除城乡二元结构，更好地维护农民主体地位，形成推动城镇化的新动力。通过统筹城乡区域一体化规划、细化深化乡村规划，形成空间形态控制力量；通过创新集体建设用地、农民宅基地进入市场政策，形成社会资本导入力量；通过严格的土地用途管制、规划条件管制，形成利益预期的消解力量。

三、深入推进顺义区新型城镇化的战略设想

（一）统筹城乡规划，完善新型城镇化空间布局

1. 完善新型城镇化发展总体规划。结合北京城市规划评估，着眼于未来 50 年甚至 100 年，从落实区域功能定位和整体规划出发，制定完整的城镇、乡村和功能区一体化发展规划，科学划定城市开发边界，实现顺义新城、镇村、功能区土地用途、空间功能配置一体化。按照把城镇规划做细、把乡村规划做实的原则，分别确定不同功能区域宅基地、集体建设用地、农用地的土地用途和规划

条件，实现对土地利用的严格管控。做好规划前期各项准备工作，对全区农村基本情况进行系统摸底调查，为规划的制定提供依据。

2. 着力完善新城功能，提升城市品质。 站在建设绿色国际港的高度，积极推进重点区域城市风貌设计和重大项目实施，打造一批建筑精品，留下更多经得起历史和实践检验的城市遗产。加快重大功能性项目建设，高质量完成医疗中心、职教中心、体育中心、文化中心和劳动力实训基地等城市服务设施建设。注重培育新城文化内涵，策划一批有国际影响力的文化、体育、科技、学术等展会和活动，营造多元、开放的人文生态环境。

3. 加快推进河东地区城镇化进程。 坚持将基础设施、公共服务等向河东地区倾斜。完善东部地区路网，推进跨潮白河桥梁的建设、维修，加强河东河西交通联系；推进木孙路、通怀路、左右堤路等河东地区主干路建设和整修，形成东北部地区交通主干网。构建河东地区现代产业体系，吸引国际商务、研发、物流等高端服务企业总部入驻，打造现代服务业新区。

4. 以重点镇为核心，提升小城镇建设水平。 按照规划明确的定位，完善各类设施，充分发挥小城镇承接国际航空中心核心区产业和城市功能的作用。着力推进重点镇建设，加快推进李遂、赵全营镇中心区开发建设，促进重点镇建设早见成效。认真梳理重点镇建设所需要的扶持以及中央市级政策，制定区一级配套政策，对公共服务设施倾斜、重大项目绿色审批、土地出让金返还、重点镇与功能区税收统计办法等进行规范，建立促进重点镇发展的长效机制。

5. 分类推进新农村建设。 加强整体规划和土地用途管制，合理调控村庄开发规模和节奏，注重保留村庄传统风貌，延续历史脉络。对纳入城镇和产业功能区空间规划的乡村，继续采取拆迁征地转非的模式，推进城镇化进程。对于城镇和功能区规划之外的村庄，通过积极推进新农村建设试点，积累经验，适时推广，探索多种途径实现新民居建设和村庄有机更新。

（二）促进农民安居乐业，实现以人为核心的城镇化目标

1. 推进农民就地就近城镇化。完善转非政策，坚持逢征必转、应转尽转、愿转能转，加快征地转非、拆迁转非，鼓励新生儿、大专毕业生转非，研究制定农转非人员在就业、社保、公共服务、居住条件等方面的优惠政策，解决已转移到城镇就业的农业转移人口落户问题。坚持遵循农民意愿，让农民自主选择转非后是否放弃宅基地和土地，解决好农转居人员享有的计划生育、宅基地、集体经济分红等有关权益转换、衔接问题。

2. 保障农民财产权利。深化农村集体经济产权制度改革，加快研究制定农村集体资产处置政策，制定科学合理的集体资产分配量化标准。以整建制拆迁村为重点，规范整合农村土地收益、资产性收益和福利分配，建立健全村民股权分红模式，让农民真正享受产权制度改革成果。研究部分征地拆迁村剩余土地经营管理和产权制度改革等问题，使农民财产保值增值。在实施村庄拆迁的同时，预留一定的农民就业用地和集体组织发展用地，解决好拆迁群众就业和集体资产保值增值问题。

3. 促进农民共享发展成果。一是解决好就业这个农民增收致富的根本问题。完善公共就业服务网络，加强就业扶持政策落实，

在稳定就业率的基础上，推进农民向高端产业、高效企业、高薪岗位转移。适应产业转型升级和劳动力就业需求变化，做好劳动力培训，提升农民的就业技能。完善创业扶持政策，形成政府激励、社会支持、劳动者勇于创业的新格局。大力开发绿色就业岗位，推进平原造林绿岗就业工程，实施五彩浅山绿岗创业带动工程，实现农民就近就地就业。二是通过完善社会保障解决农民后顾之忧。着力构建与经济社会发展阶段相适应的适度普惠型社会保障制度，积极推进社会保障人群全覆盖，稳步提高待遇水平。完善城乡一体化的社会保障制度，统筹城乡医疗保险、失业救济、最低生活保障等，稳定已经进城的农民和城镇原有市民，促进城镇化进入良性循环。三是改善居住条件。切实加快回迁安置房建设，强化公开承诺约束，促进拆迁农民早日安置。完善公租房管理机制，构建公租房保障体系，更好地满足进城农民和重点产业发展需要。继续推进农宅抗震节能建设，改善农村居住环境。

（三）推动产业向创新创造转型升级，增强新型城镇化发展动力

1. 落实国际航空中心核心区发展战略。全面深化与首都机场的战略合作，巩固和拓展核心功能，积极完善基础设施和公共服务配套，吸引具备话语权的行业组织和企业总部入驻机场周边，打造航空服务、航空管理、航空技术三大中心，促进航空及关联产业集聚发展。促进核心区资源整合与功能布局优化，推动天竺综保区向空港型自由贸易园区转型升级，打造文化贸易创新示范区和服务贸易创新示范区，促进临空服务业再造。深化功能区与镇级二、三产业基地合作共建，进一步增强临空经济核心功能、核心产业、核心

影响力和辐射力。

2. 促进服务业特别是高端生活性服务业大发展。做大做强特色金融、会议展览、工业技术研发设计、电子信息等现代服务业，巩固提升生产性服务业水平。进一步发挥好首都机场拉动消费增长的作用，规划兴建空港免税购物中心，发展高端体育休闲业、酒店业、汽车服务业等，充分利用好"国际中转旅客 72 小时过境免签"政策以及综保区汽车整车、宝石、文化贸易等进口口岸，形成高端消费的新热点。提升商贸业态，发展国际商业企业总部，吸引巨型连锁企业，引进大型购物中心，提升顺义区生活性服务业的档次。顺应电子商务大发展的潮流，依托天竺文化保税区等平台，积极吸引知名电商入驻，扶持中小电子商务企业，培育新的经济增长点。

3. 增强科技创新、文化创新双轮驱动能力。加快中关村顺义园规划建设步伐，建立重大创新成果和项目快速发现、跟踪引入机制，更多承接中关村创新资源辐射，加快形成"研发创新在中关村，转化和产业化在顺义"跨区域产业链。依托国家地理信息产业园、中航产业园等重点区域，大力发展高端装备制造、信息技术、新能源、新材料等战略性新兴产业，促进产业发展整体提升。以多种方式支持文化创意产业发展，培育文化龙头企业，支持小微文化企业，形成文化创意产业集聚效应。

4. 加快农业现代化步伐。坚持"农业生产规模化、都市农业工厂化、农业合作组织化"发展思路，积极推进农业发展向三次产业融合，不断延伸和拓展主导产业链条，巩固和提高顺义农业的优势地位。拓展农业生产、生态和生活功能，把农业设施作为城市基础设施，建设城市型生态农业，实现经济效益、社会效益、景观效益和生态效益的全面提升。加快发展以高端、高效、高辐射为特征的特色主导产业，打造绿色农产品大区、农产品加工大区、籽种产业大区、花卉产业大区。壮大农民专业合作社，鼓励采取"合作社＋合作社""科研院所＋合作社"以及"龙头企业＋合作社"等形式，促进农民合作社向综合化发展，向联合社方向发展，使合作社形成农产品生产、质量追溯、购销和超市销售等环节的全产业体系。

（四）健全城市治理体系，使城市更好地服务于居民

1. 科学管理城市。深入实施城市精细化管理，推进城市管理网格、社会服务网格、社会治安网格有序对接，健全问题发现、处置、反馈、监督、评估长效机制，努力实现管理广覆盖、服务"零距离"。大力推进城镇交通治理，制定实施交通治理行动规划，远近结合、系统推进城镇交通规划、建设和管理。加强网络、流量、节点管理，完善微循环系统，制定区域客货分流方案，积极倡导绿色出行，打造安全快捷出行的城镇交通网络体系。加大建设统筹力度，推进"智慧顺义"建设，加快水电气热等设施建设，提升城乡基础设施承载和服务保障能力。

2. 深化人口调控。落实中央关于特大型城市"严格控制人口规模"的要求，科学制定人口总量中长期调控目标，综合运用经济、法律、行政等多种手段加强人口调控。深入推进"以业控人、以房管人、以证管人"等人口调控措施，对小商品、小建材等低端市场和低端产业，坚决控制新增、逐步清理已有，积极调控人口规模。深化流动人口服务管理，完善常住人口和实有人口监测机制，

提高人口动态管理和服务水平。以常住人口为基础，统筹规划区域的产业、就业和公共服务，实现流动人口与户籍人口同服务同管理。

3. 创新城乡基层社区治理。建立、完善、推广村规民约和社规民约，促进群众在城乡社区治理、村务治理、基层公共事务和公益事业中依法自我管理、自我服务、自我教育、自我监督。完善社区治理体制，深入推进"七型"社区建设，大力培育社区组织，提升社区服务能力。加强回迁小区物业管理和配套服务，推进向成熟社区转化。增加村级公共经费投入，促进农村环境整治、安全管理和社会服务不断提升。

（五）改善人居环境，着力打造生态型、亲水型城市

1. 全面落实大气治理行动计划。严格环境准入，加强源头减排控制，试行新增大气污染物两倍削减环评审批制度。加大资金投入，重点解决燃煤、扬尘、交通和企业污染治理等防治工程。加强网格化监管体系建设，实行重点排污企业5级分类管理，严厉查处超标排污、环保设施不正常运行等违法行为，建立覆盖全区、责任到人、监管到位的环境监管网络。

2. 深入推进环境综合治理。以APEC峰会为契机，集中力量搞好重点区域环境治理，提升机场周边、重点交通干路沿线环境面貌。坚决打击和控制违法建设，对新生违法建设做到第一时间发现、第一时间拆除，始终保持对"违法建设、违法生产、违法经营"的高压态势，确保违法建设"动态归零"。积极做好国家卫生区复审迎检，巩固深化三大秩序整治，创造良好的环境秩序。积极推进水环境治理，集中治理全部河道排污口，打造优美生态水系。

3. 加强生态环境建设。强化底线思维，编制全区生态红线保护规划，明确开发管制界限和标准，落实最严格的耕地保护、水资源管理、林地绿地资源保护、环境保护等制度。完善绿色生态网络，打造以河为基、以水为魂、以林为韵、以路为骨，林水相映、河城相衬、景色相宜的绿色生态网络。实施潮白河绿色生态发展带景观提升工程、东部浅山区发展带景观建设工程、重点镇和村景观建设工程等生态景观建设重点工程，全面提升全区生态景观水平。

4. 充分发挥浅山区生态功能。科学推进浅山区开发，用好用足北京市给予五彩浅山沟域经济的政策、资金扶持，统筹郊野公园、平原造林、五彩大道、金鸡河流域治理等工作，提升浅山区的生态功能。加强统筹规划、分步实施、系统推进，重点围绕龙湾屯、木林抓好核心区建设，着力在服务设施提升、运营管理跟进、配套服务完善和富民模式探索上下功夫，将浅山区打造成首都慢生活区和展示顺义之美的地方。

（六）全面深化改革，激发新型城镇化发展活力

1. 创新土地开发利用方式。改革完善土地储备制度，缩小征地范围，规范征地程序，做好城市开发强度控制。一是集约利用土地。摸清集体建设用地租赁期限、证件办理、使用性质底数，按照规划明确的土地用途和规划条件，逐步清除违法用地，清理低端产业，提高集体建设用地使用效率。二是制订宅基地、集体建设用地入市流转办法。明确宅基地、集体建设用地的用途、使用期限、规划条件等。基于不同用途，制订集体土地使用费征收办法并统一规范管理。三是建立土地出让收益分成新机制。在宅基地、集体建设

用地等非农业用地流转的过程中，充分考虑农民转非安置补偿成本，探索实行集体、农民和政府共同分享土地增值收益的新机制，引导企业和农民确立合理的土地收益预期。

2. 深化农村集体经济产权制度改革。 一是发展壮大集体经济实力，鼓励社会资金、资产和资源，采取入股、合作、租赁、专业承包等多种形式参与集体经济经营。妥善处理积累与分配的关系，引导农村集体经济分配方式从福利分配为主逐步向按股分红为主转变。二是探索集体林权、确权颁证后的土地承包经营权、集体经营性建设用地使用权抵押贷款；发挥农村产权交易平台作用，推进农村产权交易市场建设，促进城乡生产要素平等交换和优化配置。三是规范土地承包经营权流转管理，统一使用规范文本，建立镇级经营、农业、土地、司法等部门联审机制，加强对土地流转的管理。四是实行农村政经分离，建立健全农村新型集体经济组织，完善法人治理结构，使农村集体经济组织成为市场经济中的独立法人，依法、独立从事生产经营，提高经营效益。

3. 完善区、镇（街）财税体制。 着眼于不同区域功能定位，健全区镇两级财力分配机制，加强一般性转移支付，逐步增强基层公共事务管理的财政保障能力。规范产业奖励扶持，建立区内异地生产经营企业属地留成财力分享机制，促进公平竞争。

4. 加强城市管理体制改革。 积极抓好空港街道管理体制改革试点，为统筹推进全区街道体制改革积累经验。探索推进城市管理、市场监管综合执法、联合执法，提升城市管理执法效果。推进执法力量下沉、管理重心下沉、职能权力下沉，进一步强化基层基础管理。

专家学者对于顺义推进
新型城镇化的思考

　　20 世纪 90 年代以来，顺义推进新型城镇化的道路和经验总结，对于北京乃至全国很多地区都具有很强的借鉴意义和参考价值。受顺义区委委托，市农研中心承担了重点课题"顺义推进新型城镇化的实践与思考"的研究。课题由市农研中心党组书记、主任郭光磊为总主持，副主任张秋锦为总协调，城乡发展处负责承担、调研综合处负责协调的课题组。在资料研究、调研座谈、内部讨论的基础上，课题组形成报告初稿，市农研中心郭光磊主任邀请曾原在顺义工作过的老领导及有关专家对课题报告进行了研讨。原市人大农村委员会主任雷德才、原市人大农村委员会副主任张凤福、原市农研中心主任、原市人大农村委员会委员焦守田、市农产品中央批发市场管理委员会主任刘春广、市广播电视台党委书记刘志远受邀参加。研讨会综述如下。

一、顺义区推进新型城镇化取得了较好成效

　　郭光磊主任提出，顺义区城镇化道路是非常清晰的。自 20 世纪 80 年代就在解决农村问题的基础上加速了工业化，大力发展乡

镇企业，并由此提升到全面发展城镇化，走出了一条业城融合、以人为本、集约高效、低碳环保、布局合理、环境优美、生活富裕、和谐稳定的道路，符合十八大提出的新型城镇化的发展要求。坚持培育产业、承载城市功能、打造绿色发展环境、合理调节人口规模，是促进顺义发展卓有成效的经验，值得深入总结。具体如下。

（一）坚持培育产业，发展实体经济

张凤福主任认为，顺义发展经验之一是坚持培育产业，发展实体经济。无论是原来农业占主导地位的时期，还是现在，无论是县也好，区也好，都坚持了下来。为什么顺义出了几个全国知名产业、世界知名集团？就是因为历届区政府在培育产业上确实下了功夫。一方面，顺义区顺利承接了城市产业转移。借助地理优势，打造良好的投资环境和其他条件，利用城市发展过程中功能转移，承接了产业项目。为什么产业转移要到顺义来？要充分发挥产业园区的集聚作用，做好投资环境建设。刘志远书记补充说明了顺义区在招商引资时，非常关注朝阳区改造，已经引进了几个改造转移的项目。另一方面，顺义区培育和发展了自己的实体经济和产业。推动产业结构调整，促进产业产品升级，实现乡镇企业规模化发展、村办企业集团化发展、三资企业和国有企业活力增强，打造了燕京啤酒等一批大型企业集团。同时，充分利用空港的区位优势发展临空经济。产业体系基本形成，航空服务、航空物流、现代制造、临空高科技、商务会展发展迅速，临空经济区已被列北京市重点发展的六大高端产业功能区之一。

（二）借助地理优势，承载城市功能转移

根据首都发展的需要，顺义承载了奥运会、花博会、新国展等一系列城市功能，促进了本区域的功能提升。以奥运会的建设为例。张凤福主任认为，要承接奥运会相关项目，首先得发掘自身硬件条件和优势，其次是政府下了很大力量寻求项目和发展机会。刘志远书记就该项目的背景进行了详细介绍，突出体现了政府在面对发展机会时做出的努力。

（三）坚持执行规划，打造绿色发展环境

顺义区较为严格地执行了规划，长期持续地开展绿化建设，成效明显，私搭乱建的现象比较少见。张凤福主任表示，一是顺义按照规划执行的比较好，没有间断。按照"看不准的，不准建"的要求，顺义区在发展过程中，不盲目上项目，为今后的发展留出了空间。不建的话怎么办，不会干别的那就种树，重整河山待后生，后代人比咱们聪明，叫他们利用去，现在就是打好基础。虽然存在个别违章建筑，但总体情况较好。第二个打造绿色发展。历届区委区政府都非常关注绿化建设，关闭和清退了一批重型污染企业。20 世纪 80 年代中期就在京密路建起了 100 米的绿化带，是顺义第一个大型绿化工程。

（四）重视教育发展，合理调节人口资源

顺义区人口结构比较合理。张凤福主任认为，顺义区是把人口当成人力资源来调节的，由产业发展、产业定位形成了市场配置机制。发达地区都是人口聚集地，但是人口的素质和层次是由生活和

社会产业形态决定的。这不是行政控制，是市场调节。教育可以帮助农民就业，并且获得社会保障，从而改变了他们生活方式，促进身份转变，推进城镇化进程。第一，非常重视中小学教学，注重学校的基础设施建设，拥有牛栏山中学等师资优异的重点中学。第二，重视职业教育培训。不建大学，多建职业培训学校，开展职业教育培训，可以让很多没有上大学的人都得到培训。职业教育的提高，直接提升了居民的素质，促进他们与就业岗位顺利对接。第三，把招商引资与本地劳动力就业挂钩。无论外来引进企业还是本地企业，首先解决本地人就业。实施企业用工奖励政策，对当年招用本区劳动力较多的企业，给予法定代表人一次性奖励。在制定经济功能区建设项目控制指标和产业项目入区标准时，将招商引资项目每公顷安置劳动力人数作为项目落地的重要指标。

二、顺义区推进新型城镇化进程面临的困难

站在推进新型城镇化的角度，专家们认为顺义区面临着一些困难，首先需要明确下一步城镇化发展重点，其次是农村土地开发受到限制，最后是户籍制度等社会管理体制的制约。详述如下。

（一）需要明确下一步城镇化发展重点

刘春广主任认为，城镇化绝不是全部区域的统一城市化。顺义区河东地区与河西地区城镇化水平差距较大，需要明确城镇化进一步推进的重点。焦守田主任也提出需要进一步关注顺义区发展内部不均衡的问题。不同发展区域应有不同的景观和不同的产业结构，

顺义应在这方面多下功夫。张凤福主任表示，顺义城市化核心应该在河西地区，通过城市扩展、工业区带动来城市化。河东地区发展程度还没达到这个标准，是否需要达到河西地区的发展水平，现在也不好说。但他表示，希望河西是现代化城市的组团，能够形成田园风光和现代信息化的有机结合。问题就是如何把河东传统农地打造成田园式风光。这需要政府既能够做好村庄规划，建设好路网等基础设施，规范商业网点，还要加大政策补贴力度，充分调动农民积极性，能够根据规划对自有住房进行改造，鼓励整村推进，最终形成错落有致的村庄面貌。

（二）农村土地开发面临瓶颈

雷德才主任表示农村集体土地开发受限影响了城镇化建设。城乡建设用地制度的二元结构，缺乏明确的权益主体的农村集体土地所有制度，不利于城乡集体建设用地集约利用，也阻碍了农民获得集体建设用地开发收益。集体建设用地不能入市，这就不能叫城镇化，不能叫城乡一体化。张凤福主任也认为农村集体利用土地存在困难。农村集体面临一方面征地补偿较低，失地农民安置可能出现问题；另一方面集体建设用地使用受限，土地不能入市，村集体难以发展，"守着金山要饭吃"。如何充分发挥市场机制作用，保障农民对土地、集体资产的长久收益权，还需要更多的政策创新。

（三）社会管理制度需要有所突破

焦守田主任认为需要关注二元结构对城镇化进程的影响。随着城镇化进程推进，大量搬迁农民回迁新居后，村居对接问题日益紧迫。雷德才主任表示现行户籍制度限制了农民市民化进程，应该打破制度瓶颈。不是上楼就成市民了，户籍的瓶颈不破，永远就不能叫城镇化，农民就难以解决资产问题等。破除城乡户籍制度二元结构的任务紧迫。当前顺义区农民市民化落后于农民非农化，还存在着历史遗留下来的征占地农民未转非，非农就业农民未转非等情况。农转居步伐缓慢的核心问题是农转居后的利益保障。

三、进一步推进顺义区新型城镇化的几点建议

新型城镇化不等于城市化。郭光磊主任指出，城镇化的核心，不是把农村建成城市，也不是城镇功能向农村延伸，而是在重视和解决"三农"问题的基础上，实现产业发展、资源环境、社会管理的综合平衡。城镇化是个渐进的过程，非一日之功。就进一步推进顺义区新型城镇化进程，专家们提出了建设性意见。总的来说，一要继续发展经济，打好城镇化基础；二要立足于基础设施建设不动摇；三要完善保障体系。专家还建议，将顺义区建设成为北京市新型城镇化试验区。

（一）继续发展经济，打好城镇化基础

城镇化的基础是经济发展。雷德才主任表示，不是区域经济发展了，城镇化动力就够了。顺义区真正推进城镇化的后劲还是不足的。刘志远书记认为，推进新型城镇化要把发展经济牢牢放在第一位。一要加强产业升级换代。顺义的屠宰场、啤酒厂保留和发展到今天，在于不断地进行技术改造、应用先进技术。乡镇企业之所以

衰落，就是因为技术投入不够。二要坚持发展三产的战略不动摇。顺义区已经从过去"二三一"的产业结构转变成了现在的"三二一"，包括农村金融在内的金融服务发展非常不错，北京市服务贸易大会的金融板块就是由西城和顺义共同承办。三是要继续服务、扶持重点企业，尤其是上市扶持不能动摇。上市就会把企业自然发展起来，所以区里每年至少安排两次关于上市公司会议，原来还设有专门机构管理此项工作。顺义地区是全国工商总局主抓点，名牌企业仅次于海淀，经济发展尤其不能动摇。刘春广主任表示研究城镇化，一定要研究农业现代化问题。中央 1 号文件提出创新经营体制，发展家庭农场，要研究顺义怎么样才能搞好、才能有看头。上海、杭州早就有支持规模化经营的政策，可多学习。张凤福主任则强调还应围绕功能区的建设来推进。功能区基本功能要明确，乡镇要根据地理位置考虑发展。

（二）立足于基础设施建设不动摇

刘志远书记表示，城市承载能力与城市基础设施建设戚戚相关，城镇化应充分重视基础设施建设。如果水、电、气、路都不能保障，城市发展也无从谈起，楼建起来也很难维持。以奥运场馆建设为例，对基础设施投入要远远高于建设场馆的投入，因为可以带动周边的发展。因此，因此要继续加大对基础设施的投入，提高城市承载能力，推进城镇化进程。

（三）要完善社会保障体系

刘春广主任认为，新型城镇化的核心就是人的城镇化，主要解决的是农民身份以及由此造成的社会保障缺失等问题。在推进过程中，要为农民、城市失业人口等都提供完善的社会保障，最终实现以人为本的城镇化。刘志远书记表示，城镇化过程中就业是核心，产业发展就要解决就业问题，要加强就业保障。此外，还应加强医疗设施、商业设施、网络建设等公共服务，营造良好安定的生活环境。北京之所以拥堵，就是功能不健全，连看个同仁堂都往市区跑。要能在河东地区建个三甲医院，马上就能解决这个问题。

（四）将顺义区作为新型城镇化试验区

雷德才主任和张凤福主任都提出了将顺义区作为新型城镇化试验区的建议。雷德才主任认为，新型城镇化面临的很多问题，都需要通过体制创新来突破瓶颈。现在要持续什么，突破什么，都需要通过试验来解决。目前全国没有新型城镇化试验区，北京可以考虑设一个，能够真正去解决具体的问题。张凤福主任则表示，顺义区具备成为城镇化试验区的条件，建议市里将顺义区作为新型城镇化综合试验区，探索制度政策的创新、改革和综合配套。

执笔人：贺潇

第二节 顺义区推进城乡
一体化实践研究

坚持统筹协调，率先形成城乡
经济社会一体化发展新格局

顺义区把构建城乡经济社会发展一体化新格局作为推动区域经济社会发展的根本要求，根据"打造临空经济区、建设世界空港城"的战略目标，立足"国际枢纽空港、高端产业新城、和谐宜居家园"的区域发展定位，按照"以人为本、以业为基、以城市化为引领、以创新为动力"的总体思路，依托城市化带动，强化工业化支撑，统筹城乡空间布局和产业发展，统筹推进城乡基础设施和公共服务的均等化，推进城乡社会民生的一体化，统筹城乡生态环境建设，推进体制机制创新，努力打造"北京城乡一体化重点实践区"。

一、顺义区统筹城乡发展的主要做法和成效

为统筹城乡发展，率先形成城乡经济社会一体化发展新格局，顺义区委、区政府出台了《关于落实党的十七届三中全会精神加快推进城乡一体化发展的意见》，明确了"工业化带动、城市化引领"的方针，提出了城乡空间布局、产业发展、基础设施建设、就业和社会保障、公共服务、生态环境六个一体化的目标。

（一）坚持工业化带动，统筹城乡产业一体化发展

1. 强化临空经济辐射带动作用，引领农村经济快速发展。按照"空港国际化，全区空港化，发展融合化"的总体思路，大力发展临空经济，基本形成了以首都机场和天竺综保区为核心，以空港经济开发区、林河经济开发区、空港物流基地、北京汽车生产基地、国门商务区等重点经济功能区为支撑，以航空产业、汽车产业、高新技术产业、现代物流业、会展业为代表的临空产业集群。重大产业项目的落户和开工建设，从市政基础设施建设、上下游企业的集聚、城乡劳动力就业、镇村财政收入增长等方面，影响和拉动了项目周边的高丽营、赵全营、杨镇、李桥等重点镇产业基地的建设，促进了城乡一体化进程的不断深入。如国家地理信息产业园项目，一方面，地理信息产业具备智力密集型和劳动密集型相结合的产业特点，产业园建成后可提供2万多个就业岗位；另一方面，随着国家地理信息产业园的建设，临空经济圈西强东弱的局面将得到改善，机场东路至顺通路之间的仁和、李桥等地区将迎来一个崭

新的发展时期。

2. 不断延伸产业链条，实现园区与镇村联动发展。 推出产业园区、偏远村镇共建方案，让发展较快区域从带头发展转变为带动发展，引导人才、资金、政策等要素向相对落后区域汇集。目前顺义区已有 6 组合作共建单位，分别是天竺空港经济开发区与赵全营镇、天竺空港经济开发区与木林镇、北京汽车生产基地与杨镇、北京汽车生产基地与赵全营镇、空港物流基地与大孙各庄镇、空港物流基地与南法信镇，形成了园区带村镇的发展局面。开发区投入资金对村镇土地开展市政建设，对村镇土地进行整合和科学配置，促进了产业升级，并可解决当地劳动力的就业问题。同时，开发区通过共建突破了行政区划的束缚，解决了土地资源紧缺的困境，提升了空间承载力，为推进产业转型升级拓展了空间。顺义区出台了一系列政策推进合作共建，如完善管理机构，培训业务人员，建立招商、搬迁、服务平台，实现双方信息资源共享，并对取得进展的合作双方给予奖励等。2011 年，分别给予杨镇、赵全营镇各 150 万元奖励，给予大孙各庄镇、木林镇各 100 万元奖励。

3. 建设镇级二、三产业基地，促进农村经济全面发展。 区政府高度重视农村经济发展，相继出台了《顺义区工业发展资金使用办法》《顺义区发展品牌经济的意见》《顺义区农村二、三产业基地建设若干意见》《顺义区非公经济发展意见》等一系列政策文件，不断加大对农村二、三产业的引导和扶持力度。坚持"一个宗旨"，即坚持集中、集聚、集约的发展模式；确保"两个到位"，即机构到位和规划到位；实施"三个加强"，即加强目标考核、加强基础建设、加强招商引资，先后实施了重大项目联合会审制度、区直单位帮扶落后村镇"一助一"工程、农民技能培训"三单"(即用工单位出"订单",教育机构出"菜单",培训费用政府"埋单"的方式)模式、重点经济功能区与镇级基地合作共建以及"标准厂房带动经济薄弱村"发展等一系列措施。同时,按照转变经济增长方式的要求,加快推进镇村二、三产业升级改造,全面关闭和退出高污染、高能耗企业,统筹安排重大项目和重点产业在镇级二、三产业基地落户。这些政策和措施保证了农村二、三产业的健康快速发展。全区 19 个镇镇域规划全部通过市规委批复,成为全市首个镇域规划全部批复的区县。19 个镇,每个镇都规划建设了一个二、三产业基地。同时,每家基地都成立了独立的管理机构和开发中心,为推进基地依法合规的开发建设奠定了基础。截至 2011 年,全区镇村二、三产业企业总数达到 2.58 万家,实现收入 1 105.2 亿元。

4. 发展都市型现代农业,推进三次产业融合发展。始终将农业作为经济社会发展的基础保障,按照"设施是条件、品种是重点、市场是关键、效益是核心"的总体要求和"农业生产规模化、都市农业工厂化、农业合作组织化"的发展思路,坚持"高端、高效、高辐射"的发展方向,不断延伸和拓展主导产业链条,积极推进三次产业融合,坚持巩固顺义农业的优势地位,持续提高对北京高端农产品市场占有率和控制力,全力打造"绿色农产品大区、农产品加工大区、籽种产业大区、花卉产业大区",充分释放首都农业的生产、生态、生活功能,实现了经济效益、社会效益、景观效益和生态效益的全面提升。2011 年,顺义区农林牧渔总产值实现 65.2 亿元,占全市总产值的 18%。特别是农产品加工业蓬勃发展,

2011 年农产品加工业产值超过 160 亿元，保持了每年增长 19% 的发展态势，全区农产品加工企业达到 96 家，其中国家级农业产业化龙头企业 6 家，北京市农业产业化龙头企业 11 家，拥有市级以上知名商标、品牌 33 件，农产品加工业从业人员达到 2.1 万人，带动种植、养殖农户 6.6 万户。顺义农业实现了由"京郊粮仓""北京乌克兰"向"国家现代农业示范区""国家级农业产业化示范基地"的成功跨越。

（二）坚持城市化引领，统筹城乡功能一体化发展

1. 统筹"三个梯次"，完善城乡空间布局。 充分发挥重点新城的引领作用、重点镇的枢纽作用和新农村的支撑作用，明确"三个梯次"的区域功能布局，构筑功能明确、布局合理、发展联动、设施共享的城乡空间发展形态。一是坚持以新城建设为轴心。围绕"现代国际空港、区域产业引擎、绿色宜居新城"的城市定位，不断提升新城的产业竞争功能、公共服务功能、基础设施支撑功能和区域生态涵养功能，努力把顺义建设成为相对独立、功能完善、环境优美、交通便捷、公共服务设施发达、城市特色鲜明的生态文明新城。按照"5 年打基础、出形象；10 年成系统、现框架；15 年宜居新城初步建成"的总体思路，编制完成了新城城市设计及新城城市设计导则，构建了顺义新城发展的基础框架，为确立新的城市空间结构，率先建成首都创新型城市、节约型城市和宜居城市的示范区奠定了基础。二是坚持以重点镇建设为骨干。明确产业定位和空间布局，坚持人口规模定量、主导产业定位、建设标准定型，集中政策、资金和资源优势，努力建设以临空产业为主导、特色产业

集聚，环境清新幽雅，设施配套齐全，城镇功能完善的复合型小城市。高丽营镇依托首都机场和温榆河生态走廊，重点发展临空产业和商务度假服务业。杨镇围绕现代制造业基地，加快发展汽车零部件产业，着力打造河东综合服务中心。赵全营镇依托京承高速公路交通走廊，积极发展文化创意产业和先进制造业。李遂镇围绕潮白河国家森林公园，大力发展旅游休闲度假和医疗康体产业。三是坚持以新农村建设为依托。以工业化致富农民，以城市化带动农村，以产业化提升农业，着力打造城市（产业）带动型、升级改造型、整体推进型和环境整治型四类新农村建设。通过加强镇级二、三产业基地建设、支持村级集体经济发展，推进各项投入向农村倾斜，基础设施向农村延伸，社会公共服务向农村覆盖，着力建设产业互动、城乡融合的社会主义新农村。实现了新农村规划全覆盖，打造了一批新农村建设精品工程，实施了"五＋三"基础设施建设，建立了农村基础设施管护和环境保障长效机制，农村环境、基础设施和公共服务得到了极大改善，区域整体形象得到提升，区域发展空间进一步拓展。

2. 统筹建设与管理，促进城乡环境面貌改善。不断完善农村基础设施，促进城乡基础设施和公共服务设施均衡化。一是全面实施"五＋三"工程。坚持按照现代化城市标准建设镇、保留村的市政基础设施和公共服务设施。2006 年以来，市、区、镇、村投入资金 35.6 亿元，用于完善农村公共基础设施。累计完成街坊路硬化 743 万平方米；街坊路两侧绿化 257 万平方米，改造自来水管网 4 008 千米；铺设污水管网 110 千米；完成户厕改造 11.7 万户；新建农村公厕 651 座；完成了 19 个镇的垃圾分类工程；编制完成了

352 个村的村庄规划；安装太阳能路灯 12 100 盏，搭建卫生节能吊炕 34 742 铺，新建太阳能公共浴室 177 座；建设沼气和秸秆气站 23 座。基本实现了农村基础设施全覆盖，有效改善了农民的生产生活条件。二是积极开展生态治理。潮白河、减河整治效果明显，"引温入潮"跨流域调水工程顺利完成，新城滨河森林公园、汉石桥湿地生态景观功能初步显现。水源地保护成效显著，主要河流水质综合达标率达到 82.7%。建设蓄水闸坝、坑塘等 186 处，年总蓄水能力超过 9 000 万立方米。城乡绿化美化深入推进，全区林木绿化率达到 26.95%，"百村万户"绿化美化工程成效显著。城乡环境卫生水平大幅提升，成功创建"全国绿化模范城市"，顺利通过"国家生态示范区"验收。三是长效管护工作全面展开。制定出台了《顺义区新农村基础设施和公共服务设施运行管护意见》和《顺义区新农村基础设施和公共服务设施管护实施方案》，将能够纳入政府部门体系管理的设施，全部纳入体系内管理。参照城镇标准制定管护制度，按照"区级补贴、镇级保障、村级适当负担"的原则，区政府每年从市级划转的新农村建设资金中提取 20%，专项用于已建设施的长效运营管护，有力保证了已建设公共基础设施持久、有效运行。

3. 统筹城乡民生和社会事业，夯实农村发展基础。大力实施充分就业、"三名"教育、健康顺义、城乡社保一体化、安居保障"五大民生"工程，努力使经济发展的物质成果惠及人民特别是广大农村居民，使群众坐上全区改革发展的快车。一是加大民生投入力度。不断统筹城乡社保体系建设，下大力气促进城乡社会保障均等化、一体化。城镇五项社会保险平均参保人数达到 23.2 万人，城乡居民养老保险参保率达 96%。新型农村合作医疗参合率达到 99.8%，累计支付报销资金 7.88 亿元，补偿受益 230.12 万人次，农民"因病致贫、因病返贫"现象得到根本改善。加大"大民政"建设力度，不断健全低保、大病、应急等社会救助体系，在全市率先实施"民政一卡通"，五年累计投入城乡低保救助金 1.1 亿元，4.33 万人次从中受益，完成 1 582 户农村贫困对象和优抚对象危旧房改造，2 万余人获得慈善救助，农村困难群众的生活得到有效改善。特别是加大对农村中小学校的投入，努力改善城镇中小学校办学条件，加强农村学校硬件配备，先后实施了农村中小学校舍安全改造、操场改造、消防系统改造、供暖系统改造等工程，资金向农村基础设施薄弱校投入力度不断加大。二是加强农村社会管理。完善推广"集中居住、集中管理、集中服务、集中教育"的四集中模式，不断提高流动人口服务管理水平。严格农村土地管理，按照"集约、高效"的原则，进一步加强农用地管理，落实最严格的耕地保护制度和节约用地制度，在预留发展空间的同时，不断提高土地利用率和单位面积产出率。按照"自治管理规范化、安全秩序标准化、基层服务组织化、城乡文明一体化、建设规划科学化"的要求，推荐 12 个村庄参与农村社区化试点建设工作；积极探索农村社区化服务管理新模式，推进"六型"农村社区创建工作，2011年 16 个镇、105 个村庄参与了"六型"社区创建。三是推进农村党建工作。分级分类推进农村党组织建设，完善管理制度和考核体系，增强管理的针对性、促进管理的精细化。坚持"资源向基层倾斜，好事让基层干，荣誉让基层得，威信在基层立"，先后制定出台了《关于推进基层党组织分类管理的意见》《关于进一步加强基层党组织建设的意见》等"1+8"文件，全面提升农村党建的科学化水平，加强农村基层党员队伍建设，深入开展"创先争优"活动，大力推进农村党风廉政建设。深入落实村务公开和民主管理，抓好"两委"班子和村民代表队伍建设。充分调动农民参与农村管理的积极性，通过对《村规民约》的修订、完善，进一步扩大村级民主的程序和范围，提升农村居民自律水平，有效化解邻里纠纷、社会矛盾。

（三）积极探索、稳步推进农村各项改革，为城乡一体化发展提供制度保障

1. 深化农村集体经济产权制度改革，完善利益分配机制。顺义区于 2005 年全面启动了农村集体经济产权制度改革工作。几年来，始终坚持将实施产权改革作为推动城乡一体化发展、持续激发农村内在活力的重大举措和壮大集体经济、促进农民增收的基础条件。按照"资产变股权、农民当股东"的改革方向，围绕"宜宽不宜严"的改革思路，遵循"公开、公平、公正"的改革原则，深入推进"因村制宜、一村一策"的改革模式，全区农村集体经济产权制度改革取得了可喜的成绩。截至 2011 年年底，全区 426 个行政村中已有 414 个村完成了改革任务，占行政村总数的 97.2%。经过产权制度改革，414 个村累计量化村级总资产 16.6 亿元，净资产 11.7 亿元，农民持股总金额 8.4 亿元，占净资产的 71.8%。其中 1.98 亿元用于基本股分配，涉及农业人口 16.9 万人，人均持股 1 171.5 元；6.67 亿元用于农龄股分配，涉及人口 17.1 万人，人均持股 3 900 元。目前，全区产权制度改革股份分红主要以土地流转收益体现，平均 422 元/（人·年），户均分红金额最高达到 1.5 万元，真正做到了还权于民、还利于民。

2. 促进农村土地承包经营权流转，提高规模化生产水平。 按照"依法、自愿、有偿"的原则，通过完善集体土地流转政策，建立土地流转指导性价格机制，规范土地承包经营权流转程序，强化承包合同管理，建设土地流转信息平台，建立农村土地承包经营纠纷调解仲裁体系等措施，不断推进规模化土地流转。鼓励镇、村将闲置集体土地流转给区级代耕机构进行统一经营，不断提高规模化水平，促进农业生产经营模式创新，鼓励发展本地种植大户、家庭农场等多种形式的适度规模经营，提高土地利用率。2007 年以来，累计土地流转面积 8.9 万亩，为规模化生产提供了充足的土地资源储备。

3. 推进农民专业合作社建设，提高农民组织化程度。 按照"创建品牌，培育产业，发展特色，壮大规模"的发展思路，通过建设市区两级示范社、促进合作社规范发展、开展培训、搭建平台、开拓市场等工作，农民专业合作社快速发展，覆盖面不断扩大，农民组织化程度不断提高，发展途径不断创新。鼓励合作向二、三产业延伸，使合作社形成农产品生产、质量追溯、购销和超市销售等环节的全产业体系。逐步推进合作社走向联合，鼓励合作社采取"合作社＋合作社""科研院所＋合作社"以及"龙头企业＋合作社"等形式，走联合发展之路，推进合作社联合开展产品市场营销，更好把握市场脉搏。截至 2011 年，全区农民专业合作社达到 165 家，其中 200 户以上的 32 家，入社社员 1.8 万户，占全区从事一产农户总数的 81%。多家合作社与农产品加工龙头企业实现对接，形成了长期合作关系。

4. 推广政策性农业保险，降低农业农民市场经济风险。不断扩大政策性农业保险覆盖面，增加参保险种，建立健全长效机制，提高农户投保率、政策到位率和理赔兑现率，基本实现了"尽可能减轻农民保费负担""尽可能减少农民因灾损失"的目标。2011 年总保额达到 23.6 亿元，收取保费 1.2 亿元，投保农户 3.2 万户，农业保险覆盖面达到 50.3%，高出全市平均水平近 10 个百分点，参保险种达到 19 个。出险农户 2 万户，出险理赔 8 800 万元。并实行了政策性农业保险理赔一卡通，为农民提供更加方便快捷的服务。

二、顺义区统筹城乡发展的主要体会

（一）统筹城乡发展，必须坚持"统筹协调，全面推进"的发展思路

顺义坚持把城乡经济社会一体化建设作为系统工程，注重从整体上加以把握，统筹考虑各方面因素，全方位思考，多角度力推。以科学发展观为指导，将城乡统筹作为新时期指导城镇化与农村发展的基本出发点，将逐步破解二元结构、加快农村发展上升到建设新顺义的战略高度，充分发挥城市优势，积极挖掘农村潜能，建立了工业化带动、城市化引领、以工促农、以城带乡的长效机制。坚持用城乡一体化统揽经济社会发展全局，充分发挥新城对重点镇、新农村的辐射和带动作用，构建城乡互动的产业体系，实现良性互动，共同发展。坚持党管农村工作，加强和改善党的领导，扎实推

进农村改革发展。有力推动了顺义经济社会发展不断迈上新台阶，逐渐形成了以统筹城乡发展规划、统筹城乡经济发展、统筹城乡基础设施建设、统筹城乡劳动就业和社会保障、统筹城乡公共服务、统筹城乡生态环境建设、统筹体制机制创新为重点的城乡一体化的新格局，形成了经济、社会、文化、生态运行机制相融合的城乡一体化新机制，构建了现代繁荣、人口适度、田园风光的绿色宜居新城和设施完善、交通便捷、生态宜居的都市化新农村。

（二）统筹城乡发展，必须坚持"工业化带动、城市化引领"的发展方针

只有坚持以工业化为带动，统筹一、二、三产融合发展，才能为实施"以工促农"奠定经济基础。只有坚持以城市化为引领，统筹新城、重点镇、新农村三个梯次建设，才能不断提高城乡空间布局、产业发展、基础设施建设、就业和社会保障、公共服务、生态环境一体化水平，在全市率先实现城乡一体化。只有坚持融入首都发展大局，抢抓历史发展机遇，通过优化一产、做强二产、做大三产，构筑并不断夯实区域产业基础，壮大地区经济总量，才能为全面推进新城建设，完善城乡功能提供坚强保障。正是长期坚持工业化带动、城市化引领和服务大局意识，抓住了诸多重大发展机遇，才使顺义城乡一体化取得了突破性进展。

（三）统筹城乡发展，必须坚持"城乡一体化核心是人的一体化"的发展目标

顺义区坚持不断深化对城乡一体化建设内涵的理解，始终坚持把维护群众利益放在首要位置。城乡一体化实质是为了进一步改善群众特别是农民的生产生活条件，提高农村群众的生活质量。加快推进城市化，不是消灭农村，而是按照城乡一体化的总体战略部署，努力破除城乡"二元结构"，统筹推进城市与农村建设，兼顾城市居民与农村居民的利益，让改革发展的成果惠及全体人民特别是农村群众。因此在城乡一体化的过程中，必须充分调动群众积极性、主动性与创造性，使农民参与贯穿始终，确保农民利益获取的优先性，逐步实现农民生活水平的大幅度提高。

三、下一步工作思路

经过改革开放的快速发展和筹办奥运的风雨洗礼，顺义已经走出了一条产业优化升级、就业较为充分、人口总量控制、资源合理开发、经济社会协调、城乡统筹发展之路，经济实力大幅提升，社会发展和谐稳定，城乡环境不断改善，人民群众的幸福指数明显攀升，"滨水、生态、国际、活力、宜居"的现代化新城特色初步展示，为顺义区在全市率先实现城乡经济社会发展一体化新格局打下了坚实基础，开辟了广阔空间。

（一）继续坚持城市化引领，实现城乡功能一体化发展

一是坚持统一规划、分步实施、适度超前的原则，站在建设世界空港城的高度，实施基础设施建设，着力打造一流的现代化城乡基础设施。二是立足建设面向中心城的综合城市和带动区域发展的中心城市，多层次完善城市功能。进一步提高文化、教育、医疗、

卫生等公共服务能力，加快推进文化中心、体育中心、商业中心、职教中心等"十大工程"建设，整体提升顺义新城服务功能和吸附聚集能力。三是全面提升形象，打造高品位城乡文化。根据空港地区、新城核心区和河东新区的不同特点，着力塑造时尚之城、浪漫之城、文化之城、生态之城的崭新形象，提升顺义新城的知名度和美誉度。四是坚持以产引人、以业控人、以房管人调控措施，积极吸引高层次、高素质人才入驻。坚持规模适度、结构合理、供需平衡的原则，对人口总量进行宏观调控，统筹城乡、区域发展，逐步使大多数流动人口在城市和农村各得其所，力争到"十二五"末户籍人口城镇化率达到75%。五是坚持走低碳、环保的绿色发展之路，深入推进节能减排，深化污染控制和治理，促进资源集约节约利用，提升城乡绿化美化水平，倡导绿色生活方式，争创"国家环保模范城市"。六是加强新城生态环境建设。建设具备生态和景观双重功能的顺义水系，加大森林公园、郊野公园和城市公园建设。提升主要大街园林绿化水平，推进城乡生活垃圾处理密闭化、减量化、资源化和无害化。七是建立完善城乡一体的就业和社会保障体系，大力开展绿色就业服务，力争到"十二五"末城乡劳动力二、三产业就业率达到95%，城乡社会保障制度实现并轨，农村社会保障水平大幅提高。

（二）继续强化工业化支撑，提升城乡产业发展水平

一是全力拓展产业空间。建立农村集体建设用地流转收益分配体系，推动建设用地向园区集中，促进产业集群发展。积极盘活企业关闭、重组和改制等形式的存量建设用地，鼓励使用原土地进行

增资扩建，提高土地利用率和增加建设容积率。加快河东地区开发力度，积极开展一区多园、合作共建等扩展模式试点。二是鼓励功能区内各村镇与空港开发区、林河开发区等重点经济功能区开展合作共建，加强李桥、仁和、后沙峪、南法信、赵全营等镇对重点经济功能区产业的配套服务功能，加大政策扶持力度，加快商贸、物流、金融、娱乐、文化等配套服务业的布局，对接临空经济核心区产业布局，增强临空经济区的辐射带动作用。三是加快临空经济拓展区的开发建设，依据《顺义区临空经济发展规划》，结合全区工业"一核两轴多基地"的产业空间布局，加快临空经济拓展区的开发建设和产业布局，重点打造北京现代三工厂及零部件产业基地、自主品牌乘用车生产基地、临空国际高新技术产业基地等新经济增长点；推动李遂、北务、大孙各庄等京平高速路沿线三镇与河西成熟园区的合作共建，积极承接北京现代三工厂及零部件基地产业的转移，发展高端制造业及配套服务业，促进一、二、三产融合并进，使河东地区成为拉动顺义经济快速发展的又一增长点。

（三）继续深化新农村建设，改善农村生产生活条件

一是稳步推进新型农村社区建设，全面推进"新农村南北走廊精品工程"，突出民族特色和地方特色，科学制定新型农村社区试点规划。二是加快实施农宅抗震节能建设工作，充分尊重农民意愿，保障农民权益，2012年完成2.7万户抗震节能型农民住宅建设和既有农民住宅单项改造建设工作。到"十二五"末，基本完成农村地区住宅抗震节能保温改造；民居具有明显地域特色和文化特色、村庄环境优美、服务和管理功能健全、基础设施和公共服务设

施相对配套齐备，基本达到"各具特色、环境优美、设施齐全、生态宜居"的城市化社区建设标准。三是推进"三起来"工程建设，继续实施农村太阳能公共浴室建设和村内非节能路灯总成改造项目，2012 年在符合条件的规划保留村新建太阳能公共浴室 90 座，改造村内非节能路灯 2.2 万盏。四是确保新农村设施有效运行，在健全完善新农村已建设施长效管护机制的基础上，积极引导社会力量参与新农村建设。对纳入到全区管理体系的设备、设施，按照"归口管理、行业指导"的原则，指导各镇建立专业化的管护队伍和建立长效管护资金使用办法、管护方案、管护台账；对未纳入到体系管理的农民自用设施，引导帮助镇村建立社会化服务管理平台，为农民提供专业化服务保障，提供合理的有偿服务让农民充分享受新农村建设的成果。五是开展农村社区化服务管理创建，对 12 个市级试点村庄进行村庄社区化服务管理创建提升工作，完成 60 个区级村庄的农村社区创建工作。

（四）继续推进农村改革，激发农村发展潜能

一是强化土地集约利用，提高土地综合生产力。充分发挥农地流转信息平台的作用，建立健全直接补贴机制和最低保护价机制，鼓励农民以转包、出租、互换、转让、股份合作等形式流转土地承包经营权。进一步优化新城用地结构，提高土地利用的集约化水平，提高单位面积投入产出及容积率。加强农村土地保护和管理，研究完善征地补偿制度。二是扎实推进农村集体经济产权制度改革。按照"加大工作力度，加快工作进度，2013 年年底前完成村级产权制度改革工作"的要求，在"保效果、保稳定"的前提下，

进一步加快改革进度，2012 年启动剩余 12 个村改革工作，完成村农龄补登工作。三是加大对农民专业合作社的政策资金扶持力度，不断壮大农民专业合作社规模，拓展农民专业合作社产业功能，重点培育市区级合作社示范社。四是挖掘适合顺义区农村特点的政策性农业保险、农户信用建设、农业担保及小额信贷等金融服务，引导更多信贷资金和社会资金投向农村。

执笔人：中共顺义区委研究室

以城市化和城市现代化为引领
打造城乡一体化先行示范区

　　新城建设与新农村建设是一个整体，农村为城市建设提供了战略空间，城市为农村发展提供了保障。顺义区作为北京东部发展带的重要节点和重点建设的新城之一，是首都国际航空中心的核心区，是服务全国、面向世界的临空产业中心和现代制造业基地，"十二五"时期将建设成为北京东北部面向区域、具有核心辐射带动作用的现代化综合新城。按照新城的功能定位，顺义区紧紧围绕"将新城建设成为现代繁荣、人口适度、田园风光的城市，将农村建设成为设施完善、交通便捷、生态宜居的都市化新农村"的城乡一体化发展目标，坚持以新城建设引领新农村建设，坚持城镇化和新农村建设双轮驱动，确立"一港、两河、三区、四镇"的城市空间布局，充分发挥重点新城的引领作用、重点镇的枢纽作用和新农村的支撑作用，统筹推进新城、重点镇和新农村三个梯次建设，加快构建城乡空间布局、产业发展、基础设施建设、就业和社会保障、公共服务、生态环境六个一体化发展的新格局。

一、着力完善城市功能、提升城市形象

着眼提高对中心城区的反磁力、对高端要素的吸引力、对周边区域的辐射力，科学定位城市功能，构建相对独立的城市体系。更加注重产业发展与城市建设的协调、衔接、融合，更加注重市政基础设施的承载功能和先导作用，更加注重公共服务设施的完善配套和科学运营，更加注重建立健全城市综合管理体系，不断强化城市的产业支撑、市政支撑、服务支撑、管理支撑。重点强化以下几项举措：积极推进空港地区全面城市化，打造现代化的城市基础设施和高水平的综合服务体系。积极推进马坡组团、牛栏山组团开发建设，不断强化高端商业服务、时尚生活服务、高效政务服务功能，展现现代城市风貌。积极推进"智慧城市"建设，加快"无线城市""数字顺义"建设进度，全面提升政府公共服务和城市综合管控的信息化水平，实现城市智能运行、市民智能生活、政府智能服务。积极推进医疗中心、文化中心、体育中心、职教中心等十大工程建设，加快完善公共服务设施配套，提升公共服务功能和管理水平。积极推进多元化综合交通系统建设，加快道路"五位一体"建设（道路等级、通行能力、两侧绿化、科学照明、节点设计）和轨道交通建设（轻轨 M15 号线顺义段通车运行，下一步将积极争取 L1 号线北延工程尽早开工建设），优化城市交通网络，提升道路设施承载能力。积极推进水电气热等市政基础设施建设，推动市政管网向农村延伸、城市公共服务向农村覆盖。

二、着力突出城乡生态特色

坚持生态文明的基础性、引领性作用，始终把生态建设作为顺义新城的价值取向，彰显"滨水、生态、国际、活力、宜居"的城市特征。坚持将山水田林路作为城市的基础设施，统筹规划，合理布局，着力加快浅山地带生态涵养和休闲旅游功能的开发，形成一批标志性生态景观。坚持科学管水、用水、治水、节水，累计投入18亿元实施潮白河综合整治、滨河森林公园、"引温入潮"等生态工程，着力建设亲水型城市。坚持"统筹规划、分步实施、建管并重、协调发展"的原则，重点抓好水系规划、休闲公园建设和农村社区公园绿地建设，打造体现"绿色国际港"特色的城乡面貌。先后成功争创了"国家卫生区"和"全国绿化模范城市"，顺利通过"国家生态示范区"考核验收。

三、着力加快重点镇建设

坚持"规划、设施、产业、环境"先行，集中政策、资金、资源优势，高水平建设四个市级重点镇，全面增强重点镇的统筹发展能力，实现"上水平、出形象"的目标，辐射带动周边镇发展。坚持规划先行，编制四个重点镇的镇域规划，明确中心区城市设计和建设实施方案。坚持基础设施先行，推进城市骨干市政管线向重点镇延伸，加快重点镇中心区路网、地下综合管网、集中供热中心、污水处理厂、休闲公园等基础设施建设。坚持产业发展先行，现代三工厂、北京自主品牌乘用车基地等一批重大产业项目在重点镇布局，区属国有企业结对参与重点镇规划建设，进一步提升重点镇的产业层级。坚持环境建设先行，积极推进垃圾分类分级管理，推广使用清洁能源，健全环境建设长效机制，促进环境面貌持续改善。

四、着力推动新农村建设

以新型农村社区建设为目标，着力打造一批功能齐全、生态良好、乡风文明、管理规范、富有现代气息的特色村庄。在新农村建设中，以新城建设为引领，同时本着因地制宜、分类推进的原则，深入推进城市（产业）带动型、升级改造型、整体推进型和环境整治型四类新农村建设。加速城乡空间一体、功能一体。促进城乡生产要素合理流动、公共资源均衡配置。累计投入35亿元，优先完善水、电、路等基础设施，实现农村发展水平和环境面貌跨越式提升。对于规划保留的村，坚持按照城市标准建设基础设施，打造符合首都特点、顺义实际的引导示范型村庄，切实改善农村居民的生产生活条件。稳步实施整建制村庄拆迁工作。实行"阳光拆迁"，坚持拆迁全过程"公开、公正、公平、阳光、依法"的原则，实现了"无震荡拆迁"。近年来，全区累计整建制拆迁村庄达到62个，7.8万农民融入城市，户籍人口城市化率从2006年的39.7%提高到52.1%。

五、着力引导农村居民加快融入城市

城乡一体化的核心是"人的一体化"。顺义区以"工作在园区、居住在城区、生活在社区"为目标，不断强化就业和社会保障工作。促进农村劳动力就业向二、三产业转移。坚持把农村劳动力就业工作纳入全区就业服务体系，依托"政策扶持、就业服务、技能培训、责任考核"四大体系，通过实施"营造一个氛围、出台一项政策、完善两项建设、建立两个基地、实施三项工程"的"11223"就业模式，加速农村劳动力向二、三产业转移，有力推进城乡劳动力在"高端产业、高效企业、高薪岗位"就业。目前全区城乡劳动力二、三产业就业率达到 93%。加快身份向城市居民过渡。推进征地转非、整建制拆迁转非、二、三产业就业农民工转非。特别是就业转非方面，通过"政府补一点，企业出一点，农民拿一点"，帮助二、三产业就业农民工转非补缴社会保险后，纳入城镇职工社会保障体系，从根本上解决农民工的后顾之忧，享受到与城市居民同质的生活。推动居住向城市社区集中。坚持村庄拆迁与定向安置相结合，通过建设"三定三限"安置房，以每人 45 平方米、每平方米 2 100 元的价格向拆迁村民提供安置用房，充分惠及广大农民，促进农村居民融入城市生活。把回迁安置房和保障性住房建设作为重点民生工程，过去五年累计开复工回迁安置房和保障性住房总建筑面积 728 万平方米、62 563 套，竣工回迁安置房总建筑面积 300 万平方米、23 000 套，竣工保障性住房总建筑面积 18 万平方米、2 292 套。

执笔人：中共顺义区委研究室

科学推进小城镇发展
加速城乡一体化进程

　　科学推进小城镇发展，可以加快农村富余劳动力的转移，是提高农业劳动生产率和综合经济效益的重要途径，可以促进乡镇经济适当集中和结构调整，带动农村三次产业的全面协调可持续发展，对于科学解决现阶段涉及"三农"的一系列深层次问题，优化农业和农村经济结构，增加农民收入，加快推进城乡一体化发展，具有十分重要的意义。

一、加快小城镇建设是当前中心工作的重要抓手

　　小城镇作为农村区域中心，具有很强的集聚扩散作用，能够有效地促进农村发展格局的科学转型，形成区域性经济、人口和公共服务的中心，带动新农村建设，引领城乡一体化发展。

　　一是扩大内需、实现保增长的重点在城镇。顺义区属于首都城郊，下辖 19 个乡镇、426 个行政村。扩大国内需求，开拓国内市场，关键就是要开拓农村市场，这是我国经济发展的基本立足点和长期战略方针。顺义作为加速发展中的重点新城，农村地域广阔，城镇地位突出，以小城镇为核心的广大农村是新的战略发展空间。

坚持"双轮驱动"战略，充分释放小城镇的投资需求和市场需求，是引导公共资源向镇村流动、社会资本向镇村倾斜、市政设施向镇村延伸的重要途径，是提高农民消费商品化水平、培育新的经济增长点的必然选择，是促进产业融合、推动城乡统筹的内在要求。

二是建好新城、推进一体化的节点在城镇。作为北京重点新城，"一港、两河、三区、四镇"建设必须依托小城镇发展，实现城市化与工业化统筹协调，必须正视小城镇的重要地位。发展小城镇，可以吸纳众多的农村人口，降低农村人口盲目涌入大中城市的风险和成本，缓解现有城市的就业压力，走出一条适合区情的新城区和小城镇协调发展的城镇化道路。同时，发展小城镇，是加速新农村建设、实现农村现代化的必由之路，农村人口进城定居，有利于广大农民逐步改变传统的生活方式和思想观念；有利于从整体上提高我区人口素质，缩小工农差别和城乡差别；有利于实现城乡经济社会协调发展，全面提高广大农民的物质文化生活水平。

当前，加快小城镇建设的时机和条件已经成熟。抓住机遇，适时引导小城镇健康发展，应当作为当前和今后较长时期改革与发展的一项重要任务。

二、目前顺义区小城镇建设整体进程

顺义区通过长时间的规划建设，特别是伴随近十年来的快速发展，小城镇的产业基础和经济实力、市政基础和城乡环境、居民素质和人文水平均有大幅提升，涌现出一批核心镇、工业镇、生态镇、民生镇，全区城镇化、一体化水平显著提高。

（一）"重点镇"加速一体化转变

高丽营、杨镇、李遂、赵全营四镇是北京市确定的重点镇，是顺义区统筹城乡发展的桥梁。围绕"三年打基础、五年现雏形、十年上水平"的工作要求，立足人口规模定量、主导产业定位、建设标准定型，坚持以产业发展和增加就业为核心，以完善市政基础设施和公共服务功能为基础，不断增强重点镇统筹发展能力，辐射和带动周边镇村经济发展，促进全区一体化发展跨入新阶段。

1. **高丽营镇。** 按照建设"特色产业集聚，环境清新优雅，设施配套齐全，城镇功能完善"复合型小城市的要求，高丽营试点镇建设扎实推进，着力打造以临空产业为主导、吸附周边人口聚集、现代风格与田园风光相互交融的现代化城镇。按照"一心、两带、三走廊"的城镇空间布局，将优先启动镇中心区基础设施建设。一是以"一心"为突破，加速城市建设。已完成镇中心区相关规划，并陆续上报市发改委审批，项目投资约 8.2 亿元。镇中心区重点项目包括："四横四纵"城市路网和市政管网工程、集中供热中心、休闲生态公园，以及行政办公大楼、公共服务设施等。特别是在完成于庄整体拆迁的基础上，抓紧启动夏县营村和西马各庄村拆迁工作，分步实施农民上楼工程。二是以"两带"为依托，夯实产业基础。西部商务休闲产业带以"春晖园""首旅华龙"和"北燃实业广场"等重点项目为依托，是该镇服务业发展重点聚集区，下一步将充分发挥临近机场的区位优势，深入开发地热资源，全面打造面向高端市场的商务休闲产业带；东部高端制造产业带以金马工业园为核心，是该镇工业发展的重要载体，下一步将立足现有优势产业，加大航空食品加工、电子信息产业（包括电子通信配套产品制造和电子元器件产品制造）的招商引资力度，全面打造高端制造产业带。三是以"三走廊"为抓手，彰显生态宜居。即：白马路生态走廊、六环路生态走廊、顺于路生态走廊。促进产业与生态环境的协调发展，实施绿色招商标准，引入项目环评制度，在工业区全面推行 ISO14001 环境管理体系建设；促进人居与生态环境的协调发展，实施"两沟一渠"河道治理工程，完善城镇污水处理体系，推进生态绿地系统建设，抓好加快生态休闲公园建设，打造生态文明走廊，加强居住区环境综合治理，开展生态社区试点建设，实施农村清洁工程。

2. 杨镇。 承担着引领河东地区发展的重要职责，产业发展方向是先进制造业，重点是汽车及零部件产业。到 2020 年，全镇规划控制人口规模为 6.8 万人，其中镇区规划控制人口规模为 5 万人，将成为以先进制造业、商贸服务业、生态旅游业和都市型农业为主导的综合性重要城镇。一是主导产业加速发展。全力以赴做好北京现代第三工厂落户工作，围绕建设"世界一流全能工厂"的目标要求，科学制定园区新扩区 1 700 亩土地的控制性详细规划，抓紧完善内部管线和周边路网，全面提升硬件环境品质和产业发展水平，不断强化重点镇建设的产业基础。充分释放现代三厂的辐射、聚集效应，有力带动以汽车零配件产业基地为核心的现代工业园发展，不断延伸产业链条，着力吸引关联企业，加快形成"主业突出、产业配套、布局合理、功能完善"的汽车及零部件产业发展新格局。二是市政设施日臻完善。依托重点产业项目建设，打造优质市政基础设施，进一步增强综合功能、提升承载能力。调整、完善市政设施规划设计，着力推进镇中心区区道路新建、改造工程和地下综合管网建设工程，加快变电站、天然气、自来水、污水管网建设进度。2010年年底前完成良庄110千伏变电站、工业区2万伏变电开闭站、商贸区电力隧道及2万伏变电开闭站工程，积极推进从北务至杨镇全长15公里的天然气工程，污水处理厂日处理量远期达到2万立方米，两所供热中心供暖远期达到105万平方米，努力为整车项目及大型零部件项目提供完善的配套设施和优越的发展环境。

3. 李遂镇。以生态环境涵养和保护为前提，利用潮白河森林公园和地热资源，建设以休闲度假、医疗康体、观光农业为特色的绿色宜居小城镇，体现"以泉为魂、以水为神、以林为韵，以人为本"的发展理念。一是强调规划控制。《李遂镇总体规划》（2006—2020）已于2008年得到批复，《李遂镇控制性详细规划》和《李遂镇土地利用规划》已上报市里，近期将得到批复。根据规划，到2020年镇域用地总量为4 022.96公顷，其中城镇建设用地357.04公顷，镇中心建设组团342.53公顷；镇域总人口3.8万人，其中城镇人口3万人，农村人口0.8万人。二是突出交通优势。现有三横三纵六条区域性道路穿越李遂，使李遂镇与顺义新城各组团及周边各镇都有方便快捷的交通联络，在发展上具备优越基础设施条件，在此基础上将继续加强镇域内9条道路新建和改造工程，逐渐形成五横五纵的路网格局。三是注重产业带动。坚持"一区带两园"的发展战略，构建三、二、一产业格局。

以第三产业为先导，做强西部，依托港中旅"顺义温泉城"项目，整合西部现有优势资源，打造医疗康体、休闲度假的产业带；以现代工业为支撑，做实中部，扎实推进二、三产业基地建设，积极引进食品和电子科技等高新技术产业项目；以都市型现代农业为依托，做特东部，大力推进农业的"园区化、规模化、产业化、品牌化"发展，重点推动观光采摘农业的发展。

4. 赵全营镇。确定了"工业强镇、引进富镇、科技兴镇、环境立镇"的发展战略，充分发挥紧邻首都机场、依托京承高速的区位优势，重点发展现代制造业，高新技术产业、物流配套产业及文化创意产业，打造生态宜居城镇、活力产业新区、特色高效农业。一是打造生态宜居城镇。赵全营镇地处顺义新城确定的西北部生态农业观光旅游带，生态环境优越，同时历史文化底蕴深厚，加上文化创意产业的规划引进，造就了良好的人文社会环境，一系列优势因素促使赵全营加速发展成为生态宜居城镇。二是打造活力产业新区。充分利用农民就业基地纳入中关村国家自主创新示范区的契机，加强与天竺空港经济开发区和板桥创意天承产业基地的合作，形成"文化创意、家具制造、精品钢材"等特色主导产业；以空港C区为依托，着力发展现代制造业以及高新技术产业、物流配套产业；以板桥创意天承产业基地为支撑，加快发展文化创意产业。三是打造特色高效农业。围绕园区化、规模化、品牌化发展都市型现代农业，不断优化农业结构，加强都市型现代农业走廊建设，提高农业生态效益和景观功能；围绕"一村一品"的北郎中发展模式，围绕嘉源花卉、北京植物园花卉基地等现代花卉苗木产业园建设，围绕稷山营"天地源种苗"等籽种产业园建设，加速推进特色高效农业发展。通过上述三项建设，形成"一轴、两中心、五社区"总体空间布局：一轴——以昌金公路为小城镇发展轴，沿轴线进行功能区配置，中心区板桥、副中心区赵全营、中心村北郎中、中心村解放、空港 C 区、北郎中生态农产品加工园等六大组团分布其中；两中心——突出板桥中心区发展，带动赵全营副中心区发展，赵全营副中心区以现有工业为基础，与牛栏山组团形成经济联合，积极发展食品加工、机械加工、服务配套等产业；五社区——村庄整合改造形成五个新农村社区，以社区生活模式取代传统的农村生活模式。

（二）"核心镇"加速城市化转变

仁和、后沙峪、天竺三个镇依托旧城区、空港区的地理优势，通过常年的产业升级和城市改造，已成为顺义的城市区域和发展的核心支点，年实现属地财税收入突破 6 亿元，分别为 10.9 亿元、6.4 亿元、6.2 亿元，城市形态已经形成，小城镇建设基本过渡到城市建设范畴。

1. 仁和镇。明确"现代经济强镇，和谐宜居新城"的功能定位，打造现代服务业核心区，做强现代制造业聚集区，带动城市化进程快速推进。一是坚持以村庄拆迁推进城市化。紧紧抓住轻轨 M15 号线建设、顺义重点新城建设等机遇，通过拆迁拓展发展空间、优化城市布局与综合功能。现已投入资金 8 亿余元，完成了前进、望泉寺、陶家坟、吴家营和复兴新村 5 个村的整建制拆迁工作和杨家营、杜各庄、军营 3 个村的转非安置工作。

二是坚持以产业发展带动城市化。打造现代服务业核心区，借助现代汽车、燕京啤酒、林河开发区等大型企业、园区的聚集优势，吸引金融、研发、物流等高端服务企业总部入驻，同时整合出800万平方米的商业地产和10万平方米的楼宇资源，加速形成生产型服务业、消费型服务业、知识型服务业集群；做强现代制造业聚集区，优先发展以汽车产业为主导的现代制造业，规划总面积3 600亩，累计投入10亿元，打造汽车产业发展平台——仁和工业园，目前正与北汽控股接洽，建设北汽控股自主品牌轿车生产基地。

三是坚持以惠泽民生促进城市化。坚持以促进群众就业、增加群众收入、提高群众生活水平为目标，让全镇人民享受到城市化的成果，全镇农村劳动力二、三产业就业率达到98%，其中高端产业、高效企业、高薪岗位就业人数占60%以上，参保率达到93.7%，并已完成陶家坟、沙坨村、庄头村和窑坡村4个村的产权制度改革工作。

2. 后沙峪。明确"双业带动、一城展开、生态融合、协调并进"的发展思路，力争率先在全区实现城乡全方位一体化和谐发展。一是双业带动，推进经济产业一体化。实现临空产业和会展服务业的"双业带动"，打造临空经济中心和会展服务中心，构建以现代服务业为主导的产业发展格局。投资49亿元的国航飞行模拟训练基地项目已进入施工阶段，投资40亿元的中航信项目土地一级开发已获批复。二是一城展开，推进城镇建设一体化。统筹30平方公里新城规划区的产业结构和空间布局，投资6.5亿元完成"七路一街"拓宽改造及水、电、气等市政管网配套工程；按照"两个面向"，提速城镇化进程，即：面向中央别墅区8 000名外宾，面向综保区、新国展、花博会三个重大项目。三是生态融合，推进生态环境一体化。依托温榆河绿色生态走廊，建设城镇绿带、生态景观，融合于干道、河流两侧，渗透于花博会、新国展等各功能区之间，实现产业发展、人居环境与生态环境的有机结合。加快启动龙道河生态环境治理工程，尽快完成罗马湖湿地生态环境整治工程。四是协调并进，推进社会事业一体化。在全市做到了"三个率先"：率先启动"消除无就业家庭"工程，二、三产业就业人数占全镇劳动力总人数的99％；率先建立老年人"一人一卡一手册"的健康管理档案和家庭责任医生制度，卫生部部长陈竺对此进行专题调研；率先实现新型农村合作医疗参合率100％。

3. 天竺镇。明确"打造和谐国门新形象"的战略目标，即"第一国门·生态商务港湾"。一是推动商业业态科学化、高端化。打造空港国际商务办公区，形成航空枢纽服务业办公区、航空物流企业办公区、非航空关联类型企业办公区的三大办公集群，最终建成国际型、智能化、花园式的航空商务办公平台；建设空港商务酒店聚集圈，在已有8家三星级以上酒店的基础上，加快建设北京天驿华美达广场酒店，北京空港明豪商务会馆、北京金航国际商务酒店等项目。二是加快基础设施建设。重点是构建国门生态交通体系，实施"四街两路"工程，结合临空经济核心区的项目需要和首都机场的运营特点，规划交通功能分区，建立健全客货分流机制，全面提高通行能力。三是打造商务型生态环境。建设具有国门特色的建筑群落，突出商贸为主的产业形态，突出低容积率、高绿化率的品质要求，突出现代气息和中国传统相融合的价值取向；建设体现以人为本的街区空间，首先要满足人流、物流快速疏散功能上的需要，其次要建成一道道体现国家特色的风景线。四是完善和谐社会建设机制。实施就业无忧工程、看病无忧工程、上学无忧工程、养老无忧工程，加快推进最后一个村（天竺村）的产权制度改革，探索征地补偿及留用地开发所得资金优先用于村民社会保障的新办法，实现撤村建居后村民与城市居民享受同等的社会保障制度。

（三）"功能镇"加速高端化转变

马坡、牛栏山两镇是顺义新城中心区的重要功能组团，是未来城市的核心发展区域和形象展示窗口；北小营、南彩两镇是顺义新城河东新区，主要为城市远期发展预留空间，需适度超前启动建设；南法信镇作为新城中心区和空港区的连接区域，也是临空经济区的核心区，区位优势显著、地理位置重要。上述五镇承担重要城市发展功能，必须始终按照现代化、国际化城市标准进行高标准规划、高起点建设、高水平配套，着眼长远、立足高端，提升城市综合功能和承载能力。

1. 马坡组团。 着眼绿色宜居、清新优雅，依托新城带动，以产业布局为主体，构筑自东向西包括商务休闲、国际交往、金融办公的综合园区、工业园区和农业园区三大功能区的城乡一体化格局。一是坚持规划先行。编制完成《顺义新城马坡组团总体规划》及控制性详细规划并获首规委批复。12 个村正在按照规划抓紧各项工程建设，完成了小孙各庄、东丰乐、向阳 3 个村整建制拆迁，腾退土地 4 400 亩，2012 年实现居民上楼回迁，2011 年年底可完成 36 万平方米的全部回迁用房建设。二是完善市政配套。先后投入 2.7 亿元用于环境整治及城市基础设施建设，水、电、路、气、暖、学校、医院、银行、电信等配套设施齐全。新城范围内的右堤路、顺安路、白马路、花园大道、花园北路、丰乐路等建设相继完成。三是优化产业布局。东部为国际交往、商务金融、体育休闲为主的"商务休闲度假区"，中部为以非晶科技产业为龙头、以都市型工业为重点的"现代制造业基地"，西部为"观光农业区"。目前民生银行总部基地项目和金蝶软件总部基地项目已经破土动工，"北京非晶科技产业园"揭牌仪式将在聚源工业基地举行。四是构建和谐民生。城乡劳动力就业率达到98%。完成了6个村的转非安置工作，新农合参保率100%。

积极推进农村产权制度改革工作，除新城范围内8个拆迁村外，其他13个村将全部进行产权制度改革，现正稳步推进拆迁村小孙各庄的集体资产处置试点工作。

2. 牛山组团。围绕"一个核心"、依托"两个优化""三个控制"，夯实"四个基础"，不断完善"顺义北部产业发展带的重要节点"的城市功能。一是围绕"一个核心"。即：以发展现代制造业和现代服务业为产业调整核心，结合产业布局、功能定位，着力引进在全市、全国甚至位居世界500强的现代制造业和现代服务业企业。京粮集团、酒厂扩建、龙湖二期、江河二期等9个重点项目总投资57.5亿元，2011年年内开工。二是依托"两个优化""三个控制"。即：优化布局、优化资源，做好土地控制、人口控制、总量控制。"14-16街区"的深化方案已获批准，目前正在开展"17街区详规"的修改审批工作。对不符合地区产业发展的企业，通过腾笼换鸟等方式择时择机清理、置换，对占有土地而无力开发的企业，通过对外招商、企业合并等措施盘活。深入开展农村产权制度改革，完成范各庄、官志卷村产权制度改革。三是夯实"四个基础"。即：基础设施、宜居环境、和谐民生和基层党建四大基础，基础设施是扩宽地区产业发展空间的重要支撑，宜居环境是吸附优势资源、高端产业、高端人群入驻的软实力，民生问题关系地区安定祥和，基层党建是地区经济社会各项事业发展的根基，通过夯实"四大基础"，实现经济社会的全面协调可持续发展。

3. 河东新区北小营镇。树立"工业园区化、农业产业化、农村城市化、农民市民化、农民居住社区化、公共服务均等化"目标，全力打造"绿色新城、水上乐园"的城乡一体化先行镇。立足水上公园15平方公里总体规划，超前进行镇域西侧相关村庄的土地开发、项目包装等前期工作，为全面启动顺义新城河东新区建设做好准备。重点抓好河东新区30街区规划建设，该区域位于新城河东新区北部，为镇中心区用地，规划总面积为471.3公顷，用地东西长约2.6公里，南北宽约1.8公里，人口控制规模为3.9万，目前新城30街区规划方案北京市规划委员会原则上通过，等待批复，为今后该镇中远期发展奠定了扎实的基础。

4. 河东新区南彩镇。坚持以科学发展观统揽全局，以加快推进城乡一体化为工作重点，统筹推进城市与农村一体化建设，着力打造现代繁荣、生态宜居的都市化新农村。重点抓好河东新区31、32街区规划建设。31街区是南彩镇的行政、商贸、医疗、体育中心，未来的主导功能为居住、商务，总建设用地面积379.02公顷；32街区是南彩镇的重要产业基地，是以先进制造业及绿色食品加工业为主导产业的地区，将建设成为南彩组团及周边地区人口主要就业基地和产业配套服务区，总建设用地面积135.21公顷，总建筑规模 99.87 万平方米。

5. 南法信镇。明确"发展总部经济，建设临空经济高端产业核心区"的发展思路，树立服务机场、服务空港物流基地、服务天竺综合保税区、服务航空货运大通关的理念，按照打造现代化的配套服务中心、文化创意产业中心、临空经济产业中心、金融总部结算中心的产业定位，全面推进地区现代化、国际化、都市化进程。六环路、京密路、顺平路、机场两线路、M15、L1 轨道交通线穿境而过，正在形成了空中、地下、陆路的立体式交通网络，发展临空、总部经济的独特优势更为优越。依托机场扩建等重大项目，已完成 5 个村庄的拆迁工作，下一步将加快制定六环外 6 个村 5.4 平方公里的高标准规划，并适时启动拆迁，着力解决顺义新城 26 街区内 5 个村庄的新城建设问题，尽快完成 M15 号线南法信站周边 1 000 米放射范围内土地储备工作。

（四）"一般镇"加速特色化转变

李桥、木林、北务、大孙各庄、北石槽、龙湾屯、张镇等 7 个镇，紧密结合本镇区位特点、产业基础、资源禀赋等实际情况，找准定位、明确方向，创新举措、凸显特色，小城镇建设的产业支撑日益强大。李桥依托区位优势、做强临空产业——李桥镇紧邻首都机场，是顺义新城 29 街区所在地，临空指向性产业具有一定基础，城乡一体化发展进程提速较快。国门商务区是临空经济区的重要组团，其核心区位于李桥境内，京平高速路连接机场南线与六环路，贯穿李桥全境向东进入平谷与津蓟高速延长线相接，直达环渤海纵深区。依托国门商务区发展和独有区位优势，李桥镇已成为发展临空经济、现代制造业和城市延伸的重要结点。李桥镇中心规划位置在沿河，位于临空经济区 10 公里半径内，是临空经济第二批经济发展带，其东侧紧邻我市生态涵养区——潮白河旅游区，在现代汽车基地内建成中航发动机一期工程后，将与首钢薄板厂连成一体，形成完整的现代加工基地，全面启动沿河新城建设，将加速实现国门商务区及周边聚集的高端人群工作在临空核心区、休闲在潮白河旅游区、生活在沿河新城的新格局。

北务、张镇、龙湾屯、北石槽突出生态特色、壮大绿色产业。上述四镇具备其他各镇无法比拟的天然生态环境优势，发展都市型现代农业、培育绿色环保产业，成为推动小城镇建设、促进一体化发展的重要抓手。北务镇：着力壮大都市型现代农业。发展花卉产业，新增花卉面积 500 亩，完善花卉产业链花卉加工、包装、冷藏车间，同时积极引进资金实力雄厚、市场前景好、带动能力强的花卉企业；发展设施农业，新建农业设施 1 000 亩，构筑"三带、四园、多点"的设施农业发展格局；发展观光休闲产业，加大核心景区的跟踪扶持力度，确保秋季和春节期间采摘文化节和瓜菜擂台赛成功举办。张镇：着力发展旅游产业，充分挖掘浅山区及现有农业资源，大力发展观光农业，扩大旅游产业规模，重点引进、发展一批规模较大的休闲娱乐和观光采摘项目，加速形成以工业产业为主导、旅游产业迅速发展的产业格局。龙湾屯镇：对 80 公顷镇中心区、50 公顷二、三产业基地和 44 公顷生态旅游产业区的控制性详细规划获得批复，浅山地带旅游资源利用规划正着手制定，为充分发挥生态环境这一最大比较优势提供科学指导。该镇将形成以休闲度假、红色旅游、观光农业、都市农业为 4 个基本点的新兴产业体系，在生活中心区、综合产业区核心外围，整合资源优势形成山林生态涵养区、生态旅游产业区、生态农业区共 5 个发展区域的基本构架，形成绿色产业和生态保护"两手抓"的可持续发展格局。北石槽镇：逐步形成"一轴三区"的总体结构，"一轴"是指依托京承高速公路形成的城镇产业综合功能发展轴，"三区"是指不同产业主导的功能分区，包括北部都市产业综合片区、西部现代农业片区和南部文化休闲片区。一产将继续发展都市型现代农业，与休闲观光联动发展，重点突出"树莓、花卉、林果、药材"四大特色农业；二产将优化绿色科技业、延伸都市制造业；三产将完善城镇综合服务，适当引进产业研发后台服务。

木林、大孙各庄加速结构转型、发展高新产业。上述两镇交通便利、位于节点，属于承接产业辐射的关键区域，发展小城镇重点优先强调产业引领与支撑作用，同时承担着产业发展备用地的功能。木林镇：位于顺义区东北部，东临龙湾屯，南接北小营，西部与怀柔区隔河相望，北与密云县相邻，京承高速、顺密公路、木燕路贯穿全境。该镇充分发挥区位优势，将二、三产业基地产业定位为清洁能源基地，集中发展清洁能源、服装制造、汽车零部件等都市型工业，同时结合农村居民点需要，适度发展与第一产业联系紧密的农产品加工及相关产业。大孙各庄镇：充分凭借京平高速发展带规划建设的有利时机，引导高端制造业和高新技术产业向基地集中，积极发展现代物流业和都市型现代加工业，做大做强二产，做精一产，激活三产。目前正在加快二、三产业基地基础设施建设，投资 10 050 万元，2011 年年底前完成。

三、科学推动小城镇发展总体思路

就顺义区实际而言，小城镇概念应包括"城区"和"建制镇"，必须强调小城镇发展的动态性、差异性、递进性和乡村性，必须强调工农融合、城乡一体，这是加速推动我区城市化的重点所在。一是坚持规划先导、双轮驱动。遵循统一规划、合理布局的原则，统筹考虑 19 个编制镇的小城镇建设方案，抓紧编制全区小城镇整体发展规划，充分发挥规划的先导性作用。小城镇整体规划，必须注重经济社会的全面发展，必须体现镇域之间的协调兼顾，合理确定人口规模与用地规模，分类提出建设标准与发展特色，切实做到小城镇整体规划与交通网络、生态建设、资源利用、社会发展等各方面规划的衔接和协调，从根本上避免全面铺开、一哄而上、镇自为战、遍地开花。特别要始终坚持双轮驱动：将推进城镇化和建设新农村统筹谋划、紧密结合，以重点镇连结带动周边镇，以小城镇连结带动周围村，以城带镇、以镇带村，尤其要按照城市标准建设一般镇、保留村的市政基础设施，不断提升城镇整体功能和承载能力，使小城镇更多地转移农村人口、更强地主导农村产业，加速形成"双轮驱动"的新局面。

二是坚持产业先行、强化支撑。充分利用小城镇连接城乡的区位优势，促进农村劳力、闲置资金、集体资产、土地资源等生产要素优化配置、定向流动，推动镇域经济科学发展，夯实城镇建设产业基础。要以服务产业发展为导向，围绕镇级二、三产业就业基地和区级以上工业园区建设需要，加大基础设施投入，提高市政配套水平，努力成为适度超前、功能完备、具有较强辐射能力的区域性经济中心；要以落实新城定位为核心，着眼打造临空经济区和首都现代制造业基地的功能定位，立足不同类型小城镇的区位特点，确定招商引资方向，强化主导产业优势，做到即体现镇域产业特色，又强调新城整体功能；要以实现协调发展为根本，要在着力推动小城镇产业优化升级的同时，注重将经济成果转化为社会和谐的基石，推动劳动就业、社会保障、农民转非提高到新的水平，促进教育、文化、卫生等社会事业全面进步，实现城乡经济社会的可持续发展。

三是坚持资源集约、科学控制。集约发展小城镇是加快顺义区城镇化进程的基础，核心是做好"两个控制"：要控制城镇存量建设用地，首先要强化总体规划的指导功能，同时严格把住土地供应的关口，坚决推行"招拍挂"机制，为加快城镇建设提供用地保障，对于集体建设用地，必须依法保护农民权益和大局利益，只有符合规划的才允许流转，对于依法腾退土地，必须强化土地储备意识，采取绿化覆盖、林木围挡等方式进行涵养维护，杜绝私搭乱建，避免资源流失；要控制低端人口无序涌入，全面促进人口健康发展，建设资源节约型小城镇，促进人口、资源、环境协调发展。人口转移坚持以农村人口向城市（城镇）聚集为主，不断强化农转居工作，加快实现"工作在园区、居住在城区、生活在社区"，流动人口管理遵循"以产引人、以房管人、以证控人"的思路，着力引进区域发展亟需的高层次、高素质、贡献大的人才，实现人口增长与城镇功能、产业层次相适应、相协调。

四是坚持政策集成、创新发展。小城镇建设要始终按照社会主义市场经济的要求，深化改革、创新机制，灵活联动、政策集成，为加速小城镇发展提供强有力的政策支持。要广泛开辟投融资渠道。坚持利用财政投资与多元融资两种工具，通过深化改革融资金、利用政策要资金、优化环境引资金、动员各方投资金等多种方式，有效解决小城镇基础设施建设和社会事业发展的资金需求，走出一条政府主导、社会参与、多元投入、共同发展、通过市场机制建设小城镇的特色之路。特别是要探索建立"重点镇建设基金"，通过盘活资金资产、委托银行贷款，为加速推进城乡一体化提供充足的资金储备。要着力推进农村产权制度改革。按照"首都的农民是北京的市民，是推动郊区发展的动力，是拥有集体资产的市民"的要求，探索推进与北京重点新城建设相适应、与城乡一体化发展相协调、与广大农民根本利益相统一的农村集体经济产权制度改革，实现"资产变股权、农民当股东"，使农民切实变成有集体资产的市民。重点是抓好整建制村拆迁、安置、转非、集体资产处置等工作，完善部门联动机制，加强优惠政策集成，分别针对"双放弃"人员和"不放弃"人员，制定确权土地、宅基地和住宅的补偿政策，以及保障性住房的优惠政策，同时尝试已拆迁村用集体资产为农民缴纳社会保险的新模式，着力打破束缚"农转非"的制度障碍，充分保障农村集体和农民个人的实际利益，努力开创城乡一体化发展新格局。

执笔人：中共顺义区委办公室

关于顺义区农转非工作的调研报告

近年来，顺义区按照城乡一体化的方向，适应城镇化和工业化新形势下农民转变就业和生活方式等的实际需要，本着"加强宣传引导、尊重农民意愿、分类分步推进"的原则，积极完善农转非政策，探索农转非途径，加快农转非步伐，取得了积极进展，仅2007—2009年就有35 948名农民转为城镇居民；将全部完成2009年以前批复但尚未完成的征地转非指标，并推进二、三产业就业农民转非工作，全年力争新增非农人口4万人，使越来越多的农民"工作在园区、居住在城区、生活在社区"。

一、加快农转非的主要政策

顺义是农业大区，农业户籍人口占全区人口的相当比例。近年来，顺义区按照国家户籍管理政策的规定，执行好高等学校及中等职业学校学生农转非、投靠转非等传统的农转非政策，并按市有关规定，开辟了小城镇、卫星城相关人员农转非等政策渠道。为使更多农民享受到城镇化的成果，顺义区还根据国家及市里相关精神，加大了征地拆迁转非、新生儿登记入非，以及二、三产业稳定就业农民转非等工作的力度。

（一）认真执行常规的农转非政策

主要有两个方面。一是大中专学生农转非。长期以来，大中专学校升学农转非曾是农家子弟"跳出农门"的主要渠道。近年来，随着教育水平的提高和有关院校招生数量的扩大，大中专学生农转非仍是农转非的重要途径。二是符合规定条件的本市农业户籍人员，可以办理小城镇、卫星城农转非，或投靠农转非。2009 年，顺义区依据市公安局《关于印发户口审批工作规范的通知》（京公人管字〔2006〕716 号）中，关于高等学校及中等职业学校农业户口学生转为非农业户口的相关规定，以及本市小城镇、卫星城办理农转非及本市农业户口人员办理投靠农转非的相关规定，及时为符合条件的人员办理手续，共办理大中专学生农转非 2 371 人，小城镇、卫星城转非 384 人。

（二）加大征地农转非力度

按照《北京市建设征地补偿安置办法》（市政府第 148 号令）的规定，北京市实行"逢征必转"的征地农转非政策。即"征用农民集体所有土地的，相应的农村村民应当同时转为非农业户口。"随着建设用地规模的扩大，征地农转非已成为顺义区农转非的主要途径。据统计，2007—2009 年顺义区共有 18 904 人通过征地实现农转非，占全部农转非人数的 52.6％。在实施《办法》的过程中，顺义区根据本地实际，在以下两个关键环节上进行了政策创新，从而加快了征地转非工作的进度。

一是解决好落实转非人员名单的问题。由于征地农转非的指标是按照"人地比"原则确定的，即村集体被征用的土地占本村全部土地的多少比例，该村就有多少比例的农村人口转非，因而只要村集体的土地不是全部征收，都存在一个确定转非安置人员具体名单的问题。为解决这个影响转非的关键问题，顺义区在深入调研的基础上，2006年就出台了《关于确定建设征地农转非人员的意见》，基本原则是转非指标首先在农户间均衡分配；其余的零星指标（或总的转非指标较少不足以均衡分配时），则通过农户公认的公开、公平的程序落实到农户。这种办法较好地协调了农户间的利益关系，也比较符合农民当前的认知水平，实施较为顺利。截至2009年年底，全区非整建制征地转非涉及16个镇86个村，其中劳动力4 769名，已经完成2 006名转非劳动力补偿安置工作，其余指标计划近期内全部完成。

二是加大整建制转非的力度。近年来，在机场东扩及新城建设中，顺义区一些村庄的土地被全部或大部征收。顺义区抓住机遇，顺势在这些地方开展了整建制农转非。对于一些没有全部征地的村，顺义区也积极创造条件争取整建制农转非。如仁和镇吴家营等5个村共批准征地转非指标4 277个，由于还有部分土地没有征用，按照相关政策不能全部农转非。顺义区积极向市相关部门协调申请，报请市政府另外增加911个转非指标，实现了整建制转非安置。整建制转非不仅解决了零散转非所引发的"一村两制"的问题，还克服了零散转非时难以确定转非人员名单的问题，大大加快了农转非和城市化的步伐。近几年来，顺义抓住一系列重大项目建设的契机，累计整建制拆迁46个村，转非6万余人，其中2007—2009年，全区整建制拆迁村庄39个，涉及劳动力26 043人，现已完成 21 个村 13 422 名转非劳动力补偿安置工作，还有 18 个村正在办理相关手续中。顺义区决定在完成历史遗留征地转非指标的同时，今后新拆迁村庄要按照"逢征必转"的原则，坚决做到"批复一个，转非一个"。

（三）鼓励农村新生儿登记入非

根据市公安局 2003 年出台的《关于印发为本市部分农业人口转为非农业人口实施方案的通知》（京公人管字〔2003〕231 号），"小孩父母均为本市农业户口或小孩母亲为农业户口，父亲为非农业户口的，2003 年 1 月 1 日以后出生的小孩，可在其父亲或者母亲户口所在地自愿登记为非农业户口"。为推进城乡一体化进程，顺义区从 2004 年开始，鼓励符合入非条件家庭的新生儿登记为非农业户口，并逐步在全区范围内推行。具体工作由区人口计生委负责，公安部门密切配合。

制定了鼓励新生儿登记入非的政策。顺义区人口计生委 2004 年下发了《关于推进农村新生儿入非农业户口工作的意见》。许多乡镇也制定了优惠政策。如南法信镇 2004 年出台《关于农民新生儿入非农业户口的优惠政策》，除了给予 1 500 元现金奖励、享受农村新型合作医疗保险补贴、免新生儿三年托费等优惠政策外，还对入非新生儿父母进行农村社会养老保险 5% 的额外补贴。北石槽镇 2007 年规定，对符合条件的入非新生儿每人每月奖励 50 元，为已入非农业户口的新生儿支付每人每年 50 元的意外伤害保险或幼儿互助金费用，为新生儿本人及其父母缴纳每人每年 40 元的新型农村合作医疗费用，直至年满 18 周岁，还为新生儿父母增加每月

10 元的独生子女奖励费；同时特别规定，凡办理非农业户口的新生儿，各村村委会要让其享受该村农业户口村民的各项待遇至参加工作。这些措施有力促进了新生儿登记入非。据统计，2007—2009年间共有 3 885 名农村新生儿登记为非农业户籍，占农村新生儿户籍登记的绝大多数。

（四）积极探索二、三产业稳定就业的农民转非

上述途径并不能完全满足农民转非的需要。据统计，目前顺义区城乡劳动力非农就业率达到 91％，但城镇户籍人口占总户籍人口的比重只有 46.1％。就农村劳动力来看，目前顺义区农村劳动力在二、三产业就业的有 13.75 万人，非农就业率达到 88.3％，其中非农就业三年以上的 9.6 万人，占二、三产业就业农村劳动力总数的 70.1％。这些人虽然在城镇有比较稳定的工作，但由于户籍性质等方面的原因，在社会保险等方面尚不能享受与非农业户籍职工同等的待遇，因而并没有完全融入城镇，影响了城乡一体化进程。

顺义区正根据国家有关政策，探索在二、三产业稳定就业的农民转非。《国务院关于解决农民工问题的若干意见》，把"尊重和维护农民工的合法权益，消除对农民进城务工的歧视性规定和体制性障碍，使他们和城市职工享有同等的权利和义务"，作为做好农民工工作的基本原则，并提出"深化户籍管理制度改革"，逐步解决长期在城市就业和居住农民工的户籍问题，"具体落户条件，由各地根据城市规划和实际情况自行制定。"2010 年中央经济工作会议提出："要把解决符合条件的农业转移人口逐步在城镇就业和落户

作为推进城镇化的重要任务，放宽中小城市和城镇户籍限制。"市委、市政府发布的《关于集中力量统筹城乡、集中资源聚焦"三农"，全面推进城乡一体化进程的若干意见》（京发〔2010〕4号）也提出，"城乡结合部、新城、小城镇等城镇化进程较快的地区和建设征地涉及的乡村，要及时做好农转居工作，转居人员纳入相应的社会保障体系，提高保障水平。"顺义区根据国家和市里的相关精神，在多次深入调研的基础上，决定推进二、三产业稳定就业的农村劳动力转非工作，目前正探索相关政策。

二、促进农转非工作的主要做法

一是领导重视。顺义区坚持把农转非作为推进城镇化和城乡一体化的重要途径。区委、区政府主要领导同志就此深入调研，多次召开专题会听取农转非工作的汇报并研究解决其中的重要问题。召开了全区农转非工作动员大会，安排部署相关工作。为做好农转非进职保工作，还成立了由区主管领导负责的农转非进职保领导小组办公室，将任务分解到相关单位，并纳入考核体系，建立定期通报制度，通过简报形式按旬、按月对各乡镇、企业及相关部门工作进度情况予以通报。

二是明确各地区各部门的责任。区各部门充分发挥职能，各镇村按区里的部署落实农转非的具体任务。区国土部门根据征地情况，测算分配农转非名额，督促征地单位及时缴纳征地补偿款。公安部门根据镇村上报的转非方案，及时做好户籍变更工作，为此成立了主管局长为组长，人口管理处处长为副组长，五个小城镇地区、四个卫星城地区及三个拆迁重点地区派出所所长为成员的转非工作领导小组。劳动保障部门负责宣传、解答、落实建设征地拆迁转非劳动力补偿安置政策，以及就业补助费核定、社会保险补缴、接收个人档案等工作，为此成立了由局长任组长的征地转非安置工作领导小组，并专门成立了建设征地拆迁转非劳动力补偿安置办公室。民政部门负责超转人员接收及生活补助费发放及医疗费用报销工作。相关部门经常召开部门联席会议，及时研究征地拆迁、转非安置过程遇到的困难和问题，协调会商相关政策及工作方案，向市里争取政策支持，形成了部门联动共促农转非工作的良好机制。

三是做好宣传发动。充分利用区属电视、广播、报纸等媒体，制作专题节目，以农民喜闻乐见、通俗易懂的方式，宣传农转非的重要意义和各项政策措施，宣传农民与城镇居民在购买保障性住房、社会救助、社会保险等方面存在的差异，让农民充分了解转非的好处。抽调业务骨干，组成政策宣传解释工作组，进村入户进行宣传，发放大量的政策宣传资料，做到"人人皆知、户户不落"。组织相关人员进行农转非安置工作培训，使每个工作人员明确法规、熟悉政策、掌握流程。

四是切实保障农转非人员的利益。通过免费开展技能培训、完善就业服务体系、搭建就业平台、拓展就业渠道、奖励用人单位招录等措施，促进征地转非人员就业。按有关规定，为转非人员缴纳社会保险费用，使其加入城镇职工社会保障体系，享受城镇居民同等待遇。超转人员统一由民政部门接收，发放生活补助费和报销医疗费用。按照使农民成为有集体资产的市民的要求，农转非人员在土地承包期内的土地经营权不变，集体资产所有权、原宅基地使用权不变；征地拆迁时，可以享受与农业户籍人员同等标准的优惠购房权。

三、几点启示

（一）农转非是推进城乡一体化的重要途径

加快农转非是中央和市委市政府的重要决策。自《中共中央关于一九八四年农村工作的通知》起，农转非的政策逐渐放宽。近些年来，深化户籍管理制度改革、加快推进城乡一体化，越来越引起重视。2006 年发布的《中华人民共和国国民经济和社会发展第十一个五年规划纲要》提出，"对在城市已有稳定职业和住所的进城务工人员，要创造条件使之逐步转为城市居民，依法享有当地居民应有的权利，承担应尽的义务；对因城市建设承包地被征用、完全失去土地的农村人口，要转为城市居民，城市政府要负责提供就业援助、技能培训、失业保险和最低生活保障等。"2010 年中央 1 号文件又提出，"深化户籍制度改革，加快落实放宽中小城市、小城镇特别是县城和中心镇落户条件的政策，促进符合条件的农业转移人口在城镇落户并享有与当地城镇居民同等的权益。"市委、市政府对户籍制度改革也非常重视，《中共北京市委关于率先形成城乡经济社会发展一体化新格局的意见》中就提出"鼓励有条件的地区加快农转非步伐，积极探索建立城乡统一的户口登记制度"。全市农村工作会议及市委、市政府的相关文件，又都提出了加快农转非进度的要求。

要提高对农转非工作重要意义的认识。工业化和城镇化是经济社会发展的必然趋势。在这个过程中，大量农民已经并将继续向非农产业和城镇转移，因而长期以来，就形成了"减少农民、富裕农民"的共识。由于户籍性质的限制，农业户口人员即使已进入城镇或从事非农产业，因而不再是传统意义上的农民，仍然不能享受到与非农业户籍人员同等的待遇。尽管近年来加大了统筹城乡的力度，二元结构开始打破，但由于各方面条件的限制，城乡一体化的完全实现还需要一个较长的过程，因而在将面向城镇居民的经济社会政策向农民延伸、逐步实现统一的市民待遇的同时，仍需要将符合条件人员的农业户籍转变为非农业户籍。这不仅可以适应并促进农民生产方式、生活方式和思想观念的转变，增进他们各方面的利益，帮助他们真正融入城镇，还有利于加强城镇建设和管理，加速工业化和城镇化的进程。对于农村地区来说，加快农转非可以逐步改善农村的人口资源状况，有利于促进农业的适应规模经营，增加仍在务农的农村人口的收入。因此，加快农转非的进度，对于贯彻落实中央和市委市政府的决策，加快形成城乡经济社会发展一体化的新格局，具有重要意义。

（二）领导重视是加快农转非工作的关键

农转非工作是复杂的系统工程，涉及范围广，政策性强，很多问题需要各地方和部门共同解决，需要在充分认识农转非意义的基础上，加大工作推动的力度。顺义区正是由于区领导重视，各镇村和区属各部门才把农转非工作列入重要日程，才在政策和人力、财力上加大了力度。从各地情况看，凡是领导重视的地方，工作进展就比较顺利；即使存在不同的认识，也比较容易统一思想；即使遇到某些政策上的难题，也能够协调出解决的办法。因此，统一思想、提高认识，加强领导、着力推动，对于农转非工作是非常必要的。

（三）政策创新是加快农转非工作的核心

农转非实际上是从农村体制向城镇体制的巨大转变，很多政策需要在实践中不断探索完善。市委市政府关于农转非工作的大政方针是明确的，政策框架是清晰的。由于各地情况不同，在依法合规的前提下，结合各自的情况，细化政策并开展创新，是农转非工作顺利进行的基本保证，也是加快农转非工作的核心问题。顺义区正是在确定征地转非人员名单以及整建制转非等方面创新了政策，才破解了征地转非工作中的难题。其他一些区县也都从不同侧面进行了政策创新，效果是明显的。实践证明，这方面既有很大的现实需要，也有很大的发挥空间，政策环境是宽松的。只要在加强调研、吃透上级政策掌握自身实际的基础上，创新并完善相关政策，很多影响农转非工作的问题是可以迎刃而解的。

（四）保护和增进农民利益是农转非工作的根本

由于目前仍有一些经济社会政策与户籍性质挂钩，对于农民来说，农转非不是户籍性质的简单改变，而往往意味着某些待遇的实际差别。利益的比较是影响农民对转非态度的关键因素。顺义区按照城乡一体化必须"见物见人"的理念，把保护和增进农民利益作为农转非工作的出发点和落脚点，不仅没有在集体资产等方面损害转非人员的权益，还在就业和社会保障等方面构建了长效机制，并在其他方面采取了鼓励措施，维护并发展了转非人员的权益，从而形成了转非的拉力，让农民在权衡利弊后自愿选择转非。这是顺义区农转非工作进展顺利的根本原因。就其他地方经验看，妥善处理转非所引发的利益调整，也是整个农转非过程的关键所在。实践证明，只要坚持以人为本的原则制定并完善政策，农民转非的积极性是高的。

执笔人：中共北京市委农工委研究室　中共顺义区委研究室

北京市顺义区城乡结合部
发展经验与启示

  城乡结合部是城市化的最前沿，在城市发展中具有重要的地位。它不仅是城市的绿化隔离带，而且为城市发展提供土地和劳动力资源。城乡结合部问题处理的好坏直接关系着城市能否可持续发展。北京市顺义区将城乡结合部发展作为城市发展的一部分，通过科学规划、创新思路，以工业化带动、城市化引领为方针，统筹城乡一体化，促进产业、人口、土地、环境协调发展，做了很多有益的探索，取得了卓有成效的经验，这对其他城市管理城乡结合部具有借鉴意义。

一、城乡结合部地区的典型特征

  城乡结合部是城市与乡村之间的过渡、交界部位，是城市向乡村扩展，乡村向城市发展的特殊地理区域。随着城市扩张和农村城市化，城乡结合部不断发展膨胀，原有的城乡结合部变成城市，在城市边缘地带形成新的城乡结合部，城乡结合部是经济发展中长期存在的区域。目前，我国各城市周边的城乡结合部或多或少都存在着私搭乱建、用地粗放分散，经济结构和管理体制二元性，外地人口大量聚居，基础设施和公共服务严重不足，环境污染严重等问题，形成了城镇规划难以落实、城市化发展无序的局面。

（一）土地利用松散随意

城乡结合部的土地利用松散混乱，用地类型多样，比如城市建设用地可分为商业用地、住宅用地和工业用地，而农用地又可分为菜地、粮田和果园等。建设用地往往选址随意，宏观布局常出现插建、散建局面，居住用地、工业生产用地与农业生产用地混杂，互相分割，出现城中有郊、郊中有城的景观。受中心城市辐射作用的影响，城乡结合部土地利用总体上表现为建设用地多分布于近郊区，并且有沿交通线路呈向外辐射的趋势；而农用地多分布于远郊区，或穿插于建设用地之中。

（二）二元经济结构和二元管理体制

城乡结合部是农村社区城市化的产物，因此城乡结合部的经济结构表现为发达的现代工业和落后的传统农业同时并存的二元结构。具体来看，一是产业结构二元性，既有先进的工业体系，又有落后的、传统的农业体系。二是就业结构二元性，与产业结构相适应，城乡结合部的就业人员可分为从事城市现代生产的就业者以及从事农业生产的就业者两类。三是社会管理的双重体制。由于历史原因，我国城乡之间长期实行"二元管理体制"，尽管城乡结合部从地缘上来讲，已经随着城市的不断扩大逐渐被城市化，但是其管理基本上还是原来的村委会管理模式。

（三）基础设施相对落后

城乡结合部位于城市外围，其基础设施落后且不健全，与城市社区形成了鲜明对比。这主要是因为城乡结合部一般处于辖区交界处，政府各部门存在利益纠缠关系，市、区、街道各级政府都缺乏管理和投入的积极性。加之大量外来人口涌入所带来的巨大压力，造成了道路、绿化、水、电、煤气、热、管线、环卫设施严重不足，公共交通短缺，居民生活不便。

（四）人口管理难度大

城乡结合部的经济发展和交通便利吸引了大量流动人口聚集于此，外来流动人口越来越多，人员复杂，造成户籍管理难度越来越大。此外，由于无固定职业的外来人口相对集中，加上城乡结合部对外来人口缺乏有效管理，使私搭乱建、造假、贩假、偷盗、抢劫等现象十分严重，治安混乱，各种违法现象滋生、蔓延，成为影响城市经济社会发展的不稳定因素。

（五）环境污染严重

很多城市周边的城乡结合部环境状况持续恶化，污染现象十分严重。从污染源看，主要有工业污染、农业污染和生活污染。由于在城乡结合部建有污染性很强的工业企业，这些企业不重视污染物的处理就排放到大气和地下，使得大气和地下水遭到严重污染，生态环境不断恶化。其次，有些城乡结合部地区尚未形成规范的垃圾管理系统，垃圾露天堆放或简易填埋的现象很普遍。而且很多城郊地区市政设施不配套，很多街道污水横流、垃圾遍地，几乎难以下足，人为污染问题严重。

二、顺义区解决城乡结合部问题的主要做法

顺义区作为北京重点发展的新城之一，是面向国际的首都枢纽空港、带动区域经济发展的临空产业中心和先进制造业基地，承担着现代制造、会展物流、国际交往和体育休闲等城市功能。多年来，顺义区通过坚持培育产业、承载城市功能、打造绿色发展环境、合理调节人口规模，走出了一条业城融合、以人为本、集约高效、低碳环保、布局合理、环境优美、生活富裕、和谐稳定的道路。顺义区城乡结合部的发展作为区域经济发展的一部分，与城市、农村的发展交融在一起。在多年的发展中，通过科学规划、创新发展，顺义区较好地推进了城乡协调发展，解决或避免了许多城乡结合部发展过程中出现的各类问题。

（一）注重产业、人口、土地、环境整体协调发展

研究顺义区发展的经验，我们发现，顺义区城乡结合部地区的产业、人口、土地、环境发展是相互融合，相互关联，相互促进，环环相扣的。首先，产业的规划以人口、土地、环境等资源的承载力为基础，产业布局以提升单位面积土地产出为重要考核指标，产业的引入带动了区域内的劳动力就业，产业发展与人口、土地、环境实现了良性互动。反过来看，有效的人口调控、合理的土地资源利用、良好的生产生活环境为产业长远发展提供强有力的支撑。第

一，坚持下大力气开展人力资源培训，提升人口综合素质，为产业发展提供高素质技术人才。第二，高度认识土地资源的有限性，将土地优先提供给可以促进经济持续、良性发展的产业使用，不断提高土地资源利用效率，为产业长远发展留足空间。第三，依靠发展房地产业，改善百姓居住条件，解决入区企业员工住房问题。通过合理控制房地产业的规模，防止低端房地产盲目、无序发展，挤占产业发展空间。第四，通过水环境建设，生态环境建设，增加绿化美化面积，改善大气环境质量等系列活动，开展城乡环境综合整治与建设，改造环境基础设施。

（二）坚持业城融合发展，深入贯彻以人为本

顺义区城镇化不是盲目进行的，不是单纯的"造城"的城镇化，而是将城镇化与工业化融合发展，以产业发展规模决定城镇化建设速度，这与其他地方没有产业支撑简单造城，城镇化最后空心化，出现所谓的"鬼城""空城"，有显著的区别。城镇化发展始终坚持"以业兴城、以城载业、业城融合"，抓好产业发展与城镇化建设的相互促进、相互带动。按照"工作在园区、居住在社区、生活在城区"的目标，在加快产业发展的同时，加快城市综合服务功能提升，将居民工作、居住、生活等功能区融为一体，实现城市与产业的科学发展。

顺义区推进新型城镇化过程中，认识到产业支撑是基础，解决好农民利益问题是关键。深入贯彻以人为本的指导思想，从维护农民的根本利益出发，想方设法为农民创造融入城市生活的基本条件，创新思路提高失地农民的收入、改善被拆迁的农民住房条件、

解决好养老等相关社会保障问题。第一，深化农村集体经济产权制度改革，让"资产变股权、农民当股东"。允许农民市民化后不放弃集体权益、不放弃宅基地、不放弃土地承包权，切实保障确权村民的各项合法权益，从根本上解决了农民转非的后顾之忧。第二，提升农民居住条件，坚持村庄拆迁与定向安置相结合。第三，建立城乡全覆盖的养老和医疗保障制度，推动城乡低保一体化制度建设，逐步缩小城乡社会保障差距，农村最低生活保障标准 2012 年实现了与城市居民最低生活保障一体化。这些做法，有利于统筹推进城市与农村建设，兼顾城市居民与农村居民的利益，让改革发展的成果惠及全体人民特别是农村群众，极大的激发了农民参与城镇化的积极性。

（三）探索人口管理途径，促进人与社会和谐发展

顺义区经过多年的摸索，总结出"以产引人、以业控人、以房管人"的有效经验，从源头上解决了控制人口规模、提升人口素质的问题。一是以产引人，即注重发挥产业发展对人口布局的引导和配置作用。通过大力发展高端、高效、高辐射产业和调整产业布局，不断优化用工结构，高技术、高技能人才的需求逐步增加。二是以业控人，顺义区构建了政策扶持、就业服务、技能培训、责任考核四大体系，促进劳动力充分就业，提高就业层次和收入水平。三是以房管人，通过调控房地产业规模，合理发展高端住房，严格控制普通商品房，大力发展保障性住房，坚决杜绝小产权房，防止外来人口大量涌入。

对流动人口的管理，实行与户籍人口同服务，同管理。顺义区

开展流动人口有序精细化管理，探索出"企业管理""村企联管"
"出租屋房主自治管理"的模式，改善了流动人口居住条件，提升
了居住品质。统筹各种公共服务资源，为流动人口提供宣传教育、
证照办理、劳动就业、子女入学、计划生育等多种服务，促进流动
人口与户籍人口在生活区域内同等享受社会公共资源，维护外来人
口的合法权益，确保社会秩序稳定，经济发展环境有序。

(四) 基础设施与生态环境建设并举

顺义区注重城市与农村的协调发展，统筹推进城市与农村建
设，将新农村建设作为城市建设的一部分，纳入城乡环境改善的系
统工程。放眼经济社会发展大局，高标准规划城乡基础设施建设，
不断完善农村基础设施，促进城乡基础设施和公共服务设施均衡
化。在新城镇建设中，基础设施适度先行，全面加快水、电、气、
热、电信等市政基础设施建设，不断完善交通体系，公共交通方便
快捷，实现了公交"村村通"。在新农村建设中，全面实施"五＋
三"工程，按照现代化城市标准建设镇、保留村的市政基础设施和
公共服务设施。建成全市首家集生活垃圾填埋、焚烧、堆肥三种方
式为一体的生活垃圾综合处理中心，全区 19 个镇、416 个行政村
全部由保洁公司专业清扫、保洁，生活垃圾由区环卫中心统一收集
运输。大力提升改造城乡生态环境。一是实施水环境建设工程，开
展跨流域调水、蓄水闸坝、坑塘等工程，建设污水处理设施和集雨
工程，完成河道生态治理，实施了潮白河森林公园、汉石桥湿地自
然保护区等一批生态建设工程。二是改善大气环境质量，全面实施
阶段性大气污染控制措施，积极推进综合减排，污染物排放总量不

断降低，优良天数实现跨越式增长。三是增加绿化美化面积，大力推进精品公园、绿地建设，积极开展农田、山地林网建设工程，不断延伸道路、水系绿化体系，加大管护力度。

（五）城市空间布局与区域资源禀赋相结合

城镇发展因地制宜，尊重经济社会发展的客观规律，因各地资源禀赋差异确定不同的发展目标。借助首都人才聚集、信息通畅、物流便捷等区位资源优势，抓住城市产业功能转移的时间机遇，结合实际发展情况，制定新城组团式发展、重点小城镇合理布局的发展策略，避免陷入盲目无序、雷同的城市发展窠臼。依托首都国际机场这一独有资源，把推动临空经济区建设与重点新城建设相融合，着力将资源优势转化为产业优势和城市优势，加快产业发展和产业体系完善、提升城市承载力和城市综合服务功能作，打造现代化国际新城。利用空港的辐射带动作用，以城市组团为依托，发挥新城、重点镇、一般镇的梯度带动作用，全面提升城镇化水平，促进城市空间布局转型升级。

（六）科学制定城市发展规划，始终如一贯彻执行

城市发展规划是城市的灵魂，是城市建设和管理的依据。顺义区结合区域经济发展目标与产业规划需求，充分论证、科学制定城市发展规划，统筹协调城市与农村发展，构建城乡经济社会一体化发展新格局。顺义区城乡结合部之所以没有私搭乱建、土地利用混乱的现象，是因为一方面严格遵守既定的发展规划，不轻易变更规划，保持发展方向的一贯性、延续性，严格按照规划执行，按照

"看不准的，不准建"的要求，顺义区在发展过程中，不盲目上项目，为今后的发展留出了空间。另一方面，加强源头治理，多管齐下，加大对违法建设的控制和拆除力度，关闭和清退一批重型污染企业，打造绿色发展环境，保持城市建设面貌布局规范有序。

三、对其他城乡结合部发展带来的启示

顺义区之所以没有突出的城乡结合部地区典型问题，是因为顺义区在城镇化进程中坚持了业城融合、以人为本和人口、资源与环境协调发展的新型城镇化道路，避免了摊大饼式的城市扩张。

第一，依靠科学合理的发展规划引导城乡一体化发展。充分发挥政府资源调配、协调组织的优势，充分调研城乡经济社会发展现状，制定符合实际的中长期城乡发展规划，合理规划城市空间内部生活功能、产业发展布局，在经济社会发展过程中保持政策执行的连续性、稳定性。

第二，坚持业城融合的发展道路。一方面，找准自身优势，持续坚持培育高端产业。深入剖析区域发展面临的时空特征，找准区域发展功能定位，利用资源禀赋的差异制定切合自身的发展战略，发挥产业互补优势，秉承差异化发展策略。另一方面，不断提升城市功能，积极承接国家、北京市的城市发展功能，带动城乡公共服务、基础设施水平的提升，促进城乡基础设施和公共服务设施均衡化，为农民创造融入城市生活的基本条件，做到"三个确保"：确保失地农民的收入水平提高、确保被拆迁的农民住房条件改善、确保解决好养老等相关社会保障问题，为区域经济社会发展以及人民

群众创造了良好的外部环境和宜居的生活环境。

　　第三，注重经济发展与人口、土地、环境等资源的协调。掌握经济发展与人口、土地、环境等资源内在的联系规律，产业的规划要考虑到人口、土地、环境等资源的承载力，产业布局要从提高土地利用效率出发，不能以牺牲环境为代价换取经济的发展，发挥产业发展对劳动力就业的带动作用，实现产业发展与人口、土地、环境的良性互动。将人口优势转化为人力资源优势。全面掌握区域内人口构成情况，依据人口的户籍、年龄、教育程度、密度等信息，合理制定引导政策，依据经济社会发展需要，控制好人口规模，不断提高人口素质。开展职业教育、技能教育培训工作，满足区域经济发展对高素质人才的需求。

　　　　　　　　　　　　　　　　　执笔人：王丽红

第五章

北京市新型农村社区
建设与管理研究

第一节　总　　论

北京市新型农村社区建设与管理研究

2011 年年初，按照市委十届八次全会精神，市政府工作报告和市农村工作会议要求，为进一步提升新农村建设水平，加快城镇化步伐，率先形成城乡经济社会发展一体化新格局，北京市启动了新型农村社区建设试点。

新型农村社区是一个新生事物。根据市农委研究，"新型农村社区，是指规划城镇范围之外的农村居民点，通过科学规划和政策引导，逐步向条件适宜的地区集并，所形成的具有良好人居环境和产业发展条件、基础设施和公共服务设施相对配套、社会服务和社会管理功能比较完善的农村社会生活共同体"。它与以前规划确定的中心村有一定的延续性，但不一定与中心村完全重合；与传统农村社区相比，作为北京现代城镇体系的基础层次，新型农村社区更注重为农村居民提供与城镇居民基本均等的基础设施和公共服务。

本课题分析了在城乡一体化大背景下，北京市新型农村社区建设的经验和模式，并从土地、产业、社会管理等方面提出了政策建议。本课题认为：新型农村社区建设应选择合适区域依托村级组织逐步开展，走以农民为主体自我改造的道路，并要有可持续发展的强有力的产业支撑。

一、新型农村社区的发展背景

近年来，市委、市政府将"三农"工作作为重中之重，重新认识"三农"，农村作为城市发展的战略腹地的地位日益突出。在这样的大背景下，新型农村社区建设成为新阶段深入推进新农村建设的重要内容，也将成为农村经济发展方式转变和社会结构转型的重要途径。

（一）郊区已经发展到城乡一体化阶段

这是城乡两方面的因素决定的。从农村方面看，在经历了"以粮为纲"的农业经济和以乡镇企业为主导的农村工业化发展阶段后，从 20 世纪 90 年代中后期开始，北京农村已进入到协调推进工业化、农业现代化和城镇化的阶段。城镇化的推进，坚持城市支撑农村和"多予少取放活"的方针，统筹城乡发展，有助于提高农民生活水平。这一阶段的主要特征，是农业在经济中所占的分量大大下降，农村劳动力以非农就业为主，农村人口流动逐步加速，农村各方面对城市的依赖性逐步加强。这种变动趋势与城乡分割的二元体制是相冲突的，发展到一定阶段之后就必然有打破这种体制的趋势。从城市方面看，经济社会发展水平的提高使北京一定程度上出现了郊区化的趋势，城乡之间有了更紧密的联系，特别是从建设用地、生态环境、村镇布局等方面，对农村提出了更高的要求。在这种情况下，城乡一体化就成为必然的趋势，农村社区建设当然不可能脱离这种趋势。

（二）农村城镇化是郊区现阶段发展的核心任务

要实现率先形成城乡经济社会发展一体化新格局，需要城乡两个方面的良性互动，即城市的产业、功能和公共服务向农村的延伸与农村地区的城镇化转型双向对接，相向而行。只有城市的带动与郊区农村的城镇化社会结构转型结合起来，才能形成率先实现城乡一体化新格局的合力。但北京郊区的城镇化进程和农村社区的改造建设相对滞后，近些年，全市范围虽然大力度推进基础设施建设，农村发生明显变化，可触及传统农村社会结构转型的很少，这在一定程度上制约了城乡一体化新格局的形成。

加快农村地区的城镇化改造和新型农村社区建设，实际是对农村土地、基础设施、公共服务等诸多要素优化整合与调整利用的过程。通过这一过程可以使城市的扩散效应与郊区的城镇化集聚形成合力，促进基础设施建设和公共服务向郊区农村延伸扩展，促进城乡一体化进程加快发展。因此，当前阶段的核心任务是传统村庄要完成城镇化转型，才能最终保证该阶段完成它的历史使命。

（三）村庄城镇化转型的几个趋势

郊区从平原到山区，地理地貌复杂，在城镇化和农村社会结构转型的过程中不可能千篇一律，应因地制宜，分类分析。根据我们之前的研究，从村庄层面看，现有郊区村庄由传统社会向城镇化社会的结构转型，主要有城市化转型、城镇化转型和建设新型农村社区三种基本趋势和社会形态。

城市化转型的村庄，指的是列入城市规划范围内以及主城或新城周边形成大型组团的村庄。传统农村进行城市化改造，不论是村庄形态还是经济形态，包括人口结构、社会管理体制等都将发生根本性变革，成为城市发展的新的区域。

城镇化转型的村庄主要指的是乡镇中心规划区或者能独立完成城镇化的村庄。它与城市化转型村庄不同，前者是就地或者就近建设城镇化社区造成传统农村形态消亡，而后者是完全融入城市。很多现在看来应该进行新型农村社区建设的村庄会随着城镇化进程的推进，未来发展成为城镇化社区。

新型农村社区则主要适用于城镇范围以外的村庄，是新农村建设的主要区域。主要在原有的村庄结构和产业形态上所作的提升，侧重于提供与城市水平相同的公共服务和基础设施。并不是每一个村庄都适于建设新型农村社区，如何选择需要进一步研究。

（四）新型农村社区是现代城镇体系的基础层次

传统村庄完成社会经济结构转型后，北京市将建成"主城—新城—小城镇—新型农村社区"的四级现代城镇结构。其中完成城市化改造的村庄将成为主城或新城的组成部分，而完成城镇化改造的村庄，则成为小城镇的有机构成。其余的村庄，在完成新型农村社区建设后，将形成整个现代城镇体系的基础层次。

只有建成新型农村社区，农村的社会结构才能稳定下来。村庄的演变趋势受两个方向的驱动力所决定：一是农村中的青年群体追求城市、城镇现代文明生活方式的趋势是不可遏止的，只要城乡之间的差距明显存在，这一群体的流出就会持续下去；二是城里人回归自然的生活取向，特别是中老年群体，在城市郊区化扩散的趋势下，很多人会到农村度假休闲，甚至选择第二居所。而现在农村中的中老年群体，又不可能靠进入大中城市的城市化途径来解决，而是靠城镇化和新农村建设来解决，或进入城镇社区，或留在新型农村社区。只有新型农村社区的生产生活条件和公共服务水平等社会人文环境基本上与城市、城镇大体均衡，城市郊区化的扩散过程基本结束以后，农村的社会结构转型才能基本完成，城乡经济社会一体化发展的新格局才能基本确立，那时的农村社区才能基本稳定下来。因此，新型农村社区是传统村庄完成城镇化转型后形成的现代城市体系中的基础层次。

二、新型农村社区建设与管理的几种模式

北京郊区传统农村村庄的现代化转型，实际上是农民在实现了产业转移和收入增长的基础上，对生活居住环境改变的客观需求。在适应农民这种需求的过程中，很多村庄将农户自建房的模式有组织地转向建设新型农村社区的路子上来，成为郊区新型农村社区建设最初的起因。这一过程在 90 年代后期就已经开始出现，比如房山区的韩村河、丰台区的南宫、怀柔区的官地等。2005 年北京市开展的首批旧村改造试点，标志着这一过程已经被政府关注，并且给予积极的扶持。这是农村进入工业化中后期必然要出现的客观趋势。

根据对郊区十几年来新民居和社区建设情况的调查和研究，

结合外地一些优秀经验，我们把新型农村社区建设与管理的模式归纳为五种：依托集体经济自我改造重建；村级组织自主原址改造；村级组织和社会企业共建；险村异地搬迁重建；多村合并联建。

（一）依托集体经济自我改造重建

在近两年的农村社区建设中，集体经济的作用越来越大，这与社区建设的指导思想有关。社区建设的最终受益者是农民，只有充分考虑到农民的意愿、充分调动集体经济组织和农民的积极性才能更好地体现出农民在建设中的主体地位。有些村庄在建设过程中，依靠集体经济滚动发展，走上了农民自主建设新社区的道路。如丰台区的南宫、延庆县的营城子、昌平区的郑各庄、香堂村等。

这类社区主要特点是充分调动了村集体经济组织和农民的积极性，依靠集体经济的积累，根据本村情况滚动建设。

这种模式主要适用于那些集体经济积累较好，同时具有一定的产业基础，村两委具有很强的工作能力的村庄。它们通常有较好的区位，主要分布在城乡结合部地区或者区县新城周边，能够通过土地等资源完成资金、土地、产业的三个平衡。比如八达岭镇营城子村，在 2002 年该村利用修建八达岭高速公路征地补偿款 400 多万元作为启动资金，开始在村外的荒地上建住宅楼。2006—2008 年，村里又借助县发改委融资平台贷款 4 500 万元进行二期建设和小区配套建设，新村一期、二期除了银行贷款和市县给予的部分扶持，其余为村集体经济收益和农户筹集资金。

营城子社区在建设过程中主要依托集体经济的力量，始终坚持农民的主体地位，使得村集体资产和村民的经济权益得到很好的保护，没有社会资本和开发商分享利益，保证了村集体和村民充分地享受到土地资源增值而带来的财富的增加。但是这种模式会给村集体带来较大的资金压力，他们往往需要政府提供更多的资金扶持和政策优惠。同时，这种模式对人才的要求也比较高，需要有高层次的熟知房地产行业的经营管理人才。

（二）村级组织自主原址改造

与依托集体经济自我改造重建模式相比，该模式的产业基础与建设风格皆不同。前者是先发展集体经济，且多以二产为主导，形成一定积累后，再反哺村庄建设。而后者是以村级组织为主导，对村庄原址改造，形成一产与三产融合的新业态，增加农民收入。这类村庄分布较广，近郊平原有朝阳区的何各庄，山区则有怀柔区的官地、平谷区的挂甲峪等。这类型村庄多保留一户一宅的庭院式格局，以不改变传统农村风貌为原则，着重提升配套基础设施和公共服务，充分发掘历史文脉，形成自己的特色。

怀柔山区的官地村，最初由于神堂峪景区开放带来了大量游客，村民自发开展了民俗旅游。但各户分散的格局缺乏整体规划和统一的基础设施和服务设施的配套，限制了村庄的进一步发展。2004 年，雁栖镇对官地村实施了旧村改造工程，采取的是以农民投资为主，村和政府给予适当支持的方式，镇政府请专业设计公司整体规划，对村里的道路、给排水、环境等 20 多项内容进行了改造。村里对改造房屋的户给予 500 元/平方米的补偿，加上市、区政府的补贴，最多可补偿 8 万元，充分调动了村民改造房屋的积极性。改造后的官地村，原有的村落布局得到有效保护，户均增加接待面积 80 平方米。全村日接待能力从原来的 600 人增长到 1 200人，接待床位由 360 张增加到 980 张。污水、垃圾统一处理，厕所卫生标准达标，兴建文化、体育等公共服务设施，村民的生产生活环境得到有效改善。改造后的第一年，官地村接待游客的数量和旅游综合收入分别比前一年增长了 34％和 216％。

（三）村级组织和社会企业共建

新型农村社区建设的难点是资金平衡问题，破解资金瓶颈是确保各项建设内容顺利实施并按时完成的根本保证。合理引入社会资本能够有效地解决这一问题。该模式的主要特点就是企业投入资金，获取全部或者部分的土地资源的开发权。但应注意，村企合作时最重要的是把握住村集体的主体地位，一旦全部开发权让渡出去，将难以保证农民利益不受损害。如密云县的古北水镇、延庆县的石佛寺、房山区的青龙湖晓幼营等。

石佛寺村的村庄分布较为散乱，村民房屋与水关长城景区和长城脚下的公社酒店不相协调。在征得村民同意的基础上，拟将该村整体搬迁至营城子社区。旧村址规划建设"石佛寺·桃源村"项目，已经与探戈坞旅游发展有限公司签订了合作框架协议。拟由该公司对农民房屋租赁后进行统一改造建设和经营，新村部分由企业承担土地及地上物补偿和基础设施建设的资金，其余资金由村集体和农民自筹。

但目前看来，该模式基本为社会资本所主导，其经济和社会后果应进一步探讨。

(四) 险村异地搬迁重建

这类村庄原址往往没有可持续发展的资源，或者自然环境恶劣，不适合在原址进行改造，只能选择异地搬迁重建。虽然集体经济积累较少，但是由于其所处的位置是山区、或者是险村险户等，往往获得较多的政府资金扶持。它们通过整合各渠道的政府资金，也能由村集体主导社区建设。比如密云县的不老屯镇史庄子村、延庆县的八达岭镇程家窑新村等。后者由于地处重点镇，能够同时统筹小城镇建设的政策资金，更加有力地实现了政策资金帮助社区建设。

该模式主要适用于享受政府政策较多的地区，以山区为主，也有部分特殊情况的，往往是政府规划引导搬迁或者向别的村庄集并的地区。比如史庄子村地处泥石流易发区，急需搬迁。自 2009 年起，投入 2 000 多万元开工建设。据测算，建设一座房屋的成本在 20 万元左右。史庄子村整合各项政策资金：泥石流搬迁 3 万/户，1.3 万/人，节能保温补贴 2 万/户，生态搬迁退耕还林 1 万/人，以三口之家计算，将得到政策扶持资金 11.9 万元。村集体每户补贴 6 万元，农民只需自筹 4 万元就能获得新居所。在没有外来资金投入、自身集体经济积累又不足的情况下，集中使用政策资金进行社区建设是较好的选择。节余的集体建设用地还能提供村庄发展产业的空间，史庄子村设想依托丰富的山区旅游资源，发展以不老湖为主要卖点的"不老"生态文化游。项目建设进展顺利，148 户村民全部迁入新社区。

(五) 多村合并联建

目前此类模式在全国各地已经涌现出许多成功的案例，如江苏省的华西村、山东省的龙口市南山村等。该模式是以经济发展强村（或中心村）为基础，大村扩容，周边小村撤并，共同组建新型农村社区。这种模式的关键在于突破了村自为战的格局，多村资源统筹配置，实现多村一体化联动发展。一方面将基础较差的小村的发展带动起来，村民可以享受较好的公共服务和社会福利；另一方面合并小村后，中心村的进一步发展有了更多的土地等资源，也破解了发展过程中遇到的瓶颈。在新型农村社区试点中，已有多个方案采用了这一模式。如顺义区的北石槽新型农村社区、昌平区的南口镇新型农村社区以及通州区的五合新村新型农村社区。该模式在村庄发展演变过程中将是一个重要的实现途径，值得引起重视，但难点在于如何均衡各村间的利益，并相应地创新管理机制。

山东龙口的南山集团就是这类模式典型代表。最初只是前宋家村的第三生产队，白手起家发展工业化后与其他生产队合并，全村共同发展。1994 年，全村 260 户都住上了同等规模的别墅楼，实现了村庄的整体改造。为了进一步扩大发展空间，打破村庄界限，实行土地资源、劳动就业、生活居住、子女教育、社会福利等方面的统筹，从 1994 年到 2000 年，先后合并了 8 个贫困村。债务由南山集团偿还，劳力进南山集团就业，孩子在南山入托、上学，村民全部住进楼房。2000 年以后，南山集团以同样的形式，先后又合并了 20 多个村，累计 8 000 多户，2.7 万人，形成了 35 个村并入南山集团共同发展的局面。这些被并入的村，村民加入南山集团，享受同样待遇，所有村民在收入上完全转变为工资、奖金、股金分红、年功加成计酬的分配形式，形成了统一分配的格局。原有村庄整治合并后，先后建成了 13 个农民集中居住小区，全部实现了由传统农村向城镇化就业、居住的转型。

三、新型农村社区建设的试点情况

近年来，北京市在促进城乡统筹，缩小城乡差距方面做了大量工作，尤其是开展"五＋三"工程，加强农村基础设施建设，提高了公共服务均等化水平，改善了农民的生产生活条件。要进一步做好农村工作，就必须寻找新的突破口。新型农村社区的建设，就是全面贯彻落实中央和市委、市政府关于"三农"工作的重要指示精神，深入贯彻落实科学发展观，紧紧围绕率先形成城乡经济社会发展一体化新格局的战略目标，促进城市总体规划和城乡一体化规划的实施，深化新农村建设的切入点。

2011 年年初，市委市政府在《关于坚持科学发展，促进城乡融合，统筹推进郊区工业化城镇化和农业现代化的意见》（京发〔2011〕6 号）中提出要"加快启动 10 个新型农村社区建设试点工作"，并在市政府《关于开展新型农村社区试点建设的意见》（京政发〔2011〕22 号，以下简称 22 号文）提出的开展新型农村社区试点建设的指导思想、目标任务、建设内容、组织领导等要求，建立了由市发改委、规委、建委、土地、财政、金融局等部门组成的市级新型农村社区试点建设联席会议制度。规划部门和国土部门先后颁布了指导意见。市新农办组织联席会议相关单位审定了各郊区县上报的新型农村社区试点规划建设方案并确定试点，在之后召开的试点建设部署工作会上，组织市新型农村社区试点建设联席会议各个成员单位主管处室和专家顾问对试点区县负责同志作了专题培训指导。

（一）基本情况

新型农村社区试点共 10 个，分布在 10 个不同的远郊区县，包括 10 个乡镇的 32 个村庄，涉及村民 11 531 户，25 746 人。朝阳、海淀、丰台三个近郊区，由于其村庄已纳入了城市功能拓展区规划范围，可按照本区域规划的发展要求，因地制宜的开展新型农村社区建设，不再单独设置试点。10 个市级试点的基本情况如表 1 所示。除了市级试点外，各区县也都展开了自己的区县级试点，有的区县甚至有 3~4 个。

表 1　北京市新型农村社区试点基本情况

区县	乡镇	村庄名称（个数）		户数（户）	人口（人）	原村庄占地（亩）	现社区占地（亩）	住宅面积（万平方米）	产业规划用地（亩）	社区住宅、公建总投资（亿元）
通州	宋庄	管头、吴各庄、葛渠、寨里、寨辛庄	5	3 302	7 050	2 643	574.5	31.7	1 977	10.9
延庆	八达岭	营城子村、程家窑村、东沟村、南园村、石佛寺村、西拨子村、东曹营村	7	1 624	3 386	1 812	600	24.4	1 005	4.6
昌平	南口	东李庄、西李庄	2	276	844	946	51	5	895	1.9

（续）

区县	乡镇	村庄名称（个数）		户数（户）	人口（人）	原村庄占地（亩）	现社区占地（亩）	住宅面积（万平方米）	产业规划用地（亩）	社区住宅、公建总投资（亿元）
顺义	北石槽	西赵各庄、下西市、良善庄、西范各庄	4	1 931	3 973	1 489	500	25.3	489	15.3
房山	青龙湖	晓幼营	1	725	1 521	517.5	229.4	14.8	112.8	4.6
密云	穆家峪	阁老峪、黑卧、北沟、西坡、大洼	5	495	1 007	627	334.7	6.7	94.7	6.9
门头沟	王平	韭园村、桥耳涧、西落坡、东落坡	4	706	1 603	314.5	48	2.8	265.5	2.4
平谷	平谷	西鹿角村	1	1 348	3 374	1 232.1	380	30	852.1	7.8
大兴	魏善庄	羊坊村	1	343	1 450	342	170	9.46	172	4.6
怀柔	庙城	孙史山村、王史山村	2	781	1 538	662	315	10.3	346.5	4.1
合计	—	—	32	11 531	25 746	10 585.1	3 202.6	160.5	6 209.6	63.1

数据来源：北京市农委村镇处。

（二）建设情况

各试点积极推进工作，已取得了阶段性成果。

一是成立专门机构，加强组织领导。按照市政府 22 号文件的要求，10 个试点区县均成立了相应的组织领导机构，密云县委、县政府一把手亲自挂帅，房山区成立了试点建设领导小组办公室，组织试点建设工作。

二是制定落实意见，明确建设任务。按照市政府文件精神，各区县认真研究制定本区县试点建设意见，明确试点建设任务和具体要求。房山区下发了《房山区新型农村社区建设试点的意见》，并确定了两个区级试点村；昌平区制定了《昌平区关于推进新型农村社区建设的指导意见》；平谷区出台了《关于落实北京市人民政府关于开展新型农村社区试点建设的意见》。

三是组织召开政府专题会议，加快试点规划审批工作。各试点区县抓紧规划编制，区县政府及时召开政府专题会议，抓紧试点规划的审批。目前，密云、房山、通州、延庆试点规划已获区县政府批准，昌平、顺义、平谷等试点规划上政府常务会讨论。

四是快速推进试点建设，部分试点已经开工。延庆县八达岭营城子新型农村社区，目前已完成了以镇区为主体的新型农村社区规划审批，南元新村等社区已经建成。密云县穆家峪镇华润希望小镇新型农村社区试点已经全面开工建设。房山区青龙湖镇晓幼营村新型农村社区，完成社区一期工程，同时，1 000亩的葡萄种植园建设，绿色环保新型建材产业项目，也启动建设。

（三）存在的问题

新型农村社区建设涉及方方面面，建设过程中面临了很多复杂的问题，突出表现在以下几个方面。

1. 部分区县认识不一致。有些区对新型农村社区建设的认识目前尚不清晰，上报的部分试点本质为城镇化社区，而有积极性建设农村社区的村庄未被列入。这种现象反映了部分区县对城镇化社区和新型农村社区的区别没有引起相应的重视。

个别区县对新型农村社区建设还存在着放任自流的倾向。认为农村社区建设是农村自己的事，没有认识到农村社区建设作为城乡一体化中新农村建设内容的重要性。

现在进行新型农村社区的尤其是山区的个别村庄还出现缺少可持续发展的产业支撑问题。社区即使建成了，在若干年后仍然留不住人，面临人口流失和老龄化最终走向衰落。

2. 农民主体地位有待进一步发挥。这一问题集中反映在与社会资本的合作上。在郊区农村社区的建设过程中，由于农村本身积累有限，如获得社会资本的投入，能够有效地缓解甚至解决社区建设的资金问题。由于在以前的村庄建设中，曾经出现过由社会资本长时间以低廉的价格获取到了产业经营权，直接或者间接地伤害到了农民的利益。社区建设始终应该以农民作为主体，在社会资本参与的背景下，如何体现农民的主体地位，保障农民的权益，重点在于调整农村与社会资本的合作方式。而关键在于如何发挥村级集体经济的作用。

社会资本的进入不能以牺牲集体经济组织的主体地位为前提，目前，部分区县对村级经济体制机制的创新重视不够，应充分发挥集体经济组织产权的明晰化与经营的市场化、管理的民主化，寻找能保障农民长远权益的合作方式。

3. 与现状小城镇中心区建设需更好衔接。在现状的乡镇规划中，有些地区为了提高小城镇中心区的人口集聚规模，将周边村庄的人口规划指标集聚到了中心区，相应的建设用地指标也配置到了中心区。但与此同时农民并没有实现城镇化集聚转移出农村，造成现状保留村在建设新型农村社区过程中面临现状人口与规划目标人口差距很大的问题，并且导致新型农村社区人口规模和建设用地指标问题难以解决。

当前土地政策中对集体建设用地的使用仍然有很多的限制。22号文规定，试点可享受城乡建设用地增减挂钩相关政策。但如何形成建设用地指标的市场化交易，目前还没有相关细则。北京应考虑搭建集体建设用地交易平台以促进该政策的落实。

4. 操作程序需进一步完善。22号文出台后，到目前为止，除了规划和国土部门已出了相应的指导意见外，多数部门的细则和指导意见都尚未出台。尽管22号文已经基本确定了社区建设的指导方针和政策，但新社区如何办理相关建设手续的办事流程尚未明确。由于新社区建设是新生事物，审批人员无程序可依，手续办理不流畅、缓慢，影响到社区建设进程。

在申报新型农村社区的基础设施投入资金时，通常是以工程项目单项申报，数量多而单体规模小。由于每年批复的项目总数一定，难以在短期内完成社区建设涉及到的所有项目的批复，直接影响了政府部门对社区建设的支持力度。

5. 部分试点资金不足。目前部分试点存在资金不足的问题，主要表现在三个方面。一是农村本身积累有限，完全依靠集体经济力量难以支撑社区建设，而且多数农民对政府资金投入社区建设抱有较高的期望，即使个人有资金也不愿意投入。二是新型农村社区项目严禁房地产开发，加之在当前宏观调控的形势下，房地产行业不景气，社会企业的投入受到影响。三是新型农村社区没有独立的建设经营主体，集体建设用地也不能作为银行的抵押品，难以获得银行贷款。

四、新型农村社区建设的若干思考

在调研过程中，我们认为新型农村社区有以下几个重要问题值得思考。

(一) 走以农民为主体的自我改造道路

由于新型农村社区建成之后，人口主体仍为本村农民，而城镇化社区不同，建成后人口结构将发生很大变化，本村农民甚至整个农民都极有可能不再是社区人口的主体。新型农村社区关系的主要还是农民的利益，因此，总体衡量几种模式，我们认为新型农村社区建设还应走以农民为主体，以村级组织为依托的自我改造道路。主要是基于如下几点考虑。

1. 更有利于保护和发展农民利益。土地是农民最大的资产，土地权益是农民最重要的权益。在中国快速城镇化的过程中，土地问题一直处于焦点位置。经济发展对土地产生了大量的需求，新农村建设腾出的集体建设用地成为缓解需求的途径之一。在土地快速增值的背景下，巨额增值收益如何才能让农民享有，成为新型农村社区建设必须考虑的问题。

由企业占据主导方式的建设模式，如果村集体放弃了土地所有权或者土地经营权，就将面临一次性收入或者每年较低的固定收入，而巨额土地增值收益将被企业获取。如果是按照国有土地征收，也存在征地补偿不够，村庄后续发展乏力的可能。只有农村自主建设，才能更好地保护农民利益。朝阳区何各庄村，正是由村集体将村宅统一收回、统一装修、统一出租管理，将一个规划非保留村打造成了融合文化创意、高端接待、都市型现代农业的"北京最美乡村"，村民出租收入也将增长为原来的 3.5 倍，生活水平有了很大提高。

2. 更符合国家政策精神。《中华人民共和国土地管理法》第四十三条规定："任何单位和个人进行建设，需要使用土地的，必须依法申请使用国有土地；但是，兴办乡镇企业和村民建设住宅经依法批准使用本集体经济组织农民集体所有的土地的，或者乡（镇）村公共设施和公益事业建设经依法批准使用农民集体所有的土地的除外。"根据相关政策精神，国家鼓励以乡镇企业或者村民为主体来进行建设。如果建设主体变成开发商，则必须将土地征为国有，涉及到建设用地指标、土地变性等多环节。

国家强农惠农政策的目标人群都是农民。比如北京市开展的抗震节能补贴，针对农民住房，补贴直接下发给农民。建设新型农村社区要集成政府政策，获取政策支持，就必须以农民为建设主体进行建设。

3. 尽可能减少遗留问题的发生。与将土地直接征为国有，大量农民征地转非的建设模式相比，把土地交由农民自己开发，实现自我改造，是更稳妥的方式。从近年来征地转非的情况来看，转非比例并不高。这有土地和集体资产收益分配没有解决好的原因。而这部分应转未转人员，也给社会管理等留下了很多尚待解决的问题。

有的村庄是将土地长期出租给某个企业。由于早期对经济发展情况估计不充分，合同期过长缺少必要的增长机制，合同金额明显偏离了当前市场价格，也为集体经济的后续发展埋下了隐患。这种用地方式与将土地直接征为国有一样，不如农民自主开发建设。

4. 更有利于调动农民积极性。新型农村社区建设要保质保量完成、实现可持续发展的关键在于农民支持和配合的程度。由政府或者开发商主导建设，农民认为是拿地换钱，自然出现要高价的情况，同时也会产生与周边地块的拆迁农民攀比的心理，恶性循环，造成建设成本急剧上升，即使是政府也难以承受拆迁成本。这一点，在以往农村的建设中已经出现过，尤其在城乡结合部地区更为突出。

浙江安吉县采取的就是发挥村集体和村民的自主性，由各村自行创建"美丽乡村"，最后由政府统一验收，合格的村将根据人口规模进行奖励的方式进行建设。这种办法极大的调动了农民的积极性，短时间内改变了安吉县农村面貌。

5. 农民主体更能反映出农民真实需求。新型农村社区是建给农民住的，农民的实际情况和具体需求只有自己最清楚。有些地方给农民盖房子时，没有考虑到农民的特殊需求，比如农民都需要有存储农具和农产品的空间。密云史庄子村在设计农民住房时，就多次征求农民意见，最后确定下来的方案不仅每家都有一个农具存储间，在自家小院子里还建有小窖用来储存过冬蔬果，非常符合北方农村的特点。

建设新型农村社区，就应该从农民的角度出发，即使遇到问题或者困难，农民自己能够算清楚账。比如朝阳区高碑店村，由于建设用地有限，公共道路用地过少导致整个村庄面貌脏乱差。村集体做村民的工作，教农民算账，最后虽然每家宅基地面积缩小了

15%，但他们仍住上了更高、更好的房子，并获得发展产业的机会。

（二）构建与社会资本的双赢合作机制

尽管我们提倡新型农村社区建设应走以农民为主体的自我建设道路，但不能全盘否定社会资本的作用。适合建设新型农村社区的村庄很多仍以一产为主导产业，经济积累有限，难以依靠农民和村级组织自身力量建设社区，因此社会资本的注入十分重要。

同时，社会资本参与新型农村社区建设实际上是城市郊区化的一种正面效应。在城市郊区化过程中，城市的产业、功能和公共服务向农村逐步延伸，很多优势资源在向农村扩散，要善于承接这一趋势。

但是如何处理好农民的主体地位与社会资本的进入之间的关系，是新型农村社区建设必须面对的问题。建立双赢机制的关键，在于农民具有高度的组织化程度。提高农民的组织化程度，以集体经济组织的形式与社会资本签署正规的合作协议，明确各方面的权利义务，要符合国家法律和政策规定。涉及到产业和资源开发领域的，最好由集体经济组织和社会资本组建新的股份制、公司化的经济组织共同开发。村集体以土地使用权折价入股开发经营，避免一次性地将几十年资产资源的开发权和经营权出让。

（三）明确与城镇化社区建设的区别

新型农村社区应明确区分新型农村社区与城镇化社区。新型农村社区与城镇化社区尽管都是从农村改造起步，但却是两个不同的发展方向。在具体政策和试点目标上，对两种模式都要有所区分。不同村庄是被城市化，还是建设城镇化社区，或是保留原来的村庄形态或建设新型农村社区，除了被城市扩张所覆盖的外部因素外，根本原因取决于农村内部产业和经济结构的变革。

城镇化社区的特点突出表现为几个方面：一是产业经济基础以二、三产业为主，有一定规模的产业园区和经营项目，劳动力的主体已经进入二、三产业，收入结构和消费结构已经接近城市居民。二是居住方式上以农民集中上楼为主，进驻集中建设的城镇居民小区，原来农民宅基地的属性和权益已经消亡，上楼农民的楼房应有合法产权。三是小区的人口集中达到一定的规模，一般应在几千甚至万人以上，便于配套相对齐全的城镇公共基础设施和服务设施，经营性服务设施也能拥有一定的市场服务规模。四是人口结构复杂，当地农民比重降低，不再成为社区主体。五是社会组织结构和社会治理方式逐渐城镇化，村民自治组织逐渐让位于城镇社区组织，村级集体经济组织与社区组织分离。六是建设主体可以多元化，可以由村级集体组织主导开发，也可以由社会企业帮助进行开发。

新型农村社区的特点则从以下几个方面得到体现：一是产业经济基础以现代农业或依托农业发展起来的服务业为主，农业和服务业是主要的收入来源。二是居住方式还是一户一宅的农村庭院式格局（并不排斥单体别墅式或独院多层的建筑形式），宅基地的功能和权益继续存在，在农民家庭的居住功能之外，还可以拓展出服务接待的家庭旅店业的功能。三是有一定的人口集聚规模。平原地区一般在 2 000～3 000 人，便于基础设施和公共服务设施配套建设，可以有部分公共服务接受附近城镇化社区的辐射；山区、半山区根据实际情况适当集中。四是当地农民尤其是本村农民仍是社区建成后的人口主体。五是社会组织结构和治理方式仍以村民委员会形式的村民自治为主。六是社会和生态环境仍保留传统村庄的历史文脉，但贴近大自然的宜居环境优于城市社区。七是建设主体最好以村级组织主导开发，社会企业可以参与但避免其位于主导地位。

(四) 与社区化管理的区别与联系

新型农村社区建设是传统农村完成经济社会的结构转型的过程，表现为硬件的改造、重建，配套设施建设和社区管理，是用新的发展方式、新的推进方式来建设农村社区，体现的是经济社会全面协调可持续，城乡统筹发展，追求公共服务均等化，发展成果共享化，发展权力平等化。而当前民政系统所推的和谐社区建设、综治系统所推的村庄社区化管理则是面对所有现状农村社区，尤其是城乡结合部地区的村庄。新型农村社区建设与社区化管理内容不完全一样，后者强调的是社会建设与管理，而前者是从城镇化、城乡一体化的角度明确建设的内容。

但尽管目前两种建设着重点大有不同，就农村未来发展而言，仍大有关联。虽然新型农村社区强调的是完善的城镇化标准的基础设施和公共服务设施，社区化管理强调的是对人尤其是外来人口的管理。但新型农村社区建设在完成之后，也必须发展完善的社会服务和管理。新型农村社区将是农村社区化管理的载体，而农村社区化管理将是新型农村社区持续发展和运行的有力保障。

五、建设新型农村社区的对策与建议

北京市新型农村社区的建设实践表明，走以农民为主体，进行自主建设的道路，更符合国家政策精神，更保护农民利益。但考虑到农村经济基础与社会结构基础发育不同，部分村庄建设存在一定的困难和问题，比如资金来源、组织支撑、政策对接等，需要政府采取多种措施，在依法依规的基础上保证新型农村社区建设顺利实施。

（一）选择适当区域合理布局社区

发展新型农村社区，首先要确定合适的区域。根据北京市的村庄发展演变趋势，新型农村社区主要分布在两类区域，可以概括为"山前暖坡圈"和若干条"山区沟域经济带"，或可称为"一圈多带"。

第一类，倒C形山前暖坡黄金经济圈。北京地区的地理地貌有一个近似C形字母反过来的山前暖坡圈，从房山区西南的张坊镇往北，到门头沟、海淀、昌平，往东经怀柔、密云，再到平谷的金海湖镇沿南山往西勾回来，形成一个多半圈的山前缓坡地带。这一倒C形区域是一个黄金经济圈，是都市型现代农业和观光休闲、高档商务等现代服务业融合发展的理想区域，是未来新型农村社区的主要分布区之一。在山前5公里左右的范围内，旧村改造应避免大规模的农民集中上楼，而是建设仍然保持庭院格局的现代化新型农村社区，并且与现代农业和现代服务业发展的布局结合在一起，打造北京世界城市背景下的高水平的新农村。

第二类，多条山区沟域经济带。在山前 C 圈之外的北京山区，可开发的沟域经济带有几十条，沿着这些沟域的开阔地带，应结合旧村改造和村庄的合并，集中建设适合山区特点的新型农村社区，同样要避免大规模的农民集中上楼。

除了地理位置之外，还要考虑北京市的整体规划情况。根据北京市村庄体系规划总体编制要求，各区县都有编制自己的村庄体系规划，远郊区县一般保留三分之一的村庄。实际数字可能随着城市化进程加剧而更少。因此，发展新型农村社区可尽量选择保留村。

（二）依托村级组织发展

村级基层组织是新型农村社区试点建设的实施主体，也是发挥农民主体作用、调动农民创造和维护农民权益的组织保障。各区县、乡镇要鼓励基层创新，特别是在资源整合、投融资机制、土地利用、建设模式选择和市场运作等方面大胆探索符合本地实际、切合农民利益的发展路子和运作方式。经过试点建设经验可得，在郊区一些经济实力较强，条件较好的规划永久保留村，通过政策引导、合理规划、统筹资金，自主推进新型农村社区建设，主动实现城镇化目标，是切实可行的。

在新型农村社区建设中，农民是最终受益者，最终要实现让农民满意、让社会满意、让广大人民群众满意。要征求农民意愿，从农民的实际出发，通过村委会带动，村民自主建设，鼓励农民自主出资建房，出租增加资产，要在规划方案设计、户型的选择，让农民充分参与，要在农民住房设计建设上生态环保，研究出标准化模式，试点探索。

（三）形成鼓励农村集体节约用地的机制

鼓励农村集体节约用地。政府可采取基础设施投入或其他补贴与节约用地挂钩，以奖代补鼓励村集体节约用地。提高乡镇统筹土地的能力，实现在全镇区域内统筹。允许村庄之间集体建设用地置换。几个村庄统一规划建设新型农村社区，因而跨村域安排农民宅基地的，可以在乡镇主导下，在村庄间实行土地置换。实际上在北京农村已有先例，比如八达岭石佛寺置换到的 50 亩集体建设用地用来建设本村新居。要在实践的基础上形成规范的程序。农户宅基地搬迁到其他村庄的，也可以在宅基地复垦后，将集体建设用地指标转移到迁入村。鼓励社区内的几个农村集体建立土地合作社，统一利用其建设用地。尽管短期内在北京市建立"地票"机制有一定难度，但是未来发展的一个方向。农村现状建设用地指标，在用于社区建设、农村二、三产业发展和复垦之后节余的部分，置换为城镇建设用地，在区县（或者全市）范围内有偿调剂使用，应收取的新增建设用地有偿使用费、耕地开垦费、耕地占用税，应返还给提供节余用地指标的村庄。

（四）要有可持续发展的产业支撑社区建设

产业发展是新型农村社区能够持续发展根本。在选择合适村庄进行社区建设时，应考虑到产业基础。新型农村社区是以一产或者一、二、三产融合为主要业态。因此，应优先选择仍以农业为主要经营方式的村庄，如果该地区产业无发展前景，应不急于建设社区。比如山区没有产业基础、人口持续外流的村庄，在长期的发展后，它们将失去居住的功能，而只有生态养护的功能。这样的村庄，就最好不要在原址重建或者改造社区。

在建设过程中，要以产业发展和产业集聚带动人口集聚，通过生产方式的转变带动农民生活方式的改变，为农民向新型农村社区集中提供坚实的经济支撑。新型农村社区建设节约的土地，可以发展污染少、附加值高的都市型工业，以及劳动密集型的服务业；有条件的农村集体经济组织可以建设公共租赁房，但禁止房地产开发。充分发挥乡村文化和自然风貌的魅力，大力发展乡村旅游接待。在坚持土地承包经营权长久不变的基础上，鼓励农户以多种形式流转土地承包经营权，构建都市型现代农业产业体系。大力发展设施农业和观光休闲等特色农业，加强农产品加工基地建设，提高农产品附加值。大力发育农民专业合作社等新型组织，积极推进农业社会化服务体系建设。产业升级要和新型农村社区改造同步完成，最终形成"园区＋社区"的格局。

（五）搭建与企事业单位的合作平台

新型农村社区建设应抓住城市郊区化发展的趋势，积极主动承接城市的产业和功能的转移，使其和农村社区建设形成联动。市和区县政府可以根据新型农村社区建设的进展情况主动推出新型农村社区建设项目，吸引城市企事业单位参与合作。进一步可搭建城乡优势资源流转合作的市场交易平台，形成优化配置的流转机制，使其成为新型农村社区建设的重要推动力之一，同时也使部分城市企事业单位的优势资源能够顺利与农村社区建设对接，形成城乡融合共同发展的局面。各区县政府可以有计划的分期分批通过平台向企事业单位推出新型农村社区建设项目。

（六）及时完善社会管理服务

着力提高社区自治组织开展社区管理和社区服务的能力，本着便民、为民和民主自治的原则，在试点社区建立"一站式"办公服务中心，集中向群众提供劳动就业、社会保障、社会救助、计划生育、外来人口等服务。服务中心除了提供社区公益性服务以外，还有一些商业性的便民利民服务，切实分清不同服务的提供主体，需要政府承担的，政府不能推卸责任；能够由市场和社会组织承担的，政府不能包办。要积极培育和发展各种民间中介组织、行业协会、专业经济组织协会和社区志愿者组织，及时为社区居民提供相关的公共服务、社区志愿与互助服务、便民服务等，努力做到"小事不出社区，大事有人代理"。要注重引导多方的社会主体共同参与提供服务，综合利用各种资源，满足社区居民的多样性和复杂性需求，既实现政府的行政管理与公共服务功能，又实现社会自我管理与自我服务的功能。

执笔人：贺潇

第二节　北京市各区县以及外省市新型农村社区化建设

平谷区新型农村社区建设研究

根据市农研中心的布置，我们针对平谷区的农村经济发展中的新情况进行了一系列研究，本报告专题研究平谷区新型农村社区建设。

一、建设背景

新型农村社区建设是北京市的一项重点工作。2011 年年初，市委、市政府在《关于坚持科学发展，促进城乡融合，统筹推进郊区工业化城镇化和农业现代化的意见》（京发〔2011〕6 号）中提出要"加快启动 10 个新型农村社区建设试点工作"，并在市政府《关于开展新型农村社区试点建设的意见》（京政发〔2011〕22 号）中提出了开展新型农村社区试点建设的指导思想、目标任务、建设内容、组织领导等要求，正式启动了新型农村社区建设试点工作。

北京市提出的"新型农村社区",指的是本市城镇规划范围以外现状村庄,在科学规划和政策引导下,以重点村为核心,按照配套提升或就近改造集并的原则,配套完善的城镇化标准的基础设施和公共服务设施,健全完善的社会管理和服务功能,形成以现代产业经济为基础、以农民为主体、生态环境优良的永久性居民点。新型农村社区作为新农村建设深入推进的主要内容,是首都城镇化体系的基础层次和末端节点,是郊区进入城乡一体化发展阶段后的重要任务,是实现农村经济发展方式转变和社会结构转型的主要途径,是今后一个时期首都农村发展的方向。

二、主要情况

(一)基本情况

平谷区地处北京东北部,地辖区面积 1 075 平方公里,其中山区面积占 59.7%。下辖 16 个乡镇,272 个行政村,户籍人口 39.5 万,其中农业户籍人口 23.8 万。产业结构为 10:43:47,2010 年农林牧渔增长率达到了 11.3%,在区县中排名第一。

根据平谷区村庄体系规划和平谷新城规划,平谷拟根据"小村并入大村,农村向小城镇"集中的思路,逐步将现有的 272 个村庄整合撤并,打造新型生产生活社区。其中计划平谷新城周边的 18 个村庄将并入平谷新城;马坊、峪口、金海湖等 5 个市、区级重点小城镇则将就近吸纳周边村庄,形成新型生产生活区;余下的 11 个乡镇将各自打造 2~3 个大型生活社区。

（二）试点建设情况

结合新型农村社区试点建设和平谷区规划目标，平谷区现有市级试点 1 个（平谷镇西鹿角新型农村社区），区级试点 2 个（黄松峪乡白云寺新型农村社区、熊儿寨老泉口新型农村社区）。具体情况分别如下。

1. 西鹿角新型农村社区。该项目为市级试点。包括西鹿角村和北台头村两个村。西鹿角村全村总占地面积 6 184 亩，其中城市拓展有条件建设用地 4 951.9 亩，村庄建设总占地面积 1 232.1 亩（不含道路）。该村现有宅基地 1 480 处，居住总户数 1 348 户；全村总人数 3 374 人，其中农业人口 2 898 人，非农业人口数 476 人。北台头村总占地面积 1 933 亩，其中城市拓展有条件建设用地 1 458亩，村庄建设总占地面积 475 亩（不含道路）。该村现有宅基地 386 处，居住总户数 450 户；全村总人数 1 025 人，其中农业人口数 710 人，非农业人口数 315 人。两个村都以传统的种植业为主，人均年收入 8 000 元左右，经济积累差。因此，建设是由村委会组织实施，吸收社会资金，对西鹿角村、北台头村实施新型农村社区的改造和建设。采取异地建设、搬迁重组、产业带动建设模式。

2. 白云寺新型农村社区。该项目在 2011 年 6 月被纳入区级试点范围。白云寺村是位于北京市平谷区东北 15 公里的山区小村，分白云寺和康石岭两个自然村落。村域面积 4 728.8 亩，绝大部分为山场，果林面积 1 620 亩，没有耕地；全村人口 320 人，户数 140 户；经济以农林为主。2010 年，该村经济总收入 226.8 万元，人均纯收入 6 961.5 元。

该村旧村落分山前山后两部分，民居分散，旧村落占地面积达到 350 亩，其中山前 260 亩，山后 90 亩。按照区国土局土地利用总体规划，该村要集中选址新建，减少村庄用地面积，在前白云寺择址新建。新村经过重新布局，按照新村规划，新村占地面积 150 亩，用地比原来的 350 亩减少了 200 亩，其中的 100 亩用于土地复耕，另外 100 亩作为旅游产业用地。产业发展方面，则是通过社区建设，重点发展旅游服务业，实现产业由一产向三产的转移。

该社区的建设方式采用的是村与企业合作的方式。所需全部资金为 5 720 万元，预计来源于政府扶持资金 2 200 万元，吸引社会资金 3 520 万元。目前，该村已经与合作企业签订了战略合作协议，新民居建设的缺口资金 3 520 万元先由投资方垫付，其投资通过开发白云寺旅游风景区和建设旅游配套服务设施的经营利润回收。投资方全部收回投资后，村委会和投资方按照三七进行分成，村委会所得红利全部用之于民。

3. 老泉口新型农村社区。该项目是市国土局试点，也被纳入区级试点范畴。老泉口村位于熊儿寨乡北部，距乡政府所在的熊儿寨中心村约 2 公里，是北京最美的乡村，同时也是北京市生态文明村、市级民俗旅游村。村域总面积 337.24 公顷，下辖 3 个生产队，总人口 651 人，现有住房 220 户，居民点总用地 17.04 公顷。2010 年，全村农业产值 325 万元；旅游收入 237 万元；农民年人均纯收入 8 680 元，居全乡第 2 位；村集体总资产 1 832 万元，居全乡第 1 位。

老泉口村的建设是由村民出资一部分，村集体补助一部分（先由企业垫付），政府支持补贴一部分，采取村与企业合作共建方式，同时鼓励本村村民参与建设、重复利用现有房屋原材料，减少资金投入。未来产业发展规划是以音乐乡村、老泉公园、旅游配套产业和农业观光产业主导。在土地利用方面，立足于集约节约土地，不仅在现状集体建设用地规模中完成了居民安置、产业开发，还将复垦 70 亩，结余了集体建设用地指标。

三、目前问题

尽管市区两级对新型农村社区非常重视，但是由于社区建设情况复杂，进展速度较预期缓慢。主要表现为，一是市级试点进展速度有限。二是平谷区还有很多有积极性有基础的村庄在主动地改造村庄，这些村庄却还没有被列入试点范围，也没有获得相应的政策扶持。三是建设过程中遇到了很多协调方面的难题，还需要各级政府和部门多做工作。

四、几点建议

（一）应充分认识到平谷区是新型农村社区建设的重点区域

新型农村社区建设的主要区域应是以一产为产业基础的、同时具有可持续发展前景的规划保留村庄。平谷区地处北京东北，山区面积广阔，山区、半山区的村庄以及平原大部分的村庄的基础产业仍是一产，正是新型农村社区建设的重点区域。建设新型农村社区，打造一产与三产融合的产业业态，形成有特色、有活力、可持续的现代农村，可成为平谷区未来的重点工作之一。

（二）要加强市级试点的协调工作确保推进速度

市级试点所处的位置城市化程度较高，对建设资金的需求和未来发展的规划要求都较高。而对于西鹿角村和北台头村薄弱的经济基础，要实现村庄的自我改造有一定困难，引进社会资本是必然的选择。但在社区建设相关的政策中，对社会资本的进入限制良多，要确保在建立社会资本与村级集体双赢机制的同时，还需在协调工作上加大力度，才能确保推进速度。

（三）可进一步扩大区级试点的范围

平谷区除了这三个试点，还有多个村庄既具有建设的积极性又有合适的建设方案。而且以前的村庄在建设过程中也有好的经验，如挂甲峪的自我改造方式。新型农村社区本是农民的一种新需求，走以农民为主体的自我改造路线最有利于保护农民利益。应多发掘类似村庄，扩大区级试点范围，调动农民积极性。

（四）进一步探索用地方式和产业发展方式

用地方面，要立足于集约节约集体建设用地，探索鼓励形成相关体制机制。对于结余的集体建设用地指标，可以研究类似于平谷区产权交易平台的机制，市场化运作。

产业方面，要充分重视产业发展在社区建设中的作用。要提升产业结构，实现一产向三产的跨越。要将产业发展融合进社区建设，比如发展都市型现代农业，要将农业园区与社区有机结合起来，形成"园区＋社区"的生产生活综合体。

执笔人：贺潇

新型农村社区建设与
小城镇建设双轮驱动

——延庆县八达岭新型农村社区建设报告

根据市委、市政府相关文件的精神，北京市开展了新型农村社区试点建设。延庆县八达岭镇营城子社区作为试点之一，充分发挥重点镇优势，结合本镇村庄建设体系，积极研究方案，推进新型农村社区建设。

一、基本情况

延庆县八达岭镇位于京北八达岭长城脚下，延庆县南端。是市区和昌平区进入延庆的南大门。距市区德胜门约 60 公里，距延庆县城约 12 公里，镇南部与昌平区接壤，西南部与河北省怀来县交界，八达岭镇拥有国家级高速公路、主干公路、主干铁路，地理及交通优势十分突出。该镇是北京市 42 个重点镇之一，下辖 15 个行政村，共 7 634 人，3 713 户，其中农业人口 6 010 人，2 599 户。2010 年，全镇实现财政收入 707.3 万元，农村经济总收入 7.86 亿元，农民人均劳动所得 16 050 元。

营城子新型农村社区位于镇区西端，共涉及 7 个行政村，为营城子村、西拨子村、东沟村和南元村、程家窑村、东曹营村和石佛寺村，共有劳动力 2 184 人，在二、三产就业人数为 1 747 人。2010 年 7 个村的农村经济总收入 2.34 亿元，人均劳动所得 1.6 万元，农民总收入的 93.36% 来自于二、三产业，一产仅占 6.64%。其中石佛寺村最高，经济总收入 7 723 万元，人均劳动所得 3.6 万元，南元村最低，经济总收入 732 万元，人均劳动所得 8 848 元。

近年来，由于开发力度的加大，八达岭野生动物世界、长城脚下公社—凯宾斯基酒店、清凉胜景别墅区、探戈坞音乐主题公园、八达岭残长城风景区等项目的建设，八达岭镇农民开始向以长城景区为依托的二、三产业转移，全镇 80% 以上农户从事旅游及相关各业经营，经济总收入的 80% 以上来自旅游服务业，旅游业服务为主导的第三产业已成为八达岭镇的主导产业，而且有些村已经开始建设新楼房，因此具备了新型农村社区的建设的条件。

二、主要做法

（一）结合小城镇建设，开展新型农村社区建设

八达岭镇作为北京 42 个重点镇之一，承担着对周边乡镇的经济带动作用。目前全镇已经拥有外来务工人员近 1 000 人，就业于镇域内的八达岭景区、八达岭经济开发区企业。并随着八达岭大景区的建设深入，一批高端旅游项目以及新能源示范园内企业的入住，大批外来人口将进入。除了对周边乡镇的带动作用，更重要的是对本乡镇农村人口和经济的集聚作用。

八达岭镇镇中心区的经济总量与人口规模一直未有突飞猛进的

变化。为了进一步提高城镇中心区的集聚能力，改善周边农村面貌，八达岭镇自 2005 年 4 月镇域总体规划获得批复以来，就制定了全镇新农村建设的总体方案。从 2006 年开始，八达岭镇根据建设镇区、改造旧村的要求，先后编制了"八达岭旧村改造详细规划方案"以及南元、东沟、石佛寺等村的"新村规划方案"，形成了目前实施的 7 个周边村集聚在镇区的思路。

（二）多村迁并，集中建设新型农村社区

营城子新型农村社区涉及的 7 个村中，营城子村、西拨子村、东沟村和南元村主要区域都分布在镇中心区，而程家窑村、东曹营村和石佛寺村距中心区比较远。根据建设方案，通过"政策引导、渐进集并、分步实施"的建设路径，将八达岭镇镇区周边的小、散且交通不便的村庄整合组团，以营城子新村、程家窑新村以及南元新村为基础，以镇、村两级为主体，由政府负责统一规划、协调，结合各自实际情况分步实施，启动新民居建设和与之相配套的基础设施、公共服务设施及产业园区建设，形成具有地域特点的组团式新型农村社区。

（三）因村制宜，多种建设方式并举

由于七村的地理位置、经济积累、产业基础、人口规模都有不同，建设方式也存在多样。总的来说，位于镇中心区的营城子村、西拨子村、东沟村和南元村为原址改造村，程家窑村、东曹营村和石佛寺村为整体搬迁村。细分起来，每个村都有自己的方式和特点。

1. 营城子、西拨子等村依靠集体经济自主改造重建。营城子村在 2002 年该村利用修建八达岭高速公路征地补偿款 400 多万元作为启动资金，开始在村外的荒地上建住宅楼。2006—2008 年，村里又借助县发改委融资平台贷款 4 500 万元进行二期建设和小区配套建设，新村一期、二期除了银行贷款和市县给予的部分扶持，其余为村集体经济收益和农户筹集资金。

西拨子村位于镇区核心区，房屋质量较差，集合镇区改造进行新村建设。资金主要来源于村内集体经济积累、农民自筹以及外来企业投资。

2. 石佛寺、南元、东曹营等村由村级组织和社会企业共建。石佛寺村原村庄位于水关长城景区、长城脚下的公社酒店以及探戈坞音乐谷。根据八达岭长城文化创意产业聚集区规划，规划建设"石佛寺·桃源村"项目，即将农民房屋租赁后进行统一改造建设，并对外经营，农民集体搬迁至镇区。石佛寺村建设资金主要来源于项目补偿资金、村内集体经济积累、农民自筹、山区搬迁资金。

东曹营村位于镇区北侧的规划八达岭长城旅游综合服务区内，原村庄用地规划为度假休闲用地，将用于发展旅游相关产业。需结合项目引进进展情况，将土地纳入储备，将农民搬迁至镇区，资金来源主要为土地及房屋补偿资金、农民自筹、村集体积累等。该村详细的建设方案尚在研究中。

3. 程家窑、东沟、南元等险村集成政策异地搬迁重建。程家窑新村为 2008 年山区搬迁村，建设资金来源于山区搬迁资金、农民筹集资金、原村庄发展产业引进投资资金。

东沟地处山区同时八达岭过境路损坏房屋，农民居住安全受到影响，被列入 2011 年泥石流易发区和生活条件恶劣区，享受山区搬迁政策资金扶持。同时，该村为 2010 年新农村建设重点村，县新农村办补助资金 500 万元。改造后 50%村庄土地用于安置农民，50%土地用于发展村庄集体产业。资金主要来源于集体经济积累、农民自筹、山区搬迁资金以及八达岭过境路损坏房屋和占地补偿资金。

南元为 2009 年山区搬迁村，享受山区搬迁补助人均 1.3 万元，基础设施建设费户均 3 万元，共计 500 万元。随着残长城沟域的升级改造，该村将发展成为残长城景区的配套设施基地，增加旅游接待项目，发展成为依托残长城风景区的旅游型村庄。

（四）集约土地发展产业，打下新型农村社区未来发展的基础

七个村原村庄建设用地面积共 120 公顷，规划社区的住房建设面积 25 公顷，基础设施和公共服务设施等 15 公顷，可节约建设用地 80 公顷。节约出来的建设用地一部分（13 公顷）用于预留社区后续建设，一部分（67 公顷）将用于旅游产业及相关产业的建设，在全力推进新型农村社区建设的同时，进一步加大高端、高效、高附加值旅游项目的引进，节约集约出的原村庄建设用地将结合八达岭景区、残长城景区、八达岭文化创意产业集聚区发展商务旅游、会议旅游、高端旅游接待等产业。

目前，石佛寺村已经与探戈坞旅游发展有限公司签订了合作框架协议；东曹营村和程家窑村位于八达岭镇文化创意产业园区内，已由县政府和金隅集团签订了合作框架协议；营城子村、南元村和东沟村旧村址将用于发展旅游配套服务产业。预计可吸纳劳动力

3 000余人。

（五）尊重农民意愿，充分考虑新型农村社区特点

农民是新社区的使用者，因此，在实施建设中，应尊重农民意愿，充分考虑农民实际需求。在户型设计过程中，结合各村经济实力和农民意愿等实际情况，对各村的建设分别进行设计。其中：营城子村、程家窑、石佛寺、东沟、东曹营主要以四层半住宅为主，每户建筑面积约为100～150平方米；南元、西拨子则按照每户占地三分的原则建设二层连排住宅和独立四合院，满足农民的多元化需求。同时，通过公共楼梯的局部室外化、以及室内消灭纯交通功能空间、小户型室内交通与庭院相结合的设计手法，创造出低建筑密度、高使用面积的农民新居。部分户型还设计有车库和仓库，以提高社区用地的使用效率，方便农民生产生活。厨厕直接对庭院开门的设计、太阳能热水系统的设计、太阳能发电和照明的设计、雨水收集系统的设计，均利于省水、省电、省燃料，降低农民的生活成本支出。

三、进展及成效

（一）积极开展农民搬迁上楼工作

截至目前，八达岭新型农村社区共计完成新民居建设705套，共计526户农民搬进新居，其中营城子村建成419套，目前已搬入280户；南元村建成86套，目前已搬入86户；程家窑村建成200套，目前已搬入74户，计划年底前完成全部农民上楼工作。

（二）继续做好新民居建设工作

2011年，共计建设新民居373套，其中营城子村248套，其中186套计划于10月底前完工，并于年底前完成100户的上楼工作，剩余62套于2012年6月底前完工；东沟村104套，2012年10月底前完工，年底前完成104户的上楼工作；南元村21套，目前已完工，年底前完成上楼工作。

石佛寺村目前正在起草征地补偿合同，于9月底前完成合同的签订，同时启动260套新民居的施工建设，年底前完成14栋楼的基础建设。

（三）不断推进新社区建设进度

2012年，计划建设新民居294套，其中石佛寺村260套，10月底前完成全部工程建设，并于年底前完成上楼工作；东沟村34套，10月底前完成全部工程建设，并于年底前完成上楼工作。同时，东沟村还计划利用节余出来的村庄建设用地建设四合院20套，用于发展旅游服务产业，壮大集体经济实力，带动农民增收致富。

四、几点启示

（一）新型农村社区建设是农村解决住房问题的重要途径

截至2011年年底，全镇已有10年未批过宅基地。由于子女结婚等原因，各村村民住房压力极大，为解决住房困难，许多村民在原宅基地内进行了改扩建。同时，以上七个村中还有170余户选择了到县城购房。住房问题已成为影响社会稳定的首要问题。村民在房屋改造过程中，对施工技术和水平此次不齐，对安全隐患均存在侥幸心理，如果此类情况不及时进行规范和治理，将对村庄的整体风貌、村民的生命财产安全以及经济和社会发展造成严重影响。

（二）新型农村社区建设可以探索灵活规范的用地方式

几个村庄统一规划建设新型农村社区，因而跨村域安排农民宅基地的，可以在乡镇主导下，在村庄间实行土地置换。比如八达岭石佛寺置换到的 50 亩集体建设用地用来建设本村新居。要在实践的基础上形成规范的程序。农户宅基地搬迁到其他村庄的，也可以在宅基地复垦后，将集体建设用地指标转移到迁入村。鼓励社区内的几个农村集体建立土地合作社，统一利用其建设用地。农村现状建设用地指标，在用于社区建设、农村二、三产业发展和复垦之后节余的部分，可以用类似于"地票"的机制，置换为城镇建设用地，在区县（或者全市）范围内有偿调剂使用，应收取的新增建设用地有偿使用费、耕地开垦费、耕地占用税，应返还给提供节余用地指标的村庄。

（三）可充分利用政策多渠道整合资源

八达岭镇在建设新型社区时，充分运用了重点镇的优势，并积极整合上级各部门的扶持政策，通过整合新农村"五十三"基础设施建设、山区搬迁、小流域综合治理、危旧房屋改造和节能抗震房建设以及招商引资优惠等政策，筹集资金 2 089.5 万元，通过社会融资引资 6 149 万元以及镇、村及村民自筹资金 20 492 万元。这种多渠道整合资源的方式，有效地缓解了新型农村社区建设的资金瓶颈，值得其他社区在建设时作为参考。

（四）为北京市探索了多村联建新型农村社区的方向

成熟的多村联建模式应是以基础较好的中心村为基础，大村扩容，周边小村撤并，共同组建新型农村社区。这种模式能够有效地发挥中心村的经济发展的带动作用，一方面将基础较差的小村的发展带动起来，村民可以享受较好的公共服务和社会福利；另一方面合并小村后，中心村的进一步发展有了更多的土地等资源，也破解了发展过程中遇到的瓶颈。营城子新型农村社区并不是成熟的多村联建模式，但它将涉及的七个村通过原址改造、异地搬迁等多种方式并建到同一区域，并在未来社会管理时逐步摸索大社区的管理方式，这是一种朝这个方向努力的探索。尽管各村都采取的是自己建设的方式，行政区划也并没有打破，但是在土地置换、社区管理上做的探索，为将来多村联建打下了很好的基础。

执笔人：贺潇

赴安徽、浙江考察新型
农村社区建设报告

    按照市政府《关于开展新型农村社区试点建设的意见》（京政发〔2011〕22 号）文件精神，北京市启动了 10 个新型农村社区试点建设工作，通过试点探索规划、土地、筹资、就业、新民居建设以及社区服务的新途径。为学习借鉴外省市在新农村社区建设方面的经验做法，更好的推进本市新型农村社区试点建设工作，2011 年 8 月 18—25 日，由市新农办副主任、市委农工委副书记、市农委副主任刘福志带队，组织市规划委、市发改委、市国土局等相关部门及部分区县新农办主管领导 20 人，重点考察了安徽省黄山市汤口镇翡翠新村、黟县宏村、浙江省东阳市花园村、萧山区瓜沥镇航民村、安吉市递铺镇横山坞村等地新型农村社区建设。考察组在考察期间，通过实地参观、入户了解、座谈交流、边学边议等多种形式，认真细致地考察学习了这几个新农村社区建设的经验，现将有关情况报告如下：

一、学习考察的基本情况

    这次学习考察，主要目的是学习兄弟省市新农村建设、新型农

村社区建设的成功经验，因此，根据北京市郊区新农村建设和 10
个新型农村社区试点建设的实际情况，我们重点考察学习了有山区
生态旅游特点的安徽省黄山市汤口镇翡翠新村，也有东部经济发达
地区浙江省东阳市的花园村、杭州市萧山区瓜沥镇航民村和安吉市
递铺镇横山坞村等 4 个村，这些村在社会主义新农村建设及新型农
村社区建设方面的工作在本地区都走在前列，特别是花园村、航民
村更是全国的示范村，这些村取得的成绩和成功的经验都非常值得
我们借鉴和学习，其特点及基本情况是：

**1. 依托黄山翡翠谷，打造山区民俗旅游特色新村——翡翠新
村。** 翡翠新村，坐落在黄山东部翡翠谷风景区内，共有 69 户、218
人，山场 7 000 亩。主要特点：

一是发展旅游产业与新农村建设相结合，村民集资建新民居。
2000 年，在村党委支部和村委会的领导下，创办了全国第一家农
民办的旅游公司——黄山市翡翠谷旅游公司，为完善翡翠谷景区设
施，提高景点品位，改善村民的居住和生活环境，在全体村民支持
参与下，由旅游公司贷款、农户集资投入 3 000 万元，拆除村内杂
乱的房舍，在原址建设翡翠新村，建设旅游景点道路、综合楼设施
4 600 平方米，建设民居别墅 48 幢和村民老年公寓 10 000 平方米，
新村建设 3 星级"农家乐"标间 328 间。作为农家乐旅游项目可提
供旅游餐饮住宿、休闲度假，可同时接待 1 000 多位旅客。

二是山区旅游产业带来富裕，村民安居乐业。翡翠新村抓住翡
翠谷景区秀丽的自然风光、独特的文化内涵，在黄山脚下的众多旅
游景区景点中站稳了脚，2010 年每户农民平均收入约 8 万元。翡
翠新村的这里的农户生活有保障，富裕又文明，家家都通上了电

话、有线电视和因特网，使用着洁净的石油液化气和自来水，90%的人家都购买了小轿车。2005年2月19日，翡翠新村评为全国首批"农家乐旅游示范点"称号，新村也成为"安徽旅游第一村"和省级小康住宅建设示范村，并荣获"联合国人居环境奖"。

2. 十村集并建设新农村——花园村。浙江省东阳市南马镇花园村，原花园村183户，496人，面积0.99平方公里。现花园村农户1 748户，总人口超2万人（其中村民4 393人），村区域面积达5平方公里。2010年，花园村实现工业总产值91.98亿元，村民人均收入达51 600元，主要特点：

一是十村集并建设中心村。2004年10月，花园村与周边9个行政村合并组建成新花园村，实现道路硬化、路灯亮化、环境绿化、卫生洁化、饮水净化、公共服务城乡均等化。

二是走出"以工富农、以工强村、共同富裕、全面小康"的花园之路。花园村建立了国家级企业花园集团，发展生物医药、建筑房产、红木家具、旅游等产业，成为全球最大的维生素 D_3 生产出口基地，国内最大的红木家具销售集散地，是"中国红木家具第一村"，拥有个私工商户达511家。

三是全国新农村建设的典型。花园村先后被授予"全国创建精神文明先进单位""全国模范村""中国十大名村""中国十佳小康村""浙江第一村"等数十项省级以上荣誉称号。在中国名村综合影响力排行榜中，位居第五位，同时被评为中国城乡一体化发展十佳村，位居第四位。

3. 全面实现城市化的新农村——航民村。浙江省杭州市萧山区瓜沥镇航民村，占地面积2平方公里，全村344户、1 079人。

其主要特点：

一是建立"三个产业"融合的村级集团企业——浙江航民集团。形成了以集约化经营、机械化生产相配套的现代农业产业，以纺织、印染、热电等工业体系；以宾馆、商场和房地产为特征的第三产业布局。

二是成为全面实现城市化的新农村。全村建设独栋别墅式新民居 400 座，规划整齐，布局合理；文化、教育、卫生及各项福利事业日趋完善，全村从幼儿到大学实行免费教育，上大学享受奖学金；统一推行村民养老金和职工社会养老保险制度；村民、职工人人享有医疗保险；农民生活全面实现城市化。胡锦涛总书记、温家宝总理先后接见了村党委书记朱重庆。航民村先后被授予"全国村镇建设文明村"、"全国先进基层党组织"、"浙江省新农村建设示范村"、"全面建设小康示范村"等荣誉称号。

4. "中国美丽乡村"精品村——横山坞村。 安吉横山坞村地域面积 6.8 平方公里，全村人口 1 478 人，11 个村民小组，453 户农户，系 2008 年创建的第一批"中国美丽乡村"精品村。依托黄花梨、白茶名优农产品，成立了黄花梨专业合作社和茶叶专业合作社，2010 年全村实现村集体收入 315 万元，村民人均纯收入 17 420元。横山坞村通过美丽乡村建设，规划建设农民新住宅区、经济开发青年创业园区和无公害优质农产品生产区，吸引入住民营企业 60 多家。配套建设新农村社区服务中心，便民服务商店 12 家，全村实现抽水马桶安装率达到 100%，太阳能普及率 100%，化粪池覆盖率 100%，自来水覆盖率 100%。

二、主要经验和做法

在学习考察过程中，我们切身感受到这 4 个村积极壮大集体经济，培育自己优势主导产业，增强村级经济活力，依托集体企业，改造新民居，推进新型农村社区建设，思路清，方向明，起步早，力度大，新农村建设的各项工作走在了前面，形成了规划先导，产业带动，企业引领，机制创新，农民参与，共同富裕建设新农村的良好局面。与之相比，我们在这方面工作还有一定的差距，围绕这 4 个村的新农村建设，总结他们的主要经验和做法如下：

（一）科学规划布局，新农村建设持续发展

制定科学长远的发展规划，并坚持不懈地努力是这些村得以快速发展的基础。2000 年上海同济大学、中央美术学院的设计专家，高起点完成了翡翠新村项目的总体规划和环境工程设计，集约用地，科学规划，建设 48 幢徽派别墅和综合楼、翡翠公寓、商业街、停车场、村民户外健身等配套生活服务设施，形成了以"吃农家饭、住农家院、干农家活"为主要内容的乡村旅游服务。花园村制定了"合理布局、全面规划、整体拆建、分步实施"的新农村建设方案，规划建成村民平安居住区、高效生态农业区、第三产业服务区、高科技工业园区四个发展区。航民村也制定了"强工、兴商、稳农"的发展规划和战略，稳步推进新农村建设。

（二）发展主导优势产业，壮大集体经济，自主建设新农村

学习考察的这几个村，主导优势产业明显，集体经济实力雄厚，成为本村新农村建设坚强后盾。

一是建立了产权明晰，机制灵活，充满活力的企业集团。花园村的花园集团是国家级企业集团，拥有 29 家全资和控股公司，是全国文明乡镇企业和国家高新技术企业，名列中国民营企业 500强、中国制造业 500 强、中国大企业集团竞争力 500 强，2010 年，全集团实现销售经营收入 71.41 亿元，利税总额 5.4 亿元，出口创汇 10 357 万美元，总资产达 39.73 亿元，净资产 20.2 亿元。航民村也成立浙江最大规模的村级上市公司企业航民集团。翡翠新村率先创办了全国第一家农民办的旅游公司黄山市翡翠谷旅游公司。

二是产业集群，促进发展。中央农村工作领导小组副组长陈锡文在花园村调研指出，要推广花园村经济发展"四结合"经验：传统与创新结合，即发展传统红木家具产业链，又打造全球最大的维生素 D_3 生产出口基地；一、二、三产业相融合；集体所有制经济和多种经济成分发展相结合；本村本地经济和外来人经济相结合。

三是借助社会、集体、个人力量，为新民居建设带来动力。2003 年，翡翠新村通过社会贷款、村集体企业旅游公司和个人投资 3 000 万元建设翡翠新村新民居，新村内的道路建设、环境绿化亮化、供水供电、电话电视、互联网宽带以及全村室外环绕音响系统等公共基础设施，全部由村民组承担，接入每户别墅家中。航民村按照人均 80 平方米，建设农民新居，集体为每户投入 10 多万元，公共配套、环境绿化等基础设施集体全部负担。花园村制定了

拆房补贴政策，按旧房建筑面积、地理位置等，按等级集体补贴每平方米 100～200 元。横山坞村新民居建设也是依靠社会、集体、个人力量，共同出资建设起来。

（三）多种模式建设新型农村社区

翡翠新村依托生态旅游资源优势，实施原址改造模式建设新民居，住宅形式多样，新建"农家乐"别墅从 374.95～538.83 平方米，分为六种房型面积，在设计上就考虑了旅游需求，每个房间里都有独立的卫生间和空调，供旅游餐饮住宿，休闲度假。航民村原址改造模式建设独栋三层别墅式新民居。横山坞村通过村庄土地整理，实施农村旧房改造建新居，形成现代家庭工业聚集区、农家乐群落、现代农业观光区。花园村实施了 1 村集并 9 村建设中心村的模式，通过原址旧村改造，搬迁集并等模式，进行集体土地整理，集中建设了独栋别墅区，连排多层楼房区等新民居社区，使原10 个行政村成为 10 个集中小区行政区域，形成公共设施配套齐全，环境优美的中心村。

（四）新建民居具有了发展产业的功能

实地考察我们看到，安徽、浙江省一些地处乡镇中心繁华区或山区生态旅游区的新农村，新建多层农民住房都是商住两用，具有了产业发展的功能，成为农民致富增收的产业。花园村建设的多层新民居，一层多数为红木家具生产销售的商铺。翡翠新村新民居作为供旅游餐饮住宿"农家乐"翡翠人家，40 多个别墅住宅，可同时接待 1 000 位旅客，生态环境优美，外看是花园，内居是乐园。

（五）发挥基层党组织和领导干部带头作用，创新机制建设新农村

考察学习的这几个村，村领导干部和带头人都无私奉献，为民办实事，花园村党委书记邵钦祥、航民村党委书记朱重庆都是全国闻名的基层干部，带领集体组织，有很强的战斗力。花园村之所以能集并其他9个村，一方面是集体经济实力较强，另一方面也是由于其他村的农民十分信任村领导班子原因。在建设花园村中心村过程中，该村创新机制，制定了集并10个村建设中心村的"五统一"原则：实行统一规划建设；统一财务；统一干部任用；统一福利待遇；统一劳动力使用。在新民居建设和分配中，实施招投标，全村新建民居设施一样，但按临街和方位，村民出资多少选房，形成让有钱人选地方，没钱人选房子，售房收入补贴贫困户，缩小贫富差距，实现共同富裕。

（六）农民广泛参与，主体作用体现

在新民居建设中，这些村的村民都参与其中，翡翠新村召开了全体村民大会，统一思想，集体决定由企业贷款建设新民居。横山坞村党支部，以"五议一审两公开"形式，发挥基层民主，体现农民主体作用。花园村推进文明乡风、文明民风、文明家风，开展"五好文明家庭"的评比，创办了花园党校、农民学校，培养和造就一代新型农民，实现矛盾纠纷少，村民安居乐业的良好氛围，成为远近闻名的文明村。

（七）基础设施和公共服务实现城乡均等化

这 4 个村通过新型社区建设都已实现基础设施和公共服务城乡均等化。航民村实现水电路气基础设施完备，电话、有线电视、宽带网进村入户，还建设了村文化馆，健身游泳馆、医院等公共配套设施。花园村建立了养老保险、医疗保险、失地农民保险、城乡居民保险、电视收视费、电话月租费、特困补助以及奖学金制度等 10 多项福利事业，全村老年人每月都有生活费；村民子女考上高中、大学分别给予 3 000～20 000 元的奖励。

三、几点启示

通过考察学习，借鉴这 4 个村的先进经验，对比分析当前北京市新农村建设和新型农村社区试点建设面临的各种问题和挑战，我们感到，实现北京的现代化，当前的重点、难点仍然在郊区农村，郊区农村作为重要的战略新区和城市发展的战略腹地，随着首都发展步伐的不断加快，在首都经济社会发展中的地位和作用更加重要，为加快推进城乡一体化进程，率先实现城乡经济社会一体化新格局目标，推进北京市新农村建设和新型农村社区试点建设工作十分紧迫，从安徽、浙江这几个村的新型农村社区建设的先进经验看，对我们有以下几点重要启示：

启示一：推进新型农村社区试点建设是我市新农村建设的一项紧迫工作。我们考察学习的这 4 个村，新型农村社区的建设已基本成型，农村基础设施和公共服务均实现了城镇化，农民安居乐业，富裕和谐。分析这些村的实践经历，同时，借鉴国外乡村建设的一些经验，我们感到，推进新型农村社区建设是郊区农村实现城镇化的必经之路，目前，郊区农村已经进入经济社会结构转型的新阶段，郊区传统农村未来发展，只有在不同层次分别完成改造和提升，通过城市化转移一批、城镇化集聚一批和新型农村社区建设提升一批，才能最终完成郊区的城镇化进程，形成完整的适应建设世界城市的城镇体系和现代城市层次，因此，启动新型农村社区试点建设工作，通过试点推进，积极探索，统筹解决好农村基础设施配套，公共服务完善、产业经济发展、农民居住生活条件改善、社会保障等问题，这是着眼建设中国特色世界城市的迫切需要，具有积极创新的意义。

启示二：培育主导产业，壮大集体经济是建设新型农村社区的重要保证。从各地社会主义新农村建设的实践看，集体经济实力强，主导产业优势明显，产权制度改革完善的经济强村，推进新农村建设和新型农村社区建设的力度就越大，因此，在新型社区试点建设中，只有积极壮大村级集体经济实力，在合理规划和整治集体建设用地的过程中，培育产业发展空间，增强主导优势产业，才能为推进新农村建设打下良好经济基础。

启示三：京郊的经济强村自主推进新型农村社区建设，主动实现城镇化是切实可行的。近年来，随着首都经济的快速发展，京郊许多村庄，在推进城市化进程中，被动地进入城镇化改造，整建制地转型，产生了一些社会问题。借鉴上述几个村的经验，在郊区一些经济实力较强，条件较好的规划永久保留村，通过政策引导、合理规划、统筹资金，自主推进新型农村社区建设，主动实现城镇化目标，是切实可行的。目前，北京郊区许多村都已具备了这样条件。我们参观考察的花园村、翡翠新村与京郊房山韩村河村、密云"古北水镇"、平谷玻璃台村发展的形式都十分相近。

启示四：推进农村新民居建设和公共设施配套是新型农村社区试点建设的重点。目前，北京郊区农民自有住房改造建设落后于新农村建设，一方面郊区农村年久失修，急需节能抗震改造的旧宅数量很大，农村新生人口也有住房改善的需要；另一方面，边远山区一些"空心村"的土地集约节约利用，一些村违法私搭乱建严重等问题，已成为农民关心、政府关怀、社会关注的重要话题。目前，由于受经济条件和传统观念限制，农户自有住宅改善在体制机制上问题还很多，郊区农民迫切期盼改善居住条件，加快农村新民居建设，因此，推进郊区农村新民居建设，特别是公共设施配套是新型农村社区试点建设的重点工作。

启示五：试点先行、资金聚焦，扎实稳步推进新型农村社区试点建设。2011年市政府出台了22号文件，启动了10个新型农村社区试点建设工作，按照市里的要求，目前，10个试点的规划审批工作已经全面启动，试点建设各项工作正有序推进，密云县穆家峪镇"华润希望小镇"新型农村社区、房山区青龙湖镇晓幼营村新型农村社区已启动建设，延庆县八达岭新型农村社区已完成了以镇区为主体的新型农村社区规划审批工作，也开始启动。同时，我们也看到全市试点建设推进工作很不平衡，有些区县认识不足，工作很不到位，因此，有序稳步推进我市新型农村社区试点建设任务还很艰巨。通过组织本次考察学习，总结外地先进经验，查找我们工作中的不足，下一步在推进北京市新型农村社区试点建设工作中，要抓好以下几点：

一是加强领导，破解消极观望和畏难情绪。推动北京市新型农村社区试点的建设工作，是市政府折子工程的任务，也是社会主义新农村建设进入"十二五"时期一项重要的工作，这是顺应我们首都建设现代城镇体系的需要，是全面提高农民生活质量，顺应农民现实要求的一项重要工作，各试点区县应大力发扬敢于担当、敢于碰硬、敢于创新的精神，明确责任，提高认识，高度重视新型农村社区试点工作，振奋精神，迎难而上，不等不靠，不折不扣地向前推进试点工作。

二是创新思路，破解发展中遇到的各种瓶颈。新型农村社区试点建设，主要目的是试点探索规划、土地、筹资、就业、新民居建设以及社区服务的新途径，以便在总结经验的基础上稳步推开，在工作中会遇到这样那样各种问题，因此，就需要我们科学规划，既要依法依规，把握好土地、规划等政策，又要大胆试点，积极推进。

三是资金聚焦，破解投入不足的矛盾。新型农村社区建设，资金平衡是重点，要在现有政策和经济发展条件下，通过节省出来的土地"原汤化原食"的方式投入一点，政府在公共设施配套方面支持一点、社会资金争取一点、农村集体补助一点、个人拿出一点的方式，实现农民住上新民居和新型农村社区试点建设的稳步推进。

四是农民满意，破解实现城乡一体化的最佳模式。新型农村社区试点建设最终要实现让农民满意、让社会满意、让广大人民群众满意，因此，在新型农村社区试点建设中要坚持以人为本、以社区建设为本、以农民满意为本，要把社区建设作为中心，加强基础设施建设，加强公共服务管理，建设的本质是选择发展方式，管理的本质是选择运行方式。通过新型农村社区试点建设，探索就地实现农村公共服务和市政基础设施的城乡均等化，破解实现城乡一体化的最佳模式，实现可学、可看、可复制、可推广，可延续的目标。

执笔人：王海龙

浙江省建设美丽乡村考察报告

2011 年 4 月，北京市农研中心考察组对浙江省新型农村社区建设的情况进行了考察，通过与浙江省农办及湖州市安吉县有关部门进行座谈交流、实地考察，发现浙江省以美丽乡村建设为抓手建设新农村的方式给人印象深刻，很多做法值得借鉴。

一、安吉模式

安吉县委、县政府从 1998 年就开始，提出生态立县理念，着力构筑城乡一体化发展新格局。在 2008 年，安吉以"中国美丽乡村"建设为总载体，推进社会主义新农村建设。他们力求把全县187 个行政村都建设成为"村村优美、家家创业、处处和谐、人人幸福"的全国生态环境最优美、村容村貌最整洁、产业特色最鲜明、公共服务最健全、乡土文化最繁荣、农民生活最幸福的社会主义新农村。主要做法如下：

（一）科学规划，有序建设

为保证建设的科学有序，安吉制订了《中国美丽乡村建设整体规划》，把全县所有行政村划分为 40 个工业特色村、98 个高效农业村、20 个休闲产业村、11 个综合发展村和 18 个城市化建设村；

出台了《中国美丽乡村实施意见》，明确了实施架构、评价标准、考核办法、奖励政策和长效管理机制，使"中国美丽乡村"建有方向、评有标准、管有办法，使新农村建设从一个宏观的方向性概念转化为可操作的工作实践。他们还把全县作为一个大乡村来规划，把每一个村当作一个景点来设计，把每个农户当成一个小品来改造。

（二）严格审核，以奖代补

严格申报制度，确保建设的时序和质量。对照创建要求和考核标准，各乡镇、村先向县新农办进行创建申报。新农办在提出初审意见之后经领导小组批准确定指令性创建村、申报创建村和培育提升村的提升对象。提升对象应向县新农办申报年度的创建工作计划，明确具体的项目支撑、项目筹资渠道、项目设计和项目施工方案，最后由县新农办进行考核验收。对验收合格的乡镇、村，根据人口规模大小实行以奖代补：乡镇人口规模在2万人以下的奖300万元，4万人以上的奖500万元，2万~4万人的按人口数折算奖励。精品村、重点村、特色村按人口规模2000人为标准分别奖200万元、100万元、50万元，按人口数折算最高分别奖300万元、150万元、75万元，最低分别奖150万元、75万元、37.5万元。在全面小康建设示范村、新农村实验示范镇村中已以奖代补的，扣除已补资金的60%后奖励。

（三）创新投融资机制，突破资金瓶颈

注重发挥财政资金导向作用，创新投融资机制，形成"财政

资金以奖代补、工商资本广泛参与、金融资本借力撬动"的投融资体系，增强"内生型"投入能力。加强和推广县信用联社启动"美丽乡村"贷款工程。2009 年 7 月 17 日安吉县发放首笔"美丽乡村"建设贷款，用于章村镇"中国美丽乡村"的基础设施建设。"美丽乡村"贷款是指用于"中国美丽乡村"基础设施建设的贷款。该项贷款在县财政承诺的基础上采用信用贷款方式进行，具体由安吉信用联社与"美丽乡村"建设各乡镇政府、县财政、县农办联合签订业务合作协议，明确各方权利、义务和最终还款责任。

（四）产业结合，联动发展

坚持把全县当作一个大乡村来规划，把一个村当作一个景来设计，依托农业资源全面丰富拓展乡村旅游产品，借助旅游元素有效激活提升农业发展格局，实现休闲农业与乡村旅游的互动发展。大力推进乡土文化的培育与产业化运作，增强新农村建设的文化力和休闲农业与乡村旅游的文化内涵。建成了一批集展示与体验一体的乡村文化馆所；深度挖掘竹文化、孝文化、昌硕文化、邮驿文化、生态文化精神内涵，大力推进产业链提升，依托现有农业基础，发展产业观光型乡村游，开发农业资源的直接观光价值，万亩白茶观光园等一批农业现代观光园快速发展；依托农业产业基础，发展休闲体验型乡村游，向吃住、休闲农事体验等立体化开发方向延伸；借力乡村旅游宣传、推介农产品，有效拓展特色农产品市场，安吉白茶、高山蔬菜、笋制品、"奥运猪"和寿康鸡等一批特色休闲农产品品牌不断打响。

经过几年工作的开展，安吉县已经从一个在浙江、在长三角经济社会发展都相对比较落后的贫困县，转变成为全国新农村建设的模板县，农民人均纯收入从 2007 年的 9 196 元已增长为 2010 年的 12 840 元，农民实现了增收，生活水平获得大幅提高。

二、浙江省"美丽乡村建设计划"

2010 年年底，在深入调研安吉美丽乡村、临安富丽乡村、江山幸福乡村的基础上，结合省委、省政府协调推进生态文明建设与新农村建设的要求，浙江省推出了"美丽乡村建设计划"。本计划主要包括四个方面的内容：

（一）生态人居建设行动

大力培育建设中心村，以优化村庄和农村人口布局为导向，引导农村人口集中居住；开展农村土地综合整治，实施"农村建设节地"工程；推进生态家园建设，推进农村危旧房改造，提高农村人居安全并同时注重农村建筑与乡土文化、自然生态相协调；完善基础设施配套，促进城乡公共资源均等化；统筹建设农村社区综合服务中心，健全农村公共服务。

（二）生态环境提升行动

推进"千村示范、万村整治"工程扩面提升，按照"先规划、后建设，先地下、后地上"的原则，完善农村环保设施；推动"建筑节能推进"工程在农村的实施，推广农村节能节材技术；推进农村环境连线成片综合整治，开展生态村创建工作；开展村庄绿化美化，建设一批有特色的森林村庄；建立农村卫生长效管护制度，探索建立政府补助、以村集体和群众为主的筹资机制。

（三）生态经济推进行动

编制农村产业发展规划，推进产业集聚升级，发展新型产业，促进农民创业就业，构建高效的农村生态产业体系；要推进现代农业园区建设；要以独特的生态资源和文化内涵为基础，以重点景区为龙头、骨干景点为支撑、"农家乐"休闲旅游业为基础，发展乡村旅游；要推动乡村企业到乡村工业功能区集聚，推行绿色技术，调整乡村工业产业结构。鼓励有条件的村建设标准厂房、民工公寓，发展农民技能培训服务中心、来料加工服务点和村级物业，不断壮大村域经济实力。

（四）生态文化培育行动

编制农村特色文化村落保护规划，培育特色文化村，把继承与弘扬、发掘与培育、保护与利用有机结合起来；开展文明村镇创建活动，加强生态文明知识的普及教育；转变生活方式，增强村民的可持续发展观念；全面推进"村务监督委员会"制度，进一步深化"网格化管理、组团式服务"工作，积极推进以村党组织为核心和民主选举法制化、民主决策程序化、民主管理规范化、民主监督制度化为内容的农村"四化一核心"工作机制，维护农村社会和谐稳定。

三、几点启示

（一）新型农村社区建设成为了新农村建设的总抓手

要真正建设好新农村，就必须有一个极具可操作性的工作载体来推进。安吉就是以"美丽乡村"建设为载体，全面推进新农村建设，包括村庄环境的综合提升、农村产业的持续发展和农村各项事业的全面进步。北京市目前正在推进的新型农村社区与"美丽乡村"建设计划有共通之处，以新型农村社区建设为新农村建设的总抓手，确立明确目标，统筹农村各项工作，更有利于新农村建设工作的开展。

（二）新型农村社区建设可探索新的投融资方式

在对北京市新型农村社区试点建设调研中发现，资金瓶颈是社区建设难以跨越的一道门槛。安吉县的"美丽乡村"建设的前期资金来源于农村社区集体资金、银行信贷资金和社会和私人（企业）集资和项目审批的先期财政拨付政策性的财政资金三方面。安吉县创建的"镇贷村用"的贷款模式，以县、镇财政作为担保，由信用联社监督贷款使用，针对美丽乡村建设的基础设施和公共服务。浙江省在全省范围内也在试点林权、土地承包经营权和农房的贷款抵押权。探索投融资方式，创新农村金融改革，发挥财政资金的带动作用，可为新农村建设提供投入保障。

（三）社区建设能极大地改善农村人居环境

北京市新型农村社区建设的目标就是最终建成以现代产业经济

为基础、以农民为主体、生态环境优良的永久性居民点。建设良好的农村人居环境是新型农村社区建设的重要内容之一。安吉在2009年已经建成全国优美乡镇 12 个，省级生态乡镇 13 个，建成了针对一家一户农民的小型湿地生活污水处理系统，具有南方特色。社区建筑风格也极具当地特色，加上优美的自然环境，农村面貌得到了极大的改善，实现了农村人居环境优美的目标。

执笔人：贺潇

低成本推进郊区新型农村社区建设

新型农村社区建设成本是北京郊区推进这项工作最为关键的问题。特别是住房建设，由于其巨大资金需求量，往往是最为头疼的问题。通过对重庆市、成都市新型农村社区典型考察发现，他们探索出的一些建设路径能够大大缓解这一难题，尤其住房的统规自建，可以参考。

一、两市新型农村社区典型点的建设情况

成都市新津县袁山社区和重庆市渝北区草坪社区是具有代表性的社区。两处社区原来均是远郊贫困农村，近年来借助当地土地流转政策，通过统规自建方式低成本实现了向新型农村社区全面飞跃。

两处社区保持了一户一宅的主要形式，环境优美，空间宽裕，设施完善，简洁而巧妙的房屋建设、改造使整个社区富含四川特有的农村文化底蕴。并且，在村庄建设基础上，树立起了产业支撑，堪称新型农村社区典范。同时，低廉的成本使这种建设方式的可复制极强，使北京郊区可以通过新型农村社区建设打造成为美丽乡村。

二、新型农村社区建设的袁山社区模式

袁山社区是成都市最为成熟的新型农村社区建设模式。该社区位于成都市新津县普兴镇浅丘地带，属于城市远郊类型。该村一直是省、市挂了号的贫困村，人均年收入不足 2 500 元。现在它一派欣欣向荣，一跃成为媒体和各级各部门高度关注的新农村示范点。

1. 社区建设资金来源——土地综合整理。袁山村的变化，始于"金土地"工程。2006 年，为实现节约和集约利用土地，缓解全省土地后备资源不足的矛盾，四川省根据国家宏观战略指导意见，全面实施"金土地"工程计划。经省国土资源厅批准立项，2007 年，新津县在袁山村规划修建了袁山农民集中居住区——袁山社区一期，社区占地 70 亩，集中农户 172 户、458 人。通过土地综合整理后，袁山社区共新增耕地 663.8 亩。按照"城镇建设用地增加与农村建设用地减少挂钩"的方式和占补平衡的原则，新增的土地指标通过市场化的模式补充到城镇用地及工业用地中，城市需求方向农村支付补偿。在获得了更多的优良耕地的同时，袁山社区建设筹得了 2 000 多万元项目资金"输血"，解决和完善了社区内的路、水、管网等基础设施建设。

2. 房屋建设的"统规自建"。在建房方面，袁山社区采取"统规自建"方式，即由政府统一规划，按照"因地制宜、合理利用土地、合理功能布局、突出特色风貌"的原则，由农民自购建材、自请工匠修建；由政府统一聘请监理公司进行全程质量监督。县上同时出台集中建房补偿政策，对凡自愿搬迁到社区集中建房的农户，

每人给予 6 000 元的建房补偿，同时对农户原有地面附着物按土地整理项目有关标准补偿损失。农民自愿选定户型后，按照规划要求，自己组织建设。在修建方式上，农民自购建材，自请工匠。同时，邻里间互相帮助，投工投劳、换工互助，并充分利用拆除旧房中未损坏的砖、瓦、预制板等材料。

袁山社区统规自建方式效果明显：一是成本低。小青瓦房修建只需 370～380 元/平方米，楼房约 450 元/平方米。政府、农民都节省，如村民叶玉忠家中 4 口人，土地整理政府补助了 24 000 元，地面附着物补偿约 8 000 余元，建房实际开支费用 41 575 元，个人筹资不足 10 000 元。但如果全用新材料，承包给包工头修建，全部费用将达到 49 575 元。二是速度快。修建一栋小青瓦房只需 1 个月，一栋两层的平房只需近 2 个月。三是质量高。农民自主建设，质量有保障，该社区在"5·12"汶川特大地震及之后的数次余震中，房屋毫发无损，这点是非常令人震撼的。

3. 土地流转树立产业支撑。新津县决策层把"金土地"工程与成都市大力推进"三个集中"实践相结合，明确村民集中居住后必须依靠规模流转并实现规模经营才能获得更高的效益；脱离土地的农民要增收致富，就必须为农民集中居住区注入产业内涵。2007年，新津县高标准编制完成了新农村建设布局规划等一系列发展规划，形成了以县城为中心，以两个重点镇为次中心，以包括袁山在内的 8 个新型社区和 8 个老场镇为聚集点的"1288"城乡全域发展新格局。根据全县产业规划，袁山社区属于种养殖业复合片区。用市场化手段推动农业产业做大做强并实现可持续发展。

袁山社区以土地整理出来的集体建设用地贷款修建兔舍，成立了袁山獭兔养殖专业合作社，由农户承包养殖致富。目前，袁山獭兔养殖专业合作社农业循环经济示范园年出产商品兔12万只，综合产值2 000万元。形成了集养殖、兔肉兔皮深加工于一体的獭兔产业链，实现了"养兔—沼气发电—草（果）种植"生态循环模式。此外，引进农业产业化龙头企业发展青花椒、樱花规模种植，农民除了收土地租金外，还可以返聘回业主的园区内务工增加收入。通过免费培训和县、镇帮扶，袁山社区239名劳动力有220人实现就地、就近转移就业。

三、新型农村社区建设的草坪模式

草坪村距重庆主城仅20分钟高速路程，是重庆市渝北区2009年新农村建设整村推进试点村之一。在建设方向上，区里明确为加强水、电、气、路、沟、电视、宽带等基础设施建设；对农房内外部刷白，改厨、改厕、改圈；加强农房周围的水沟、道路、绿化以及农村公路建设等方面的环境综合整治。

资金投入上，政策强调以农民投入为主、政府投入为辅，充分发动群众参与，切忌政府"包打包唱"。要求坚持实事求是、量力而行的原则，既注重整洁美观，更强调经济适用，决不能因实施建设试点而负债。为此，区里要求各项涉农政策要向村里倾斜，并在土地出让金、规费等收益中提取部分资金给予支持。还开展了募捐行动，发动区内的企业家捐款捐物，号召本地有识之士捐款捐物支援家乡建设，改造家乡环境。

实际上，该社区统规自建的农房改造成为主要内容，社区也借此实现向旅游、休闲产业的跨越。社区农房进行统一规划设计，在原有老房基础上加以改造。整村建筑突出"灰色调、白面墙，前庭后院加柴房；波纹瓦、剖屋顶，内外整治美环境"的川东民居风格，灰白主色调，红色仿古窗，配慈孝楹联，房前屋后红花绿草交相辉映，素雅、喜庆、美观、气派，富含文化底蕴。令人印象深刻的是，农房改造由农民按照规划要求自主建设，彻底避免了大拆大建，更加省钱、省时、省力，但效果却令人赞叹，充分体现了新型农村社区建设简洁、合理、实用的原则。据统计，草坪社区平均每户改造费用仅为 4 000 元左右。

随着渝北区试点推进，草坪村的农家乐、避暑村、生态园，观景台、健身道、停车场等旅游休闲服务配套已相当完善。市民在这里不但可以垂钓、种菜、采果、赏花、杀猪、烤羊，还可品尝到渝北老窖、古路白糕、草坪豆干等别具风味的土特产。此外，古路镇在草坪村倾力打造"万亩红枫、千顷果园、百户民居"，目前已成为"都市生态旅游新名片"，先后接待全国各地数百个团队参观考察。

四、对北京郊区新型农村建设思考与建议

根据我们的研究，2008 年远郊平原和山区一般农村占郊区农村数量近 70%，其中绝大部分集体经济实力不强，农民人均纯收入不高，非农产业基础薄弱。这决定了绝大多数村庄的新型农村社区建设尽可能要保持一户一宅格局的低成本推进，整体上楼等大拆大建方式，资金需求动则几亿或者几十亿元，并且往往后续问题不

断，不具有普遍性。

新型农村社区统规自建方式极好地实现了"政府引导、农民参与"：充分发挥了政府服务引导作用，充分调动了农民在自建过程中的积极性，实现了政府、农民双赢的低成本建设效果。根据草坪社区的情况，按照北京郊区 300 户左右中等规模社区计算，总共 120 万即可解决一个社区。如果采用政府出一点、集体出一点、个人出一点的办法，结合一些相关政策扶持，乐观估计北京郊区几乎可以全部覆盖。

执笔人：纪绍军